böhlau

Schriftenreihe des Forschungsinstitutes
für politisch-historische Studien der Dr.-Wilfried-Haslauer-Bibliothek, Salzburg

Herausgegeben von
Robert Kriechbaumer · Franz Schausberger · Hubert Weinberger
Band 38

Ernst Bezemek · Michael Dippelreiter

Politische Eliten in Niederösterreich

Ein biografisches Handbuch 1921 bis zur Gegenwart

Böhlau Verlag Wien · Köln · Weimar

Gedruckt mit der Unterstützung durch:

Bundesministerium für Wissenschaft und Forschung in Wien

Die Österreichische Hagelversicherung

Bibliografische Information der Deutschen Nationalbibliothek:

Die Deutsche Nationalbibliothek verzeichnet diese Publikation in der Deutschen Nationalbibliografie; detaillierte bibliografische Daten sind im Internet über http://dnb.d-nb.de abrufbar.

ISBN 978-3-205-78586-6

Das Werk ist urheberrechtlich geschützt. Die dadurch begründeten Rechte, insbesondere die der Übersetzung, des Nachdruckes, der Entnahme von Abbildungen, der Funksendung, der Wiedergabe auf fotomechanischem oder ähnlichem Wege, der Wiedergabe im Internet und der Speicherung in Datenverarbeitungsanlagen, bleiben, auch bei nur auszugsweiser Verwertung, vorbehalten.

© 2011 by Böhlau Verlag Ges.m.b.H. und Co.KG, Wien · Köln · Weimar
http://www.boehlau.at
http://www.boehlau.de

Umschlaggestaltung:
Michael Haderer

Umschlagabbildung:
© NÖLA

Gedruckt auf umweltfreundlichem, chlor- und säurefreiem Papier.

Druck: Generaldruckerei, 6728 Szeged

Inhalt

Vorwort 7

Abkürzungsverzeichnis 9

Literatur- und Quellenkurzzitate 11

Wahl- und Gesetzgebungsperioden 13

Verzeichnis der Mandatare 15

Vorwort

Nach dem im Jahr 2007 erschienenen Handbuch über die politischen Eliten Salzburgs legt die Haslauer-Bibliothek nunmehr ein Gesamtverzeichnis der niederösterreichischen Politiker für den Zeitraum 1921 bis 2010 vor, wobei die Zeit der nationalsozialistischen Herrschaft bewusst ausgeklammert ist. Ebenso werden jene Personen, die in den vorbereitenden Organen der ordentlichen Gesetzgebung (Länderrat, Bundeskulturrat, Bundeswirtschaftsrat und Länderrat) des Ständestaates vertreten waren, nicht berücksichtigt. Die bei den Landtagswahlen demokratisch legitimierten Mandatare sind im vorliegenden Band ebenso enthalten wie jene in den ständestaatlichen Vertretungen.

Als Vorlage und Ausgangspunkt dieses Handbuches dient die grundlegende Arbeit des ehemaligen niederösterreichischen Landtagsdirektors Peter F. Krause, Biographisches Handbuch des NÖ Landtages und der NÖ Landesregierung 1921–2000. Seine Vorarbeiten ermöglichen ein effizientes Herangehen an die gestellte Aufgabe. Die vorhandenen Kurzbiographien wurden übernommen, auf eventuell vorhandene Fehler geprüft, fehlende Daten so weit als möglich ergänzt und mit Quellen- und ev. Literaturangaben erweitert.

Mit Hilfe der Amtskalender aus den Jahren 1918–2010 (die Herausgeber sind besonders Christine Mick und Bruno Rupp [beide NÖ Landesarchiv] für die Hilfe bei der Recherche und das Anfertigen von Kopien zu Dank verpflichtet) wurde nach den übrigen Landes- und Bundespolitikern/-innen gesucht und deren Kurzbiographien in den Protokollen des National- und Bundesrates bzw. des niederösterreichischen Landtages recherchiert. Ohne die Heranziehung der von der Parlamentsdirektion erarbeiteten – auf Arbeiten Michael Sticklers beruhenden – Biographien der niederösterreichischen Mitglieder der gesetzgebenden Körperschaften hätte die vorliegende Publikation nicht erscheinen können.

Die Kurzbiographien sind absichtlich schlagwortartig gehalten. Sie sollen die wichtigsten Lebensdaten enthalten, die Dauer der politischen Tätigkeit und dazu anregen, einzelbiographische Forschungen anzugehen; es wurde auch bewusst darauf verzichtet, Wertungen und Beurteilungen in diese Kurzbiographien einfließen zu lassen.

Quellen- und Literaturhinweise sind absichtlich selektiert worden; die Leser/-innen sollen bei Interesse angeregt werden, anhand der vorhandenen Literaturangaben weitere Forschungen anzustellen.

Abschließend darf Dank gesagt werden: den Ideengebern der Haslauer-Bibliothek, den stets kooperativen Mitarbeiter/-innen der verschiedenen Archive und Dokumentationsstellen, den verantwortlichen Damen und Herren des Böhlau-Verlages und nicht zuletzt den Ehepartnerinnen, die während der Entstehungszeit nicht nur viel Geduld aufbringen mussten, sondern die auch die mühevollen Arbeiten des Korrekturlesens mit großer Sorgfalt und Akribie übernahmen. Dank ihnen allen!

Ernst Bezemek · Michael Dippelreiter
Wien, im November 2010

Abkürzungsverzeichnis

ASKÖ	Arbeitsgemeinschaft für Sport und Körperkultur Österreichs
BM	Bundesministerium, Bundesminister/-in
BZÖ	Bündnis Zukunft Österreich (gegründet am 17. 4. 2005 als Abspaltung der FPÖ)
CSP	Christlichsoziale Partei
FPÖ	Freiheitliche Partei Österreichs
GDVP	Großdeutsche Volkspartei
GP oder WP	Gesetzgebungsperiode
Grüne	Grünalternative Partei, Die Grünen
HB	Heimatblock
KPÖ	Kommunistische Partei Österreichs
LB	Landbund für Österreich
LH	Landeshauptmann
LH-Stv.	Landeshauptmann-Stellvertreter/-in
LIF	Liberales Forum
LP	Landtagspräsident/-in
LR	Landesrat, Landesrätin
NSDAP	Nationalsozialistische Deutsche Arbeiterpartei
ÖAAB	Österreichischer Arbeiter- und Angestelltenbund
ÖBB	Österreichische Bundesbahnen
ÖGB	Österreichischer Gewerkschaftsbund
OP	Ohne Parteizugehörigkeit
ÖVP	Österreichische Volkspartei
SDAP (auch SdAP oder SAP)	Sozialdemokratische Arbeiterpartei Österreichs
SPÖ	Sozialistische Partei Österreichs (seit 15.06.1991 Sozialdemokratische Partei Österreichs)
StL	Ständischer Landtag
VdU	Verband der Unabhängigen
WdU	Wahlpartei der Unabhängigen

Literatur- und Quellenkurzzitate

Parlamentsdirektion = Parlamentsdirektion Wien, Biografien unter www.parlinkom.gv.at Krause, Landtag = NÖ Landtagsdirektion, Biographische Datei

Bezemek, Landtag = Ernst Bezemek, 75 Jahre Landtag von Niederösterreich. Der Niederösterreichische Landtag 1969–1995 (Wien 1995)

Landtag, Biographisches Handbuch = Biographisches Handbuch des NÖ Landtages und der NÖ Landesregierung 1921–2000. NÖ Schriften 128. 2008

Riepl, Landtag 1 = Hermann Riepl, Fünfzig Jahre Landtag von Niederösterreich (Wien 1972)

Riepl, Landtag 2 = Hermann Riepl, Fünfzig Jahre Landtag von Niederösterreich (Wien 1973)

Wahl- und Gesetzgebungsperioden

Wahlperioden des Landtages

Prov. Landtag (1918–1919)
Gemeinsamer Landtag (1919–1920)
NÖ-Land (1920–1921)
I. GP (1921–1927)
II. GP (1927–1932)
III. GP (1932–1934)
Austrofaschismus (1934–1938)
IV. GP (1945–1949)
V. GP (1949–1954)
VI. GP (1954–1959)
VII. GP (1959–1964)
VIII. GP (1964–1969)
IX. GP (1969–1974)
X. GP (1974–1979)
XI. GP (1979–1983)
XII. GP (1983–1988)
XIII. GP (1988–1993)
XIV. GP (1993–1998)
XV. GP (1998–2003)
XVI. GP (2003–2008)
XVII. GP (ab 2008)

Gesetzgebungsperioden des Nationalrates

Provisorische Nationalversammlung 21.10.1918 – 16.02.1919
Konstituierende Nationalversammlung 04.03.1919 – 09.11.1920
I. Gesetzgebungsperiode 10.11.1920 – 20.11.1923
II. Gesetzgebungsperiode 20.11.1923 – 18.05.1927
III. Gesetzgebungsperiode 18.05.1927 – 01.10.1930
IV. Gesetzgebungsperiode 02.12.1930 – 02.05.1934
Ständisches Parlament
V. Gesetzgebungsperiode 19.12.1945 – 08.11.1949

VI. Gesetzgebungsperiode 08.11.1949 – 18.03.1953
VII. Gesetzgebungsperiode 18.03.1953 – 08.06.1956
VIII. Gesetzgebungsperiode 08.06.1956 – 09.06.1959
IX. Gesetzgebungsperiode 09.06.1959 – 14.12.1962
X. Gesetzgebungsperiode 14.12.1962 – 30.03.1966
XI. Gesetzgebungsperiode 30.03.1966 – 31.03.1970
XII. Gesetzgebungsperiode 31.03.1970 – 04.11.1971
XIII. Gesetzgebungsperiode 04.11.1971 – 04.11.1975
XIV. Gesetzgebungsperiode 04.11.1975 – 04.06.1979
XV. Gesetzgebungsperiode 05.06.1979 – 18.05.1983
XVI. Gesetzgebungsperiode 19.05.1983 – 16.12.1986
XVII. Gesetzgebungsperiode 17.12.1986 – 04.11.1990
XVIII. Gesetzgebungsperiode 05.11.1990 – 06.11.1994
XIX. Gesetzgebungsperiode 07.11.1994 – 14.01.1996
XX. Gesetzgebungsperiode 15.01.1996 – 28.10.1999
XXI. Gesetzgebungsperiode 29.10.1999 – 19.12.2002
XXII. Gesetzgebungsperiode 20.12.2002 – 29.10.2006
XXIII. Gesetzgebungsperiode 30.10.2006 – 27.10.2008
XXIV. Gesetzgebungsperiode 28.10.2008 –

Verzeichnis der Mandatare

ABURUMIEH Margarete   ÖVP
* 05.09.1951, Hollabrunn

Volksschule Wullersdorf 1957–1961, Hauptschule Wullersdorf 1961–1963, Wirtschaftskundliches Realgymnasium Maria Regina (Matura) 1963–1969, Pädagogische Akademie der Erzdiözese Wien 1969–1971, Studium der Pädagogik und Politikwissenschaft an der Universität Wien.
   Mitglied des Gemeinderates von Melk 1985–1990 sowie seit 1995; Stadträtin von Melk (Kultur und Tourismus) 1990–1995, Bezirksparteiobmann-Stellvertreterin der ÖVP Melk 1986–1992, Bezirksleiterin der Österreichischen Frauenbewegung, Bezirk Melk seit 1986, stellvertretende Landesleiterin der Österreichischen Frauenbewegung Niederösterreich 1988–2000, Stadtparteiobmann-Stellvertreterin der ÖVP Melk 1996–2000.

Mitglied des Bundesrates   20.11.2000–23.04.2003

Quelle: Parlamentsdirektion.

ADENSAMER, Erika geb. Mayer   ÖVP
* 13.05.1957, Baden

Gymnasium, Matura, Pädagogische Akademie, HS-Lehrerin, mehrjährige Auslandsaufenthalte in Spanien und Frankreich.
   2000 Stadträtin, 2007–2010 Bürgermeisterin in Baden, Bezirks- und Stadtleiterin der ÖVP Frauen.

Abg. zum Landtag (16.– WP)   24.04.2003–

Quelle: NÖ Landtag.

ADLMANNSEDER Josef   SDAP/SPÖ
* 08.08.1888, Ried im Innkreis
† 07.12.1971, Melk

Sechsklassige Volksschule, Gewerbeschule (Abendkurse), Privatunterricht; Eintritt als Volontär bei der Bezirkshauptmannschaft in Melk 1902, pensioniert als Hilfsämter-Direktions-Adjunkt 1924.

Sekretär der SdP Niederösterreich 1927–1934, Kanzleileiter im Wirtschaftsamt der Bezirkshauptmannschaft 1939–1945; Vizebürgermeister der Stadt Melk 1924–1934; Bürgermeister der Stadt Melk 1945–1949. Politische Freiheitsstrafen: 1934 Anhaltelager Wöllersdorf, 1938 in St. Pölten und 1944 in Wien inhaftiert.

Mitglied des Bundesrates	03.06.1932–17.02.1934
Mitglied des Bundesrates	19.12.1945–10.11.1954

Quelle: Parlamentsdirektion.

AMON Karl ÖVP
* 11.01.1920, Kollmitzberg
† 13.06.1995, Kollmitzberg
Bauer, Kollmitzberg

Volks- und Hauptschule, 1939–1946 Militärdienst und englische Kriegsgefangenschaft.

1955 Gemeinderat, 1960 Vizebürgermeister, 1965 Obmann der Bezirksbauernkammer, 1965 Bürgermeister in Kollmitzberg und nach der Zusammenlegung von 1971–1989 von Ardagger, mehrere Funktionen in bäuerlichen und gewerkschaftlichen Organisationen.

Abg. zum Landtag (9.–11. WP)	20.11.1969–04.11.1983

Quelle: Landtag, Biographisches Handbuch.

ANDERL Anton SPÖ
* 25.02.1909, Zwettl
† 04.01.1988
Eisenbahner, Zwettl

Als Halbwaise aufgewachsen, besucht die Volksschule in Zwettl und Groß-Pertholz, danach die Bürgerschule in Wien, landwirtschaftlicher Hilfsarbeiter, ab 1928 Oberbauarbeiter bei den ÖBB, 1938 entlassen aus politischen und rassischen Gründen, Hilfsarbeiter, 1945 wieder zur ÖBB.

1945 Gemeinderat, Bezirksparteivorsitzender, Funktionär im ASKÖ und Obmannstellvertreter der Volkshilfe.

Abg. zum Landtag (5.–8. WP)   05.11.1949–20.11.1969

Quelle: Landtag, Biographisches Handbuch.

ANTONI Konrad   SPÖ
* 04.05.1964, Gmünd

Volksschule, Gymnasium, Handelsschule, ÖBB Sachbearbeiter.
  2000 Kammerrat der AK NÖ, 2005 Gemeinderat in Gmünd. Antoni rückte am 20. November 2008 für Ewald Sacher in den Landtag nach.

Abg. zum Landtag (17.– WP)   20.11.2008–

Quelle: NÖ Landtag/SPÖ-Klub; Wikipedia.

ANZENBERGER Alois   ÖVP
* 26.03.1923, Würmla
† 05.07.2005, Tulln
Bauer, Anzing, Post Würmla

Pflichtschulen 1929–1937, landwirtschaftliche Fortbildungsschule in Würmla 1946–1948, Weiterbildungskurse für Öffentlichkeitsarbeit und Politik; Mitarbeit im elterlichen landwirtschaftlichen Betrieb, Übernahme des elterlichen Betriebes 1953, Pensionist seit 1990, Ökonomierat 1973.
  Geschäftsführendes Mitglied des Gemeinderates von Würmla 1950–1960, Vizebürgermeister von Würmla 1960–1965. Bürgermeister von Würmla 1965–1996, Abgeordneter zum Niederösterreichischen Landtag 1964–1990, Ortsparteiobmann der ÖVP Würmla, Hauptbezirksparteiobmann der ÖVP Tulln, Landeskammerrat der Niederösterreichischen Landwirtschaftskammer 1956–1960, Obmann der Bezirksbauernkammer Atzenbrugg 1976–1989; Bezirksobmann und Mitglied des Landesvorstandes des Seniorenbundes.

Mitglied des Bundesrates   19.06.1962–19.11.1964
Abg. zum Landtag (8.–13. WP)   19.11.1964–18.04.1990

Quelle: Landtag, Biographisches Handbuch.

APPEL Rudolf   SPÖ
* 11.06.1915, Wien
† 01.06.1967, Lilienfeld

Fünfklassige Volksschule, Bürgerschule in Wien, gewerbliche Fortbildungsschule. Installateurgehilfe, Monteur.

Beitritt zur Sozialistischen Arbeiterjugend und Freien Gewerkschaftsjugend 1930, Gruppenleiter der Sozialistischen Arbeiterjugend, Bezirkssekretär der SPÖ Krems/Donau, Mitglied der Niederösterreichischen Landesparteileitung. 1933, 1934 Verhaftungen, 1935 Anhaltelager Wöllersdorf, 1938 und 1943 neuerliche Verhaftungen, 1943 Todesurteil, begnadigt, Zuchthaus Moabit, KZ Esterwege-Lingen.

Abg. zum Nationalrat (5.–8. WP)	19.12.1945–04.06.1959
Mitglied des Bundesrates	04.06.1959–01.06.1967

Quelle: Parlamentsdirektion.
Lit.: Arnberger, Widerstand und Verfolgung.

AUER Helene   SPÖ
* 20.04.1945, Oberwaltersdorf
Angestellte, Oberwaltersdorf

Nach dem Besuch der Volks-, Haupt- und Handelsschule Arbeit als Buchhalterin.

1971 Frauenlandessekretärin, 1975 Gemeinderätin, 1984–1988 und 1994–1998 Vizebürgermeisterin, ab 1998 Bürgermeisterin, 1998–2008 Landesfrauenvorsitzende der SPÖ.

Abg. zum Landtag (12.–14. WP)	01.12.1987–30.09.2000

Quelle: Landtag, Biographisches Handbuch.

AUER Hubert   ÖVP
* 23.02.1934, Wien
† 03.06.2000, Wien
Metallarbeiter, Schwechat

Nach der Pflichtschule Absolvierung einer Schlosserlehre, bis 1970 einschlägig berufstätig.

1970–1972 Fraktionssekretär der Bundesfraktion Christlicher Gewerkschafter, ab 1971 Sekretär des ÖGB, 1972–1974 Vorstandsmitglied, 1974–1991 Vizepräsident der AK NÖ, 1982–1991 stv. Bundesobmann des ÖAAB, 1987–1993 Aufsichtsratspräsident der ECO PLUS.

Abg. zum Landtag (10.–13. WP)   11.7.1974–11.07.1991
3. Präsident   11.7.1991–07.06.1993

Quelle: Landtag, Biographisches Handbuch.

AUTRITH Sepp (Josef)   NSDAP
* 29.02.1896, Hadres
† 30.12.1934, Krems
Gemüsehändler, Krems/Donau

Knabenseminar Hollabrunn, Externistenmatura in Klosterneuburg, im Ersten Weltkrieg schwere Kopfverletzung.
　Im Landtag durch zahlreiche aggressive Zwischenrufe aufgefallen.

Abg. zum Landtag (3. WP)   10.05.1932–23.06.1933

Quelle: Landtag, Biographisches Handbuch.

BAAR-BAARENFELS Eduard, Major a.D.   StL
* 03.11.1885, Laibach/Ljubljana (Slowenien)
† 14.03.1967, Saalfelden
Gutsbesitzer, Rohrbach bei Weistrach

Militärakademie Wr. Neustadt, Kriegsdienst im Ersten Weltkrieg, 1918 als Oberstleutnant pensioniert.
　1932 Landesstabschef der Heimwehr, 1933 Landeswehrführer und Bundesführerstellvertreter, 1934–1935 Mitglied des Länderrates und des Bundestages, 1936 Obmannstellvertreter des NÖ Bauernbundes, 1936 Kommandantstellvertreter des Österr. Heimatschutzes und Landesführer NÖ, 1936–1938 österr. Gesandter in Budapest, 1938 zunächst pensioniert, dann entlassen und verhaftet, 1939–1941 in den KZs Dachau und Flossenbürg, dann dienstverpflichtet. In der Zweiten Republik nicht mehr politisch tätig.

Landeshauptmannstv.	22.02.1934–29.07.1934
gf. Landeshauptmann	29.07.1934–17.10.1935
Bundesminister für Sicherheit und Inneres	17.10.1935–14.05.1936
Vizekanzler	14.05.1936–03.11.1936

Quelle: Landtag, Biographisches Handbuch.
Lit.: Christlich – ständisch – autoritär. Mandatare im Ständestaat 1934–1938. 1991; Ackerl, Isabella/Weissensteiner, Fritz, Österreichisches Personenlexikon der Ersten und Zweiten Republik. 1992; Bruckmüller, Ernst (Hg.), Personenlexikon Österreich. 2001.

BACHINGER Michael   StL/ ÖVP
* 13.09.1898, Oed bei Amstetten
† 06.08.1985, Wallsee-Sindelburg
Bauer, Hohenberg bei Amstetten
Ständischer Landtag – Vertreter der Land- und Forstwirtschaft

Nach der Volksschule Absolvierung landwirtschaftlicher Kurse, 1916–1918 Militärdienst.

1922–1938 und nach 1945 Gemeinderat, in der NS-Zeit zeitweise inhaftiert; Ökonomierat, Hauptbezirksparteiobmann, 1945–50 Obmann der Bezirksbauernkammer Amstetten, Vizebürgermeister von Sindelburg, mehrere Funktionen in landwirtschaftlichen Genossenschaften.

Mitglied d. Ständ. Landtages	22.11.1934–06.11.1935
Landesrat im Ständ. Landtag	06.11.1935–06.07.1937
Abg. zum Landtag (4.–7. WP)	12.12.1945–19.11.1964
Obmannstv. des Finanzkontrollausschusses (4. WP)	13.12.1945–05.11.1949

Quelle: Landtag, Biographisches Handbuch.

BADER Karl   ÖVP
* 04.01.1960, Lilienfeld

Volksschule in Rohrbach 1966–1970, Hauptschule in Hainfeld 1970–1974, Oberstufenrealgymnasium in St. Pölten (Matura) 1974–1978, Pädagogische Akademie in Baden 1978–1981, Lehramtsprüfung für Hauptschulen, Präsenzdienst 1981; Hauptschullehrer für Englisch, Geschichte und Geografie seit 1982; Direktor der Hauptschule St. Veit/Gölsen seit 01.09.2003, ab 01.01.2004 karenziert.

Geschäftsführendes Mitglied des Gemeinderates von Rohrbach/Gölsen 1985–1987, Vizebürgermeister von Rohrbach/Gölsen 1987–1990, Bürgermeister von Rohrbach/Gölsen seit 1990, Bezirksparteiobmann der ÖVP Lilienfeld seit 2003.

Mitglied des Bundesrates   24.04.2003–09.04.2008

Quelle: Parlamentsdirektion.

BALBER Josef   ÖVP
* 11.08.1962

Volksschule, landwirtschaftliche Fachschule; Landwirt.
    Seit 1993 im Gemeinderat von Altenmarkt/Triesting, seit 12.12.2007 Bürgermeister.

Abg. zum Landtag (17.– WP)   06.10.2010–

Quelle: NÖN – Ausgabe Baden vom 6.10.2010.

BANDION Karl   ÖVP
* 29.11.1903, Frauenhofen (Niederösterreich)
† 09.03.2000, Neulengbach

Einklassige Volksschule. Handelsakademie. Matura 1927; im väterlichen sowie in anderen landwirtschaftlichen Betrieben tätig, Rechnungsdienst der Generaldirektion der Post 1928, Beamter in Galizien – Vorsteher in verschiedenen Bezirksverwaltungen 1940–1944; Vorarbeiter in einem landwirtschaftlichen Betrieb im Innviertel, Aufenthalte in Frankreich und der Schweiz 1948–1949, Verwaltungsdienst der Post- und Telegraphendirektion Wien 1951.
    Im Reichsbund der katholischen deutschen Jugend tätig, Mitglied der Vaterländischen Front, Mitglied der Landesleitung des VdU Niederösterreich 1951–1955, Übertritt zur ÖVP, Bezirksobmann des ÖAAB Neulengbach, Hauptbezirksobmann des ÖAAB St. Pölten, Mitglied des Landesvorstandes des ÖAAB Niederösterreich.

Abg. zum Nationalrat (8. WP)   08.06.1956–09.06.1959

Mitglied des Bundesrates   05.07.1962–19.10.1969

Quelle: Parlamentsdirektion.

BARSCH Leopold, Dr. iur.   CSP/ StL
* 21.03.1888, Langenzersdorf
† 18.07.1945, Langenzersdorf
Weinhauer, Langenzersdorf

Gymnasium in Korneuburg und Stockerau, Universität Wien (Jus), 1913 Promotion, nach Gerichtspraxis 1914 zur Böhm. Eskomptebank in Prag. Im Ersten Weltkrieg in russischer Kriegsgefangenschaft, drei Jahre in Sibirien, flüchtete und machte die Piaveoffensive im Juni 1918 mit; Übernahme der elterlichen Wirtschaft.
    1919–1938 Bürgermeister, Obmann des Landesverbandes der Weinbautreibenden, 1922–1927 Vizepräsident der Landes-Landwirtschaftskammer.

Abg. zum Landtag (1.–3. WP)	28.12.1922–30.10.1934
Landesrat (2. WP)	20.05.1927–01.07.1931
Landesrat (3. WP)	21.05.1932–15.12.1933
Landeshauptmannstv. (2. WP)	01.07.1931–21.05.1932
Landeshauptmannstv. (3. WP)	15.12.1933–22.11.1934
Landeshauptmannstv. Ständ. Landtag	22.11.1934–06.11.1935

Quelle: Landtag, Biographisches Handbuch.

BARTIK Franz   ÖVP
* 02.08.1896, Althütten (Böhmen)
† 13.02.1969, Amstetten
Eisenbahner, Amstetten

1945–1948 Vizebürgermeister in Amstetten.

Abg. zum Landtag (4. WP)   12.12.1945–05.11.1949

Quelle: Landtag, Biographisches Handbuch.

BAUER Johann (Hannes), Dkfm. Dr. rer. comm.   SPÖ
*18.3.1941, Eggenburg
Volkswirtschafter, Ziersdorf

Volksschule 1947–1951, Hauptschule 1951–1955, Handelsakademie 1956–1960, Wirtschaftsuniversität in Wien (Dipl.-Kfm. 1965, Dr. rer. comm. 1980); Präsenzdienst 1960–1961. Tätigkeit im Bilanz- und Finanzwesen 1961–1967, Wirtschaftsexperte und Geschäftsführer im Wirtschafts- und Sozialbeirat für Integrationsfragen 1968–1972, Leiter der Planung in der ÖIAG 1972–1985, Konsulent im Bankenbereich 1987–1991, Unternehmensberater.

Abgeordneter zum Niederösterreichischen Landtag 1979–1983, 1987–1988 sowie 1993–1998, Mitglied der Niederösterreichischen Landesregierung (Landesrat) 1991–1993 sowie 1998–1999, Landeshauptmann-Stellvertreter von Niederösterreich 1999–2000, Klubobmann der SPÖ Niederösterreich 1993–1998, Ortsparteivorsitzender der SPÖ Ziersdorf 1965–1999, Bezirksparteivorsitzender der SPÖ Hollabrunn seit 1987, Landesparteivorsitzender-Stellvertreter der SPÖ Niederösterreich seit 1991, Mitglied des Bundesparteivorstandes der SPÖ seit 1991.

Abg. zum Nationalrat (17.–18. WP)	01.01.1989–18.10.1991
Abg. zum Nationalrat (21.–22. WP)	09.10.2000–29.10.2006
Abg. zum Nationalrat (22. WP)	16.01.2007–27.10.2008
Staatssekretär im Bundesministerium für Handel, Gewerbe und Industrie	16.06.1986–21.01.1987

Quelle: Parlamentsdirektion; Krause, Landtag, Biographisches Handbuch.
Lit.: Bezemek, Landtag.

BAUER Rosemarie   ÖVP
* 15.07.1944, Roggendorf bei Melk

Volksschule, Berufsbildende Höhere Schule mit Matura, Pädagogisches Institut,. Fachschullehrerin 1965–1981, Fachschuldirektorin seit 1981.

Stadträtin von Hollabrunn 1972–1975, Landesparteiobmann-Stellvertreterin der ÖVP Niederösterreich bis 1980, Landesleiterin der Österreichischen Frauenbewegung Niederösterreich seit 1983, Generalsekretärin der Österreichischen Frauenbewegung 1984–1987, Geschäftsführende Bundesleiterin der Österreichischen Frauenbewegung 1987–1990, Bundesleiterin der Österreichischen Frauenbewegung 1991–1998, Bezirksparteiobfrau der ÖVP Hollabrunn 1993–2000.

Mitglied des Bundesrates	26.05.1983–23.09.1985
Abg. zum Nationalrat (16.–21. WP)	24.09.1985–30.06.2001
Schriftführerin des Nationalrates	07.11.1994–29.10.1999
Volksanwältin	01.07.2001–30.06.2007

Quelle: Parlamentsdirektion; Tätigkeitsberichte der Volksanwaltschaft 2001ff.
Lit.: Bezemek, Ernst/ Ecker, Friedrich (Hg.), Hollabrunn. Das Werden einer Bezirksstadt. 2007.

BAUEREGGER Karl   ÖVP
* 12.08.1919, Kirchschlag
† 16.08.1975, Oberpullendorf
Uhrmachermeister, Kirchschlag

Volksschule, Hauptschule, Bundeslehranstalt für Uhrenindustrie in Karlstein 1933–1936, Meisterprüfung 1947, Eintritt in den väterlichen Betrieb, Übernahme dieses Betriebes 1959.

Mitglied des Gemeinderates von Kirchschlag 1952–1955, Bürgermeister von Kirchschlag 1955–1970, Landesinnungsmeister der Uhrmacher und Juweliere in Niederösterreich 1963, Bundesinnungsmeisterstellvertreter 1965, Ortsgruppen- und Bezirksgruppenobmann des Österreichischen Wirtschaftsbundes, Bezirksparteiobmann der ÖVP 1954–1972.

Mitglied des Bundesrates	30.03.1966–19.10.1969
Abg. zum Landtag (9.–10. WP)	04.12.1969–16.08.1975

Quelle: Landtag, Biographisches Handbuch. 128. 2008; Parlamentsdirektion; Riepl, Landtag 2; Krause, Biografien; Bezemek, Landtag.

BAYER Engelbert   CSP
* 26.06.1895, Oberretzbach
† 25.05.1952
Wirtschaftsbesitzer, Oberretzbach

Volksschule, Bürgerschule Retz, danach Ackerbauschule Feldsberg (heute Valtice), 1914–1918 Militärdienst. Gründer und Obmann des NÖ Gurkenbauernbundes, Gründer und später Ehrenobmann des Unterstützungsvereins für Pferdeverluste in Retz und Umgebung, 1943–1944 erneut Militärdienst. Ortsbauernratsobmann.

Abg. zum Landtag (2. WP)   20.05.1927–21.05.1932

Quelle: Landtag, Biographisches Handbuch.

BAYR Anton   ÖVP
* 18.11.1927, Zederhaus (Salzburg)

Volksschule in Heiligenblut, Hauptschule in Pöggstall, Lehrerbildungsanstalt in St. Pölten, Matura 1949. Schuldienst in Niederösterreich ab 1950, Bezirksschulinspektor im Schulbezirk Melk 1973–1981; Regierungsrat.
  Ortsparteiobmann der ÖVP Krummnußbaum 1960, Bezirksobmann des ÖAAB Melk, Hauptbezirksparteiobmann der ÖVP Melk, Mitglied des Gemeinderates von Krummnußbaum 1960, Bürgermeister von Krummnußbaum 1975–1988, Präsident der Katholischen Aktion der Diözese St. Pölten 1969–1975.

Abg. zum Nationalrat (15.–18. WP)   10.06.1981–08.07.1993

Quelle: Parlamentsdirektion.

BEIRER Rudolf, Dr. phil.   CSP
* 11.02.1871, Unterletzen/Tirol
† 05.06.1951, Wr. Neustadt
Mittelschulprofessor, Wr. Neustadt

Volksschule, Gymnasium, Universität Innsbruck, Mittelschulprofessor in Triest, Mährisch-Schönau, Waidhofen/Thaya und Wr. Neustadt, Hofrat 1912.
  Bürgermeisterstellvertreter von Wr. Neustadt 1913–1919, Mitglied des Gemeinderates von Wr. Neustadt 1919–1927.

Abg. zum Landtag (1.–3. WP)	11.05.1921–30.10.1934
Landesrat (1.–2. WP)	09.06.1922–21.05.1932
3. Präsident (3. WP)	21.05.1932–21.11.1934
Mitglied des Bundesrates	11.12.1920–12.05.1921
	30.01.1925–20.05.1927
Vorsitzender des Bundesrates	01.06.1926–30.11.1926

Quelle: Landtag, Biographisches Handbuch. 128. 2008; Parlamentsdirektion; Riepl, Landtag 1; Krause, Biografien; Niederösterreich 1920–1930 (Wien 1930).

BERGAUER Florian   SDAP
* 05.02.1897, Seefeld
† 05.02.1960, Wien

Volksschule, Berufsschule (erlernter Beruf: Spengler); Spenglermeister, Zeitungsverwalter.

Mitglied des Bundesrates   03.06.1932–17.02.1934

Quelle: Parlamentsdirektion.
Lit.: Horst Beer, Chronik der Marktgemeinde Seefeld-Großkadolz. 2006.

BERGER Johann   CSP
* 07.04.1869, Berging (Schönbühel-Aggsbach)
† 30.03.1941, Krems

Volksschule, Bürgerschule. Steuerbeamter.
  Obmann der CSP Krems, Mitglied des Gemeinderates der Stadt Krems.

Abg. zum Nationalrat (3. WP)   13.12.1928–01.10.1930

Quelle: Parlamentsdirektion.

BERL Franz, Dipl.-Ing.   ÖVP
* 09.06.1926, Laxenburg
† 20.04.1990, Laxenburg
Bauer, Laxenburg

Volksschule, Realgymnasium, Hochschule für Bodenkultur, Wien, Agraringenieur; Übernahme des elterlichen Bauernhofes.
  1960 Ortsbauernratsobmann, 1965–1985 Obmannstellvertreter der Bezirksbauernkammer Mödling, Mitglied des Vorstandes der Raiffeisenkasse Guntramsdorf.

Abg. zum Landtag (9. WP)   30.05.1973–11.07.1974
Abg. zum Nationalrat (13. WP)   09.07.1974–04.11.1975
Mitglied des Bundesrates   13.11.1975–03.11.1983

Quelle: Landtag, Biographisches Handbuch.

BERNAU Otto, Dr. iur.   ÖVP
* 16.03.1926, Krems
Leiter d. Wirtschaftsförderungsinstitutes, Langenlois

Volksschule und Gymnasium, 1943–1945 Reichsarbeitsdienst, Militärdienst und Gefangenschaft, 1946 Matura, Universität Wien. 1954–1962 Auslandsmessereferent der Bundeswirtschaftskammer, 1963–1987 Leiter des WIFI NÖ.
    1966–1980 Landesparteisekretär, 1984–1988 Klubobmann, 1981–1999 Präsident des Aufsichtsrates der Hypo-Bank.

Abg. zum Landtag (9.–12. WP)   04.12.1969–17.11.1988

Quelle: Landtag, Biographisches Handbuch.

BERNKOPF Alfons   SPÖ
* 27.04.1925, Krems
Amtsstellenleiter der Arbeiterkammer, Zwettl

Volksschule in Krems/Donau 1931–1935, Realschule in Krems/Donau 1935–1939, Berufsschule in Krems/Donau 1940–1942, 14 Tage Hausarrest unter SA-Bewachung 1938, Militärdienst 1943–1945, Gefangenschaft in Frankreich 1945–1946; Junghelfer bei der Deutschen Reichsbahn 1940–1942, Angestellter der Arbeiterkammer Wien, Amtsstelle Krems/Donau 1947–1948, Angestellter der Arbeiterkammer Niederösterreich, Amtsstelle Krems/Donau 1948–1950. Amtsstellenleiter in Zwettl 1950–1985.
    Abgeordneter zum Niederösterreichischen Landtag 1970–1983, Mitglied des Gemeinderates der Stadt Zwettl 1971–1980, Bezirksparteivorsitzender der SPÖ Zwettl 1970–1984, Mitglied des Landesparteivorstandes der SPÖ Niederösterreich 1970–1984, Bezirksobmann des ÖGB Zwettl 1956–1976.

Mitglied des Bundesrates   20.11.1969–06.05.1970
Abg. zum Landtag (9.–11. WP)   08.05.1970–04.11.1983

Quelle: Landtag, Biographisches Handbuch. 128. 2008; Parlamentsdirektion; Riepl, Landtag 2, Krause, Biografien; Bezemek, Landtag.

BICHLER Karl   CSP
* 27.01.1873, Pöggstall
† 03.05.1931, Wien
Pfarrer, Groß-Pertholz

Nach dem Gymnasium Seitenstetten Besuch der Theologischen Hochschule St. Pölten, 1895 Priesterweihe, 1902 Pfarrer in Groß-Pertholz.
    Vorstand der landwirtschaftlichen Genossenschaft von Weitra, Mitglied des Bezirksschulrates Gmünd, Bezirksfürsorgerat.

Abg. zum Landtag (1.–2. WP)   11.05.1921–03.05.1931
Abg. zum Nationalrat (1. WP)   06.07.1923–20.11.1923

Quelle: Landtag, Biographisches Handbuch.

BIEDER Leopold   SPÖ
* 30.09.1921, Kirchbach bei Klosterneuburg
† 14.02.1987, Gugging
Diplom-Krankenpfleger, Gugging

Volks- und Bürgerschule, Bäckerlehre, 1939 Ausbildung zum Krankenpfleger. Ab 1941 Militärdienst, englische Kriegsgefangenschaft.
    1956 Bundesvorsitzender der Spitalsbediensteten in der Gewerkschaft öffentlicher Dienst, 1967–1980 Gemeinderat in Klosterneuburg.

Abg. zum Landtag (8.–11. WP)   03.12.1964–04.11.1983

Quelle: Landtag, Biographisches Handbuch.

BIERBAUM Matthias   ÖVP
* 28.12.1916, Neusiedl/Zaya
† 24.88.1995, Neusiedl/Zaya
Bauer, Neusiedl/Zaya

Volksschule in Neusiedl, Bürgerschule in Poysdorf, Landwirtschaftsschule, 1937–1945 Militärdienst und englische Kriegsgefangenschaft.

1950 Bezirksbauernkammerrat in Zistersdorf, 1955 Landeskammerrat, 1960–1990 Bürgermeister in Neusiedl/Zaya, 1960 Vizepräsident, 1970–1985 Präsident der Landes-Landwirtschaftskammer, 1966–1991 Landesjägermeister.

Landesrat (8.–11. WP)	24.10.1966–27.03.1980

Quelle: Landtag, Biographisches Handbuch.

BILKOVSKY Josef   SDAP
* 27.10.1871
† 15.10.1940
Weber, Marienthal (Gramatneusiedl)

1918 Gemeinderat, 1919–1934 Bürgermeister in Marienthal.

Abg. zum Landtag (1. WP)	23.03.1926–20.05.1927
Abg. zum Landtag (2. WP)	24.02.1932–21.05.1932

Quelle: Landtag, Biographisches Handbuch.

BINDER Franz   SPÖ
* 20.08.1921, Gansbach
† 29.06.1997, Baden bei Wien
Kaufmänn. Angestellter, Enzersdorf/Fischa

Kaufmannslehre, 1940 Arbeitsdienst, 1941 Militärdienst, 1943–1946 amerikanische Kriegsgefangenschaft. Schichtführer im Erdölförderbetrieb, danach ab 1947 Bauschreiber beim Flughafenbau Schwechat.
   1952–1962 Bezirksparteisekretär Schwechat. 1950 Vizebürgermeister, 1960–1989 Bürgermeister in Enzersdorf/Fischa, 1963–1972 gf. Obmann und 1972–1986 Obmann des sozialistischen Gemeindevertreterverbandes NÖ, 1962 Bezirksparteivorsitzender, 1971–1986 Vizepräsident des Österr. Gemeindebundes.

Abg. zum Landtag (7.–11. WP)	04.06.1959–28.01.1982
2. Präsident (9.–11. WP)	08.05.1970–28.01.1982

Quelle: Landtag, Biographisches Handbuch.

BINDER-MAIER Gabriele   SPÖ
* 04.03.1956, St. Valentin

Volksschule in St. Valentin 1962–1966, Hauptschule in St. Valentin 1966–1970, Bundes-Bildungsanstalt für Kindergartenpädagogik in Linz 1970–1974. Kindergärtnerin beim Magistrat Steyr 1974–1975, bei den Oberösterreichischen Kinderfreunden 1975–1989, beim Amt der Niederösterreichischen Landesregierung 1989–2008.
  Mitglied des Gemeinderates von St. Valentin 1984–1987, 1991–1996 sowie seit 2000, Stadträtin von St. Valentin 1987–1991, Bezirksfrauenvorsitzende der SPÖ Amstetten 1987–2003, Bezirksparteivorsitzende der SPÖ Amstetten seit 2003, Landesparteivorsitzender-Stellvertreterin der SPÖ Niederösterreich seit 1999, Landesfrauenvorsitzende der SPÖ Niederösterreich seit 2001, Familiensprecherin der Österreichischen Kinderfreunde 1993–2004.

Abg. zum Nationalrat (18. WP)	18.12.1990–06.11.1994
Abg. zum Nationalrat (20.–22. WP)	14.03.1996–27.10.2008
Abg. zum Nationalrat (24.– WP)	03.12.2008–
Schriftführerin des Nationalrates	20.12.2002–27.10.2008

Quelle: Parlamentsdirektion.

BIRBAUMER Franz   CSP
* 04.10.1871, Schleinz
† 17.09.1931, Wr. Neustadt

Volksschule, Bürgerschule, Fortbildungsschule. Gärtner im Landeslehrerseminar. Mitglied des Gemeinderates von Wr. Neustadt 1913–1919, Stadtrat von Wr. Neustadt 1919–1927, Obmann des Christlichen Arbeitervereins, Vorstandsmitglied des Reichsverbandes der Landwirtschaftskrankenkassen Österreichs, Vorstandsmitglied der Landarbeiterversicherungsanstalt für Wien, Niederösterreich und das Burgenland.

Abg. zum Nationalrat (1.–4. WP)	07.12.1920–17.09.1931

Quelle: Parlamentsdirektion.

BIRBAUMER Rudolf   GDVP
* 11.04.1876, Linsberg (Niederösterreich)
† 07.01.1947, Baden bei Wien

Volksschule, Bürgerschule; Lehrer in Wr. Neustadt, Lichtenwörth, Pottschach, Gloggnitz und wieder Wr. Neustadt.

Mitglied des Gemeinderates von Wr. Neustadt 1913–1918, Stadtrat von Wr. Neustadt 1918–1919, trat 1932 zur NSDAP über.

Mitglied des Bundesrates	01.12.1920–20.05.1927
Abg. zum Landtag (1.–2. WP)	11.05.1921–21.05.1932
3. Präsident (2. WP)	20.05.1927–21.05.1932

Quelle: Parlamentsdirektion; Riepl, Landtag 1; Krause, Biografien; Niederösterreich 1920–1930 (Wien 1930).

BIRNER Franz   SPÖ
* 01.08.1920, St. Veit/Triesting
Metallschleifer, Amtsstellenleiter, St. Veit/Triesting

Volks-, Bürger- und Berufsschule, Metallschleiferlehre. 1939 Militärdienst, französische Kriegsgefangenschaft. Ab 1947 Färbereiarbeiter.

1950 Betriebsratsobmann und Gemeinderat in Berndorf, 1955 bei der AKNÖ, ab 1959 Amtsstellenleiter der AKNÖ in Baden, 1960–1965 Vizebürgermeister in St. Veit/Triesting.

Abg. zum Landtag (8.–10. WP)	19.11.1964–19.04.1979

Quelle: Landtag, Biographisches Handbuch.

BLABOUL Franz   SPÖ
* 17.10.1920, Stockerau
† 16.09.1992, Stockerau
Metallarbeiter, Sekretär, Stockerau

Volks- und Hauptschule, danach Maschinenschlosserlehre. 1940–1945 Militärdienst.
Ab 1950 Gemeinderat, 1970–1979 Bürgermeister von Stockerau. 1957 Landessekretär der Gewerkschaft der Metall- und Bergarbeiter, 1964–1970 Vizepräsident der AKNÖ.

Abg. zum Landtag (8.–10. WP)	03.12.1964–19.04.1979

Quelle: Landtag, Biographisches Handbuch.

BLAU-MEISSNER Freda   Grüne
(ab 11.05.1988: Freda Meissner-Blau)
* 11.03.1927, Dresden

Volksschule in Linz, Höhere Bundeslehranstalt für wirtschaftliche Frauenberufe in Wien, Gymnasium Reichenberg (1945 Kriegsmatura), Studien der Medizin (sechs Semester), der Soziologie und Psychologie, Cambridge Certificate. Journalistin und freie Mitarbeiterin bei der UNESCO 1961, Assistant International Development of the Social Sciences (Paris), Generalsekretärin am Institut für Höhere Studien und Wissenschaftliche Forschung (Wien) 1962–1968, Dolmetscherin 1968–1969, bei der UNESCO 1969–1972, Assistant International Social Science Council und Redakteurin bei der »Social Science Information«, Maison des Sciences de l'Homme (Paris), Vertragsbedienstete in der Magistratsabteilung 62 (WIG 74) 1973–1974, Bildungsreferentin in der Ausbildungsabteilung der Österreichischen Mineralölverwaltung AG 1975–1980.
   Kandidatin bei der Bundespräsidentschaftswahl 1986, Obfrau des Grünen Klubs 1986–1988.

Abg. zum Nationalrat (17. WP)   17.12.1986–06.12.1988

Quelle: Parlamentsdirektion; wapedia-Die Geschichte der Grünen – Die Grüne Alternative.
Lit.: 25 Jahre Hainburg (Wien 2009).

BLECHA Karl   SPÖ
* 16.04.1933, Wien

Volksschule, Gymnasium (Matura 1952), Studium an der Universität Wien (Psychologie, Ethnologie und Soziologie). Werbeleiter bei der Büchergilde Gutenberg. Sozialwissenschaftlicher Lektor, Geschäftsführer der Echo-Werbung, Journalist (»Neue Zeit«), Direktor des IFES (Institut für empirische Sozialforschung) 1963–1975.
   Zentralsekretär der SPÖ 1976–1981, hauptberuflich Stellvertreter des Vorsitzenden der SPÖ 1981–1983, Gründung des MITROPA-Instituts für Wirtschaft und Sozialforschung 1989, Geschäftsführender Gesellschafter. Verbandsobmann des VSStÖ (Verband Sozialistischer Studenten Österreichs) 1954–1956, Stellvertretender Vorsitzender der Österreichischen Hochschülerschaft an der Universität Wien 1955–1959, Mitglied des Vorstandes der SPÖ Niederösterreich 1964, Bundesbildungsvorsitzender der SPÖ 1977, Stellvertretender Parteivorsitzender der SPÖ 1981, Landesparteivorsitzender-Stellvertreter der SPÖ Niederösterreich seit 1985, Zurücklegung aller Par-

teifunktionen 1989, Mitglied des Bundesparteipräsidiums der SPÖ seit 2000, Präsident des Bundesseniorenbeirates beim Bundesministerium für soziale Sicherheit und Generationen seit 1999, Präsident des Pensionistenverbandes Österreichs seit 1999. Karl Blecha ist zu 78,76 Prozent Eigentümer des Instituts für empirische Sozialforschung GmbH (IFES).

Abg. zum Nationalrat (12.–16. WP)	31.03.1970–31.05.1983
Abg. zum Nationalrat (17. WP)	24.02.1989–25.04.1989
Bundesminister für Inneres	24.05.1983–02.02.1989

Quelle: Parlamentsdirektion; Web-Lexikon der Wiener Sozialdemokratie; Munzinger-Biographie.

BLOCHBERGER Franz   ÖVP
* 16.10.1942, Krumbach
Bauer, Königsegg

Nach der Pflichtschule Besuch einer landwirtschaftlichen Berufsschule und Fachschule, Landwirtschaftsmeister, 1970 Übernahme des elterlichen Betriebes.
  1963 Bezirksobmann der ÖJB, 1966–1967 Landesobmann des Ländlichen Fortbildungswerkes, 1989–2000 NÖ Bauernbundobmann, 2000 Ehrenring des Landes NÖ.

Abg. zum Landtag (9.–11. WP)	04.12.1969–29.01.1981
Landesrat (11.–15. WP)	22.01.1981–29.06.2000

Quelle: Landtag, Biographisches Handbuch.

BODEN Karl   SPÖ
* 04.11.1953, Jetzles

Volksschule in Vitis 1960–1964, Hauptschule in Vitis 1964–1968, Polytechnischer Lehrgang in Waidhofen/Thaya 1968–1969, Berufsschule (erlernter Beruf: Maschinenschlosser) 1969–1973; Triebfahrzeugführer bei den ÖBB seit 1976.
  Mitglied des Gemeinderates der Marktgemeinde Dobersberg seit 2007. Bezirksparteivorsitzender der SPÖ Waidhofen/Thaya seit 1998, Mitglied des Präsidiums des ÖGB, Bezirk Waidhofen/Thaya seit 1998, Vorsitzender der Gewerkschaft der Eisenbahner, Ortsgruppe Schwarzenau seit 1986, Personalvertreter (Gewerkschaft der Eisenbahner) seit 1989, Vorsitzender des Vertrauenspersonenausschusses in der Gewerkschaft der Eisenbahner seit 1998.

Mitglied des Bundesrates   21.06.1999–

Quelle: Parlamentsdirektion.

BÖCK-GREISSAU Josef   ÖVP
* 05.04.1893, St. Michael (Steiermark)
† 21.04.1953, Wien
Industrieller

Volksschule, Realschule, Technische Militärakademie in Mödling. Leutnant der Wiener Reitenden Artilleriedivision 1913, Beginn der Industriellenlaufbahn in der Fabrik König & Bauer A.G. in Mödling; 1920 Direktor, später im Aufsichtsrat der gleichnamigen Firma in Würzburg, Präsident der Firma König & Bauer A.G. in Würzburg, Führung seiner eigenen Firma 1938, Ausscheiden aus seiner Firma, die von der Besatzungsmacht in Anspruch genommen wurde.
1948 Übernahme der Geschäftsführung der Vereinigung Österreichischer Industrieller. Vorstand des Neunkirchner Industrieverbandes, Kammerrat der Handelskammer, Mitglied der Landesleitung des Niederösterreichischen Wirtschaftsbundes 1945, Vizepräsident der Vereinigung Österreichischer Industrieller, Vizepräsident der Handelskammer Niederösterreich 1947, Mitglied der Sektionsleitung der Bundessektion Industrie und Vorstandsmitglied der Bundeskammer der gewerblichen Wirtschaft. Böck-Greissau stand stets dem nationalen Lager nahe.

Abg. zum Nationalrat (6.–7. WP)   08.11.1949–21.04.1953

Bundesminister für Handel und Wiederaufbau   23.01.1952–21.04.1953

Quelle: Parlamentsdirektion; Wikipedia.

BOGENREITER Engelbert   ÖVP
* 25.08.1905
† 16.06.1957
Bauer, Oberamt bei Gresten

Obmann der Bezirksbauernkammer Gaming, Landeskammerrat, Aufsichtsrat der NEWAG (heute EVN).

Abg. zum Landtag (4. WP)   12.12.1945–05.11.1949

Quelle: Landtag, Biographisches Handbuch.

BÖHM Gerhard   ÖVP
* 22.12.1935, Krems
Landesbeamter, Klosterneuburg

Volksschule, Gymnasium (Matura), Eintritt in den NÖ Landesdienst, zunächst in der Personalabteilung, dann in der Personalvertretung.
 1981–1987 Vorsitzender der Gewerkschaft öffentlicher Dienst in Niederösterreich, 1984–1992 Obmann der Zentralpersonalvertretung der nö. Landesbediensteten. 1985–1990 Gemeinderat in Klosterneuburg, 1987–1997 stv. Obmann der Gewerkschaft öffentlicher Dienst, 1992–1998 Klubobmann.

Abg. zum Landtag (12.–14. WP)   04.11.1983–16.04.1998

Quelle: Landtag, Biographisches Handbuch.

BÖHM Johann   SPÖ
* 26.01.1886, Stögersbach
† 13.05.1959, Wien

Volksschule in Waidhofen/Thaya, Bürgerschule in Waidhofen/Thaya, Maurer; Geschäftsführer des Arbeitsamtes für das Baugewerbe in Wien, Polier 1939.
 Leiter der Wiener Ortsgruppe der Baugewerkschaft 1921; Mitglied der Gewerkschaft 1903, Mitglied des Gemeinderates der Stadt Wien 1927; 1944 kurze Gestapo-Haft. Einer der Hauptinitiatoren der »Sozialpartnerschaft«. Gründer des überparteilichen Österreichischen Gewerkschaftsbundes 1945, Präsident des ÖGB 1945–1959, im SPÖ-Vorstand 1945–1959.

Abgeordneter zum Nationalrat (4. WP)   02.12.1930–17.02.1934
Staatssekretär für Soziale Verwaltung   27.04.1945–20.12.1945
Abgeordneter zum Nationalrat (5.–8. WP)   19.12.1945–13.05.1959
2. Präsident des Nationalrates (5.–8. WP)   19.12.1945–13.05.1959

Quelle: Parlamentsdirektion.
Lit.: Karin Holzer, Johann Böhm, eine Biographie. 1998.

BÖHMDORFER Dieter, Dr.   FPÖ
* 11.05.1943, Trautenau/Trutnov (Böhmen)

Volksschule in Wien, Realgymnasium in Wien, Studium der Rechte an der Universität Wien (Dr. iur.) 1962–1967; Präsenzdienst 1962. Rechtsanwalt 1973–2000.
 Mitglied des Österreich-Konvents 30.06.2004–31.01.2005

Abg. zum Nationalrat (21. WP)	29.06.2000–06.07.2000
Abg. zum Nationalrat (22. WP)	20.12.2002–04.03.2003
Abg. zum Nationalrat (22. WP)	07.07.2004–31.08.2005
Bundesminister für Justiz	29.02.2000–25.06.2004

Quelle: Parlamentsdirektion; Wikipedia; Bericht der »Drei Weisen«. Kritik an Böhmdorfer, siehe 27f.

BOHUSLAV Petra, Dr.   ÖVP
* 24.08.1965 in Wien

Sie studierte an der Wirtschaftsuniversität Wien. Während des Studiums sammelte sie Auslandserfahrung in Florida und Dänemark. 1991 promovierte sie zum Doktor der Sozial- und Wirtschaftswissenschaften und begann ihre berufliche Karriere im Marketingbereich, unter anderem arbeitete sie an der Entwicklung der Rogner-Thermen Blumau und Stegersbach mit. 1996 Geschäftsführerin der neu gegründeten Archäologischer Park Carnuntum Betriebsgesellschaft und mit dem Aufbau des Kulturparks betraut. Als erste Frau in die Geschäftsführung des Congress Casino Baden. In der Politik ist Dr. Petra Bohuslav eine Quereinsteigerin.

Landesrätin für Arbeit, Soziales, Sport und Kultur (16. WP)	21.12.2004–11.04.2008
Landesrätin für Jugend, Bildung und Sport (17. WP)	11.04.2008–26.02.2009
Landesrätin für Wirtschaft, Tourismus und Sport (17.– WP)	26.02.2009–

Quelle: NÖ Landesregierung.

BRACHMANN Hans   SPÖ
* 14.12.1891, Zwentendorf
† 19.04.1969, Tulln
Hauptschullehrer, Zwentendorf

Volksschule in Zwentendorf, Bürgerschule in Tulln, Lehrerbildungsanstalt St. Pölten, 1914 Lehrbefähigung für den Unterricht an Volksschulen. 1914–1918 Militärdienst, 1917 Lehrbefähigung für den Unterricht an Bürgerschulen, Niederösterreichische Lehrerakademie (einige Semester Nationalökonomie).

1923 Bürgermeister von Zwentendorf, 1934 verhaftet (6 Monate inhaftiert), als Lehrer 1934 zwangspensioniert. 1939–1944 Militärdienst. Nach dem Krieg Bewirtschaftung eines kleinen Gutes, Mitglied des Landesparteivorstandes und des Bundesparteivorstandes, 1945 einige Monate Vizepräsident des Niederösterreichischen Landesschulrates, 1945–1961 Bürgermeister von Zwentendorf.

Mitglied des Bundesrates	19.05.1926–17.05.1927
Abg. zum Nationalrat (4. WP)	18.05.1927–17.02.1934
Mitglied des Prov. Landesausschusses	17.07.1945–12.12.1945
Abg. zum Nationalrat (5. WP)	19.12.1945–08.11.1949
Abg. zum Landtag (5.–6. WP)	05.11.1949–16.10.1957
Landesrat (5.–6. WP)	05.11.1949–16.10.1957

Quelle: Landtag, Biographisches Handbuch; Krause, Biografien; Riepl, Landtag 2.

BRADER Alfred, Mag. Dr. ÖVP
* 06.05.1956, St. Pölten

Volksschule 1962–1966, Hauptschule 1966–1970, Höhere Landwirtschaftliche Bundeslehranstalt Francisco-Josephinum 1970–1975, Pädagogische Akademie der Diözese St. Pölten in Krems 1975–1978, Studium der Pädagogik an der Universität Wien (Dr. phil.) 1984–1991; Präsenzdienst 1978. Sonderschullehrer für schwerhörige und gehörlose Kinder 1979–2002, Universitätsassistent 1991–1995, Universitätslektor 1991–2001.

Mitglied des Gemeinderates der Stadt St. Pölten 1986–1994, Vizebürgermeister der Stadt St. Pölten 1996–2005.

Abg. zum Nationalrat (19. WP)	07.11.1994–14.01.1996
Abg. zum Nationalrat (20. WP)	15.01.1996–29.10.1996
Abg. zum Nationalrat (22.–23. WP)	20.12.2002–31.12.2006

Quelle: Parlamentsdirektion.

BRAND Franz   SPÖ
* 18.01.1887, Grub, Bezirk Mödling
† 01.12.1968, Wr. Neustadt

Volksschule; Dreher; Betätigung in der Landwirtschaft, Fabrikarbeiter.
 Sekretär der Freien Gewerkschaft der Metallarbeiter, Bezirkssekretär des ÖGB Wr. Neustadt. Stadtrat 1919–1934, Vizebürgermeister 1946–1960, Bezirksparteivorsitzender der SPÖ Wr. Neustadt. Politische Freiheitsstrafen: Mai bis Dezember 1934, zehn Tage Haft im Juli 1944.

Mitglied des Bundesrates   08.02.1952–04.06.1959

Quelle: Parlamentsdirektion; Arnberger, Verfolgung und Widerstand.

BRANDSTETTER Max, Dipl.-Ing.   StL
* 03.08.1901, Klosterneuburg
† 30.10.1969
Angestellter, Klosterneuburg
Ständischer Landtag – Vertreter der Land- und Forstwirtschaft

Volksschule, Hauptschule. Übernahme der elterlichen Landwirtschaft 1951; Ökonomierat 1981. Ortsbauernrat, Obmann der Bezirksbauernkammer Gloggnitz.
 Hauptbezirksparteiobmann der ÖVP Neunkirchen, Hauptbezirksobmann des Niederösterreichischen Bauernbundes Neunkirchen, Ortsparteiobmann von Payerbach, Zweiter Vizebürgermeister von Payerbach.

Mitglied d. Ständ. Landtages   22.11.1934–12.03.1938

Quelle: Landtag, Biographisches Handbuch; Parlamentsdirektion.

BRAUNEDER Wilhelm, MMag. Dr.   FPÖ
* 08.01.1943, Mödling

Volksschule 1949–1953, Bundesgymnasium 1953–1961, Studium der Rechte (Dr. iur.) 1961–1965, Studium der Wirtschaftspädagogik an der Wirtschaftsuniversität Wien (Mag. rer. soc. oec. 1976); Präsenzdienst 1966–1967. Universitätsassistent 1967–1971, Universitätsdozent 1971–1977, außerordentlicher Universitätsprofessor 1977–1980, ordentlicher Universitätsprofessor an der Rechtswissenschaftlichen Fakultät der Uni-

versität Wien seit 1980, Dekan 1987–1988, Gastprofessor an den Universitäten Kansas, Paris und Budapest.
    Mitglied des Gemeinderates von Baden 1990–1996, Stadtrat von Baden 1990–1996.

Abg. zum Nationalrat (19.–20. WP)	07.11.1994–28.10.1999
3. Präsident des Nationalrates (20. WP)	15.01.1996–29.10.1999

Quelle: Parlamentsdirektion.
Lit.: Gerald Kohl, Christian Neschwara, Thomas Simon, Festschrift für Wilhelm Brauneder zum 65. Geburtstag. Rechtsgeschichte mit internationaler Perspektive. 2008.
Werke: Österreichische Verfassungsgeschichte. 2006.

BREININGER August, Mag., Prof.   ÖVP
* 14.09.1944, Baden
Buch- und Papierhandelskaufmann, Baden

Volksschule, humanistisches Gymnasium (Matura), Buch- und Papierhandelslehre, Universität Wien (einige Semester Jus und Theaterwissenschaft), 1968 Übernahme einer Buchhandlung.
    1970 Gemeinderat, diverse Kammerfunktionen, 1975–1995 Bundesgremialvorsteher des österr. Papierhandels, 1988–2006 Bürgermeister von Baden, 1990 Präsident des Österreichischen Heilbäder- und Kurorteverbandes, 1995 Präsident der NÖ Gesellschaft für Kunst und Kultur, Verleihung des Professorentitels, 2009 Abschluss des Philosophiestudiums an der Universität Wien (Mag.).

Abg. zum Landtag (12.– 15. WP)	01.12.1983– 31.08.2001

Quelle: Landtag, Biographisches Handbuch.

BREINSCHMID Leopold   ÖVP
* 17.09.1905, Baden bei Wien
† 28.12.1980, Baden bei Wien

Acht Klassen Volksschule. Weinhauer.
    Mitglied des Gemeinderates von Baden bei Wien und Mitglied der Bezirksbauernkammer, Obmann des Weinbauvereines in Baden und Obmann der Winzergenossen-

schaft 1933–1938, Mitglied des Landesverbandes der Weinbautreibenden Österreichs und des Landesbauernrates für Genossenschaftswesen.

Mitglied des Bundesrates	19.12.1945–30.04.1948

Quelle: Parlamentsdirektion.

BRETSCHNEIDER Ludwig August   SDAP
* 22.08.1860, Wien
† 04.08.1929, Wien
Parteisekretär

Volksschule, Kunstgewerbeschule. Bildhauer, Redakteur der »Gleichheit«, der »Arbeiter-Zeitung« und der »Volkstribüne«, Privatbeamter, Parteisekretär.
   Reichsratabgeordneter 1907, Abgeordneter zum Niederösterreichischen Landtag 1918–1919, Mitglied des Parteivorstandes der SdP. Politische Freiheitsstrafe: 1899 zu sieben Monaten Haft verurteilt.

Mitglied der Prov. Nationalversammlung	21.10.1918–16.02.1919
Mitglied der Konst. Nationalversammlung	04.03.1919–09.11.1920
Abg. zum Nationalrat (1.–2. WP)	10.11.1920–18.05.1927

Quelle: Parlamentsdirektion; Krause, Biografien; Riepl, Landtag 1.

BREZOVSZKY Ernest, Dr. iur.   SPÖ
* 30.11.1927, Untersiebenbrunn
† 17.07.2003, Wien
Bundesbeamter, Untersiebenbrunn

Volksschule, Gymnasium Horn, nach Unterbrechung durch Kriegsdienst in Wien abgeschlossen, Universität Wien (Jus; Werkstudent). 1952 Eintritt in das Bundesministerium für soziale Verwaltung.
   Stv. Landesparteivorsitzender, 1975 Vizebürgermeister, 1978–1980 Bürgermeister in Gänserndorf, Bezirksparteivorsitzender, 1971–1979 Klubobmann, steht 1984 mit der naturschutzbehördlichen Bewilligung des geplanten Donaukraftwerkes Hainburg wochenlang im Mittelpunkt der österr. Innenpolitik.

Abg. zum Landtag (8.–11. WP)   19.11.1964–19.04.1979
Landesrat (11.–13. WP)   19.04.1979–11.07.1991

Quelle: Landtag, Biographisches Handbuch.

BRINNICH Franz   CSP
* 15.06.1879, Hollenbach (Niederösterreich)
† 26.11.1962, Hollenbach
Wagnermeister und Landwirt

Zweiklassige Volksschule, Fachschule für Wagner.
   Obmann der Wagnergenossenschaft im Bezirk Waidhofen/Thaya, Bürgermeister von Hollenbach. Politische Freiheitsstrafen: 1939 vier Monate KZ Dachau, 1944 zehn Tage inhaftiert.

Abg. zum Nationalrat (1.–3. WP)   10.11.1920–01.10.1930
Abg. zum Nationalrat (4. WP)   02.12.1930–02.05.1934

Quelle: Parlamentsdirektion.

BROSZ Dieter   Grüne
* 12.11.1968, Wien

Volksschule in Trumau 1975–1979, Bundesrealgymnasium in Baden 1979–1983, Handelsakademie in Baden (Matura) 1983–1988, Studium der Politikwissenschaft an der Universität Wien (1. Abschnitt abgeschlossen) 1988–1994; Zivildienst 1996.
   Bildungs- und Sportsprecher der Grünen, Mietrechtsberater 1991–1992, Geschäftsführendes Vorstandsmitglied der Grünen Bildungswerkstatt Niederösterreich 1993–1999. Landesausschussvorsitzender der Grünen NÖ seit 1998, Mitglied des Bundesvorstandes der Grünen Bildungswerkstatt 1999–2007, Mitglied der Klubleitung und geschäftsführender Parlamentarier des Grünen Parlamentsklubs seit 2003.

Abg. zum Nationalrat (21.– WP)   29.10.1999–

Quelle: Parlamentsdirektion.

BRUCKNER Ignaz   ÖVP
* 08.04.1938, Scheibbs
Baukaufmann, Purgstall

Volks- und Hauptschule, Lehre als Großhandelskaufmann.
   1965 Gemeinderat, 1976 Vizebürgermeister, 1985–1998 Bürgermeister von Purgstall.

Abg. zum Landtag (13. WP)   11.07.1991–04.03.1993

Quelle: Landtag, Biographisches Handbuch.

BRUNNER Franz   ÖVP
* 25.09.1926, Haag
† 05.06.1982, Haag
Bauer, Edelhof (Haag)

Nach der Volks- und Hauptschule in Haag Besuch einer landwirtschaftlichen Berufsschule, Weiterbildungskurse, Mitarbeit in der elterlichen Landwirtschaft, 1952 Hofübernahme. Ökonomierat.
   1955–1960 Gemeinderat, 1960–1962 Stadtrat, 1962–1982 Vizebürgermeister in Haag, 1965 Hauptbezirksparteiobmann der ÖVP Bezirk Amstetten.

Abg. zum Landtag (8. WP)   19.11.1964–20.11.1969
Abg. zum Nationalrat (12.–15. WP)   31.03.1970–28.05.1982

Quelle: Landtag, Biographisches Handbuch; Krause, Biografien; Riepl, Landtag 2; Bezemek, Landtag.

BRUNNER Maria, siehe KRAICHEL Maria

BUCHINGER Hermann   SPÖ
* 20.12.1890, Mödling
† 11.10.1958
Metallschleifer, Mödling

Volks- und Bürgerschule, Metallschleiferlehre.

Betriebsrat und tätig im Republikanischen Schutzbund. 1934 verhaftet und einige Wochen inhaftiert, 1945 Bezirksparteivorsitzender, 1954–1958 Gemeinderat in Mödling.

Abg. zum Landtag (4.–6. WP)	12.12.1945–12.10.1958

Quelle: Landtag, Biographisches Handbuch.

BUCHINGER Kurt   ÖVP
* 16.09.1935, Kaidling (Mähren)
Bundesbeamter, Retz

1945 aus Mähren vertrieben, Hauptschule Retz. 1956 Eintritt in das Bundesamt für Vermessungswesen.
    1949 Österr. Jugendbewegung, 1952 Bezirksobmann, 1959 in der Landesjugendführung, 1962–1971 Landesobmann, 1974–1994 Landesobmannstellvertreter des ÖMB, längste Dienstzeit als Landtagsabgeordneter (28 Jahre, sieben Monate).

Abg. zum Landtag (8.–13. WP)	19.11.1964–07.06.1993
Obmann des Finanzkontrollausschusses (10.–13. WP)	11.07.1974–07.06.1993

Quelle: Landtag, Biographisches Handbuch.

BUCHINGER Rudolf   CSP/ÖVP
* 07.03.1879, Staasdorf (Niederösterreich)
† 20.02.1950, Tulln
Gastwirt und Wirtschaftsbesitzer

Volksschule, zwei Klassen Realgymnasium, Ackerbauschule.
    Mitglied des Gemeinderates von Staasdorf, Obmannstellvertreter des niederösterreichischen Bauernbundes, Obmannstellvertreter des Reichsbauernbundes, Obmann des genossenschaftlichen Lagerhauses in Tulln, Obmann der Fleckviehzuchtgenossenschaft Staasdorf, Obmann des landwirtschaftlichen Kasinos in Staasdorf, Obmann der Genossenschaftszentralkasse.

Mitglied der Konst. Nationalversammlung	04.03.1919–09.11.1920
Abg. zum Nationalrat (1.–3. WP)	10.11.1920–01.10 1930
Bundesminister für Land- und Forstwirtschaft	31.05.1922–15.01.1926

Betraut mit der Leitung des Bundesministeriums
für Volksernährung 31.05.1922–17.04.1923
Staatssekretär für Land- und Forstwirtschaft 27.04.1945–26.09.1945

Quelle: Parlamentsdirektion; Wikipedia.

BUCHLEITNER Johann ÖVP
* 18.11.1893, Natschbach
† 22.10.1979, Amstetten

Fachlehrer, Volksschule, Lehrerbildungsseminar. Bezirksschulinspektor; Regierungsrat.

Abg. zum Nationalrat (4. WP) 30.04.1934–02.05.1934

Quelle: Parlamentsdirektion.

BUCHLEITNER Peter ÖVP
* 03.05.1933, Wien
Landwirt, Natschbach

Abg. zum Landtag (10. WP) 11.07.1974–19.04.1979

Quelle: Landtag, Biographisches Handbuch.

BURESCH Karl, Dr. iur. CSP
* 12.10.1878, Groß-Enzersdorf
† 16.09.1936, Wien
Rechtsanwalt, Groß-Enzersdorf

Volksschule in Groß-Enzersdorf, Gymnasium in Wien/Döbling, Studium der Rechte an der Universität Wien 1897, Promotion 1901. Rechtsanwaltskanzlei in Groß-Enzersdorf.
  Mitglied des Gemeinderates von Groß-Enzersdorf 1912, Bürgermeister von Groß-Enzersdorf 1916–1919, Obmann des christlich-sozialen Abgeordnetenklubs 1929–1933. Der Name Buresch wurde oft in Zusammenhang mit Finanzskandalen der Ersten Republik genannt. Bureschs letzte Funktion war jene des Gouverneurs der österreichischen Postsparkasse (ab Januar 1936). Sie war bis zu seinem Tod vom

Phönix-Skandal und von der Affäre um den Großspekulanten Siegmund Bosel überschattet, die wieder gerichtsanhängig wurde. Sein plötzlicher Tod wurde vielfach mit daraus resultierenden Depressionen in Verbindung gebracht.

Mitglied der Konst. National-Versammlung	23.05.1919–09.11.1920
Abg. zum Nationalrat (1.–3. WP)	10.11.1920–01.10.1930
Abg. zum Landtag (1. WP)	11.05.1921–20.05.1927
Landeshauptmann (1.–2. WP)	09.06.1922–30.06.1931
Landeshauptmann (3. WP)	21.05.1932–21.06.1932
Landeshauptmann (3. WP)	23.06.1932–12.05.1933
Abg. zum Nationalrat (4. WP)	02.12.1930–02.05.1934
Bundeskanzler	20.06.1931–20.05.1932
Bundesminister für Finanzen	10.05.1933–17.10.1935
Bundesminister ohne Portefeuille	17.10.1935–30.01.1936

Quelle: Landtag, Biographisches Handbuch.
Lit.: Ackerl, Isabella/Weissensteiner, Fritz, Österreichisches Personenlexikon der Ersten und Zweiten Republik. 1992; Bruckmüller, Ernst (Hg.), Personenlexikon Österreich. 2001; Neue Deutsche Biographie.

CERWENKA Helmut   SPÖ
* 24.07.1952, Krems
Leiter der Sonderschule Großweikersdorf, Frauendorf

Pädagogische Ausbildung in Krems, Matura, Lehramtsprüfung für Volksschulen, Ablegung der Lehramtsprüfung für allgemeine Sonderschulen und Logopädie, Sprachheillehrer für den Bezirk Tulln.
    1990 Gemeinderat in Königsbrunn/Wagram, 1991 Bezirksparteivorsitzenderstellvertreter, 1993 Bezirksparteivorsitzender, 1995 Vizepräsident des NÖ Zivilschutzverbandes, 1995 Landesvorsitzender des Volkshochschulverbandes.

Mitglied des Bundesrates	17.03.1994–28.06.1995
Abg. zum Landtag (14.–17. WP)	29.06.1995–22.04.2010

Quelle: Landtag, Biographisches Handbuch.

CHALOUPEK Ferdinand   SPÖ
* 21.04.1900, Fichtau bei Neubistritz (Böhmen)
† 06.04.1988, Krems

Volksschule in Fichtau und Teplitz-Schönau, Bürgerschule in Teplitz und Gmünd, Lehrerbildungsanstalt in Budweis (staatliche deutsche LBA) 1915–1919, Reifeprüfung 1919, Lehrbefähigungsprüfung für Volksschulen 1921, Lehrbefähigungsprüfung für Hauptschulen 1932, Lehrbefähigungsprüfung für Kurzschrift an mittleren Lehranstalten 1935. Lehrer an der zweiklassigen Volksschule in Klein-Eibenstein, dann in Ponsee, Zwentendorf, Absdorf, Hippersdorf, Groß-Wiesendorf, St. Andrä-Wördern, Marchegg und Tulln, Hauptschuldirektor in Krems 1950; Oberschulrat.

Mitglied des Gemeinderates der Stadt Krems 1955, Stadtrat 1957, Obmann der Landesgruppe Niederösterreich des Sozialistischen Lehrervereins.

Abg. zum Nationalrat (9.–10. WP)	09.06.1959–30.03.1966

Quelle: Parlamentsdirektion.

CHRISTOPH Franz   SDAP
* 03.12.1877, Velm
† 21.12.1946, Brunn/Gebirge
Bahnoberrevident, Maria Enzersdorf

Lehrerbildungsanstalt Wr. Neustadt, Fachkurse für Verwaltung und Statistik an der HAK Wien, 1897–1899 als Lehrer in Stixneusiedl tätig, ab 1900 Bahnbeamter.

Abg. zum Landtag (1. WP)	11.05.1921–20.05.1927
Landeshauptmannstv. (1. WP)	11.05.1921–20.05.1927
Mitglied des Bundesrates	01.12.1920–12.05.1921
	20.05.1927–24.04.1931

Quelle: Landtag, Biographisches Handbuch.

CIPIN Alois   ÖVP
* 28.05.1913, Wien
† 22.12.1985, Wien
Gewerkschaftssekretär, Ebreichsdorf

Metallschleiferlehre, wechselte 1934 in den Textilbereich, 1940–1946 Militärdienst und Kriegsgefangenschaft.

Bezirksparteisekretär, 1947 Gewerkschaftssekretär der Textil-, Bekleidungs- und Lederarbeiter, später Landesobmann der christlichen Gewerkschafter und Vorstandsmitglied der Pensionsversicherungsanstalt der Arbeiter sowie der NÖ Gebietskrankenkasse, 1959–1974 Vizepräsident der AK NÖ, 1971–1974 ÖAAB-Landesobmannstellvertreter.

Abg. zum Landtag (6.–9. WP)	10.11.1954–11.07.1974

Quelle: Landtag, Biographisches Handbuch.

CZERMAK Emmerich, Dr. phil. CSP
* 18.03.1885, Datschitz/Dacice (Mähren)
† 18.04.1965, Wien
Professor am Realgymnasium in Stockerau
Ständischer Landtag – Vertreter für Wissenschaft und Kunst

Gymnasium Iglau, Universität Wien (Geschichte und Geographie), Promotion 1907, unterrichtete in Stockerau und Krems und ab 1916 ständig in Stockerau; 1927–1932 Gymnasialdirektor in Hollabrunn.

1921 Gemeinderat, 1927 Vizebürgermeister, 1921 Obmann der Landes-Lehrerernennungskommission und des Christlichsoz. Volksverbandes, 1933–1934 bis zur Selbstauflösung Parteiobmann der CSP, 1934–1938 Präsident des NÖ Landesschulrates, nach 1945 öffentlicher Verwalter im Versicherungswesen.

Abg. zum Landtag (1.–3. WP)	11.05.1921–30.10.1934
Mitglied d. Ständ. Landtages	22.11.1934–12.03.1938
BM für Unterricht	04.05.1929–30.09.1929
	30.09.1930–20.05.1932

Quelle: Landtag, Biographisches Handbuch.
Lit.: Ackerl, Isabella/Weissensteiner, Fritz, Österreichisches Personenlexikon der Ersten und Zweiten Republik. 1992; Bruckmüller, Ernst (Hg.), Personenlexikon Österreich. 2001; Österreichisches biographisches Lexikon.

CZERNY Anna   SPÖ
* 28. 1.1902, Wr. Neustadt
† 26. 3.1992, Wr. Neustadt
Angestellte, Wr. Neustadt

Entstammt einer kinderreichen Eisenbahnerfamilie, Volks- und Bürgerschule, einjähriger Lehrkurs für Bürotätigkeit, Stenotypistin.
 1919 Sozialistische Jugend, Parteiangestellte, dann Kammerangestellte, 1943 gemaßregelt, 1945 ausgebombt; besonders in der soz. Frauenbewegung tätig; 1930–1934, 1946–1952 sowie 1960–1965 Gemeinderat; 1952–1960 Mitglied des Stadtrates von Wr. Neustadt.

Abg. zum Landtag (5.–6. WP)	05.11.1949–04.06.1959
Abg. zum Nationalrat (9.–11. WP)	09.06.1959–02.02.1968

Quelle: Landtag, Biographisches Handbuch; Parlamentsdirektion; Riepl Landtag 2.

CZETTEL Hans   SPÖ
* 20.04.1923, Wien
† 27.09.1980, Ternitz
Maschinenschlosser, Angestellter, Ternitz

Volksschule, Hauptschule, Schlosserlehre, anschließend Werkmeisterschule. 1942–1945 Militärdienst, schwer verwundet; Besuch der Sozialakademie, 1946 Firma Schoeller & Bleckmann in Ternitz.
 1948 Beitritt zur SPÖ, 1961 Obmann des Zentralbetriebsrates, Bezirksobmannstellvertreter der SPÖ, 1955–1960 Gemeinderat in Ternitz, Obmannstellvertreter des Klubs der sozialistischen Abgeordneten und Bundesräte im Parlament, 1968 Landesparteivorsitzender, 1969–1971 Klubobmann.

Abg. zum Nationalrat (7.–11. WP)	18.03.1953–14.02.1969
Landeshauptmannstv. (8.–11. WP)	13.02.1969–27.09.1980
Bundesminister für Inneres	21.09.1964–19.04.1966

Quelle: Landtag, Biographisches Handbuch.
Lit.: Ackerl, Isabella/Weissensteiner, Fritz, Österreichisches Personenlexikon der Ersten und Zweiten Republik. 1992; Bruckmüller, Ernst (Hg.), Personenlexikon Österreich. 2001.

CZIDLIK Hans   SPÖ
* 08.01.1909, Neunkirchen
† 15.02.1969, Neunkirchen
Angestellter, Vertriebsleiter, Neunkirchen

Volks- und Bürgerschule, Werkmeisterkurs, Fa. Semperit, 1930 entlassen, Vertriebsleiter bei einer Zeitung.
 1934 zunächst Flucht, dann Aufbau einer illegalen Parteiorganisation, verhaftet, zwei Jahre Haft, 1938 neuerlich verhaftet, dann bei Fa. Semperit, 1945–1950 Landesbediensteter, schließlich Vertriebsleiter der Arbeiter-Zeitung, 1951 Bezirksparteivorsitzender, 1955–1967 Stadtrat in Neunkirchen.

Abg. zum Landtag (7.–8. WP)   23.06.1960–15.02.1969

Quelle: Landtag, Biographisches Handbuch.

DANGL Johann   CSP
* 06.01.1870, Ornding bei Pöchlarn
† 27.01.1944, Melk
Landwirt, Grub (Hürm)

Volksschule, 1898 Übernahme einer Wirtschaft in Grub.
 Vizebürgermeister und dann bis 1938 Bürgermeister in Inning.

Abg. zum Landtag (1.–2. WP)   11.05.1921–21.05.1932

Quelle: Landtag, Biographisches Handbuch.

DANNEBERG Robert, Dr.   SDAP
* 23.07.1885, Wien
Ermordet: 1942, KZ Auschwitz
Schriftsteller

Volksschule, Akademisches Gymnasium, Matura mit Auszeichnung 1903, Studium der Rechte in Wien. Sekretär der Zentralstelle für das Bildungswesen 1908–1918, Herausgeber der Zeitschrift »Bildungsarbeit«, Verdienste um das Arbeiterbildungswesen und das moderne Mietengesetz. Literarischer Leiter des Parteiverlages Wiener Volksbuchhandlungen 1912, Mitinhaber des Parteiverlages Wiener Volksbuchhandlungen 1919.

Parteisekretär der SdP 1919. Sekretär der Sozialistischen Jugendinternationale 1907–1915, Mitglied des Gemeinderates der Stadt Wien 1918–1927, Amtsführender Stadtrat von Wien 1932–1934. 1934 verhaftet, Verfahren wegen Hochverrats – 1935 eingestellt, 1938 KZ Dachau, KZ Buchenwald, 1942 in das KZ Auschwitz verschleppt und dort ermordet.

Mitglied der Konst. Nationalversammlung	04.03.1919–09.11.1920
Abg. zum Nationalrat (1.–3. WP)	10.11.1920–01.10.1930
Abg. zum Nationalrat (4. WP)	02.12.1930–17.02.1934

Quelle: Parlamentsdirektion.
Lit.: Arnberger, Heinz, Widerstand und Verfolgung; Federn, Ernst, Gemeinsam mit Robert Danneberg im Konzentrationslager, Wien 1973.
Werke: Die Wiener Wahlen 1930 und 1933. 1933; Die sozialdemokratische Gemeindeverwaltung in Wien. 1930.

DAUTZENBERG Gerold, Ing. LIF
* 10.01.1939, Wien
Geschäftsführer, Wilhelmsburg

Volksschule, Gymnasium, Fachschule für Gießereitechnik, Auslandspraktika, 1961 Berufseintritt als Gießereileiter, später Generaldirektor der Maschinenfabrik Heid/Stockerau; 1983 selbstständiger Handelsunternehmer.
    Fraktionsobmann; gehörte als einziger der drei gewählten Mandatare seiner Partei bis zum Ende der GP dem LIF an.

Abg. zum Landtag (14. WP)	07.06.1993–16.04.1998

Quelle: Landtag, Biographisches Handbuch.

DEMUTH Anna, Dr. SPÖ
* 28.01.1921, Pommersdorf (Niederösterreich)

Volksschule, humanistisches Gymnasium, Universität Wien (Germanistik, Kunstgeschichte), Promotion 1948, Büroangestellte 1939–1945, Sekretärin bei der »Weltpresse« 1949, dann beim Verlag »Welt am Montag« freie Journalistin.
    Landesfrauensekretärin der SPÖ Niederösterreich 1960–1971, Bundesfrauensekretärin der SPÖ 1971, Mitglied des Bundesparteipräsidiums und des Bundes-

parteivorstandes der SPÖ und des Bundesfrauenkomitees der SPÖ 1971, Mitglied des Landesparteivorstandes der SPÖ Niederösterreich 1960–1971, Vorsitzende des Frauen-Bezirkskomitees Wien/Hietzing 1972.

Mitglied des Bundesrates	20.11.1969–12.11.1975
Mitglied des Bundesrates	21.11.1975–29.06.1982
Stellvertr. Vorsitzende des Bundesrates	01.01.1982–29 06.1982

Quelle: Parlamentsdirektion.

DENGLER Josef   CSP/ÖVP
* 16.05.1894, Steinabrunn (Niederösterreich)
† 15.05.1976, Wien

Volksschule, Landwirt; Fabrikarbeiter 1919.
  Kreisobmann der christlichen Arbeiterbewegung Viertel ober dem Wienerwald, Landessekretär der christlichen Gewerkschaften Niederösterreichs. Mitglied des Gemeinderates der Stadt Baden 1937, geschäftsführender Obmann des ÖAAB, Landesgruppe Niederösterreich 1945. Politische Freiheitsstrafen: März bis Mai 1938, August 1938 bis Jänner 1939.

Mitglied des Bundesrates	20.05.1927–02.05.1934
Abg. zum Nationalrat (5.–8. WP)	19.12.1945–09.06.1959

Quelle: Parlamentsdirektion.

DENK Florian   ÖVP
* 07.08.1884, Berg
† 15.02.1962
Bauer, Berg bei Hainburg
Nach der Volksschule in der elterlichen Landwirtschaft tätig.
  1924–1938 und 1945–1950 Bürgermeister von Berg, mehrere Funktionen in landwirtschaftlichen Genossenschaften.

Abg. zum Landtag (4. WP)	12.12.1945–05.11.1949

Quelle: Landtag, Biographisches Handbuch.

DERFLER Alois, Ing.   ÖVP
* 21.05.1924, Scheibbs
† 29.01.2005, Scheibbs

Pflichtschulen in Scheibbs 1930–1938, Höhere Landwirtschaftliche Bundeslehranstalt »Francisco-Josephinum« in Wieselburg 1938–1942, Matura 1942. Bewirtschaftung des elterlichen landwirtschaftlichen Betriebes ab 1947, Übernahme des Betriebes 1964; Ökonomierat 1978.

  Mitglied des Gemeinderates von Scheibbs 1950, Erster Vizebürgermeister von Scheibbs 1955–1965, Bürgermeister von Scheibbs 1965–1983, Kammerrat der Niederösterreichischen Landwirtschaftskammer 1960–1970, Vizepräsident der Niederösterreichischen Landwirtschaftskammer 1970, Präsident des Österreichischen Bauernbundes 1980, Vorsitzender der Präsidentenkonferenz der Landwirtschaftskammern Österreichs.

Abg. zum Nationalrat (16.–17. WP)   19.05.1983–04.11.1990

Quelle: Parlamentsdirektion; Landwirtschaftsminister Josef Pröll zum Tod von Alois Derfler.

DERSCH Mathias   CSP
* 09.09.1865, Ladendorf
† 05.01.1943, Ladendorf
Wirtschaftsbesitzer

Volksschule. Bürgermeister von Ladendorf 1904.

Mitglied der Konst. Nationalversammlung   04.03.1919–09.11.1920
Abg. zum Nationalrat (1.–3. WP)   10.11.1920–01.10.1930

Quelle: Parlamentsdirektion.

DEUSCH Ludwig   SPÖ
* 13.02.1925, Burgschleinitz bei Eggenburg
† 05.12.2008, Eggenburg
Buchhalter, Eggenburg

Volks- und Hauptschule, 1941 dienstverpflichtet, 1943 Reichsarbeitsdienst, dann Militärdienst und Kriegsgefangenschaft bis 1946, danach Eintritt in den Gemeindedienst.
    1970–1975 und 1985–1987 Gemeinde- bzw. Stadtrat in Burgschleinitz, 1976 Bezirksparteivorsitzender.

Abg. zum Landtag (10.–12. WP)	17.11.1977–30.11.1987

Quelle: Landtag, Biographisches Handbuch.

DEUTSCH Josef   SPÖ
* 05.01.1890, Mödling
† 04.10.1970, Mödling
Prokurist i. R.

Fünf Klassen Volksschule, drei Klassen Bürgerschule, Lehre: Buchdrucker 1918–1921, in der Industrie tätig 1921–1934, kaufmännischer Angestellter bis 1938, Hilfsarbeiter, Bürotätigkeit in einer Korksteinfabrik, Prokurist bis 1959, Pension.
    Mitglied der SDAP 1908, Bezirksvorsteher von Wien/Mödling 1951–1954, Vizebürgermeister der Stadt Mödling 1954–1955, Bürgermeister der Stadt Mödling 1955. Teilnahme an den Februarkämpfen des Jahres 1934, zehn Monate Kerker.

Abg. zum Nationalrat (8. WP)	18.03.1959–09.06.1959

Quelle: Parlamentsdirektion.

DEWANGER Karl   StL
* 01.10.1897, Purkersdorf
† 19.05.1944, Graz
Leichenbestattungsunternehmer, Purkersdorf
Ständischer Landtag – Gewerbevertreter

Gymnasium, Universität Wien (Jus), Leichenbestatter. 1932 Vorsteher der Allgemeinen Gewerbegenossenschaft, in der er eine eigene Genossenschaft der Bestatter schuf, Bundesinnungsmeister.
    Geschäftsführender Gemeinderat in Purkersdorf.

Mitglied des Bundesrates	27.04.1934–02.05.1934
Mitglied d. Ständ. Landtages	22.11.1934–12.03.1938

2. Vizepräsident   22.11.1934–12.03.1938

Quelle: Landtag, Biographisches Handbuch.

DIENBAUER Josef   StL/ÖVP
* 30.03.1898, Thomasberg
† 08.12.1986, Neunkirchen
Bauer, Thomasberg (Edlitz)
Ständischer Landtag – Vertreter der Land- und Forstwirtschaft

1916–1919 Militärdienst und Kriegsgefangenschaft, danach als Landwirt tätig.
    1924–1936 Gemeinderat, 1936–1938 Bürgermeister von Thomasberg, 1932 Landeskammerrat, und Mitglied des Bundeswirtschaftsrates, 1939 gemaßregelt, 1939–1940 und 1945 Militärdienst, 1945–1972 neuerlich Bürgermeister, Ehrenbürger von 25 Gemeinden.

Mitglied d. Ständ. Landtages   22.11.1934–12.03.1938
Abg. zum Landtag (4.–7. WP)   12.12.1945–19.11.1964

Quelle: Landtag, Biographisches Handbuch.

DIESNER-WAIS Martina   ÖVP
* 10.02.1968, Waidhofen/ Thaya

Volksschule 1974–1978, Hauptschule 1978–1982, Fachschule für wirtschaftliche Berufe 1982–1985, Lehre der landwirtschaftlichen Hauswirtschaft 1985–1987, Führung eines landwirtschaftlichen Betriebes seit 1997, landwirtschaftliches College (Facharbeiterprüfung) 1990–1991, Vorbereitungskurse zur landwirtschaftlichen Meisterprüfung 1991–1993, Meisterprüfung 1993.
    Mitglied des Gemeinderates von Schrems 1990–1995 sowie seit 2005; Stadträtin von Schrems 1995–2005, Gemeindeparteiobmann-Stellvertreterin der ÖVP Schrems seit 1995, Bezirksparteiobmann-Stellvertreterin der ÖVP Schrems seit 2004, Gemeindeparteiobfrau der ÖVP Schrems seit 2008; Bezirksbauernratsobfrau von Schrems seit 1990, Hauptbezirksbauernratsobfrau von Schrems seit 2005, Obfrau der Österreichischen Jungbauernschaft 1996–1999, Schriftführerin des Landesbauernratsvorstandes seit 2005, Schriftführerin des Landesvorstandes des NÖ-Hilfswerks seit 2005.

Mitglied des Bundesrates	24.04.2003–09.04.2008
Mitglied des Bundesrates	10.04.2008–

Quelle: Parlamentsdirektion.

DIENSTL Ignaz   StL
* 05.02.1883, Stögersbach
† 15.04.1948, Großhaslau
Landwirt, Großhaslau, Post Zwettl
Ständischer Landtag – Vertreter der Land- und Forstwirtschaft

Mitglied d. Ständ. Landtages	22.11.1934–12.03.1938

Quelle: Landtag, Biographisches Handbuch.

DIESSNER Reinhold   SPÖ
* 19.06.1896, Nieder-Einsiedl (Böhmen)
† 23.02.1981, Korneuburg
Eisendreher, Korneuburg

Volks- und Bürgerschule, Schlosserlehre, dann Arbeit in Deutschland. 1915–1918 Militärdienst, Arbeit in der Schiffswerft, wegen gewerkschaftlicher Aktivitäten 1923 Entlassung, 1925–1927 und 1931–1934 arbeitslos, 1934 mehrere Monate in Haft, dann bis 1937 neuerlich arbeitslos.

    1945–1946 Vizebürgermeister von Korneuburg, dann wegen einiger Probleme mit der russischen Besatzungsmacht für einige Zeit nach Wien übersiedelt.

Abg. zum Landtag (4. WP)	04.05.1948–05.11.1949

Quelle: Landtag, Biographisches Handbuch.

DIETTRICH Hans   ÖVP
* 20.07.1919, Aspang
† 17.12.1987, Wr. Neustadt
Rauchfangkehrermeister, Aspang/Wechsel

Volks-, Haupt- und Handelsschule, Lehre als Rauchfangkehrer, 1949 Meisterprüfung, 1956 selbstständiger Betrieb.

1955 Gemeinderat, 1962 Vizebürgermeister von Aspang, Kammerrat, Fachgruppenvorsteher, 1965 Landesinnungsmeister-Stellvertreter, 1968–1987 Bürgermeister.

Abg. zum Landtag (8.–11. WP)	19.11.1964–04.11.1983

Quelle: Landtag, Biographisches Handbuch.

DIRNBERGER Alfred ÖVP
* 19.02.1951, Zwettl
Bankangestellter, Zwettl

Volks-, Haupt- und Handelsschule; seit 1971 Bankangestellter.

1975–1980 Landesobmannstellvertreter der JVP, 1975–1977 Gemeinderat in Zwettl, 1989–1994 Landessekretär des NÖ-AAB, 1991 Vizepräsident der AK NÖ.

Abg. zum Landtag (12.–15. WP)	04.11.1983–24.04.2003

Quelle: Landtag, Biographisches Handbuch.

DITTELBACH Franz SDAP
* 03.11.1883, Wien
† 24.10.1941
Bahnmeister, Gloggnitz

Volks- und Bürgerschule, Buchbinderlehre, Militärdienst, 1905 Eintritt in den Bahndienst.

Gewerkschafts- und Parteifunktionen, 1918 Gemeinderat, 1919–1934 Bürgermeister von Gloggnitz, 1934 zu zehn Monaten Kerker verurteilt, ab 1936 Versicherungsvertreter in Wien.

Abg. zum Landtag (1.–3. WP)	14.09.1922–16.02.1934
Obmannstv. des Finanzkontrollausschusses	20.05.1927–19.05.1932
	und 05.07.1932–16.02.1934

Quelle: Landtag, Biographisches Handbuch.

DITZ Johannes, Dr. ÖVP
* 22.06.1951, Kirchberg/Wechsel

Volksschule, Hauptschule (eine Klasse), Realgymnasium (Unterstufe) in Strebersdorf, Handelsakademie (Matura 1971), Studium der Volkswirtschaft an der Wirtschaftsuniversität Wien (Mag. rer. soc. oec. 1976, Dr. rer. soc. oec. 1978); Präsenzdienst.
  Vereinigung Österreichischer Industrieller 1978–1979, Referent der Abteilung Wirtschaftspolitik in der ÖVP Bundesparteileitung 1979–1983, Leiter der Abteilung Wirtschaftspolitik ab Jänner 1984, Generaldirektor-Stellvertreter der Post & Telekom Austria AG 1996, Vorstandsdirektor für den Unternehmensbereich Finanzen 1996, Aufsichtsratsvorsitzender der Austrian Airlines (AUA) 2001, Vorstandsvorsitzender der A-Tec-Industries 2006. Generalsekretär-Stellvertreter des Österreichischen Wirtschaftsbundes März 1988–1991, Generalsekretär des Österreichischen Wirtschaftsbundes 1991–1992.

Abg. zum Nationalrat (17.–18. WP)	01.03.1989–28.01.1993
Abg. zum Nationalrat (19. WP)	07.11.1994–12.12.1994
Abg. zum Nationalrat (20. WP)	15.01.1996–13.03.1996
Staatssekretär im Bundesministerium für Finanzen	21.01.1987–07.03.1988
Staatssekretär im Bundesministerium für Finanzen	22.10.1991–04.05.1995
Bundesminister für wirtschaftliche Angelegenheiten	04.05.1995–19.06.1996

Quelle: Parlamentsdirektion; Wiener Zeitung online.

DIWALD Leopold CSP
* 16.10.1862, Hohenwarth
† 28.08.1927, Hohenwarth

Volksschule, Unterrealschule. Grundbesitzer.
  Mitglied des Gemeinderates von Hohenwarth, Bürgermeister von Hohenwarth, Abgeordneter zum Niederösterreichischen Landtag, Reichsratsabgeordneter 1908.

XVIII. Session Ersatz für Josef Kühschelm	
Mitglied der Prov. Nationalversammlung	21.10.1918–16.02.1919
Mitglied der Konst. Nationalversammlung	04.03.1919–09.11.1920
Abg. zum Nationalrat (1. WP)	10.11.1920–20.11.1923

Quelle: Parlamentsdirektion.

DOHNAL Johanna, Prof.   SPÖ
* 14.02.1939, Wien
† 20.02.2010, Grabern (Niederösterreich)

Pflichtschulen, Industriekaufmann, Kaufmännische Angestellte, Prof. 2009.
 In den Bezirksrat des XIV. Wiener Gemeindebezirkes gewählt 1969, Landesfrauensekretärin der SPÖ Wien 1972–1979, Mitglied des Wiener Gemeinderates und Abgeordnete zum Wiener Landtag 1973–1979, Bundesvorsitzende der SPÖ-Frauen 1987, Stellvertretende Vorsitzende der SPÖ.

Staatssekretär(in) im Bundeskanzleramt	05.11.1979–17.12.1990
Bundesministerin im Bundeskanzleramt	17.12.1990–31.12.1994
Betraut mit der Leitung der zum Wirkungsbereich des Bundeskanzleramtes gehörenden Koordination in Angelegenheiten der Frauenpolitik,	02.01.1991–31.12.1994
Betraut mit der Leitung der zum Wirkungsbereich des Bundeskanzleramtes gehörenden Koordination in Angelegenheiten der Frauenpolitik sowie der Angelegenheiten der Gleichbehandlungskommission	29.01.1991–31.12.1994
Abgeordnete zum Nationalrat (19. WP)	07.11.1994–14.12.1994
Bundesministerin für Frauenangelegenheiten	01.01.1995–06.04.1995

Quelle: Parlamentsdirektion.

DOLLFUSS Engelbert, Dr.   CSP
* 04.10.1892, Texing, Niederösterreich
† 25.07.1934, Wien

Als uneheliches Kind geboren. Gymnasium in Hollabrunn; Teilnahme im Ersten Weltkrieg, danach Sekretär des NÖ Bauernbundes, 1927 Direktor der NÖ Landwirtschaftskammer.
 Dollfuß schaltete im März 1934 das Parlament aus, verbot 1933 die NSDAP, die Kommunistische Partei und den Schutzbund, 1934, nach den Februarkämpfen, auch die SDAP und ließ als einzigen Willensträger die Vaterländische Front zu. Er regierte mit Notverordnungen und führte das Standrecht und die Todesstrafe wegen des nationalsozialistischen Terrors ein, die er dann allerdings auch gegen Sozialdemokraten einsetzte. Er schuf mit der Maiverfassung 1934 einen autoritären Ständestaat und stützte sich vor allem auf die Katholische Kirche, die Heimwehr und die Bauern. Durch den Abschluss der »Römischen Protokolle« räumte er Mussolini besonderen

Einfluss auf die österreichische Innen- und Außenpolitik ein. Dollfuß wurde beim nationalsozialistischen Juliputsch 1934 ermordet, nachdem schon im Oktober 1933 ein Attentat auf ihn verübt worden war.

BM für Land- und Forstwirtschaft	18.03.1931–20.05.1932
Bundeskanzler, BM f. Äußeres und Landwirtschaft	20.05.1932–21.09.1933
Bundeskanzler, BM f. Äußeres, Inneres, Landwirtschaft, Landesverteidigung und Sicherheit	21.09.1933–25.07.1934

Quelle: Wikipedia; Ernst Bruckmüller, Personenlexikon Österreich. 2001.
Lit.: Jedlicka, Ludwig, Dollfuß Engelbert. In Neue Deutsche Biographie 4. 1959; Jagschitz, Gerhard, Der Putsch. Die Nationalsozialisten in Österreich 1934. 1976; Ganslmeier, Florian, Engelbert Dollfuß. In: Biographisch-Bibliographisches Kirchenlexikon 25. 2005; Dollfuß Engelbert. In: Österreichisches Biographisches Lexikon 1815–1950, 1. 1957; Bußhoff, Heinrich, Das Dollfuß-Regime in Österreich. 1968; Dollfuss, Eva, Mein Vater – Hitlers erstes Opfer (Wien 1994); Eichstädt, Ulrich, Von Dollfuß zu Hitler – Geschichte des Anschlusses Österreichs 1933–1938. 1955; Luksan, Martin, Schlösser Hermann, Szanya, Anton (Hg.), Heilige Scheine – Marco d'Aviano, Engelbert Dollfuß und der österreichische Katholizismus. 2007; Miller, James William, Engelbert Dollfuss als Agrarfachmann (Wien 1989); Neuhäuser, Stephan (Hg.), »Wir werden ganze Arbeit leisten ...« – Der austrofaschistische Staatsstreich 1934. 2004; Ross, Dieter, Hitler und Dollfuß. Die deutsche Österreich-Politik 1933–1934. 1966; Schafranek, Hans, »Sommerfest mit Preisschießen« – Die unbekannte Geschichte des NS-Putsches im Juli 1934. 2006; Schausberger, Franz, Letzte Chance für die Demokratie. 1993; Brook-Shephard Gordon, Engelbert Dollfuss. 1961; Tálos, Emmerich, Neugebauer, Wolfgang (Hg.), Austrofaschismus – Politik, Ökonomie, Kultur 1933–1938. 2005; Walterskirchen, Gundula, Engelbert Dollfuß – Arbeitermörder oder Heldenkanzler. 2004.

DONABAUER Karl ÖVP
* 19.05.1945, Landstetten

Präsenzdienst 1964–1965.
Landwirtschaftsmeister seit 1968, Katholische Sozialakademie 1971–1972, Betriebsführer seit 1973; Ökonomierat 1995.
  Bürgermeister der Marktgemeinde Dunkelsteinerwald 1970–1992, Gemeindeparteiobmann der ÖVP Gerolding 1969–1992, Bezirksparteiobmann der ÖVP Melk 1992–2007, Vizepräsident der Niederösterreichischen Landes-Landwirtschaftskammer 1990–1994, Obmann der Sozialversicherungsanstalt der Bauern seit 1988, Mit-

glied der österreichischen Delegation zur Parlamentarischen Versammlung des Europarates seit 2002.

Abg. zum Nationalrat (19.– WP)   07.11.1994–

Quelle: Parlamentsdirektion.

DONNERBAUER Heribert, Mag.   ÖVP
* 04.08.1965, Wien

Volksschule in Wien und Perchtoldsdorf 1971–1975, Allgemeinbildende Höhere Schule in Mödling und Stockerau 1975–1979, Aufbaugymnasium in Hollabrunn 1979–1983, Studium der Rechtswissenschaften an der Universität Wien (Mag. iur.) 1984–1993; Präsenzdienst 1983–1984. Versicherungsangestellter 1988–1993, Rechtsanwaltsanwärter 1993–1998, Rechtsanwalt seit 1998. Justizsprecher.
   Bürgermeister von Hardegg seit 2008. Vizebürgermeister von Hardegg 2005–2008.

Abg. zum Nationalrat (21.– WP)   02.07.2001–

Quelle: Parlamentsdirektion.

DORFMEISTER-STIX Alexandra Desiree   LIF/ÖVP
* 21.09.1970, Wien

Volksschule, Realgymnasium, Universität Wien (Jus).
   6.3.1997 Austritt aus dem LIF und Eintritt bei der ÖVP.

Abg. zum Landtag (14. WP)   07.06.1993–16.04.1998

Quelle: Landtag, Biographisches Handbuch.

DOPPLER Helmut   ÖVP
* 25.03.1945, Puchberg/Schneeberg
Technischer Angestellter, Pottendorf

Volksschule, Bundesrealschule, Matura, Zentralbesoldungsamt, EDV-Ausbildung, Bundesrechenamt, Leiter der EDV-Arbeitsvorbereitung in der BRZ GmbH.

1980 gf. Gemeinderat, 1985–2005 Bürgermeister von Pottendorf.

Abg. zum Landtag (15.–16. WP)	04.10.2001–06.10.2010

Quelle: NÖ Landtag.

DROCHTER Karl   SPÖ
* 01.07.1940, Himberg

Volksschule Himberg 1946–1950, Hauptschule Himberg 1950–1954, Bundesgewerbeschule für Gießereiwesen 1954–1957, Präsenzdienst 1960; Technischer Angestellter bei Waagner-Biró Stadlau 1957, Former und Gießer bei der Metallgießerei Bachmaier 1958–1961, Gießereifacharbeiter bei Hutterer und Lechner 1961–197.
Mitglied des Gemeinderates von Ebergassing 1970–1988, Vizebürgermeister von Ebergassing 1979–1986, Geschäftsführendes Mitglied des Gemeinderates von Ebergassing 1980–1986, Mitglied des Landesparteivorstandes der SPÖ Niederösterreich seit 1985, Mitglied des Bundesparteivorstandes der SPÖ seit 1987, Mitglied der Wiener Konferenz der SPÖ Wien seit 1996, Mitglied des Wiener Gemeinderatsklubs der SPÖ seit 1996, Mitglied des Landesverteidigungsrates 1996, diverse Funktionen in der Gewerkschaft Metall-Bergbau-Energie, Bezirksorganisation Schwechat, Sekretär der Fraktion Sozialistischer Gewerkschafter (FSG) im ÖGB Niederösterreich 1983–1987, Bundessekretär der FSG 1987, Mitglied der Exekutive des Europäischen Gewerkschaftsbundes seit 1988, Kammerrat der Kammer für Arbeiter und Angestellte für Niederösterreich 1983–1995, Vorstandsmitglied der Kammer für Arbeiter und Angestellte für Niederösterreich 1983–1989, Mitglied des Vorstandes der Bundeskammer für Arbeiter und Angestellte (Bundesarbeitskammer) 1992–1995, Landesbildungsreferent des Österreichischen Gewerkschaftsbundes Niederösterreich 1971–1983, Landessekretär des Österreichischen Gewerkschaftsbundes Niederösterreich 1983–1987. Leitender Sekretär des ÖGB.

Mitglied des Bundesrates	01.12.1987–06.06.1993
Mitglied des Bundesrates	26.01.1996–19.10.2000

Quelle: Parlamentsdirektion.

DUBOVSKY Robert   KPÖ
* 05.07.1907, Wien
† 24.05.1991, Wien
Werkzeugmacher, Neunkirchen

Volks- und Hauptschule, Lehre, 1933 Beitritt zur KPÖ, nach 1934 mehrmals verhaftet, 1939–1944 KZ Buchenwald und Dachau.
   1948–1963 Landesobmann der kommunistischen Gemeindevertreter, 1954–1968 gf. Landesparteiobmann, Aufsichtsrat der Newag (heute EVN).

Abg. zum Landtag (4.–6. WP)   12.12.1945–04.06.1959

Quelle: Landtag, Biographisches Handbuch.

DUDA Adolf   SDAP
* 02.05.1878, Sternberg/Sternberk (Mähren)
† 27.05.1940, Wien
Gewerkschaftssekretär, Pottendorf

Sechs Klassen Volksschule, dann Fachschule für Weberei, arbeitete als Weber und ab 1907 im Arbeitssekretariat Pottendorf, 1904–1907 Redakteur der »Gleichheit« (Wr. Neustadt), ab 1907 bei der Union der Textilarbeiter Österreichs; schon 1914 in russische Kriegsgefangenschaft geraten, in Sibirien interniert; nach der russischen Revolution Arbeit für deutsche Zeitschrift der Soldatenräte in Moskau, 1919 zurückgekehrt, 1921 zum Land- und Forstarbeiterverband, ab 1925 Zentralsekretär.

Abg. zum Landtag (1. WP)   11.05.1921–24.03.1926
Abg. zum Nationalrat (2.–3. WP)   20.11.1923–01.10.1930
Abg. zum Nationalrat (4. WP)   02.12.1930–04.05.1932

Quelle: Landtag, Biographisches Handbuch; Parlamentsdirektion.

DURRY Josef   ÖVP
* 15.10.1881, Marchegg
† 03.01.1970, Marchegg

Fünf Klassen Volksschule in Marchegg, drei Klassen Bürgerschule in Wien, Staatsgewerbeschule in Wien, Abendkurse einer Zeichen- und Modellierschule, Zimmerer, Übernahme des väterlichen Zimmereigeschäftes mit Holzhandel 1914.

Mitglied des Gemeinderates von Marchegg 1918–1938 sowie 1945, Bürgermeister von Marchegg 1935–1938 sowie 1945–1946, Bezirksobmann des Österreichischen Wirtschaftsbundes. Politische Freiheitsstrafe: 1938 mehrmonatige Haft.

Mitglied des Bundesrates	19.12.1945–05.11.1949

Quelle: Parlamentsdirektion.

DWORAK Rupert SPÖ
* 08.01.1962, Neunkirchen

Volksschule, Bundesrealgymnasium, Matura, Angestellter, Verkaufsleiter.

1988 Gemeinderat, 1991 Stadtrat, 2004 Bürgermeister von Neunkirchen, 2008 Präsident des Sozialdemokratischen Gemeindevertreterverbandes Niederösterreich.

Abg. zum Landtag (16.– WP)	24.04.2003–

Quelle: NÖ Landtag.

EBNER Adelheid SPÖ
* 15.10.1961, Gutenbrunn

Volksschule in Gutenbrunn 1967–1971, Hauptschule in Martinsberg 1971–1975, Polytechnischer Lehrgang 1975–1976, Berufsschule (erlernter Beruf: Bürokauffrau) 1976–1979; Gemeindesekretärin seit 1976.

Geschäftsführendes Mitglied des Gemeinderates von Gutenbrunn 1995–2000; Bürgermeisterin der Marktgemeinde Gutenbrunn 2000.

Mitglied des Bundesrates	24.04.2003–24.01.2007
Mitglied des Bundesrates	01.10.2009–

Quelle: Parlamentsdirektion.

ECKHART Leopold SPÖ
* 31.01.1900, Altenberg
† 28.11.1974, Zeiselmauer
Eisenbahnpensionist, Zeiselmauer

Volksschule, Maurerlehre, 1916 Eisenbahner, 1918 Militärdienst, danach Eintritt bei der ÖBB.
    Verschiedene gewerkschaftliche Funktionen; 1943 Gerichtsverfahren wegen politischer Betätigung, 1947 pensioniert, 1945–1970 Bürgermeister von Zeiselmauer.

Abg. zum Landtag (5. WP)	05.11.1949–10.11.1954
Abg. zum Landtag (6. WP)	24.10.1957–10.04.1959
Abg. zum Nationalrat (9. WP)	13.06.1960–14.12.1962

Quelle: Landtag, Biographisches Handbuch.

EDER Anton, Ing. ÖVP
* 21.11.1924, Landstetten (Niederösterreich)
† 04.05.2004, Scheibbs

Volksschule Pöggstall 1930–1934, Hauptschule Pöggstall 1934–1938, Ackerbauschule Weigelsdorf 1939–1942, Höhere Bundeslehranstalt Salzburg (Matura) 1946–1949, Landwirtschaftslehrer 1949–1953, Bauer 1953–1988, Ökonomierat 1975.
    Bürgermeister der Gemeinde Neukirchen am Ostrong 1950–1972; Hauptbezirksparteiobmann der ÖVP Pöggstall, Obmann der Bezirksbauernkammer Pöggstall 1970–1990.

Mitglied des Bundesrates	08.05.1970–20.11.1987

Quelle: Parlamentsdirektion.

EDLINGER Johann CSP
* 24.08.1876, Modsiedl
† 26.12.1964
Wirtschaftsbesitzer, Modsiedl (Raabs)

Volksschule in Raabs, 1903 Übernahme der elterlichen Wirtschaft.
    Gemeinderat, Gründer und Obmann der Spiritusbrennereigenossenschaft Raabs.

Abg. zum Landtag (2. WP)   20.05.1927–21.05.1932

Quelle: Landtag, Biographisches Handbuch.

EDLINGER Josef   ÖVP
* 04.12.1969, Felling

Volksschule in Gföhl, Hauptschule in Gföhl, landwirtschaftliche Fachschule in Edelhof, 1988 landwirtschaftlicher Facharbeiter, 1991 Übernahme des elterlichen Betriebes, 1995 Forstfacharbeiter, 1996 Forstgarten- und Forstpflegefacharbeiter, 2007 Forstwirtschaftsmeister.
    1995 Gemeinderat in Gföhl, 1997 Stadtrat in Gföhl, 2000–2005 Landeskammerrat, 2000–2008 Teilbezirksobmann Gföhl, 2005 Gemeinderat in Gföhl, 2005 Obmann der Bezirksbauernkammer Krems.

Abg. zum Landtag (17.– WP)   10.04.2008–

Quelle: NÖ Landtag.

EGERER Maria-Luise, geb. Fuchs   ÖVP
* 14.09.1945, Ober-Grafendorf
Bäuerin, St. Pölten

Volks-, Haupt-, Landwirtschaftliche Fortbildungs- und Hauswirtschaftsschule, 1964–1967 im Gastgewerbe tätig, 1967 Übernahme des elterlichen landwirtschaftlichen Betriebes.
    Bezirksbäuerin, Kammerobmannstellvertreterin.

Abg. zum Landtag (14.–15. WP)   07.06.1993–24.04.2003

Quelle: Landtag, Biographisches Handbuch.

EGGENDORFER Theodor   ÖVP
* 11.10.1901, Schönberg/Kamp
† 24.03.1980, Schönberg/Kamp

Dreiklassige Volksschule, Weinbauschule in Krems 1920–1921, Weinhauer.

Bürgermeister von Schönberg/Kamp 1935–1938 sowie 1945–1960, Bezirksparteiobmann der ÖVP Langenlois, Obmann des Landesverbandes der Weinbautreibenden Niederösterreichs, Präsident des Bundesverbandes der Weinbautreibenden Österreichs, Obmann des Verbandes der Niederösterreichischen Winzergenossenschaften, Obmann der Bezirksbauernkammer und des Bezirksbauernrates Langenlois.

Mitglied des Bundesrates	19.12.1945–30.12.1965
Vorsitzender des Bundesrates	01.07.1965–30.12.1965

Quelle: Parlamentsdirektion.

EHRENFRIED Anton, Mag. ÖVP
* 09.09.1895, Hollabrunn
† 01.11.1974, Hollabrunn

Volksschule, Untergymnasium in Hollabrunn, Handelsakademie in Wien. Eintritt in die Union-Bank Wien 1919, Beamter der Volksbank Hollabrunn 1925, zwangspensioniert 1938, Anstellung bei einer Spar- und Kreditgenossenschaft 1939, Leitung der Volksbank Hollabrunn.
    Bürgermeister von Hollabrunn 1934–1938; 1950–1968. 1938 kurze Zeit in Haft.

Abg. zum Nationalrat (6.–8. WP)   08.11.1949–09.06.1959

Lit.: Bezemek, Ernst/Ecker, Friedrich (Hg.), Hollabrunn – Das Werden einer Bezirksstadt. 2007.

EICHINGER Johann CSP/ÖVP
* 14.05.1886, Hetzmannsdorf
† 16.04.1967, Hetzmannsdorf

Volksschule, Bürgerschule, Ackerbauschule in Edelhof. Landwirt, Übernahme der elterlichen Landwirtschaft, Vorstand der Wiener Molkerei 1956–1967.
    Bürgermeister von Hetzmannsdorf 1919–1938, Obmann der Bezirksbauernkammer Hollabrunn 1922–1938 sowie 1945–1958, Mitglied des Bundeswirtschaftsrates 1934–1938, Mitglied des Bundestages 1934–1938, Vorsitzender des Bundeswirtschaftsrates und Erster Vizepräsident des Bundestages 1934–1938, Mitglied des Niederösterreichischen Bauernbundes, Obmannstellvertreter des Genossenschaftslagerhauses Hollabrunn. 1944 mehrwöchige Haft.

| Abg. zum Nationalrat (4. WP) | 02.12.1930–02.05.1934 |
| Abg. zum Nationalrat (5. WP) | 19.12.1945–08.11.1949 |

Quelle: Parlamentsdirektion.
Lit.: 50 Jahre Lagerhaus Hollabrunn. 1948.

EICHINGER Karl   ÖVP
* 20.06.1897, Getzersdorf
† 11.12.1983, St. Pölten

Fünfklassige Volksschule Pyhra, landwirtschaftliche Landeslehranstalt in Pyhra. Landwirt.
    Bürgermeister der Gemeinde Pyhra 1935–1938, Obmannstellvertreter der Grundverkehrskommission für den Bezirk St. Pölten, Bürgermeister-Stellvertreter der Stadt St. Pölten 1945, Obmannstellvertreter der Bezirksbauernkammer.

Mitglied des Bundesrates	19.12.1945–05.11.1949
Vorsitzender des Bundesrates	01.07.1947–31.12.1947
Abg. zum Nationalrat (6.–9. WP)	08.11.1949–14.12.1962

Quelle: Parlamentsdirektion.

EICHINGER Leopold, Ing.   ÖVP
* 13.03.1940, Hafnerbach
Landesbeamter, Biedermannsdorf

Volksschule Hafnerbach, Hauptschule Prinzersdorf, 1954–1960 im elterlichen Betrieb tätig, 1961–1965 Absolvierung des »Francisco-Josephinum« Wieselburg, 1965 Eintritt in den NÖ Landesdienst (Bodenschutz).
    1975–1992 Bürgermeister, 1985–1998 Hauptbezirksparteiobmann.

Mitglied des Bundesrates	25.09.1985–16.11.1988
Abg. zum Landtag (13.–14. WP)	17.11.1988–16.04.1998
3. Präsident (14. WP)	07.06.1993–16.04.1998

Quelle: Landtag, Biographisches Handbuch.

EIGNER Willibald, Dipl.-Ing. ÖVP
* 01.01.1948, Weidling

Volks- und Realschule, Matura, Studium der Architektur an der TH Wien, Ziviltechnikerprüfung, eigenes Architekturbüro in Klosterneuburg
    1988 Gemeinderat, 1990–2003 und 2010 Stadtrat von Klosterneuburg.

Abg. zum Landtag (16.– WP)   24.04.2003–

Quelle: NÖ Landtag.

EISENHUT Josef   CSP
* 26.08.1864, Hagendorf (Niederösterreich)
† 29.02.1928, Hagendorf

Volksschule, Unterrealschule. Wirtschaftsbesitzer.
    Bürgermeister von Hagendorf, Abgeordneter zum Niederösterreichischen Landtag 1908–1918 sowie 1918–1919, Reichsratsabgeordneter 1907–1918, Obmann-Stellvertreter des Niederösterreichischen Bauernbundes, Mitglied des Bezirksschulrates Mistelbach.

Mitglied der Prov. Nationalversammlung	21.10.1918–16.02.1919
Mitglied der Konst. Nationalversammlung	04.03.1919–09.11.1920
Abg. zum Nationalrat (1.–3. WP)	10.11.1920–29.02.1928

Quelle: Parlamentsdirektion.

EISENSCHENK Peter, Mag.   ÖVP
* 27.04.1965, Tulln/Donau
Lehrer

Volksschule in Tulln 1971–1975, Realgymnasium in Tulln 1975–1979, Handelsakademie in Tulln 1979–1984, Studium der Wirtschaftspädagogik an der Wirtschaftsuniversität Wien 1984–1991 sowie an der Johannes-Kepler-Universität Linz (Mag. rer. soc. oec.) 1991–1993; Zivildienst. Kaufmännischer Assistent an der HAK/HASCH Tulln 1986–1988, freier Mitarbeiter beim Wirtschaftsmagazin »trend« 1988–1991, teilbeschäftigter Lehrer an der HAK/HASCH Tulln 1990–1993, Redakteur beim Wirtschaftsmagazin »trend« 1991–1993, vollbeschäftigter Lehrer an der HAK/HASCH Tulln 1993–2006, teilbeschäftigter Lehrer an der HAK/HASCH Tulln.

Stadtrat der Stadtgemeinde Tulln 2002–2005, Vizebürgermeister der Stadtgemeinde Tulln seit 2005, seit 2007 Mitglied des Gemeinderates der Stadtgemeinde Tulln, Bürgermeister der Stadtgemeinde Tulln seit 21. Dezember 2009.

Abg. zum Nationalrat (23. WP)   02.01.2007–27.10.2008

Quelle: Parlamentsdirektion; private Homepage. Für weiterführende Informationen danken wir Oberarchivrat Mag. Günter Marian.

EITLER Anton   StL
* 08.04.1882, Traiskirchen
† 13.12.1957
Weinhauer, Traiskirchen
Ständischer Landtag – Vertreter der Land- und Forstwirtschaft

Führte im Auftrag der Landes-Landwirtschaftskammer Kellereikurse durch.
Gemeinderat in Traiskirchen, mehrere Funktionen in landwirtschaftlichen Organisationen.

Mitglied d. Ständ. Landtages   22.11.1934–12.03.1938

Quelle: Landtag, Biographisches Handbuch.

ENDL Johann   StL/ÖVP
* 04.02.1897, Langenlois
† 17.02.1960, Wien
Kellner, Langenlois
Ständischer Landtag – Gewerbevertreter

Mit 14 Jahren Vollwaise, Gastgewerbelehre, 1915–1918 Militärdienst, dann einige Zeit im Ausland tätig, schon frühzeitig für den Wintersport engagiert, 1919 Übersiedlung nach Semmering und Gewerkschaftsmitglied.
1934–1938 Vizebürgermeister der Gemeinde Semmering; ab 1939 für neun Monate inhaftiert und dann in Wien tätig; 1941–1943 Militärdienst, nach dem Zweiten Weltkrieg im Aufbau des ÖAAB engagiert, 1954–1959 Kammerrat der AK NÖ, besonders um die Errichtung der gastgewerblichen Berufsschule in Waldegg bemüht.

Mitglied d. Ständ. Landtages	06.07.1937–12.03.1938
Abg. zum Landtag (4.–7. WP)	12.12.1945–17.02.1960
3. Präsident (4.–7. WP)	12.12.1945–17.02.1960

Quelle: Landtag, Biographisches Handbuch.

ENZINGER Amrita, MSc											Grüne
* 05.10.1967, Knittelfeld

Volksschule und Hauptschule Knittelfeld, HAK Judenburg, HAS Knittelfeld, Aufbaulehrgang HAK Klagenfurt, 2007 Master of Science (Umwelt und Management).
    2002 Gemeinderätin, 2005–2008 Vizebürgermeisterin, 2008–2009 Stadträtin, 2009 Gemeinderätin.

Abg. zum Landtag (17.– WP)	02.10.2008–

Quelle: NÖ Landtag.

ERBER Anton											ÖVP
* 02.04.1968, Rogatsboden
Angestellter, Purgstall

Pflichtschulen, Schule für Fremdenverkehr, Konzessionsprüfung für das Gastgewerbe.
    1989–1992 JVP-Bezirksobmann, 1995 JVP-Landesobmann.

Abg. zum Landtag (15.– WP)	16.04.1998–

Quelle: Landtag, Biographisches Handbuch.

ERLINGER Helga											Grüne
* 11.04.1947, Hainburg/Donau

Pflichtschulen, Handelsschule der Wiener Kaufmannschaft. Bei diversen Privatfirmen tätig, ins Bankengeschäft gewechselt 1974, Direktionsassistentin bei Victoria Volksbanken, Schulungstrainerin für Bankangestellte. Betriebsrätin bei der Volksbank Hainburg.

Mitglied des Gemeinderates von Hainburg (Überparteiliche Bürgerliste) 1985–1988, Mitglied des Vorstandes der Grünen Alternative und der Grünen Bildungswerkstatt Niederösterreich 1986–1988, Mitglied des Bundesvorstandes der Grünen Bildungswerkstatt 1987, Kassierin des Verbandes Unabhängiger Gemeinderäte Niederösterreichs.

Abg. zum Nationalrat (17. WP)　　　　　　　　　　　12.12.1988–27.12.1989

Quelle: Parlamentsdirektion.

ERNECKER Josef　　　　　　　　　　　　　　　　　　　　　　ÖVP
* 20.03.1895, Klosterneuburg
† 25.08.1960, Schwechat
Amtsleiter, Schwechat

Pflichtschulen, 1912–1915 »Bote für den Städtewahlkreis Klosterneuburg, Korneuburg, Krems, Stein und Stockerau«, 1915–1918 Militärdienst (Rechnungsunteroffizier), 1918–1921 kfm. Angestellter, 1925–1939 tätig beim Arbeitsamt, 1947–1959 Leiter der Außenstelle Schwechat des Landesarbeitsamtes.

Abg. zum Landtag (5. WP)　　　　　　　　　　　　　5.11.1949–10.11.1954

Quelle: Landtag, Biographisches Handbuch.

ERNST Franz Johann (Josef?)　　　　　　　　　　　　　　　　CSP
* 29.03.1869, Wiesmath
† 30.12.1946
Bauer, Wiesmath

Volksschule, landwirtschaftliche Fortbildungskurse, 1902 Übernahme der elterlichen Wirtschaft. 1902 Gründer der örtlichen Raiffeisenkasse und 1912–1937 deren Obmann.
　Funktionär mehrerer landwirtschaftlicher Organisationen und Genossenschaften, 1906 Gemeinderat, 1929 Bürgermeister von Wiesmath.

Abg. zum Landtag (3. WP)　　　　　　　　　　　　　21.05.1932–30.10.1934

Quelle: Landtag, Biographisches Handbuch.

ERTL Johann FPÖ
* 08.06.1959, Hartberg

Volksschule in Geiseldorf 1966–1970, Hauptschule in Hartberg 1970–1974, Polizeischule in Wien 1974–1977, Präsenzdienst 1977, Sicherheitswachebediensteter 1977–1983, Kriminalbeamter.

Seit 1983 Mitglied des Gemeinderates der Stadtgemeinde Schwechat 2000–2005, Bezirksparteiobmann der FPÖ Schwechat seit 2005; Mitglied des Landesparteivorstandes der FPÖ Niederösterreich.

Mitglied des Bundesrates (ohne Fraktion)	20.11.2008–04.11.2009
Mitglied des Bundesrates (FPÖ)	05.11.2009–

Quelle: Parlamentsdirektion.

ETLINGER Karl CSP/StL/ÖVP
* 13.12.1895, Zehetgrub
† 14.04.1959, Scheibbs
Bauer, Altenhof bei Steinakirchen/Forst

Sechsklassige Volksschule in Steinakirchen/Forst, landwirtschaftliche Fachschule, Landwirt. 1917–1918 Militärdienst.

1919–1925 Führer des Reichsbundes der katholischen-deutschen Jugend Österreichs, 1924–1938 und 1945–1959 Bürgermeister von Außerochsenbach, 1945–1950 Obmann der Bezirksbauernkammer und des Bezirksbauernrates Scheibbs; Ökonomierat.

Abg. zum Landtag (3. WP)	21.05.1932–30.10.1934
Abg. zum Landtag (4.–5. WP)	12.12.1945–10.11.1954
Mitglied des Bundesrates	10.11.1954–14.04.1959

Quelle: Landtag, Biographisches Handbuch.

FACHLEUTNER Karl ÖVP
* 23.03.1921, Puch (Niederösterreich)
† 08.09.2006, Znaim (Tschechien)

Pflichtschulen, landwirtschaftliche Fortbildungsschule. Landwirt; Ökonomierat.

Bürgermeister von Puch 1950–1970, Bürgermeister von Breitenwaida 1970–1971, Vizebürgermeister von Hollabrunn. Hauptbezirksparteiobmann der ÖVP Hollabrunn 1962–1981, Obmann der Niederösterreichischen Landes-Landwirtschaftskammer, Bezirk Hollabrunn 1968–1976, Obmann des Österreichischen Bauernbundes, Bezirk Hollabrunn 1971. Präsident des Getreidewirtschaftsfonds.

Mitglied des Bundesrates	04.06.1959–14.12.1962
Abg. zum Nationalrat (10.–16. WP)	14.02.1962–16.12.1986

Quelle: Parlamentsdirektion.
Lit.: Bezemek, Ernst, Die Katastralgemeinde Puch. In: Bezemek, Ernst/Ecker, Friedrich (Hg.), Hollabrunn- Das Werden einer Bezirksstadt. 2007.

FAHRNBERGER Ludwig   ÖVP
* 23.06.1904, Göstling/Ybbs
† 31.01.1997
Bauer, Stixenlehen bei Göstling

Volksschule, Gebirgsbauernschule Gaming, bis 1937 am elterlichen Hof tätig. 1943–1946 Militärdienst und englische Kriegsgefangenschaft.
   1948–1970 Gemeinderat, 1950–1965 Vizebürgermeister von Göstling/Ybbs, 1957–1972 Bezirksbauernkammerobmann, diverse Funktionen in bäuerlichen bzw. landwirtschaftlichen Organisationen.

Abg. zum Landtag (7.–8. WP)	04.06.1959–20.11.1969

Quelle: Landtag, Biographisches Handbuch.

FAHRNER Anton   GDVP
* 07.05.1880, Neunkirchen
† 21.05.1955, Wien

Besitzer einer Mühle und eines Elektrizitätswerkes; Kommerzialrat.
   Bürgermeister von Wieselburg 1913–1934 sowie 1938–1945.

Abg. zum Nationalrat (3. WP)	18.05.1927–01.10.1930

Quelle: Parlamentsdirektion.

FALMBIGL Georg   CSP
* 27.02.1877, Großinzersdorf
† 01.11.1962
Bauer, Großinzersdorf bei Zistersdorf

Besuch der Volksschule, danach der Winzerschule Mistelbach, Übernahme des elterlichen Betriebes.
 1924 Gemeinderat, 1929–1938 Bürgermeister von Großinzersdorf, Funktionär mehrerer landwirtschaftlicher Genossenschaften.

Abg. zum Landtag (3. WP)   01.05.1932–30.10.1934

Quelle: Landtag, Biographisches Handbuch.

FARNLEITNER Dr. Hannes   ÖVP
* 05.04.1939, Weikersdorf/Steinfeld

Volksschule, Gymnasium, Studium der Rechtswissenschaften an der Universität Wien (Dr. iur. 1961); Verwaltungsdienst in der Niederösterreichischen Landesregierung (BH Baden, Wien-Umgebung) 1962–1964, Wirtschaftspolitische Abteilung der Handelskammer Wien, Abteilung für Bildungspolitik und Wirtschaft sowie Wirtschaftspolitische Abteilung der Bundeswirtschaftskammer seit 1964, Leiter der Rechts- und Gewerbepolitischen Abteilung der Wirtschaftskammer Österreich 1978–1982, Leiter der Wirtschaftspolitischen Abteilung der Wirtschaftskammer Österreich 1982–1995, Generalsekretär-Stellvertreter der Wirtschaftskammer Österreich von 01.04.1992–18.06.1996.
 Mitglied des Wirtschafts- und Sozialausschusses der Europäischen Gemeinschaften (WSA) und Mitglied des Präsidiums bis 19.06.1996; Mitglied des Beirats für Wirtschafts- und Sozialfragen bis 19.06.1996, Vorsitzender-Stellvertreter des Verwaltungsrates der Agrarmarkt Austria (AMA) bis 19.06.1996, Vorsitzender-Stellvertreter des Aufsichtsrates der Finanzgarantie-Gesellschaft m.b.H. bis 19.06.1996, Vorsitzender-Stellvertreter des Beirats der Horizonte Venture Management Ges.m.b.H. bis 19.06.1996, Mitglied des Aufsichtsrates der Österreichischen Elektrizitätswirtschafts AG (Verbundgesellschaft) bis 19.06.1996, Vorsitzender der Katholischen Männerbewegung Österreichs 1972–1984, Präsident der Internationalen Vereinigung Katholischer Männer (UNUM OMNES) 1978–1994, Mitglied des EU-Konvents seit 2002.

Bundesminister f. wirtschaftliche Angelegenheiten   19.06.1996–04.02.2000

Quelle: Parlamentsdirektion.

FARTHOFER Erich SPÖ
* 27.04.1951, Wiehalm
Bundesbahnbediensteter, Schwarzenau

Nach den Pflichtschulen Absolvierung einer Maschinenschlosserlehre, Meisterprüfung, Lokomotivführer, 1980–1990 Bezirkseinsatzleiter der Volkshilfe.
 1980–1993 Gemeinderat, 1983 Bezirksparteivorsitzender, 1990 Kammerrat der AK NÖ, Vorstandsmitglied der Volkshilfe NÖ.

Mitglied des Bundesrates	15.05.1986–21.06.1999
Abg. zum Europ. Parlament	01.01.1995–11.11.1996
Abg. zum Landtag (15.– WP)	21.06.1999–

Quelle: Landtag, Biographisches Handbuch.

FASAN Martin, Mag. phil. Grüne
* 09.02.1959, Wien
AHS-Lehrer, Neunkirchen

Volksschule, AHS, Uni Wien (Geschichte, Leibeserziehung), unterrichtet seit 1988 in Wr. Neustadt.
 1985–1990 Gemeinderat, 1990–2000 Stadtrat, ab 2000 wieder Gemeinderat.

Abg. zum Landtag (15.–17. WP)	16.04.1998–01.10.2008

Quelle: Landtag, Biographisches Handbuch.

FASS Andreas StL
* 17.05.1889
† 27.06.1951, Neunkirchen
Schlosser, Neunkirchen
Ständischer Landtag – Vertreter für Industrie und Bergbau

Mitglied d. Ständ. Landtages	22.11.1934–12.03.1938

Quelle: Landtag, Biographisches Handbuch.

FASSLABEND Werner, Dr. — ÖVP

* 05.03.1944, Marchegg

Volksschule in Marchegg 1950–1954, Hauptschule in Marchegg 1954–1956, Bundesrealgymnasium in Gänserndorf 1956–1961, Realgymnasium der Theresianischen Akademie in Wien (Matura) 1961–1963, Studium (Englisch, Französisch, Spanisch und Geschichte) an der Wilbraham Academy (Mass., USA) 1963–1964, Studium der Rechte an der Universität Wien (Dr. iur.) 1964–1970. Gerichtspraxis 1970–1971, Product Manager bei der Firma Henkel-Persil 1971, Verkaufsleiter, Hauptabteilungsleiter bis Dezember 1990.

Mitglied des Gemeinderates von Marchegg 1972–1989, Bezirksparteiobmann der ÖVP Marchegg 1980–1984, Hauptbezirksparteiobmann der ÖVP Gänserndorf seit 1984, Landesobmann-Stellvertreter des ÖAAB Niederösterreich 1985–1994, Landesobmann des ÖAAB Niederösterreich 1994–1998, Bundesobmann des ÖAAB 1997–2003, Mitglied des Bundesparteivorstandes der ÖVP seit 1990, Präsident der Politischen Akademie seit September 2004, Präsident des Österreichischen Instituts für Europäische Sicherheitspolitik (ÖIES) seit 2004, Präsident der Österreichischen Föderation der Europahäuser (ÖFEH) seit 2006, Präsident der Österreichisch-Slowakischen Gesellschaft (ÖSG) seit 1993.

Abg. zum Nationalrat (17. WP)	29.01.1987–04.11.1990
Abg. zum Nationalrat (19. WP)	07.11.1994–12.12.1994
Abg. zum Nationalrat (20. WP)	15.01.1996–13.03.1996
Abg. zum Nationalrat (21.–23. WP)	29.10.1999–31.01.2007
3. Präsident des Nationalrates	08.02.2000–20.12.2002
Bundesminister für Landesverteidigung	17.12.1990–04.02.2000

Quelle: Parlamentsdirektion; Dr. Werner Fasslabend – Verteidigungsminister. In: Österreichs Bundesheer (Wien 2000)
Werke: Josef Pröll, Werner Fasslabend (Hg.), Christdemokratisch ist wieder modern. 2010.

FAUSTENHAMMER Josef — SPÖ
* 09.12.1934, Sieghartskirchen

Volksschule, Hauptschule, Maurerlehre, Maurer.
Sekretär der Gewerkschaft der Bau- und Holzarbeiter in Niederösterreich 1970, Mitglied des Gemeinderates von Sieghartskirchen 1968, Mitglied des Gemeindevor-

standes 1975, Kammerrat der Kammer für Arbeiter und Angestellte für Niederösterreich 1979–1991, Mitglied des Landesparteipräsidiums der SPÖ Niederösterreich.

Mitglied des Bundesrates   17.10.1991–16.03.1994

Quelle: Parlamentsdirektion.

FAZEKAS Hannes   SPÖ
* 09.12.1963, Wien

Volksschule 1970–1974, Realgymnasium in Schwechat 1974–1979, Institut für Polizeipraktikanten 1979–1982, Beamtenaufstiegsprüfung 1986, Absolvierung der Sicherheitsakademie 1992–1993, Studienberechtigungsprüfung für Rechtswissenschaften 1995–1996. Exekutivbeamter 1979–2006.
    Jugendstadtrat von Schwechat 2000–2002, Bezirksparteivorsitzender-Stellvertreter der SPÖ Schwechat seit 2001, Bürgermeister von Schwechat seit 2002, Gemeindeparteivorsitzender der SPÖ Stadtgemeinde Schwechat seit 2002, Stellvertretender Ortsparteivorsitzender der SPÖ Bezirk Schwechat seit 2004, Mitglied des Landesparteivorstandes der SPÖ Niederösterreich seit 2005.

Abg. zum Nationalrat (23.– WP)   30.10.2006–

Quelle: Parlamentsdirektion.

FEHRINGER Alois   ÖVP
* 17.03.1917, Amstetten
† 22.07.1960, Amstetten
Gemeindeangestellter, Amstetten

Aus kinderreicher Eisenbahnerfamilie stammend, in christlichen Jugendorganisationen tätig, Matura, dann beim Reichsautobahn-Vermessungsdienst, danach Eintritt in den Gemeindedienst.
    1950–1955 Vizebürgermeister von Amstetten.

Abg. zum Landtag (5–6. WP)   05.11.1949–04.06.1959

Quelle: Landtag, Biographisches Handbuch.

FERSCHNER Josef, Dipl.-Ing. ÖVP
* 01.07.1892, Baden
† 19.11.1968, Traiskirchen

Volksschule, Gymnasium in Baden, Matura 1911, Hochschule für Bodenkultur, Staatsprüfung 1916; Übernahme des landwirtschaftlichen Familienbesitzes, Ökonomierat 1949.
   Bürgermeister von Traiskirchen 1934–1938, aller Funktionen enthoben 1938, Vizebürgermeister von Traiskirchen 1945–1960.

Mitglied des Bundesrates   05.11.1949–10.11.1954

Quelle: Parlamentsdirektion.

FERTL Rudolf, Dr. SPÖ
* 07.07.1928, Mauer bei Amstetten

Volksschule, Realgymnasium, Universität Wien. Sozialversicherungsangestellter.
   Mitglied des Gemeinderates von Mauer bei Amstetten 1965–1971, Bürgermeister der Gemeinde Mauer bei Amstetten 1970–1971, Mitglied des Gemeinderates der Stadtgemeinde Amstetten 1972–1985.

Abg. zum Nationalrat (14.–17. WP)   28.02.1978–04.11.1990

Quelle: Parlamentsdirektion.

FEURER Werner SPÖ
* 27.04.1944, Ternitz
Gemeindebeamter, Ternitz

Volks-, Haupt-, Baufachschule, 1964 Eintritt bei der Stadtgemeinde, 1977 Stadtamtsdirektor.
   1993 Bürgermeister von Ternitz.

Abg. zum Landtag (12.–15. WP)   24.01.1985–24.04.2003

Quelle: Landtag, Biographisches Handbuch.

FICHTINGER Karl　　　　　　　　　　　　　　　　　　　　　　　　　　　ÖVP
* 20.11.1923, Langschlag
† 01.12.1996
Bauer, Ottenschlag

Volksschule, Ackerbauschule Edelhof, 1942–1946 Militärdienst und amerikanische Kriegsgefangenschaft, seit 1949 selbstständiger Bauer.
　1950–1980 im Gemeinderat, 1980–1985 Vizebürgermeister von Ottenschlag. 1960–1985 Obmann der Bezirksbauernkammer, diverse Funktionen in landwirtschaftlichen Genossenschaften.

Abg. zum Landtag (8. WP)　　　　　　　　　　　　　　　　　19.11.1964–20.11.1969

Quelle: Landtag, Biographisches Handbuch.

FICKER Friedrich　　　　　　　　　　　　　　　　　　　　　　　　　　　SPÖ
* 21.12.1905
† 28.01.1989
Werkmeister der landwirtschaftlichen Genossenschaft, Gänserndorf

1934 verhaftet, 1945–1950 Gemeinderat, 1946 auch Bürgermeister (von der russischen Besatzungsmacht ein- und auch wieder abgesetzt) von Gänserndorf.

Abg. zum Landtag (4. WP)　　　　　　　　　　　　　　　　　12.12.1945–05.11.1949

Quelle: Landtag, Biographisches Handbuch.

FIDESSER Erich　　　　　　　　　　　　　　　　　　　　　　　　　　　ÖVP
* 22.01.1939, Hollabrunn
Privatangestellter, Zellerndorf

Matura 1957, danach als Bautechniker tätig.
　1965–1985 Gemeinderat, 1980–1981 Vizebürgermeister, 1965–1968 Landessekretär der Jungen ÖVP, 1968–1971 Sekretär des NÖ ÖAAB, 1968–1972 Bundesobmannstellvertreter der Jungen ÖVP, 1971–1976 Landesobmann der Jungen ÖVP, 1971–1980 Bezirksparteiobmann, 1980 Hauptbezirksparteiobmann, maßgeblich am Aufbau beteiligt; ab 1980 Geschäftsführer des NÖ Hilfswerkes und ab 1990 Bundesobmann des Österr. Hilfswerkes.

Abg. zum Landtag (10.–13. WP)   11.07.1974–07.06.1993

Quelle: Landtag, Biographisches Handbuch.

FIGL Leopold, Dipl.-Ing. DDDr.h.c.   ÖVP
* 02.10.1902, Rust im Tullnerfeld
† 09.05.1965, Wien
Agraringenieur, Bauernbunddirektor

Volksschule, Gymnasium in St. Pölten, Hochschule für Bodenkultur in Wien.
Direktor des Niederösterreichischen Bauernbundes. 1934–1938 Mitglied des Österreichischen Bundeswirtschaftsrates, 1935 Reichsbauernbunddirektor, 1938–1943 in mehreren Konzentrationslagern interniert. 1943 Bauingenieur bei einer niederösterreichischen Baufirma (unter Julius Raab); arbeitet im Widerstand, 1944/1945 unter Hochverratsanklage erneut inhaftiert. Mitbegründer der ÖVP, 1945–1951 Bundesparteiobmann, 1959–1965 Landesparteiobmann, 1962–1964 auch Klubobmann.

Landeshauptmann (prov. Landesaussschuss)	01.05.1945–15.10.1945
Landeshauptmann	31.01.1962–09.05.1965
Abg. zum Nationalrat (5.–10. WP)	19.12.1945–09.05.1965
Staatssekretär ohne Portefeuille	27.04.1945–20.12.1945
Bundeskanzler	20.12.1945–02.04.1953
Bundesminister für auswärtige Angelegenheiten	26.11.1953–09.06.1959
Präsident d. Nationalrates	09.06.1959–05.02.1962

Quelle: Landtag, Biographisches Handbuch. 128. 2008; Parlamentsdirektion.
Lit.: Christlich – ständisch – autoritär. Mandatare im Ständestaat 1934 – 1938. Wien 1991; Ackerl, Isabella/Weissensteiner, Fritz, Österreichisches Personenlexikon der Ersten und Zweiten Republik. 1992; Bruckmüller, Ernst (Hg.), Personenlexikon Österreich. 2001; Trost, Ernst, Figl von Österreich. 1992; Pelinka, Peter, Österreichs Kanzler. Von Leopold Figl bis Wolfgang Schüssel. 2000.

FINDEIS Hermann   SPÖ
* 27.06.1950, Hardegg

Volks- und Hauptschule, kfm. Lehre, kfm. Angestellter, Zollwachebeamter, Gendarmeriebeamter.

1990 Gemeinderat, 1993 Stadtrat von Hardegg, 1993 Zweiter Vizebürgermeister, 2008 Vizepräsident des NÖ Zivilschutzverbandes, 2010 Erster Vizebürgermeister von Hardegg.

Abg. zum Landtag (16.– WP)	24.04.2003–

Quelle: NÖ Landtag.

FINDER Heinrich ÖVP
* 04.07.1886
† 04.07.1958
Schlosser, Neunkirchen

Volks- und Bürgerschule, Schlosserlehre, 1909 Eintritt bei Fa. Semperit, 1914–1918 Militärdienst, 1934–1938 Betriebsratsobmann, 1938 kurzzeitig verhaftet.
    1945 Vizebürgermeister, 1950–1955 Stadtrat in Traiskirchen. Tätig in der christlichen Gewerkschaft.

Abg. zum Landtag (4. WP)	12.12.1945–05.11.1949

Quelle: Landtag, Biographisches Handbuch.

FIRLINGER Reinhard, Mag. LIF/FPÖ
* 05.11.1954, Linz

Volksschule in Linz 1961–1965, Humanistisches Gymnasium in Linz (Matura 1973), Studium der Handelswissenschaften (Mag. rer. soc. oec.) 1974–1980; Präsenzdienst 1973, Reserveoffizier (Oberleutnant). Controller, Marketingleiter und Konzernmarketingleiter bei Steyr-Daimler-Puch AG 1980–1988, Geschäftsführer der Firma Bauer Kaba GmbH 1988–1996, Alleingeschäftsführer 1989, selbstständiger Unternehmensberater seit 1996.
    Mitglied des Gemeinderates von Gars/Kamp seit 1995, Mitglied des Landesparteivorstandes der FPÖ Niederösterreich seit 1996.

Abg. zum Nationalrat (19.–20. WP) (L)	07.11.1994–02.10.1996
Abg. zum Nationalrat (20.–21. WP) (F)	03.10.1996–19.12.2002

Quelle: Parlamentsdirektion.

FISCHER Alois   CSP/StL
* 02.07.1881
† 12.06.1945
Wirtschafts-, Mühlen- und Elektrizitätswerksbesitzer, Mittergrabern
Ständischer Landtag – Vertreter der Land- und Forstwirtschaft

Volks- und Bürgerschule, errichtete bei seiner Mühle ein E-Werk zur Versorgung von sechs Gemeinden, 1912–1938 Bürgermeister, Bezirksbauernratsobmann.

Abg. zum Landtag (1.–3. WP)	11.05.1921–30.10.1934
1. Präsident (2.–3. WP)	30.09.1931–30.10.1934
Mitglied d. Länd. Landtages	22.11.1934–12.03.1938
Präsident d. Länd. Landtages	22.11.1934–12.03.1938

Quelle: Landtag, Biographisches Handbuch.

FISCHER Johann   CSP
* 15.01.1876, Kropfdorf
† 26.11.1954, St. Veit/Gölsen
Bauer, Obergegend/St. Veit/Gölsen

Pflichtschule, 1904 Übernahme des elterlichen Betriebes (»Mosergut«).
  1909–1914 Gemeinderat, Bezirksbauernratsobmann, 1922–1927 Kammerrat, Obmann der NÖ Landwirtschaftskrankenkasse. Gründer der Wassergenossenschaft St. Veit/Gölsen und der »Gölsen-Elektrizitätswerke«.

Mitglied des Bundesrates	23.12.1922–20.05.1927
Abg. zum Landtag (2.–3. WP)	20.05.1927–30.10.1934

Quelle: Landtag, Biographisches Handbuch; Parlamentsdirektion.

FISCHER Julius, Dr. iur.   SDAP
* 10.06.1882, St. Pölten
† 05.09.1943, New York
Rechtsanwalt, St. Pölten

1907 Promotion an der Uni Wien.

Stadtrat für Finanzen in St. Pölten. 1934 verhaftet und mehrere Monate im Anhaltelager Wöllersdorf, November 1938 aus rassischen Gründen verhaftet und zum Verkauf seines Hauses gezwungen, 1939 über Paris in die USA emigriert.

Abg. zum Landtag (1. WP)   07.10.1926–20.05.1927

Quelle: Landtag, Biographisches Handbuch.

FISCHER Leopold   ÖVP
* 08.01.1903, Sooß
† 24.07.1982, Sooß

Volksschule, Bürgerschule, Weinbauschule in Gumpoldskirchen und Krems, Sonderlehrgang an der Hochschule für Bodenkultur. Übernahme des elterlichen Hofes (Weinbauer 1927).
    Bürgermeister von Sooß.

Abg. zum Nationalrat (6.–9. WP)   0 8.11.1949–14.12.1962

Quelle: Parlamentsdirektion.

FLICKER Franz, Dipl.-Ing.   ÖVP
* 15.07.1939, Altmanns

Pflichtschulen, landwirtschaftliche Mittelschule, Universität für Bodenkultur (Dipl.-Ing. 1963), Studienpraxis in den USA. Einige Jahre Führung eines Bauernbetriebes.
    Sekretär und später Stellvertretender Direktor des Niederösterreichischen Bauernbundes, Sekretär der Bezirksbauernkammer Gmünd 1989. Obmann des Niederösterreichischen Bildungs- und Heimatwerkes für das Waldviertel, Mitglied des Bezirksbauernrates Litschau und Weitra, Bezirksparteiobmann-Stellvertreter der ÖVP Gmünd, Obmann des Hauptbezirksbauernrates Gmünd.

Abg. zum Nationalrat (15.–18. WP)   14.06.1982–06.11.1994

Quelle: Parlamentsdirektion.

FLÖTTL Karl SPÖ
* 12.05.1902, Wien
† 27.06.1977, Wien

Volksschule, Bürgerschule, Fortbildungsschule für Maler, Anstreicher und Lackierer, Auto- und Möbellackierer. Fachlehrer in der Wiener Fortbildungsschule 1928, Jugendsekretär und Redakteur des »Jungen Bauarbeiter« in der Baugewerkschaft.

Sekretär des Österreichischen Gewerkschaftsbundes 1945, Landessekretär des Österreichischen Gewerkschaftsbundes für Niederösterreich 1946. Vorsitzender des ÖGB, Landesexekutive Niederösterreich. Geschäftsführender Vorsitzender der Gewerkschaft der Bau- und Holzarbeiter, Vorstandsmitglied der Arbeiterkammer Niederösterreich, Mitglied des Landesparteivorstandes der SPÖ Niederösterreich, Mitglied der Bundesparteivertretung der SPÖ. Politische Freiheitsstrafen: 1934 Polizeigefängnis, Anhaltelager Wöllersdorf, 1939 KZ Buchenwald.

Mitglied des Bundesrates	05.11.1949–09.06.1959
Stellvertretender Vorsitzender des Bundesrates	17.04.1953–09.06.1959
Abg. zum Nationalrat (9.–10. WP)	09.06.1959–30.03.1966

Quelle: Parlamentsdirektion.

FLOSSMANN Ferdinanda SPÖ
* 12.03.1888, Haugsdorf
† 13.07.1964, Linz

Volksschule, Bürgerschule, Handelsschule, einjähriger Kurs für den Post- und Telegraphendienst. Beamtin des Rechnungs-Departements II, Angestellte bei verschiedenen Versicherungsanstalten (Phönix und Donau), Postbedienstete.

Abgeordnete zum Oberösterreichischen Landtag 1925–1931, Mitglied des Frauen-Zentralkomitees, Mitglied des Parteivorstandes der SPÖ, Vorsitzende des ARBÖ. Politische Freiheitsstrafen: 1934, 1935, 1937, 1939, 1940 und 1944.

Abg. zum Nationalrat (4. WP)	02.12.1930–17.02.1934
Abg. zum Nationalrat (5.–8. WP)	19.12.1945–09.06.1959

Quelle: Parlamentsdirektion.
Lit.: Arnberger, Heinz, Widerstand und Verfolgung; Hauch, Gabriella, Vom Frauenstandpunkt aus. Frauen im Parlament 1919–1933. 1995; Oberleitner, Wolfgang E., Politisches Handbuch Österreichs 1945 – 1980. 1981; Slapnicka, Harry, Oberöster-

reich – Die politische Führungsschicht 1918 – 1938. 1976; Spiegel, Tilly, Frauen und Mädchen im österr. Widerstand. Monographien zur Zeitgeschichte. 1967.

FRAISSL Johann   ÖVP
* 05.12.1910, Wien
† 06.03.1997, Straßhof
Erdölarbeiter, Straßhof

Volks- und Bürgerschule, 1926–1935 Gärtner, dann Hilfsarbeiter und Kraftfahrer, 1939–1946 Militärdienst und amerikanische Kriegsgefangenschaft, 1947 wieder als Kraftfahrer tätig.
    1953 Eintritt in den ÖAAB, diverse Parteifunktionen, 1959–1970 in der AK NÖ Kammerrat, 1960–1970 Gemeinderat.

Abg. zum Landtag (7.–8. WP)	04.06.1959–20.11.1969

Quelle: Landtag, Biographisches Handbuch.

FREIBAUER Edmund, Mag. phil.   ÖVP
* 20.02.1937, Ringelsdorf
AHS-Direktor, Mistelbach

Volksschule Ringelsdorf, Gymnasium Gänserndorf, Absolvent der Universität Wien (Mathematik, Physik), ab 1960 Unterricht in Wr. Neustadt, Gänserndorf, Mistelbach.
    1966 Gemeinderat, 1972 Vizebürgermeister, 1975–1989 Bürgermeister, Hauptbezirksparteiobmann, 1988–1992 Klubobmann, 1988–1992 Obmann des NÖ Gemeindevertreterverbandes der ÖVP, 1996 Obmann des NÖ Seniorenbundes.

Abg. zum Landtag (11.–13. WP)	04.12.1979–22.10.1992
Landesrat (13.–14. WP)	22.10.1992–16.04.1998
Abg. zum Landtag (15.–16. WP)	16.04.1998–10.04.2008
1. Präsident (15.–16. WP)	16.04.1998–10.04.2008

Quelle: Landtag, Biographisches Handbuch.

FRIEWALD Rudolf ÖVP
* 08.05.1961, Wien
Landwirt, Pixendorf

Volksschule, Untergymnasium, »Francisco-Josephinum Wieselburg«, Landwirtschaftliche Fachschule Tulln und Landwirtschaftliche Berufsschule Laa/Thaya, Landwirtschaftsmeister, arbeitete auch einige Zeit in Australien.
    1985 Bezirksbauernkammerrat, 1986 Landesobmannstellvertreter der Jungen ÖVP.

Abg. zum Landtag (13.–16. WP)   19.04.1990 – 10.04.2008

Quelle: Landtag, Biographisches Handbuch.

FUCHS Josef SPÖ
* 11.12.1898, Neunkirchen
† 05.01.1979, Neunkirchen
Angestellter, Ternitz

Metallarbeiter, bereits 1913 der sozialdemokratischen Arbeiterjugend beigetreten, 1916 Gewerkschaftsmitglied.
    1924–1934 Betriebsratsobmann bei Schoeller-Bleckmann Stahlwerke AG Ternitz und Gemeinderat, dann Verlust der Arbeit und mehrere Monate arbeitslos. 1939–1940 Militärdienst, dann Industrieangestellter. 1945 ÖGB-Bezirkssekretär Neunkirchen, 1948–1964 Präsident der AK NÖ, Mitglied der Landesexekutive NÖ des ÖGB und Vorstandsmitglied der Landesparteileitung.

Abg. zum Landtag (6.–7. WP)   10.11.1954–19.11.1964

Quelle: Landtag, Biographisches Handbuch.

FÜRST Franz SPÖ
* 10.09.1920, Wr. Neudorf
Kaufmann, Wr. Neudorf

Volks-, Haupt- und Handelsschule, Verkäufer, 1939–1945 im Reichsarbeitsdienst und bei der Luftwaffe, russische Kriegsgefangenschaft, 1945–1952 beauftragter Dienststellenleiter der Gemeinde Wien in Wr. Neudorf.
    Nach der Rückgliederung Wr. Neudorfs an NÖ 1955–1990 Bürgermeister.

Abg. zum Landtag (9.–12. WP)   20.11.1969–04.11.1985

Quelle: Landtag, Biographisches Handbuch.

FUHRMANN Wilhelm, Dr.   SPÖ
* 04.07.1944, Neumühl

Volksschule, humanistisches Gymnasium in Baden (Matura 1962), Studium der Rechte an der Universität Wien (Dr. iur. 1970), außerdem Studium der Zeitungswissenschaften; Präsenzdienst. Während des Studiums als Journalist und Versicherungskaufmann tätig, Gerichtspraxis, Rechtsanwaltspraxis, Eröffnung einer Anwaltskanzlei in Baden 1976, Prüfungskommissär für die Rechtsanwaltsprüfung beim Oberlandesgericht Wien 1984.
  Mitglied des Gemeinderates von Baden 1980–1990, Stadtrat von Baden 1985–1988, Vizebürgermeister von Baden 1988–1990, Vorsitzender der Bezirksorganisation der SPÖ Baden, Mitglied des Landesparteivorstandes und des Landesparteipräsidiums der SPÖ Niederösterreich, Mitglied des Bundesparteivorstandes der SPÖ, Vorsitzender des Klubs der Sozialdemokratischen Abgeordneten und Bundesräte 1990–1994, Justizsprecher der SPÖ bis 1998, Mitglied der österreichischen Delegation zur Parlamentarischen Versammlung des Europarates 1994, Richter am Europäischen Gerichtshof für Menschenrechte seit 1998.

Abg. zum Nationalrat (17.–20. WP)   24.11.1987–16.9.1998

Quelle: Parlamentsdirektion.
Lit.: »Ex-Klubchef Willi Fuhrmann ist aus der SPÖ ausgetreten«. In: Kurier vom 23. September 2006.

FRÜHWIRTH Michael   SDAP/SPÖ
* 21.10.1891, Schwarzenbach (Niederösterreich)
† 31.03.1958, Wien

Sechsklassige Volksschule, erlernter Beruf: Textilarbeiter. Magazingehilfe, Angestellter der Union der Textilarbeiter Österreichs, Redakteur des Fachblattes »Der Textilarbeiter« 1921, Versicherungsvertreter.
  Mitglied der SDAP 1910, Mitglied des Gemeinderates von Atzgersdorf 1919–1934. 1934 Hochverratsanklage, Flucht in die Tschechoslowakei, Rückkehr nach Österreich

1938, Haft 1944. Vorsitzender der Gewerkschaft der Textil-, Bekleidungs- und Lederarbeiter 1947, Mitglied des Bundesvorstandes des ÖGB 1945–1958.

Abg. zum Nationalrat (4. WP) 02.12.1930–17.02.1934
Abg. zum Nationalrat (5.–7. WP) 19.12.1945–08.06.1956

Quelle: Parlamentsdirektion.
Lit.: Arnberger, Heinz, Widerstand und Verfolgung.

FUX Anton SPÖ
* 18.01.1923, Hohenau
† 29.08.1991
Maschinenschlosser, Hohenau

Volks- und Hauptschule, 1941–1942 dienstverpflichtet, dann Militärdienst und englische Kriegsgefangenschaft, 1947 Arbeit in der Zuckerfabrik Hohenau.
Betriebsrat, 1960 Gemeinderat, 1967–1987 Bürgermeister von Hohenau.

Abg. zum Landtag (10.–12. WP) 08.04.1976–13.11.1986

Quelle: Landtag, Biographisches Handbuch; Parlamentsdirektion; Wikipedia.

FUX Franz SPÖ
* 19.09.1927, Gföhleramt
† 28.02 2009, Gföhleramt

Vier Klassen Volksschule, vier Klassen Hauptschule in Gföhl, landwirtschaftliche Berufsschule 1947–1949. Übernahme des elterlichen landwirtschaftlichen Betriebes 1954, Geschäftsführer der Waldviertler Rinderzucht- und Absatzgenossenschaft in Gföhl 1960.
Mitglied des Bezirksausschusses der SPÖ Krems 1964, Mitglied des Gemeinderates von Gföhleramt 1965, Bezirkskammerrat, Mitglied des Landesvorstandes des Österreichischen Arbeitsbauernbundes 1965. Heimatforscher. Prof. h.c.; Ehrenbürger der Stadt Gföhl.

Abg. zum Nationalrat (11. WP) 18.05.1967–31.03.1970

Quelle: Parlamentsdirektion.

GABMANN Ernest   ÖVP
* 19.04.1949, Amaliendorf
Geschäftsführer, Schrems

Volksschule, Untergymnasium, Handelsschule, 1967 Eintritt in den elterlichen Betrieb, ab 1984 gf. Gesellschafter bis zum Eintritt in die NÖ Landesregierung.
　1983–1989 Landesobmann der Jungen Wirtschaft, 1986–1988 Gemeinderat, 1999–2000 gf. Obmann des Wirtschaftsbundes NÖ, 1999–2000 Vizepräsident der Wirtschaftskammer NÖ. 2009 Vorstand der Flughafen Wien AG.

Abg. zum Landtag (13. WP)   17.11.1988–22.10.1992
Landesrat (13.–16. WP)   22.10.1992–26.02.2009

Quelle: Landtag, Biographisches Handbuch.

GABRIELE Franz   ÖVP
* 18.11.1903, Oberhollabrunn
† 16.09.1986, Hollabrunn

Besuchte die Technisch-Gewerbliche Bundesanstalt, erlernte den Beruf des Bautechnikers. Anschließend studierte er Rechtswissenschaften an der Universität Wien. Urmitglied der katholischen Studentenverbindung K.Ö.H.V. Franco Bavaria Wien im ÖCV. Als Bundesbeamter tätig.
　Er engagierte sich in der christlichen Beamtengewerkschaft und der Bundesbeamtenkammer. 1946 wurde er Mitglied der Bundesleitung des ÖAAB und war Obmann der Bundessektion Öffentlicher Dienst im ÖAAB. Mitglied der Landesparteileitung der ÖVP in Wien. 1960–1963 sowie 1966–1970 war Franz Gabriele Mitglied der österreichischen Delegation zur Beratenden Versammlung des Europarates.

Abg. zum Nationalrat (4. WP)   10.12.1954–20.11.1962
Abg. zum Nationalrat (5.–7. WP)   14.12.1962–31.03.1970

GALLENT Franz   SDAP
* 27.07.1877, Mähr. Ostrau
† 01.04.1959, Imbach
Bundesbahninspektor i. R., Zellerndorf

Volks-, Unterrealschule und Handelsakademie in Wien, 1897 angestellt bei der Nordwestbahn, 1910–1923 Stationsvorstand in Zellerndorf, 1924 pensioniert.

Gewerkschaftlich tätig, 1919 Gemeinderat, Förderer zahlreicher kultureller Aktivitäten.

Abg. zum Landtag (1.–2. WP)   14.09.1922–21.05.1932

Quelle: Landtag, Biographisches Handbuch.

GANSCH Leopold, Ing.   ÖVP
* 13.10.1940, Scheibbs
Landwirt, Scheibbs

Volks- und Hauptschule. Landwirtschaftliche Fachschule, Meisterprüfung, Ablegung der Ingenieur-Prüfung in Wieselburg, seit 1965 Betriebsführer eines landwirtschaftlichen Betriebes.

1965–1970 Gemeinderat in Scheibbsbach, 1970 Stadtrat, 1980 Vizebürgermeister und Stadtparteiobmann, 1983 Bürgermeister in Scheibbs, 1990–1993 Landeskammerrat.

Abg. zum Landtag (14.–15. WP)   07.06.1993 – 24.04.2003

Quelle: Landtag, Biographisches Handbuch.

GANSTERER Michaela   ÖVP
* 10.12.1959, Hainburg

Volksschule in Hainburg 1966–1970, Realgymnasium in Bruck/Leitha 1970–1974, Höhere Bundeslehranstalt für wirtschaftliche Berufe in Wien (Matura) 1974–1979, Fremdenverkehrskolleg Modul (Matura) 1979–1981; Büro Internationale Autoreservierung Avis Wien 1981–1983, Rechtsanwaltskanzlei Dr. Kirchmayer 1988–1990, Gastwirtin im Gasthof »Zum goldenen Anker« in Hainburg seit 1992.

Mitglied des Gemeinderates von Hainburg seit 2000, Vorsitzende »Frau in der Wirtschaft«, Bezirk Bruck/Leitha, seit 2003.

Mitglied des Bundesrates   24.04.2003–09.04.2008

Quelle: Parlamentsdirektion.

GARTNER Franz   SPÖ
* 03.02.1950, Baden

Volksschule, Hauptschule, Kochlehre, Küchenleiter.
1980–1990 Gemeinderat in Alland, 1990 Gemeinderat in Traiskirchen, 1995 Stadtrat, 2001 Vizebürgermeister.

Abg. zum Landtag(16.– WP)   04. 04.2003–

Quelle: NÖ Landtag.

GASSELICH Anton, Dr. phil.   GDVP/WdU
* 22.03.1888, Lassee
† 09.02.1953, Wien
Lehrer in Wien, wohnhaft in Lassee.

Volksschule, Lehrerbildungsanstalt Strebersdorf, Eintritt in den Schuldienst, nebenbei Studium an der Universität Wien, Lehramt für Mittelschulen. Seit 1923 dem Landbund verpflichtet.
  Mitglied des Bundesvorstandes des VdU (Verband der Unabhängigen, kandidierte bei Wahl als Wahlpartei der Unabhängigen, WdU).

Abg. zum Landtag (1. WP)   11.05.1921–20.05.1927
Abg. zum Nationalrat (WdU) (6. WP)   08.11.1949–09.02.1953

Quelle: Landtag, Biographisches Handbuch.

GASSNER Johann, Ing.   ÖVP
* 03.12.1933, Wien
† 05.07.1985, Wien

Pflichtschulen, Gymnasium, Höhere Technische Lehranstalt Mödling, Matura 1952. Bediensteter der Niederösterreichischen Bundesstraßenverwaltung – Planungsabteilung.
  Obmann-Stellvertreter der Zentralpersonalvertretung der niederösterreichischen Landesbediensteten 1964–1968, Mitglied des Landesvorstandes des ÖAAB Niederösterreich und der Bundesleitung des ÖAAB 1967, Landessekretär des ÖAAB Niederösterreich 1967–1970, Generalsekretär-Stellvertreter des ÖAAB 1971–1972, General-

sekretär des ÖAAB 1975, Vizepräsident des ÖGB 1979, Stadtparteiobmann der ÖVP Mödling 1965, Mitglied der Landesparteileitung der ÖVP Niederösterreich 1967, Mitglied der ÖVP-Bundesparteileitung 1972, Stadtrat der Stadt Mödling und Fraktionsführer der ÖVP-Gemeinderäte 1965–1975, Erster Vizebürgermeister der Stadt Mödling 1973–1975, Fraktionsführer der ÖVP-Bundesräte 1973–1975, Vizepräsident der Europäischen Union Christlich-Demokratischer Arbeitnehmer 1979.

Mitglied des Bundesrates	20.11.1969–04.11.1975
Stellvertretender Vorsitzender des Bundesrates	06.12.1973–04.11.1975
Abg. zum Nationalrat (14.–16. WP)	04.11.1975–05.07.1985

Quelle: Parlamentsdirektion; Wikipedia.

GASSNER Josef   SDAP/SPÖ
* 26.07.1890, Sigmundsherberg
† 22.08.1969, Sigmundsherberg
Schaffner der ÖBB, Sigmundsherberg

Volks- und Bürgerschule, Eisenbahndienst. 1910 Vertrauensmann, 1918 Militärdienst.

1918–1934 Gemeinderat in Sigmundsherberg, 1934–1936, 1938 und wieder 1944 in Haft, Bezirksparteivorsitzender, 1945–1962 Bürgermeister in Sigmundsherberg.

Abg. zum Landtag (1. WP)	11.05.1921–20.05.1927
Mitglied des Bundesrates	20.05.1927–17.02.1934
Abg. zum Landtag (4.–5. WP)	12.12.1945–06.11.1954

Quelle: Landtag, Biographisches Handbuch.

GATTERBURG Alexander (Graf)   StL
* 15.06.1893
† 27.04.1968
Gutsbesitzer, Retz
Ständischer Landtag – Vertreter der Land- und Forstwirtschaft

Seit 1914 Besitzer der Güter Retz und Zwölfaxing, Oberleutnant der Reserve, 1939 verhaftet.

Mitglied d. Ständ. Landtages 17.05.1935–12.03.1938

Quelle: Landtag, Biographisches Handbuch.

GAUSTERER Franz ÖVP
* 16.02.1931, Grimmenstein
Nebenerwerbslandwirt, Grimmenstein

Volks- und Hauptschule, ab 1954 selbstständiger Bauer, 1962 Lagerhausangestellter.
  1960 Gemeinderat, 1965 Obmannstellvertreter und 1985 Obmann der Bauernkammer Aspang, 1975–1986 Bezirksparteiobmann.

Abg. zum Landtag (12. WP) 15.10.1987–17.11.1988

Quelle: Landtag, Biographisches Handbuch.

GEBERT Richard SPÖ
* 08.10.1939, Mannersdorf
Gemeindesekretär, Schwadorf

Pflichtschulen, Handelsschule. Kaufmännischer Angestellter.
  Landessekretär der Sozialistischen Jugend Niederösterreichs 1959–1964, Verbandssekretär der Sozialistischen Jugend Österreichs 1964–1968, Gemeindesekretär. Bürgermeister der Marktgemeinde Schwadorf 1967, Mitglied des Bezirksvorstandes der SPÖ Schwechat 1985, geschäftsführender Bezirksvorsitzender der SPÖ Schwechat 1991.

Abg. zum Nationalrat (18. WP) 26.02.1992–06.11.1994
Abg. zum Landtag (14.–15. WP) 26.04.1995–07.11.2002

Quelle: Landtag, Biographisches Handbuch; Parlamentsdirektion; Krause, Biographien.

GENNER Laurenz KPÖ
* 05.08.1894, Irnfritz
† 11.07.1962, Wien
Redakteur, Groß-Siegharts

Pflichtschulen, 1917–1924 Redakteur der »Arbeiter-Zeitung«, Schriftsteller, Landwirt. 1934 Haft und dann bei den Revolutionären Sozialisten aktiv, 1938 Wechsel zur Kommunistischen Partei, 1938–1940 Haft, ins Ausland geflüchtet.

1946–1954 Mitglied des Politbüros und des Zentralkomitees der KPÖ, 1956 Austritt aus der KPÖ.

Abg. zum Nationalrat (4. WP)	10.05.1932–17.02.1934
Abg. zum Landtag (4.–5. WP)	12.12.1945–10.11.1954
Landeshauptmannstv.	15.10.1945–12.12.1945
Landesrat (4. WP)	12.12.1945–05.11.1949
Landesrat (»beratendes Mitglied«) (5. WP)	18.11.1949–10.11.1954
Unterstaatssekretär im Staatsamt für Land- und Forstwirtschaft	27.04.1945–20.12.1945

Quelle: Landtag, Biographisches Handbuch.
Lit.: Genner, Michael, Mein Vater Laurenz Genner. 1979; Mugrauer, Manfred, Die KPÖ und die Konstituierung der Provisorischen Regierung Renner. 2005.

GERDINITSCH Ferdinand   SDAP
* 30.09.1869, Hornstein/Burgenland
† 25.07.1926
Krankenkassenbeamter, St. Pölten

Volksschule, Bürgerschule, Arbeiterschule in Wien, Tischlerlehre in Wr. Neustadt, dann auf der Walz in Österreich-Ungarn und Deutschland, 1889 Übersiedlung nach St. Pölten, 1901 Beamter der Bezirkskrankenkasse.

1918–1922 im Gemeinderat, Herausgeber des Wochenblattes »Volksrecht«, zahlreiche Parteifunktionen.

Abg. zum Landtag (1. WP)	11.05.1921–25.07.1926

Quelle: Landtag, Biographisches Handbuch.

GERHARTL Otto   SPÖ
* 26.02.1907, Neunkirchen
† 23.01.1998
Graveur, Neunkirchen

Volks- und Bürgerschule, Schlosserlehre, dann Maschinengraveur. 1934, 1939 und 1943–1945 verhaftet; Militärdienst und englische Kriegsgefangenschaft.
1946 Bezirksparteisekretär, 1946 im Gemeinderat, 1960–1974 Bürgermeister.

Abg. zum Landtag (5.–8. WP)   05.11.1949–20.11.1969

Quelle: Landtag, Biographisches Handbuch.

GEYER Hermann   CSP
* 03.12.1873, Truckenstetten bei Ferschnitz
† 23.11.1963, Ferschnitz
Landwirt

Dreiklassige Volksschule, landwirtschaftliche Fortbildungsschule. Übernahme des elterlichen Bauernhofes.
Bürgermeister von Truckenstetten 1918, Mitglied des Landeskulturrates.

Abg. zum Nationalrat (1.–3. WP)   10.11.1920–01.10.1930
Abg. zum Nationalrat (4. WP)   02.12.1930–02.05.1934

Quelle: Parlamentsdirektion.

GFÖHLER Willibald, Mag.   Grüne
* 27.06.1955, Krems

Volksschule, Bundesrealgymnasium, Bundesfachschule für Uhrmacher, Meisterprüfung, Externistenmatura, Studium der Rechtswissenschaften an der Universität Wien (Mag. iur. 1992). Selbstständiger Uhrmachermeister seit 1976, Gerichtspraxis 1992–1993, Rechtsanwaltsanwärter 1994, Verwaltungsjurist beim Magistrat der Stadt Krems 1997, Mitarbeiter im Zentrum für Banking and Finance der Donauuniversität Krems seit 1998.
Gründung der Grünen Alternative Krems im April 1987, Mitglied des Gemeinderates der Stadt Krems 1987–1995 sowie 1997, Vorstandsmitglied der Grünen Bildungswerkstatt Niederösterreich, Bildungs- und Kultursprecher der Grünen 1994.

Abg. zum Nationalrat (19. WP)   07.11.1994–14.01.1996

Quelle: Parlamentsdirektion.

GIEFING Johann   SPÖ
* 13.04.1953, Wr. Neustadt

Volksschule in Schwarzenbach 1960–1965, Hauptschule in Neudörfl (Burgenland) 1965–1969, Handelsschule in Mödling und Wr. Neustadt 1969–1971, Präsenzdienst in Großmittel. Kaufmännischer Angestellter 1971–1974, Gemeindesekretär seit 1974.
    Vizebürgermeister der Marktgemeinde Schwarzenbach 1982–1984, Bürgermeister der Marktgemeinde Schwarzenbach seit 1984, Mitglied des Bezirksparteiausschusses der SPÖ Wr. Neustadt seit 1971, Mitglied des Bezirksparteivorstandes der SPÖ Wr. Neustadt seit 1995, Mitglied des Landesparteivorstandes der SPÖ Niederösterreich seit 1988, Kammerrat der Bezirksbauernkammer Wr. Neustadt 1985–1995, Vorstandsmitglied des Abwasserverbandes Mittleres Burgenland seit 1982.

Mitglied des Bundesrates   04.03.2003–09.04.2008

Quelle: Parlamentsdirektion.

GINDLER Anton   ÖVP
* 05.05.1897, Perndorf
† 14.02.1967, Perndorf

Dreiklassige Volksschule in Schweiggers. Übernahme der elterlichen Landwirtschaft 1924; Ökonomierat.
    Bürgermeister von Perndorf 1924–1938 sowie nach 1945.

Abg. zum Nationalrat (5.–8. WP)   19.12.1945–09.06.1959
Abg. zum Nationalrat (9. WP)   13.06.1962–14.12.1962

Quelle: Parlamentsdirektion.

GINDL Georg   ÖVP
* 13.06.1916, Pillichsdorf
† 29.10.1990, Bad Hall
Bauer und Weinhauer, Pillichsdorf

Pflichtschulen, 1939–1946 Militärdienst und amerikanische Kriegsgefangenschaft.
    1946 Gemeinderat, 1947–1965 Vizebürgermeister von Pillichsdorf, 1950–1970 Bezirksbauernkammerobmann, 1965 Vorsitzender des Landesausschusses NÖ der

Sozialversicherungsanstalt der Bauern; zahlreiche Funktionen in landwirtschaftlichen Organisationen und Genossenschaften.

Abg. zum Landtag (9.–11. WP)   20.11.1969–19.04.1979

Quelle: Landtag, Biographisches Handbuch.

GLANINGER Anton   ÖVP
* 05.03.1888, Scharlreith
† 09.03.1954, Loosdorf
Bauer, Loosdorf

Handelsschule, Ackerbauschule, 1912 Erwerb eines landwirtschaftlichen Betriebes und Milchhandel, 1914–1918 Militärdienst und russische Kriegsgefangenschaft, 1923 Eröffnung eines Molkereibetriebes.
  1934–1938 Bezirksführer der Vaterländischen Front, mehrere Funktionen in landwirtschaftlichen Genossenschaften,

Abg. zum Landtag (4. WP)   12.12.1945–05.11.1949

Quelle: Landtag, Biographisches Handbuch.

GOLDSCHMIDT Johann   StL
* 09.04.1894, Wr. Neustadt
† 23.12.1962, Wr. Neustadt
Bäckermeister, Wr. Neustadt
Ständischer Landtag – Gewerbevertreter

Volks- und Bürgerschule, danach Bäckerlehre.
  Ab 1913 Funktionär der Christlichsoz. Partei, 1928–1938 Gemeinderat in Wr. Neustadt, 1938 kurzzeitig verhaftet, 1935–1938 und 1945–1956 Vizebürgermeister, 1960 Ehrenbürger von Wr. Neustadt.

Mitglied d. Ständ. Landtages   22.11.1934–12.03.1938

Quelle: Landtag, Biographisches Handbuch.

GÖSTL Matthias CSP
* 07.08.1868, Laa/Thaya
† 06.04.1927, Laa/Thaya
Tischlermeister und Wirtschaftsbesitzer, Laa/Thaya

Sechs Klassen Volksschule, dreijähriger Gehilfen- und Meisterkurs an der Staatsgewerbeschule Wien. 1903–1915 Vorsteher der Baugewerbegenossenschaft, 1908–1914 Obmann des gewerblichen Fortbildungsschulrates Laa/Thaya.
    Vizebürgermeister, Obmann des Bezirksbauernrates, 1926–1927 Bürgermeister von Laa/Thaya.

Abg. zum Landtag (1. WP)   11.05.1921–20.05.1927

Quelle: Landtag, Biographisches Handbuch.

GÖSCHELBAUER Michael ÖVP
* 10.02.1927, Asperhofen (Niederösterreich)
† 10.11.2000, Asperhofen

Volksschule, Berufsschule; selbstständiger Bauer 1957, Ökonomierat.
    Bürgermeister der Gemeinde Asperhofen, Obmann der Bezirksbauernkammer Neulengbach, Bezirksparteiobmann der ÖVP Neulengbach.

Mitglied des Bundesrates   19.11.1964–30.12.1984
Vorsitzender des Bundesrates   01.07.1983–30.12.1984

Quelle: Parlamentsdirektion.

GÖTZL Otto ÖVP
* 04.11.1886, Ferschnitz
† 20.11.1960, Amstetten
Kaufmann, Amstetten

Entstammt einer Kaufmannsfamilie, 1900–1903 Lehrzeit in Linz, 1912 Übernahme des elterlichen Geschäftes. 1914–1920 Militärdienst und russische Kriegsgefangenschaft.
    Gründungsmitglied der Wirtschaftstreibenden, Obmann der Sektion Handel der Kammer der gewerblichen Wirtschaft für NÖ.

Abg. zum Landtag (4. WP) 12.12.1945–05.11.1949

Quelle: Landtag, Biographisches Handbuch.

GRABENHOFER Anton SPÖ
* 04.01.1895, Karlsdorf
† 30.07.1967, Obritz
Bauer und Bürstenmacher, Karlsdorf

Volksschule, Bürsten- und Pinselmacherlehre, 1919–1952 selbstständiger Meister, selbstständiger Landwirt. 1924–1934 Gemeinderat, 1943–1945 Militärdienst und russische Kriegsgefangenschaft.
    1946–1957 Bürgermeister von Pfaffenberg, Obmannstellvertreter des Arbeitsbauernbundes.

Abg. zum Landtag (5.–6. WP) 18.10.1951–04.06.1959

Quelle: Landtag, Biographisches Handbuch.

GRABNER Arnold SPÖ
* 15.06.1939, Wr. Neustadt

Volksschule, Hauptschule, Berufsschule (erlernter Beruf: Kraftfahrzeugmechaniker), Abendkurse beim ÖGB und bei der Arbeiterkammer; Präsenzdienst 1962. Kraftfahrzeugmechaniker, Angestellter bei den Halleiner Motorenwerken.
    Österreichischer Gewerkschaftsbund, Bezirkssekretariat Wr. Neustadt 1961, Bezirkssekretär 1965. Mitglied des Gemeinderates von Wr. Neustadt 1969–1974, Stadtrat 1974–1981, Bürgermeister-Stellvertreter der Statutarstadt Wr. Neustadt 1975–1981, Stadtparteivorsitzender-Stellvertreter der SPÖ Wr. Neustadt 1979, Bezirksobmann der SPÖ Wr. Neustadt seit 1979, Mitglied des Landesparteipräsidiums der SPÖ Niederösterreich, Mitglied des Landesparteivorstandes der SPÖ Niederösterreich, Mitglied des Bundesparteivorstandes der SPÖ.

Abg. zum Nationalrat (15.–21. WP) 01.10.1981–31.12.2001

Quelle: Parlamentsdirektion; ASKÖ Vizepräsident Arnold Grabner ist 70. In: Sport tv Wien.

GRABNER Ludwig   STL
Keine Daten

Schlosser, Berndorf
Ständischer Landtag – Vertreter für Industrie und Bergbau

War nur 1933–1938 in Berndorf wohnhaft, vorher und nachher in St. Pölten.

Mitglied d. Ständ. Landtages   22.11.1934–12.03.1938

Quelle: Landtag, Biographisches Handbuch.

GRAF Ferdinand   ÖVP
* 15.06.1907, Klagenfurt
† 08.09.1969, Wien

Der gelernte Elektrotechniker engagierte sich bereits früh in der Christlichsozialen Partei und später der Vaterländischen Front. Nach der nationalsozialistischen Machtübernahme wurde er verhaftet und von 1938 nach einer Gestapo-Haft bis 1940 im Konzentrationslager Dachau festgehalten.
    Sekretär des Kärntner Bauernbundes, Direktor des Kärntner Bauernbundes 1933, Lohnverrechner einer Baufirma 1943–1945, Direktor des Österreichischen Bauernbundes.

Mitglied des Bundesrates   19.12.1945–05.11.1949
Abgeordneter zum Nationalrat (6.–9. WP)   08.11.1949–14.12.1969
Staatssekretär im Innenministerium   08.11.1949–29.06.1956
Bundesminister f. Landesverteidigung   29.06.1956–11.04.1961

Quelle: Parlamentsdirektion; Wikipedia.

GRAF Josef   SPÖ
* 06.07.1912, Gänserndorf
† 02.07.2000, Mistelbach
Hauptschullehrer, Gänserndorf

Volksschule, Bürgerschule, Lehrerbildungsanstalt Wien, 1931 Matura, Gelegenheitsarbeiter, Pädagogisches Institut Wien, 1932–1933 Hauptschullehrerprüfung, danach

Berufseintritt. 1939–1945 Militärdienst und russische Kriegsgefangenschaft, 1951 Hauptschullehrer in Gänserndorf.
   1955–1978 Bürgermeister.

Mitglied des Bundesrates   24.04.1958–04.10.1960
Abg. zum Landtag (7.–10. WP)   13.10.1960–01.04.1976

Quelle: Landtag, Biographisches Handbuch.

GRAF Katharina (Kathi)   SDAP
* 24.02.1873, Capodistria/Koper (Istrien)
† 08.11.1936, Amstetten
Hausfrau

Sechs Klassen Volksschule.
   Nach dem Ersten Weltkrieg Leiterin der sozialdemokratischen Frauenorganisation in NÖ, 1919–1934 Gemeinderat.

Abg. zum Landtag (1.–3. WP)   11.05.1921–16.02.1934
Mitglied des Bundesrates   25.07.1922–15.09.1922

Quelle: Landtag, Biographisches Handbuch; Parlamentsdirektion; Krause, Biografien; Riepl, Landtag 1.

GRAF Rudolf   ÖVP
* 09.04.1910, Niederplöttbach
† 02.04.1979, Steyr

Volksschule, landwirtschaftliche Fachschule. Bauer; Ökonomierat.
   Obmann der Bezirksbauernkammer Stadt Haag, Obmannstellvertreter des Niederösterreichischen Bauernbundes, Bürgermeister der Gemeinde Haidershofen 1945.

Abg. zum Nationalrat (8.–9. WP)   08.06.1956–31.03.1970

Quelle: Parlamentsdirektion.

GRAFENEDER Willi SPÖ
* 25.04.1907
† unbekannt
Parteisekretär, Neunkirchen

1948 nach Frankfurt/Main verzogen.

Abg. zum Landtag (4. WP) 12.12.1945–07.07.1948

Quelle: Landtag, Biographisches Handbuch.

GRAM Heribert ÖVP
* 04.02.1909, Selzthal
† 23.12.1983, Amstetten

Vierklassige Volksschule, dreiklassige Bürgerschule, Fachschule für das Eisen- und Stahlgewerbe in Waidhofen/Ybbs. Eintritt bei der Firma Gebrüder Böhler & Co., Ybbstalwerke 1927, Oberwerkmeister.
 Funktionär der Christlichen Gewerkschafter 1927–1938, Bezirksparteiobmann der ÖVP Waidhofen/Ybbs, Landesobmannstellvertreter des ÖAAB Niederösterreich.

Abg. zum Nationalrat (9.–11. WP) 09.06.1959–31.03.1970

Quelle: Parlamentsdirektion.

GRANDL Franz ÖVP
* 21.03.1954, Klein-Durlas

Pflichtschule, Berufs- und Fachschule für Land- und Forstwirtschaft, Forstfacharbeiterprüfung, Land- und Forstwirt, 1988 Gemeinderat,
 1990 Gf. Gemeinderat, 1990 Kammerrat der Bezirksbauernkammer St. Pölten, 1994–2010 Bürgermeister von Michelbach.

Abg. zum Landtag (16.–WP) 24.04.2003–

Quelle: NÖ Landtag.

GRATZER Bernhard FPÖ
* 17.06.1956, Schwanenstadt
Berufsoffizier, Münchendorf

Volksschule, Gymnasium, Matura, Theresianische Militärakademie, 1979 Ausmusterung als Leutnant.
  1985 Bundesvorsitzender der Arbeitsgemeinschaft Freiheitlicher Heeresangehöriger (AFH), 1987–1991 Bundesvorsitzender der Aktionsgemeinschaft Unabhängiger und Freiheitlicher (AUF), 1988 Mitglied des Landesparteivorstandes, 1990 Landesparteiobmannstellvertreter, 1992–1998 Landesparteiobmann, 1993–1998 Klubobmann, 1995–1997 Gemeinderat.
  Im Zuge der »Rosenstingl-Affäre« wurden gegen ihn gerichtliche Erhebungen eingeleitet. Er erklärt am 13.05.1998 seinen Mandatsverzicht per 05.06.1998. Am 29.05.1998 hebt der Landtag auf Ersuchen des Landesgerichtes für Strafsachen seine Immunität auf und stimmt einer Hausdurchsuchung und der Verhaftung zu. Am 02.06.1998 bei der Rückkehr aus dem Urlaub verhaftet, widerruft er seinen Mandatsverzicht (von der Landeswahlbehörde am 08.06.1998 anerkannt), am 15.06.1998 enthaftet. Aus der FPÖ ausgeschlossen. 14.01.1999 Landesparteiobmann der Partei »Die Demokraten«.

Abg. zum Nationalrat (18. WP)	05.11.1990–07.06.1993
Abg. zum Landtag (14.–15. WP)	07.06.1993–24.04.2003

Quelle: Landtag, Biographisches Handbuch.

GRATZER Franz, Ing. SPÖ
* 28.01.1952, Waidhofen/Ybbs

Volksschule, Hauptschule, HTL, Matura, Techniker, HTL-Lehrer.
  1978 Gemeinderat, 1989 Vizebürgermeister, 1996 Bürgermeister von Hollenstein/Ybbs.

Abg. zum Landtag (16.– WP)	24.4.2003–

Quelle: NÖ Landtag.

GRESSL Franz   ÖVP
* 20.01.1936, Ritzenberg
Bauer, Ritzenberg

Volks- und Hauptschule, landwirtschaftliche Fachschule Pyhra, 1966 selbstständiger Bauer.
    Bauernbundobmann und Bezirksparteiobmann Mank, 1978–1997 Obmann der Bezirksbauernkammer Mank.

Abg. zum Landtag (12.–13. WP)   04.11.1983–07.06.1993

Quelle: Landtag, Biographisches Handbuch.

GRUBER Franz   SPÖ
* 10.11.1888
† 02.03.1949, in russ. Haft
Werkmeister, Greinsfurth bei Amstetten

Maschinenschlosserlehre, wegen politischer Tätigkeit verhaftet, arbeitete dann in Deutschland und Südamerika, trat in Argentinien in die Armee ein und wurde Oberleutnant, 1914–1917 Militärdienst in Österreich.
    1927–1933 Bezirksparteisekretär, 1929–1933 Bürgermeister von Mauer bei Amstetten, 1934 und später mehrmals verhaftet, 1945 KZ Mauthausen.
    Übte 1945 kurzfristig die Funktion eines Bezirkshauptmannes in Amstetten aus. Wurde am 13. Juli 1946 in seiner Wohnung mit seiner Tochter Martha von sowjetischen Soldaten verhaftet und verschleppt. Beide wurden wegen Spionage zu zehn Jahren Haft verurteilt. Gruber verstarb an den Folgen einer Gallenblasenoperation, seine Tochter konnte 1953 wieder heimkehren. Grubers Tod wurde den österreichischen Behörden erst im November 1955 mitgeteilt. Sein Mandat wurde ihm bis zum Ende der Gesetzgebungsperiode freigehalten, und auch für die Landtagswahl 1949 scheint er noch in der Kandidatenliste auf.
    Fast gleichzeitig wie er wurde auch der Abg. Ferdinand Riefler verschleppt.

Abg. zum Landtag (4. WP)   12.12.1945–05.11.1949

Quelle: Landtag, Biographisches Handbuch.

GRUBER Karl   SPÖ
 * 10.06.1929, Herzogenburg
 Modelltischler, St. Pölten

Pflichtschule, Modelltischlerlehre, 1945 zum Volkssturm eingezogen, danach in der Privatwirtschaft.
 1945 Eintritt in die SJ, 1948–1958 SJ-Bezirksobmann, 1949 von der russischen Verwaltung der Firma Voith entlassen, 1952 Bezirksparteisekretär und 1955–1959 Gemeinderat in Scheibbs, 1960 Übersiedlung nach St. Pölten, 1967 Mitglied des Landesparteivorstandes.

Abg. zum Landtag (9.–14. WP)   04.12.1969–16.04.1998

Quelle: Landtag, Biographisches Handbuch.

GRUBER Michael   CSP/ÖVP
 * 30.01.1877, Guntersdorf (Niederösterreich)
 † 19.03.1964, Guntersdorf

Volksschule. Bauer; Ökonomierat.
 Bürgermeister von Guntersdorf 1925–1938 sowie 1945–1950. Ehrenbürger der Marktgemeinde Guntersdorf.

Abg. zum Nationalrat (3. WP)   08.03.1928–01.10.1930

Quelle: Parlamentsdirektion.
Lit.: Anton Eggendorfer (Hg.), Guntersdorf-Großnondorf. Eine Ortsgeschichte. 2008.

GRUBER Rudolf   CSP
 * 29.11.1864, Sollenau
 † 13.10.1926, Sollenau
 Landwirt

Volksschule, landwirtschaftliche Fortbildungsschule. Wirtschaftsbesitzer, Gastwirt.
 Ausschussmitglied der Genossenschaft der Gastwirte und Fuhrwerksbesitzer in Wr. Neustadt, Bürgermeister von Sollenau, Vizepräsident des niederösterreichischen Landeskulturrates, Obmannstellvertreter des Niederösterreichischen Bauernbundes,

Abgeordneter zum Niederösterreichischen Landtag 1902, Reichsratsabgeordneter 1907.

Mitglied der Prov. Nationalversammlung	21.10.1918–16.02.1919
Mitglied der Konst. Nationalversammlung	04.03.1919–09.11.1920
Abg. zum Nationalrat (1.–2. WP)	10.11.1920–13.10.1926

Quelle: Parlamentsdirektion.

GRÜNZWEIG Leopold   SPÖ
* 24.12.1923, Freundorf
Hauptschullehrer, Sieghartskirchen

Volksschule Freundorf, Hauptschule Tulln, Lehrerbildungsanstalt St. Pölten. 1942–1946 Militärdienst und englische Kriegsgefangenschaft, 1947 Lehrbefähigungsprüfung für Volksschulen, 1950 Lehrbefähigungsprüfung für Hauptschulen, ab 1951 Hauptschullehrer.

1955–1976 im Gemeinderat, 1970–1972 Bürgermeister, 1960–1969 Vorsitzender des Verbandes NÖ Volkshochschulen, 1963–1969 Vizepräsident des Landesschulrates, 1980 Landesparteivorsitzender, 1985 Ehrenvorsitzender der SPÖ NÖ.

Abg. zum Landtag (7.–9. WP)	04.06.1959–21.11.1969
Landesrat (9.–11. WP)	20.11.1969–09.10.1980
Landeshauptmannstv. (11.–12. WP)	09.10.1980–14.05.1986

Quelle: Landtag, Biographisches Handbuch.
Lit.: Bruckmüller, Ernst (Hg.), Personenlexikon Österreich. 2001.

GSCHWEIDL Rudolf   SPÖ
* 01.09.1905, Grünbach/Schneeberg
† 03.08.1975, Grünbach/Schneeberg

Sechsklassige Volksschule, Fortbildungsschule in Grünbach, Arbeiterhochschule in Wien. Bergarbeiter der Grünbacher Steinkohlenwerke AG, dann lange Zeit arbeitslos, Verkäufer in der Konsumgenossenschaft Schwarzatal in Grünbach, Geschäftsführer 1945.

Mitglied des Gemeinderates von Grünbach 1930–1934, Bürgermeister von Puchberg/Schneeberg 1945. Politische Freiheitsstrafe: drei Jahre Kerker.

Abg. zum Nationalrat (5.–6. WP)   19.12.1945–18.03.1953

Quelle: Parlamentsdirektion.

GUSENBAUER Alfred, Dr.   SPÖ
* 08.02.1960, St. Pölten

Volksschule in Ybbs 1966–1970, Bundesgymnasium in Wieselburg 1970–1978, Studium der Politikwissenschaft, der Philosophie und der Rechtswissenschaften an der Universität Wien (Dr. phil.) 1978–1987.
Angestellter der SPÖ 1981–1990, Angestellter der Kammer für Arbeiter und Angestellte für Niederösterreich 1990–1999, Bundesvorsitzender der Sozialistischen Jugend (SJ) 1984–1990, Vizepräsident der Sozialistischen Jugendinternationale (IUSY) 1985–1989, Vizepräsident der Sozialistischen Internationale (SI) 1989, Bezirksparteivorsitzender der SPÖ Melk 1990–2000, Stadtparteivorsitzender der SPÖ Ybbs/Donau 1991, Mitglied des Landesparteivorstandes der SPÖ Niederösterreich, Mitglied des Landesparteipräsidiums der SPÖ Niederösterreich, Bundesgeschäftsführer der SPÖ 2000, Bundesparteivorsitzender der SPÖ 2000–2008, Klubvorsitzender der Sozialdemokratischen Parlamentsfraktion 2000–2007, Mitglied der österreichischen Delegation zur Parlamentarischen Versammlung des Europarates 1991, Vorsitzender des Sozialausschusses der Parlamentarischen Versammlung des Europarates 1995–1998. Landesgeschäftsführer der SPÖ Niederösterreich 1999, Referatsleiter für Europa-Fragen in der Niederösterreichischen Arbeiterkammer seit Jänner 2009, Gusenbauer Projektentwicklung & Beteiligung GmbH 2009, Mitglied des Aufsichtsrats der Alpine Holding GmbH 2009, Mitglied des Aufsichtsrats der SIGNA-RECAP Holding AG 2009, Vorsitzender des Aufsichtsrats der STRABAG SE 2010, Mitglied des Vorstandes der Haselsteiner-Familienstiftung 2010.

Mitglied des Bundesrates	21.02.1991–28.01.1993
Abg. zum Nationalrat (18. WP)	29.01.1993–06.11.1994
Abg. zum Nationalrat (19. WP)	15.12.1994–14.01.1996
Abg. zum Nationalrat (20.–23. WP)	14.03.1996–15.01.2007
Bundeskanzler	11.01.2007–02.12.2008

Quelle: Parlamentsdirektion; Lebenslauf des neuen Bundeskanzlers Alfred Gusenbauer. In: apa ots.at; Alfred Gusenbauer ist Strabag-Aufsichtsratschef. In: Die Presse vom 18. Juni 2010.

GUTSCHER Roman　　　　　　　　　　　　　　　　　　　　　　　ÖVP
* 04.08.1897, Sieghartskirchen
† 11.04.1967, Tulln
Bauer, Sieghartskirchen

Fünfklassige Volksschule, eine Klasse Bürgerschule, 1918 Matura am Realgymnasium, fünf Semester Hochschule für Bodenkultur, 1915–1918 und 1939–1943 Militärdienst; 1920 Übernahme der väterlichen Landwirtschaft.

 1922 Kammerrat in der Bezirksbauernkammer Tulln, 1925 Gemeinderat in Sieghartskirchen, 1930 Vizebürgermeister, 1947–1964 Bürgermeister, 1956–1961 Aufsichtsrat der Länderbank, Bezirksparteiobmann, Ehrenbürger von Sieghartskirchen.

Abg. zum Landtag (5. WP)	02.06.1950–10.11.1954
Abg. zum Landtag (7. WP)	19.06.1962–19.11.1964
Mitglied des Bundesrates	04.06.1959–19.06.1962

Quelle: Landtag, Biographisches Handbuch.

HAAGER Christine　　　　　　　　　　　　　　　　　　　　　　　SPÖ
* 02.07.1938, Mödling

Volksschule 1944–1948, Hauptschule 1948–1952, Berufsschule (erlernter Beruf: Einzelhandelskauffrau) 1952–1955, Verkäuferin 1955–1958, optische Prüferin 1962–1973, Sozialakademie der Kammer für Arbeiter und Angestellte 1969–1970; pädagogische Leiterin des Arbeitswissenschaftlichen Schulzentrums des ÖGB 1973–1978, Sekretärin der Kammer für Arbeiter und Angestellte 1978–1998.

 Mitglied des Gemeinderates von Mödling 1980–1990 sowie seit 1995, Landesparteivorsitzender-Stellvertreterin der SPÖ Niederösterreich 1993–1999, Landesfrauenvorsitzende des ÖGB Niederösterreich 1978–1998, Kammerrätin der Kammer für Arbeiter und Angestellte für Niederösterreich 1980–1997.

Abg. zum Nationalrat (18. WP)	18.12.1990–06.11.1994
Abg. zum Nationalrat (20. WP)	06.09.1999–28.10.1999

Quelle: Parlamentsdirektion.

HAAS Herbert   SPÖ
* 05.02.1928, Niederschrems
† 15.08.2006, Gmünd

Pflichtschulen, Lehrerbildungsanstalt in Znaim, Bundeslehrerbildungsanstalt in Wien, Reifeprüfung 1949. Hilfsarbeiter, Einstellung in den Schuldienst des Landes Niederösterreich 1950; Oberschulrat.

Mitarbeiter bei den Österreichischen Kinderfreunden in Schrems 1949, Obmann der SPÖ Niederschrems 1951, Funktionär des Sozialistischen Lehrervereines Österreichs, Bezirksobmann der SPÖ Gmünd 1958, Mitglied der Landesparteivertretung der SPÖ Niederösterreich, Mitglied des Gemeinderates der Stadt Schrems 1960, Mitglied des gewerblichen Berufsschulrates für Niederösterreich 1962–1974, Mitglied des Präsidiums und des Vorstandes der SPÖ Niederösterreich, Bürgermeister der Stadt Schrems 1970–1975.

Abg. zum Nationalrat (11.–15. WP)   30.03.1966–18.05.1983

Quelle: Parlamentsdirektion.

HABERL Johann   CSP
* 27.12.1876, Weinpolz
† 01.12.1962, Waidhofen/Thaya
Gasthofbesitzer, Waidhofen/Thaya

Nach der Volksschule im elterlichen Betrieb tätig, 1908 Erwerb eines Gasthauses in Waidhofen/Thaya, 1914–1918 kriegsdienstverpflichtet. Gründer und Obmann der landwirtschaftlichen Genossenschaft Waidhofen/Thaya; während der NS-Zeit vorübergehend in Haft.

1922–1938 und 1945 Obmann der Bezirksbauernkammer, 1934–1938 Bürgermeister, 1945–1950 Vizebürgermeister, Ehrenbürger.

Abg. zum Landtag (1. WP)   11.05.1921–20.05.1927

Quelle: Landtag, Biographisches Handbuch.

HABERLER Wolfgang   FPÖ
* 31.10.1964, Neunkirchen
Angestellter, Wr. Neustadt

Volks-, Hauptschule, Gymnasium, danach Drogistenlehre, Angestellter.

1981–1986 Bezirksobmann des Ringes Freiheitlicher Jugend, 1986–1994 Bezirksparteiobmann, 1990–2000 Gemeinderat, 2000 Stadtrat, Landesobmann der Freiheitlichen Arbeitnehmer.

Abg. zum Landtag (14.–15. WP)	07.06.1993 – 30.08.2002

Quelle: Landtag, Biographisches Handbuch.

HABERZETTL Oswald, Dr. med. ÖVP
* 06.06.1892, Engelhaus/Andelska Hora (Böhmen)
† 31.12.1981, Zwettl
Zahnarzt, Zwettl

Volksschule, Gymnasium in Böhm. Krumau, Universität Wien (Medizin), 1919 Promotion. 1923–1928 Vertreter der Niederösterreichischen Ärztekammer im Bezirk Zwettl.

1927–1932 Gemeinderat in Zwettl, 1935 Medizinalrat, 1957 Obermedizinalrat, 1959–1966 Mitglied des Landessanitätsrates für Niederösterreich, 1955–1969 Vizepräsident und dann Präsident des Landesverbandes vom Roten Kreuz für Wien und Niederösterreich, 1961–1969 Vizepräsident der Österreichischen Gesellschaft vom Roten Kreuz, Ehrenbürger von Zwettl.

Abg. zum Landtag (5.–6. WP)	05.11.1949–04.06.1959
Mitglied des Bundesrates	25.01.1960–19.11.1964

Quelle: Landtag, Biographisches Handbuch.
Lit.: Berthold Weinrich, Niederösterreichische Ärztechronik. Geschichte der Medizin und der Mediziner Niederösterreichs (unter Mitarbeit von Erwin Plöckinger). 1990.

HACKL Kurt, Mag. ÖVP
* 13.09.1966, Wien

Volksschule, Gymnasium, Oberstufenrealgymnasium, Studium der Publizistik und Kommunikationswissenschaften, Diplomierter Kommunikationskaufmann.

1992–1994 parlamentarischer Mitarbeiter von Vizekanzler a.D. Dipl.-Ing. Riegler, 1994–1995 Referent für Öffentlichkeitsarbeit und Schulungswesen in der Sozialversicherungsanstalt der Bauern, 1995 geschäftsführender Gesellschafter der Fullservice-Werbeagentur mentor communications Werbeagentur GmbH, 1995 Gemeinderat, 2000 Stadtrat; 2009 Vizebürgermeister von Wolkersdorf.

Abg. zum Landtag (17.–WP) 10.04.2008–

Quelle: NÖ Landtag.

HADRIGA Franz ÖVP
* 06.06.1891, Poysbrunn
† 07.05.1959, Poysbrunn

Volksschule, landwirtschaftliche Fortbildungsschule; Landwirt.
   Mitglied des Gemeinderates von Poysbrunn 1924–1938, Bürgermeister von Poysbrunn 1945, Obmann der Bezirksbauernkammer Poysdorf, Obmann der Bezirksparteileitung der ÖVP Poysdorf.

Mitglied des Bundesrates 05.11.1949–10.11.1954

Quelle: Parlamentsdirektion.
Lit.: Stubenvoll, Franz, Poysbrunn – Geschichte des Dorfes, seiner Herrschaft und seiner Pfarre. 1985.

HAFENECKER Christian FPÖ
* 11.08.1980, Mödling

Hauptschule Hainfeld, Militärrealgymnasium Wr. Neustadt, Lehrausbildung zum Landmaschinentechniker, Berufsreifeprüfung Tourismusschule St. Pölten, Studium der Rechtswissenschaften an der Universität Wien.
   2000 Gemeinderat von Kaumberg, 2001–2003 Landesobmann Stv. des RFJ Niederösterreich, 2003–2005 Gf. Bezirksparteiobmann, 2005 Bezirksparteiobmann, 2006 Gf. Gemeinderat.

Abg. zum Landtag (17.– WP) 01.07.2010–

Quelle: NÖ Landtag.

HAGER Karl SPÖ
* 27.02.1938, Pöchlarn
Arbeiterkammer-Bezirksstellenleiter, Wieselburg

Pflichtschulen, Fachschule für Maschinenbau an der Bundesgewerbeschule Mödling, ab 1955 bei der Firma Wüster (Kaltwalzwerk) als Facharbeiter und Werkmeister tätig, ab 1976 Bezirksstellenleiter der Arbeiterkammer in Scheibbs.

1965–1969 Gemeinderat, 1969–1986 Vizebürgermeister, 1986–1997 Bürgermeister, 1987–1997 Bezirksparteivorsitzender.

Abg. zum Landtag (12.–13. WP)	01.12.1987–07.06.1993
Mitglied des Bundesrates	07.06.1993–31.12.1997

Quelle: Landtag, Biographisches Handbuch.

HAHN Julius, Dr.   CSP/ÖVP
* 08.05.1890, Baden bei Wien
† 02.10.1972, Baden bei Wien

Volksschule, Gymnasium in Baden, Studium der Rechte an der Universität Wien (Dr. iur. 1914); Rechtsanwalt in Baden 1923.
    Bürgermeister von Baden 1950–1965.

Mitglied des Bundesrates	27.04.1934–02.05.1935

Quelle: Parlamentsdirektion.

HAIDER Johann, Dr.   ÖVP
* 08.10.1921, Ober-Rosenauerwald
† 12.08.1997, Groß Gerungs

Volksschule, Gymnasium, Matura 1939, Universität Wien, Promotion 1951.
    Kammerrat der Kammer für Arbeiter und Angestellte in der Land- und Forstwirtschaft in Niederösterreich 1951–1961. Hauptbezirksparteiobmann der ÖVP Zwettl und Bezirksparteiobmann der ÖVP Groß Gerungs 1965, Obmann der Österreichischen Bauernkrankenkasse 1965, Obmann der Sozialversicherungsanstalt der Bauern, Bürgermeister der Marktgemeinde Groß Gerungs 1968.

Abg. zum Nationalrat (10.–15. WP)	14.12.1962–18.05.1983
Staatssekretär im Bundesministerium für Inneres	19.04.1966–19.01.1968

Quelle: Parlamentsdirektion.

Lit.: 20 Jahre Stadtgemeinde Groß Gerungs (Groß Gerungs 2003); Josef Prinz (Hg.), Stadtgemeinde Groß-Gerungs, Kultur- und Lebensraum im Wandel der Zeit. 1999.

HAINISCH Edmund   ÖVP
* 11.02.1895, Stockerau
† 01.02.1985, Tulln
Buchhändler, Stockerau

1914–1918 Militärdienst (mehrfach verwundet), 1938 kurzfristig verhaftet, dann Militärdienst. 1947–1970 Gremialvorsteher in NÖ für den Buch- und Papierhandel, 1947–1960 Kammerrat der Bundeskammer der gewerblichen Wirtschaft, Kommerzialrat.

Abg. zum Landtag (5.–6. WP)   05.11.1949–04.06.1959

Quelle: Landtag, Biographisches Handbuch.

HAINISCH. Michael, Dr. Dr. h.c   parteilos
* 15.08.1858, Aue bei Schottwien (Niederösterreich)
† 26.02.1940, Wien

Privatunterricht, Akademisches Gymnasium in Wien, Studium der Rechte an den Universitäten Leipzig und Wien (Dr. iur. 1882), Gerichtspraxis, einige Jahre im Staatsdienst; Rückzug ins Privatleben 1890, Volksbildner und Autor wissenschaftlicher und politischer Arbeiten. In seiner politisch-weltanschaulichen Haltung war er liberal und später großdeutsch gesinnt. Er gehörte zur »Wiener Fabier Gesellschaft«, einem 1893 nach englischem Vorbild in Wien gegründeten Verein, der sich um soziale Reformen bemühte; Landwirt auf seinem Gut in Jauern bei Spital/Semmering (Landwirtschafts-Musterbetrieb); Ehrenmitglied der Akademie der Wissenschaften.
  Seine Mutter Marianne Hainisch wurde die Begründerin der österreichischen Frauenbewegung und initiierte 1926 die Einführung des Muttertags.

Bundespräsident   09.12.1920–10.12.1928
Bundesminister für Handel und Verkehr   26.09.1929–17.06.1930

Quelle: Parlamentsdirektion; Personenlexikon Niederösterreich.
Lit.: Weissensteiner, Friedrich, Die österreichischen Bundespräsidenten. 1982; Goldinger, Walter, Hainisch, Michael. In: Neue Deutsche Biographie 7. 1966.

HALLER Hermann, Ing. ÖVP
* 22.02.1962, Wien

Volksschule in Enzersfeld 1968–1972, Hauptschule in Korneuburg 1972–1976, Höhere Landwirtschaftliche Bundeslehranstalt »Francisco-Josephinum« (Ing. 1990) 1976–1981; Präsenzdienst 1981–1982; Landwirt und Weinhauer seit 1982.
    Mitglied des Gemeinderates von Enzersfeld 1990–1995, Geschäftsführendes Mitglied des Gemeinderates von Enzersfeld seit 1995, Ortsparteiobmann der ÖVP Enzersfeld 1983–1995, Teilbezirksparteiobmann-Stellvertreter der ÖVP seit 1995, Obmannstellvertreter des Bezirksbauernrates seit 1993, Obmannstellvertreter des Bezirksweinbauernverbandes seit 1995. Bezirksbauernkammerrat Korneuburg seit 2000, Bezirksobmann-Stellvertreter der Bezirksbauernkammer Korneuburg seit 2002.

Mitglied des Bundesrates   24.03.2003–21.02.2007

Quelle: Parlamentsdirektion.

HALLER Johann CSP/StL/ÖVP
* 19.06.1883, Oberlaa bei Wien
† 09.05.1949
Gastwirt und Bauer, Sollenau

Gastgewerbelehre. Im Ersten Weltkrieg in russischer Kriegsgefangenschaft, nach der Rückkehr Niederlassung in Sollenau; 1938 aus politischen Gründen kurzfristig verhaftet.

Abg. zum Landtag (3. WP)	21.05.1932–30.10.1934
Landesrat (3. WP)	15.12.1933–22.11.1934
Landesrat – Ständ. Landtag	22.11.1934–12.03.1938
Landesrat (4. WP)	12.12.1945–09.05.1949

Quelle: Landtag, Biographisches Handbuch.

HANDL Hans SPÖ
* 26.08.1891, Lidhersch/Liderovice (Mähren)
† 26.01.1975, Wien

Volksschule, Bürgerschule, Lehrerbildungsanstalt, Matura 1910; Lehrer, Bezirksschulinspektor, Dozent am Pädagogischen Institut der Stadt Wien 1946, Vizepräsident des Landesschulrates für Niederösterreich.

Mitglied des Bundesrates   10.11.1954–04.10.1960

Quelle: Parlamentsdirektion.

HANDLER Georg   StL
* 25.02.1908, Neunkirchen
† 24.02.1973, Wien
Drechslergehilfe, Wr. Neustadt
Ständischer Landtag – Gewerbevertreter

Mitglied d. Ständ. Landtages   22.11.1934–27.04.1937

Quelle: Landtag, Biographisches Handbuch.

HANDLER Hermann   CSP
* 08.12.1882, Lichtenegg
† 26.12.1968, Lichtenegg
Wirtschaftsbesitzer, Lichtenegg

Volksschule, landwirtschaftliche Kurse, Übernahme der elterlichen Wirtschaft.
  Ab 1919 Gemeinderat, 1932–1938 Bürgermeister, 50 Jahre lang Obmann der Raiffeisenkasse, Ehrenbürger.

Abg. zum Landtag (1. WP)   10.11.1926–20.05.1927
Abg. zum Landtag (2. WP)   17.09.1929–21.05.1932

Quelle: Landtag, Biographisches Handbuch.

HANREICH Georg, Dipl.-Ing.   FPÖ
* 22.10.1939, Wien

Pflichtschulen, Bundesrealgymnasium in Schärding 1949–1957, Studium der Architektur an der Technischen Hochschule in Wien (Dipl.-Ing.) 1957–1961, Studium der

Betriebswirtschaftslehre 1961–1962, Gesellenprüfung als Tischler 1966. Auslandspraxis als Tischler, technischer Zeichner und Direktionsassistent 1963–1964, Mitarbeiter einer Innenausbaufirma (Techniker, Prokurist, geschäftsführender Gesellschafter) 1965–1978, Mitglied und Vorsitzender des Aufsichtsrates der Hörbiger Ventilwerke AG 1967–1976, Eintritt in das Bundesministerium für Wissenschaft und Forschung – Museumsabteilung 1983, Geschäftsführer der Interministeriellen Kommission Museumspädagogik 1990–1992, Übernahme des Museumsreferates des Bundesdenkmalamtes 1990, Secretary of ICOM-ICR (Regionalmuseumskomitee des Internationalen Museumsrates) 1992–1995, Leiter der Abteilung für Museen und Bibliotheken des Bundesdenkmalamtes 1992, Übernahme der Agenden des Kulturgüterschutzes nach der Haager Konvention im Bundesdenkmalamt – Abteilung Museen, Bibliotheken, Sicherheit 1995; Ministerialrat 1986, Hofrat 1991. Mitglied des Fachverbandsausschusses der holzverarbeitenden Industrie.

Bundeswirtschaftsreferent der FPÖ, Landesparteiobmannstellvertreter der FPÖ Niederösterreich, Mitglied des Bundesparteivorstandes der FPÖ, Vorstandsmitglied der Vereinigung Österreichischer Industrieller, Vizepräsident des Österreichischen Gewerbevereines 1972, Obmann des Ringes freiheitlicher Wirtschaftstreibender Niederösterreichs 1975, Bundesobmann des Ringes freiheitlicher Wirtschaftstreibender, Wissenschaftlicher Beirat des Schmerling-Institutes 1987–1995, Vorstandsmitglied des Liberalen Klubs (Schriftführer) seit 1989.

Abg. zum Nationalrat (13.–14. WP)   04.11.1971–04.06.1979

Quelle: Parlamentsdirektion.
Werke: Die Baugeschichte von Schloss Feldegg in alten und neuen Bildern. Festschrift 550 Jahre urkundliche Erwähnung von Feldegg im Jahre 1453. In: Hanreich, Georg (Hg.), Klub Austria Superior. – 1. Aufl. Pram: Verl. d. Museumsverbandes. Feldegg 2003.

HANS Josef   ÖVP
* 12.08.1913, Wien
† 13.03.1985, Mödling

Volksschule, Lehrerbildungsanstalt, Hochschule für Welthandel (fünf Semester). Lehrer.
  Landesparteisekretär der ÖVP Niederösterreich 1945, Industrieangestellter.

Abg. zum Nationalrat (5. WP)   19.12.1945–08.11.1949

Quelle: Parlamentsdirektion.

HANS Lise   FPÖ
* 19.01.1957, Mödling
Ordinationshilfe, Mödling

Volksschule, Gymnasium, 1976 Matura.
    1983 Mitgründerin der VGÖ, 1987 Wechsel zur FPÖ.

Abg. zum Landtag (13. WP)   17.11.1988–14.10.1992

Quelle: Landtag, Biographisches Handbuch.

HARSIEBER Isidor   ÖVP
* 19.08.1891, Kranichberg
† 20.12.1964
Bauer, Gloggnitz

Volksschule, danach Besuch der landwirtschaftlichen Fachschule Feldsberg, 1913–1918 Militärdienst und italienische Kriegsgefangenschaft, 1926 Übernahme eines landwirtschaftlichen Betriebes.
    1923 Gemeinderat, 1934–1938 Bürgermeister, 1945–1960 Vizebürgermeister, 1946 Bezirksbauernobmann, 1947–1951 Bezirksparteiobmann, mehrere Funktionen in landwirtschaftlichen Genossenschaften.

Abg. zum Landtag (4. WP)   19.05.1949–05.11.1949

Quelle: Landtag, Biographisches Handbuch.

HARTMANN Eduard, Dipl.-Ing.   ÖVP
* 03.09.1904, Laxenburg
† 14.10.1966, Wien
Direktor des NÖ Bauernbundes, Laxenburg

Hochschule für Bodenkultur 1965. In der Österreichischen Land- und Forstwirtschafts-Gesellschaft tätig ab 1927, Hartmann war bis November 1938 in die Liquidierung involviert, wobei er für die Angestellten Abfertigungen retten konnte. Er selbst wurde danach probeweise in den Reichsnährstand übernommen, war dann angestellter Sachbearbeiter der Hauptabteilung des Reichsnährstandes in Linz, wo er sich vor allem mit Steuer-, Kredit- und Versicherungsfragen beschäftigte.

Hartmann war nie Mitglied der NSDAP und hatte sich auch nicht um eine Mitgliedschaft beworben. Direktor des Niederösterreichischen Bauernbundes 1946; Ökonomierat. Kammeramtsdirektor-Stellvertreter der Niederösterreichischen Landes-Landwirtschaftskammer, Hauptreferent für Agrarpolitik bei der Bundesparteileitung der ÖVP, Generalanwalt für das landwirtschaftliche Genossenschaftswesen 1962.

Abg. zum Nationalrat (6.–10. WP)	08.11.1949–27.03.1963
BM für Land- und Forstwirtschaft	16.07.1959–02.04.1964
Landeshauptmann (8. WP)	16.06.1965–14.10.1966

Quelle: Landtag, Biographisches Handbuch.
Lit.: Ackerl, Isabella/Weissensteiner, Fritz, Österreichisches Personenlexikon der Ersten und Zweiten Republik. 1992; Bruckmüller, Ernst (Hg.), Personenlexikon Österreich. 2001; Kraus, Theresia. Eduard Hartmann. Portrait eines großen Österreichers. 1977.

HASLINGER Josef   ÖVP
* 02.08.1889, Reinprechtspölla
† 07.01.1974
Landwirt, Reinprechtspölla

Volksschule, 1910–1918 Militärdienst, 1919 Übernahme des elterlichen Betriebes.
  1924–1938 und 1945 Gemeinderat, 1945–1960 Bezirksbauernkammerobmann, mehrere Funktionen in landwirtschaftlichen Genossenschaften, Ehrenbürger.

Abg. zum Landtag (4. WP)	29.09.1948–05.11.1949

Quelle: Landtag, Biographisches Handbuch.

HAUER Hermann   ÖVP
* 05.09.1964, Puchberg/Schneeberg

Volks- und Hauptschule, HTL Mödling, Fachrichtung Hochbau, EDV-Ausbildung, 1984–1986 Bautechniker, 1986–1987 Finanzamt Neunkirchen, 1987 Amt der NÖ Landesregierung, 1986 Straßenbauabteilung 4.
  2004 Bezirksparteiobmann der ÖVP Neunkirchen.

Abg. zum Landtag (17.– WP)	10.04.2008–

Quelle: NÖ Landtag.

HAUFEK Alfred   SPÖ
* 31.05.1933, Ruders
Angestellter, Heidenreichstein

Volks- und Hauptschule, Metallarbeiter, 1956 Eintritt bei der AK NÖ.
 1957–1960 Landesobmann der Gewerkschaftsjugend, 1966–1991 Bürgermeister, 1967–1979 Bezirksstellenleiter, 1987–1995 Obmann des soz. Gemeindevertreterverbandes, 1987–1995 Vizepräsident des Österr. Gemeindebundes.

Abg. zum Landtag (10.–12. WP)	19.04.1979–01.12.1987
2. Präsident (12.–14. WP)	01.12.1987–15.12.1994

Quelle: Landtag, Biographisches Handbuch.

HÄUSER Robert   SDAP
* 12.04.1882, Wien
† 23.07.1926
Magazinsdiener der Südbahn, Leobersdorf-Siebenhaus

Volksschule, Bäckerlehre, Militärdienst, Angestellter der Südbahn.

Abg. zum Landtag (1. WP)	11.05.1921–23.07.1926

Quelle: Landtag, Biographisches Handbuch.

HAUTMANN Marie   SDAP
* 05.12.1888, Ternitz
† 05.12.1967, London

Pflichtschulen, Lehrerbildungsanstalt, Fachlehrerprüfung für den Unterricht an Bürgerschulen 1915. An einer Volksschule tätig 1908, Ausscheiden aus dem Gemeindedienst, pädagogische Leiterin eines Kindergartens sowie einer Kindergärtnerinnenanstalt 1908–1916.
 Mitglied der SDAP 1918, Mitglied des Gemeinderates von Wr. Neustadt 1919–1934, Mitglied der Parteileitung der SDAP Wr. Neustadt, baute verschiedene Fürsorge- und Sozialeinrichtungen der Stadt auf.

Abg. zum Nationalrat (4. WP) 02.12.1930–17.02.1934

Quelle: Parlamentsdirektion.

HAUTZ Pauline, geb. Hirt SDAP
* 11.03.1880
† 20.06.1934, Wr. Neustadt
Beamtin, Wr. Neustadt

1919–1930 Gemeinderätin.

Abg. zum Landtag (1. WP) 07.10.1926–20.05.1927

Quelle: Landtag, Biographisches Handbuch.

HECHENBLAICKNER Franz SPÖ
* 15.08.1896, Wien
† 19.07.1987, Hirtenberg
Elektrotechniker, Hirtenberg.

Volks-, Bürger- und Fachschule, 1917–1919 Militärdienst und italienische Kriegsgefangenschaft.
   Ab 1952 Sekretär des ÖGB, Bezirk Baden. Seit 1919 Gewerkschafts- und Parteimitglied, 1951 Gemeinderat,

Abg. zum Landtag (6.–7. WP) 19.04.1956–19.11.1964

Quelle: Landtag, Biographisches Handbuch.

HECHTL Johann SPÖ
* 24.06.1957, Neunkirchen

Volksschule in Neunkirchen 1963–1967, Hauptschule in Neunkirchen 1967–1971, Polytechnischer Lehrgang in Neunkirchen 1971–1972, Landesberufsschule für das Baugewerbe (erlernter Beruf: Maurer) 1972–1975, Lehrgang für Werkmeisterprüfung und Baupolier im Baugewerbe 1975–1979, Sozialakademie der Arbeiterkammer (AK) 1986–1987, Studienberechtigungsprüfung für Rechtswissenschaften 1993–1994,

Lehrgang für Personalverrechnung 1998, Polier im Baugewerbe bis 1987, Sachbearbeiter der Arbeiterkammer Niederösterreich (AKNÖ), Bezirksstelle Neunkirchen seit 1988.

Mitglied des Gemeinderates der Stadtgemeinde Neunkirchen 1994–2005, Stadtrat für Gesundheits- und Krankenhauswesen in Neunkirchen 2005–2008, Stadtrat für Gesundheits- und Sportwesen in Neunkirchen seit 2008.

Abg. zum Nationalrat (24.– WP)   28.10.2008–

Quelle: Parlamentsdirektion.

HEIN Robert, Prof.   SDAP
* 21.11.1895, Rottenschachen (Böhmen)
† 08.12.1981
Fachlehrer, Klosterneuburg

Volks- und Bürgerschule, Lehrerbildungsanstalt, 1914 Eintritt in den Schuldienst. 1927–1934 Lehrervertreter beim Landesschulrat, 1934 verhaftet und Ende Juli 1934 pensioniert, 1944 verhaftet, 1945 wieder in den Schuldienst übernommen, 1946 Titelverleihung »Hauptschuldirektor«, 1963 Professor.

Abg. zum Landtag (3. WP)   21.05.1932–16.02.1934

Quelle: Landtag, Biographisches Handbuch.

HEINDL Dietrich, Ing.   ÖVP
* 27.05.1942, Klosterneuburg
Berufsschuldirektor, Königstetten

1961 Matura HTL, Eintritt in den NÖ Landesdienst, 1969 im Landesschulrat für NÖ, Direktor der Berufsschule Stockerau.

Abg. zum Landtag (13. WP)   15.12.1988–07.06.1993

Quelle: Landtag, Biographisches Handbuch.

HEINISCH-HOSEK Gabriele   SPÖ
* 16.12.1961, Guntramsdorf

Volksschule in Guntramsdorf 1968–1972, Hauptschule in Guntramsdorf 1972–1976, Oberstufenrealgymnasium in Wien (Matura) 1976–1980, Pädagogische Akademie in Baden 1980–1983, Lehramtsprüfung für Hauptschulen (Deutsch und Bildnerische Erziehung), Lehramtsprüfung für Sonderschulen für Schwerhörige und Gehörlose 1992. Mitarbeiterin in der Wiener Spielzeugschachtel 1983–1984, Mitarbeiter der Volkshochschule in Mödling 1983–1984, Anstellung als Hauptschullehrerin im Wiener Schuldienst 1984, Schwerhörigenlehrerin 1985–2002.

Mitglied des Gemeinderates der Marktgemeinde Guntramsdorf 1990–1995, geschäftsführendes Mitglied des Gemeinderates der Marktgemeinde Guntramsdorf für Kunst, Kultur, Unterricht und Erziehung seit 1995, Mitglied der Niederösterreichischen Landesregierung 2008, Bezirksfrauenvorsitzende der SPÖ Mödling seit 2001, Bundesfrauensekretärin der SPÖ seit 2009. Stellvertretende Klubvorsitzende der Sozialdemokratischen Parlamentsfraktion – Klub der sozialdemokratischen Abgeordneten zum Nationalrat, Bundesrat und Europäischen Parlament 2007–2008, Frauen- und Gleichbehandlungssprecherin der SPÖ. 2008 NÖ Landesrätin.

Abg. zum Nationalrat (21.–23. WP)	29.10.1999–08.04.2008
Bundesministerin ohne Portefeuille	02.12.2008–21.12.2008
Bundesministerin für Frauen und öffentlichen Dienst	22.12.2008–

Quelle: Parlamentsdirektion; Heinisch-Hosek als SPÖ-Frauen-Chefin bestätigt. In: DiePresse.com; Webseite der SPÖ Niederösterreich.

HEINZ Josef   StL
* 11.03.1884, Stallbach
† 08.05.1971, Stallbach
Landwirt in Kasten
Ständischer Landtag – Vertreter der Land- und Forstwirtschaft

Volksschule.
   1912–1938 Gemeinderat, Ortsbauernratsobmann, 1950–1960 Bürgermeister von Kasten.

Mitglied d. Ständ. Landtages	22.11.1934–12.03.1938

Quelle: Landtag, Biographisches Handbuch.

HEINZL Anton   SPÖ
* 03.07.1953, Altmannsdorf bei St. Pölten

Volksschule in St. Pölten-Harland 1959–1963, Hauptschule in St. Pölten 1963–1967, Polytechnischer Lehrgang in St. Pölten 1968, Berufsschule in Langenlois (erlernter Beruf: Maurer) 1968–1971, Fachschule (Bauhandwerkerschule) in Wien 1971–1974; Präsenzdienst 1971 und 1973. Maurer 1971–1974, Bautechniker beim Magistrat St. Pölten 1974–1982.
 Bezirksgeschäftsführer der SPÖ St. Pölten 1982–2003.
 Mitglied des Gemeinderates der Stadt St. Pölten 1982–1992, Stadtrat der Landeshauptstadt St. Pölten 1992–1998, Sektionsvorsitzender der SPÖ Stadtorganisation St. Pölten, Sektion 18 seit 1981, Mitglied des Stadtparteivorstandes der SPÖ St. Pölten, Mitglied des Stadtparteipräsidiums der SPÖ St. Pölten, Bezirksparteivorsitzender der SPÖ Bezirksorganisation St. Pölten seit 2003, Mitglied des Bezirksparteivorstandes der SPÖ St. Pölten, Mitglied des Bezirksparteipräsidiums der SPÖ St. Pölten, Mitglied des Landesparteivorstandes der SPÖ Niederösterreich, Mitglied des Landesparteipräsidiums der SPÖ Niederösterreich, Mitglied des Bundesparteivorstandes der SPÖ.

Abg. zum Nationalrat (20.-WP)   07.04.1998–

Quelle: Parlamentsdirektion.

HEITZINGER Johann   CSP/StL
* 02.05.1879, Wels
† 12.09.1947, St. Pölten
Lokomotivführer, St. Pölten

Volks-, Bürger- und Gewerbeschule, 1896 Eintritt in den Dienst der k.k. Staatsbahn (Schlossergehilfe, Lokomotivführer, Maschinenmeister).
 Sekretär der christlichen Arbeitervereine und Gewerkschaften im Viertel ober dem Wienerwald, Gemeinderat.

Abg. zum Nationalrat (1.–3. WP)	10.11.1920–01.10.1930
Abg. zum Nationalrat (4. WP)	02.12.1930–02.05.1934
Landesrat (3. WP)	13.03.1934–22.11.1934
Landesrat – Ständ. Landtag	22.11.1934–12.03.1938

Quelle: Landtag, Biographisches Handbuch; Parlamentsdirektion; Krause, Biografien.
Lit.: Riepl, Landtag 1.

HELL Johann SPÖ
* 17.10.1955, St. Pölten

Volksschule in Kasten 1962–1966, Hauptschule in Böheimkirchen 1966–1970, Polytechnischer Lehrgang 1970–1971, Berufsschule (erlernter Beruf: Maschinenschlosser) 1971–1975, Triebfahrzeugführerausbildung bei den ÖBB 1976–1978, staatliche Triebfahrzeugführerprüfung. Triebfahrzeugführer 1978–1998, Instruktor für Triebfahrzeugführer seit 1998.
 Mitglied des Gemeinderates von Böheimkirchen seit 1995, Vizebürgermeister von Böheimkirchen seit 2007, Ortsparteivorsitzender der SPÖ Böheimkirchen seit 2006, Regionalvorsitzender des ÖGB, NÖ-Zentral seit 1996.

Abg. zum Nationalrat (23.- WP) 10.07.2008–

Quelle: Parlamentsdirektion.

HELM Hans SPÖ
* 16.07.1903, Traismauer
† 22.09.1993, Herzogenburg
Privatangestellter, Traismauer

Volksschule, 1918 Berufseintritt, Färbereiarbeiter. Ab 1918 politisch engagiert, diverse politische Funktionen, 1934 verhaftet, 1942–1945 Militärdienst und amerikanische Kriegsgefangenschaft.
 1950 Gemeinderat und Vizebürgermeister, 1952–1972 Bürgermeister.

Abg. zum Landtag (8. WP) 19.11.1964–20.11.1969

Quelle: Landtag, Biographisches Handbuch.

HELMER Oskar SDAP/SPÖ
* 16.11.1887, Gattendorf (Burgenland)
† 13.02.1963, Wien
Schriftsetzer, Redakteur, Wr. Neustadt

Pflichtschulen, Schriftsetzerlehre, Redakteur in Leipzig, Wr. Neustadt und Wien; 1914–1919 Militärdienst und Kriegsgefangenschaft.

1919 Landessekretär der SDAP, 1918–1927 Gemeinderat in Wr. Neustadt, 1923–1934 Mitglied des Parteivorstandes der SDAP, 1934–1935 in Haft, ab 1935 im Versicherungswesen tätig, 1938 und 1944 mehrmalige Gestapohaft, 1945–1957 Landesparteivorsitzender, 1945–1959 Vorsitzender-Stellvertreter des Parteivorstandes der SPÖ, 1959 Präsident der Österreichischen Länderbank.

Abg. zum Landtag (1.–3. WP)	11.05.1921–16.02.1934
Landesrat (1. WP)	11.05.1921–20.05.1927
Landeshauptmannstv. (3. WP)	20.05.1927–16.02.1934
Landeshauptmannstv.	01.05.1945–12.12.1945
Abg. zum Nationalrat (5.–8. WP)	19.12.1945–09.06.1959
Mitglied des Bundesrates	04.06.1959–15.06.1959
Unterstaatssekretär im Staatsamt für Inneres	27.04.1945–20.12.1945
Bundesminister für Inneres	20.12.1945–16.07.1959

Quelle: Landtag, Biographisches Handbuch.
Lit.: Ackerl, Isabella/Weissensteiner, Fritz, Österreichisches Personenlexikon der Ersten und Zweiten Republik. 1992; Bruckmüller, Ernst (Hg.), Personenlexikon Österreich. 2001.
Werke: Österreichs Kampf um die Freiheit. 1949; 50 Jahre erlebte Geschichte. 1957.

HENSLER Friedrich   ÖVP
*01.07.1949, Wien

Volksschule in Hollern 1955–1959, Hauptschule in Wien (Salesianer Don Boscos) 1959–1963, landwirtschaftliche Fachschule in Bruck/Leitha 1964–1967; Landwirt.
  Mitglied des Gemeinderates der Marktgemeinde Rohrau 1975–1978; Geschäftsführendes Mitglied des Gemeinderates und Ortsvorsteher der Marktgemeinde Rohrau seit 1980, Vizebürgermeister der Marktgemeinde Rohrau 1995, Ortsparteiobmann der ÖVP Hollern seit 1990, Landesobmann der Maschinenringe für Niederösterreich seit 1996.

Mitglied des Bundesrates	16.04.1998–23.04.2003
Mitglied des Bundesrates	10.04.2008–

Quelle: Parlamentsdirektion.

HERBERT Werner FPÖ
* 29.08.1963, Hartberg

Volksschule 1969–1973, Hauptschule 1973–1977, Polytechnischer Lehrgang 1977–1978, Grundausbildungslehrgang für dienstführende Beamte 1995–1996. Polizeipraktikant 1978–1981, Polizeibeamter 1981–1996. Dienstführender Polizeibeamter seit 1996, Wachkommandant 1996–2005, stellvertretender Inspektionskommandant, Polizeiinspektion Goethegasse, Wien, seit 2005.
   Mitglied des Gemeinderates der Gemeinde Enzersdorf/Fischa 2000–2005, Bezirksparteiobmann-Stellvertreter der FPÖ Bruck/Leitha 2001–2003, Bezirksparteiobmann der FPÖ Bruck/Leitha seit 2003, Mitglied des Landesparteivorstandes der FPÖ Niederösterreich seit 2005, Personalvertreter der Aktionsgemeinschaft Unabhängiger und Freiheitlicher (AUF) bei der Bundespolizeidirektion Wien seit 1999, Mitglied des Bundesvorstandes der AUF seit 2006, Vorsitzender der AUF Exekutive Wien seit 2006.

Mitglied des Bundesrates (ohne Fraktion)	10.04.2008–27.10.2008
Abg. zum Nationalrat (24. WP) (FPÖ)	28.10.2008–

Quelle: Parlamentsdirektion.

HESELE Hans, DDr. SPÖ
* 15.12.1926, Baden

Volksschule, Bundesgymnasium in Baden, Studium an der Universität Wien. Bundesbeamter – Ministerialrat
   Mitglied des Gemeinderates der Stadt Baden 1955–1965, Stadtrat 1965–1967, Vizebürgermeister 1967–1972, Bezirksobmann der SPÖ Baden, Mitglied des Landesparteivorstandes und des Landesparteipräsidiums der SPÖ Niederösterreich. Stellvertretender Landesparteiobmann der SPÖ Niederösterreich, Mitglied des Bundesparteivorstandes der SPÖ.

Abg. zum Nationalrat (13.–17. WP)	10.10.1972–23.11.1987

Quelle: Parlamentsdirektion.

HESS Hans   CSP
* 27.03.1873, Wien
† 29.07.1928
Kaufmann, Inzersdorf/Traisen

Volksschule, Norbertinum Pressbaum, Handelsschule, 1894–1897 Militärdienst.
 1913–1922 Bürgermeister, tätig in landwirtschaftlichen Genossenschaften, tödlich verunglückt.

Abg. zum Landtag (1.–2. WP)   19.05.1926–29.07.1928

Quelle: Landtag, Biographisches Handbuch.

HESS Josef Anton   CSP
* 13.03.1871, Bernhardsthal
† 30.11.1936
Landwirt, Bernhardsthal

Volksschule, Gymnasium, Höhere Landwirtschaftliche Lehranstalt Mödling, Hochschule für Bodenkultur, arbeitete mehrere Jahre im Ackerbauministerium, 1906 Übernahme des väterlichen Hofes.

Abg. zum Landtag (1. WP)   11.05.1921–20.05.1927

Quelle: Landtag, Biographisches Handbuch.

HESOUN Josef   SPÖ
* 12.04.1930, Vösendorf
† 28.08.2003, Wien

Pflichtschulen, Berufsschule, Werkmeisterschule (erlernter Beruf: Automechaniker). Arbeiter und Angestellter bei der Firma Wienerberger, Vösendorf, Sekretär der Gewerkschaft der Bau- und Holzarbeiter, Landesleitung Niederösterreich.
 Geschäftsführender Gemeinderat von Brunn/Gebirge, Vorstandsmitglied der Niederösterreichischen Arbeiterkammer, Präsident der Kammer für Arbeiter und Angestellte für Niederösterreich 1974–1991, Vorsitzender der Gewerkschaft der Bau- und Holzarbeiter 1986, Vizepräsident des ÖGB 1987.

Mitglied des Bundesrates	13.11.1975–04.06.1979
Abg. zum Nationalrat (15.–18. WP)	05.06.1979–17.12.1990
Abg. zum Nationalrat (19. WP)	07.11.1994–14.12.1994
Bundesminister für Arbeit und Soziales	17.12.1990–06.04.1995

Quelle: Parlamentsdirektion.
Lit.: Vranitzky, Franz, Ein Großer trat ab. In: apa ots.at vom 31. August 2008.

HESSL Hermann   SPÖ
* 30.04.1938, Wien

Pflichtschulen, kaufmännische Berufsschule in Wr. Neustadt, Fortbildungskurse des ÖGB. Eisenwareneinzelhändler, Angestellter, Bezirkssekretär der SPÖ Wr. Neustadt.
   Mitglied der Sozialistischen Jugend und der Gewerkschaftsjugend, Sektionsobmannstellvertreter der SPÖ Wr. Neustadt 1963, Funktionen in sozialistischen Zweigorganisationen, Mitglied des Gemeinderates von Wr. Neustadt 1965, Stadtrat von Wr. Neustadt 1968–1975.

Abg. zum Nationalrat (13.–14. WP)	22.01.1974–01.02.1979

Quelle: Parlamentsdirektion.

HEURAS Johann, Mag.   ÖVP
* 08.10.1957, Preinsbach (Amstetten)
HTL-Lehrer, St. Peter in der Au

AHS Seitenstetten, Universität Wien (Mathematik, Geschichte, Physik), 1981 HTL Waidhofen/Ybbs.
   1991 Gemeinderat, 1995 Vizebürgermeister, 1997–2009 Bürgermeister, 2006–2009 Vizepräsident des Verbandes NÖ Gemeindevertreter der ÖVP.

Abg. zum Landtag (15.–17. WP)	16.04.1998–26.02.2009
Landesrat (17.– WP)	26.02.2009–

Quelle: Landtag, Biographisches Handbuch.

HIETL Franz   ÖVP
* 20.07.1931, Engabrunn (Niederösterreich)
Weinbauer und Kellermeister

Volksschule, bäuerliche Fachschule Krems, Meisterprüfung für Weinbau und Kellerwirtschaft. Im elterlichen Betrieb tätig, selbstständiger Landwirt (vorwiegend Weinbau) 1956; Ökonomierat 1983.
  Bezirkskammerrat 1960–1970, Obmann der Bezirksbauernkammer Langenlois 1970, Obmann des Landesweinbauverbandes Niederösterreich 1980, Obmann der Winzergenossenschaft Krems 1980, Hauptbezirksparteiobmann der ÖVP Krems 1978.

Abg. zum Nationalrat (12.–16. WP)   31.03.1970–16.12.1986

Quelle: Parlamentsdirektion.

HIEZ Johann   CSP
* 16.12.1869, Prellenkirchen
† 10.04.1936
Fleischhauer, Hainburg/Donau

Volksschule, Fleischhauer- und Gastgewerbelehre.
  Gründer der christl. soz. Frauenorganisation in Hainburg.

Abg. zum Landtag (1. WP)   11.05.1921–20.05.1927

Quelle: Landtag, Biographisches Handbuch.

HILGARTH Josef   ÖVP
* 23.10.1898, Atzgersdorf bei Wien
† 12.10.1975, Mödling
Bezirksschulinspektor, Mistelbach

Lehrerbildungsanstalt Wien, Volksschullehrer in Erlaa und Hürm, Hauptschullehrer in Atzgersdorf.
  1934–1938 Bürgermeister in Atzgersdorf, 1938 verhaftet und für wehrunwürdig erklärt, 1944–1945 Bezirksschulinspektor von Hollabrunn und Mistelbach, 1962–1964 Klubobmann, Landes- und Bundesobmann der Lehrersektion des ÖAAB.

Abg. zum Landtag (5.–7. WP)	05.11.1949–19.11.1964
Obmann des Finanz- (6. WP)	17.02.1957–04.06.1959
Kontrollausschusses (7. WP)	16.07.1959–24.01.1963
Landesrat (7. WP)	24.01.1963–19.11.1964

Quelle: Landtag, Biographisches Handbuch.

HILLER Franz ÖVP
* 25.06.1948, Unterstinkenbrunn
Landwirt, Hanfthal

Volks- und Hauptschule.
   Hauptbezirksobmann der JVP, Bezirksbauernratsobmann, 1980 Bezirksbauernkammerobmann.

Abg. zum Landtag (11.–16. WP) 09.04.1981–19.04.2008

Quelle: Landtag, Biographisches Handbuch.

HINTERHOLZER Michaela, geb. Bachinger ÖVP
* 20.05.1959, Linz
Geschäftsführerin, Öhling/Mauer

AHS Amstetten (Matura), 1977 Berufseintritt. 1996 Vorsitzende des Amstettner Hilfswerkes.

Abg. zum Landtag (15.– WP) 16.04.1998–

Quelle: Landtag, Biographisches Handbuch.

HINTERMAYER Josef FPÖ
* 10.04.1931, Hollabrunn
† 22.02.1992, Horn
Bauer und Weinbauer, Großweikersdorf

Pflichtschulen, landwirtschaftliche Fachschule, Kurse und Seminare, ab 1948 in der elterlichen Landwirtschaft tätig, 1960 Übernahme derselben (Ausbau und Spezialisierung auf Wein- und Getreidebau).

1974 Obmannstellvertreter der FPÖ Niederösterreich, 1979 Landesobmann des Verbandes freiheitlicher Gemeinderäte Niederösterreichs, 1974 Mitglied des Bundesagrarausschusses der FPÖ und Stellvertreter des Bundesagrarreferenten, 1989–1992 Klubobmann, Ökonomierat.

Abg. zum Nationalrat (16.–17. WP)	010.6.1983–11.10.1989
Abg. zum Landtag (12. WP)	11.10.1989–22.02.1992

Quelle: Landtag, Biographisches Handbuch.

HINTERNDORFER Fritz   ÖVP
* 22.07.1898, Obersdorf
† 08.03.1962, Krems-Stein

Volksschule, Staatsgymnasium Krems. Bahnbeamter bzw. Vorstand der Österreichischen Bundesbahnen 1919–1938, in der Versicherungsbranche tätig ab 1939, Gebietsleiter der Bundesländer Versicherung.

Mitglied des Gemeinderates der Stadt Stein 1927–1933, Bürgermeister der Stadt Stein 1933–1938, Bezirksobmann der ÖVP Krems 1945. Politische Freiheitsstrafen: 1938 und 1939 mehrmals in Haft.

Mitglied des Bundesrates	27.04.1934–02.05.1934
Abg. zum Nationalrat (5.–6. WP)	19.12.1945–18.03.1953
Abg. zum Nationalrat (7. WP)	02.05.1953–08.06.1956

Quelle: Parlamentsdirektion.

HINTNER Hans Stefan   ÖVP
* 18.01.1964, Mödling
Journalist, Mödling

Volksschule und Gymnasium, AHS-Matura.
1983–1989 ÖGB-Jugendreferat, Bundesjugendsekretär der FCG, 1989 ÖGB-Redakteur und 1989 FCG-Pressereferat, 1995 ÖAAB-Bezirksobmann, FCG Bundespressesprecher, 1999 Präsident des Eishockey-Landesverbandes.

Abg. zum Landtag (15.–WP)	16.04.1998–

Quelle: Landtag, Biographisches Handbuch.

HIRMANN Emmerich, Dipl.Ing.   ÖVP
* 01.11.1899, Korneuburg
† 15.11.1995
Gutsverwalter, Blaustauden, Bez. Mistelbach

Volks- und Mittelschule, Hochschule für Bodenkultur, 1917–1918 Militärdienst, Gutsverwalter, 1922–1927 Hohenauer Zuckerfabrik, 1927–1933 Stift Melk, dann wieder Hohenauer Zuckerfabrik.
    1947–1950 Gemeinderat in Wulzeshofen, mehrere Funktionen in landwirtschaftlichen Genossenschaften, 1962–1970 Oberkurator der Landeshypothekenanstalt.

Abg. zum Landtag (5.–7. WP)   05.11.1949–19.11.1964

Quelle: Landtag, Biographisches Handbuch.

HIRSCH Rudolf   ÖVP
* 24.11.1903
† 19.08.1984, Stockerau
Schuhmachermeister, Stockerau

Pflichtschulen, Schuhmacherlehre, selbstständiger Meister, Militärzeit und Kriegsgefangenschaft, 1945–1946 wie schon vor dem Krieg Berufsschullehrer. 1950 Landesinnungsmeister.
Stadtrat, 1959–1975 Vizebürgermeister von Stockerau.

Abg. zum Landtag (7.–8. WP)   04.06.1959–20.11.1969
Landesrat (7. WP)   28.01.1960–24.01.1963
Landeshauptmannstv. (7.–8. WP)   24.01.1963–20.11.1969

Quelle: Landtag, Biographisches Handbuch.

HLAWATI Franz, Dr. phil.   StL
* 01.10.1868, Bernhardsthal
† 26.07.1940, Wien
Prälat, Wien
Ständischer Landtag – Vertreter der gesetzlich anerkannten Kirchen- und Religionsgesellschaften

1893 Priesterweihe, 1895 Studienpräfekt in Hollabrunn, 1896 Kooperator in St. Augustin/Wien, 1901 Promotion zum Dr. phil, 1903 Professor für Physik und Mathematik am Theresianum, 1912 Hofkaplan, 1920 Rektor der Burgkapelle, 1921 Kanonikus von St. Stephan in Wien.

Mitglied d. Ständ. Landtages	22.11.1934–12.03.1938

Quelle: Landtag, Biographisches Handbuch.

HOBIGER Josef (Sepp)   ÖVP
* 01.03.1920, Eichberg
† 03.09.1975, Eichberg
Bauer, Eichberg

Volks- und Hauptschule, landwirtschaftliche Kurse.
   Ab 1955 im Gemeinderat, 1967–1970 Vizebürgermeister.

Abg. zum Landtag (6. WP)	10.11.1954–04.06.1959
Abg. zum Landtag (7. WP)	10.03.1960–19.11.1964

Quelle: Landtag, Biographisches Handbuch.

HÖBINGER Johann   Landbund
* 18.02.1874, Kleinwaldhers
† 08.07.1946, Kleinwaldhers
Wirtschaftsbesitzer, Kleinwaldhers

Zweiklassige Volksschule Mönichreith, 1904 Übernahme des elterlichen Betriebes, 1915–1916 Militärdienst.
   1922 Obmannstellvertreter der Bezirksbauernkammer.

Abg. zum Landtag (2. WP)	20.05.1927–21.05.1932

Quelle: Landtag, Biographisches Handbuch.

HÖCHTL Josef, Mag. Dr.   ÖVP
* 13.05.1947, Hollabrunn

Volksschule Hadres 1953–1957, Hauptschule Hadres 1957–1958, Realgymnasium in Horn 1958–1966, Studium der Volkswirtschaft an der Hochschule für Welthandel (Mag. rer. soc. oec.1972, Dr. rer. soc. oec. 1981), Studium der Soziologie, Philosophie der Politik und Ideologiekritik an der Universität Wien, weiters Vorlesungen in Publizistik und Sprachstudien in Englisch, Französisch, Spanisch und Russisch; Präsenzdienst 1966–1967. Tätigkeit an der Wirtschaftsuniversität Wien seit 1971, im Bundesministerium für Bildung, Wissenschaft und Kultur seit 1997.

Mitglied des Gemeinderates von Klosterneuburg 1980–1990, Bezirksparteiobmann der ÖVP Wien/Umgebung seit 1978, Mitglied des Bundesparteivorstandes der ÖVP 1972–1981, Mitglied der Bundesparteileitung 1981–1991, neuerlich Mitglied des Bundesparteivorstandes der ÖVP 1991–1997, Bundesparteiobmann-Stellvertreter der ÖVP 1977–1981, Bundesobmann des ÖAAB 1991–1997, Obmann der Niederösterreicher in Wien 1968–1972, Landesobmann-Stellvertreter der Jungen ÖVP Niederösterreich 1971–1973, Bundesobmann der Jungen ÖVP 1972–1981, Sprecher der ÖVP für Sportpolitik 1979–1993, Sprecher der ÖVP für Menschenrechtsfragen 1989–1995, Sprecher des Parlamentsklubs der Österreichischen Volkspartei für Menschenrechtsfragen, Bildungssprecher der ÖVP, Vizepräsident der Europäischen Union der Jungen Christdemokraten 1976–1981, Vorsitzender-Stellvertreter des Österreichischen Bundesjugendringes 1972–1980, in der Interparlamentarischen Union (IPU) Fraktionschef der christlich-demokratischen und konservativen Parlamentarier seit 1987, Vizepräsident der EUCDA (Europäische Union christlich-demokratischer Arbeitnehmer) 1993–1997, Präsident der »Österreichischen Liga für Menschenrechte« 1990–1996, Präsident der »Österreichischen Gesellschaft für Völkerverständigung« seit 1990. 2008 Berufstitel Professor.

Abg. zum Nationalrat (14.–20. WP)   28.11.1975–28.10.1999

Quelle: Parlamentsdirektion; Österreich-Lexikon.

HÖCHTL Leopold   CSP
* 22.04.1870, Edelbach
† 19.02.1947, Gars/Kamp
Wirtschaftsbesitzer, Edelbach

Volksschule, Ackerbauschule Edelhof, Militärdienst, 1896 Übernahme des elterlichen Betriebes.

1900–1922 Bürgermeister, Funktionen in landwirtschaftlichen Genossenschaften, Bezirksbauernkammerobmann.

Mitglied der Konst. Nationalversammlung	04.03.1919–09.11.1920
Abg. zum Nationalrat (1.–2. WP)	10.11.1920–18.05.1927
Abg. zum Landtag (2.–3. WP)	20.05.1927–30.10.1934

Quelle: Landtag, Biographisches Handbuch.

HÖFINGER Johann ÖVP
* 18.07.1969, Wien

Volksschule in Sieghartskirchen 1975–1979, Hauptschule in Sieghartskirchen 1979–1983, Höhere Landwirtschaftliche Bundeslehranstalt »Francisco-Josephinum« in Wieselburg 1983–1984, landwirtschaftliche Fachschule in Tulln 1984–1987, landwirtschaftliche Facharbeiterprüfung 1988, landwirtschaftliche Meisterprüfung 1998; Präsenzdienst – Militärmusik Niederösterreich 1991–1992. Seit 1987 Landwirt.

Mitglied des Gemeinderates von Sieghartskirchen seit 1990, Vizebürgermeister der Marktgemeinde Sieghartskirchen 2000–2008, Bürgermeister der Marktgemeinde Sieghartskirchen seit 2008, Stellvertretender Obmann der Bezirksbauernkammer Tullnerfeld seit 2000, Kammerrat der Bezirksbauernkammer Tullnerfeld seit 1995.

Mitglied des Bundesrates	24.04.2003–29.10.2006
Abg. zum Nationalrat (23.– WP)	30.10.2006–

Quelle: Parlamentsdirektion.

HÖFINGER Konrad, Dr. med. et Dr. phil. NSDAP
* 10.09.1886, Langenlois
† 20.09.1938
Wirtschaftsbesitzer, Gobelsburg

Volksschule, Gymnasium, Universität Wien, Erwerb einer Landwirtschaft. Im Ersten Weltkrieg in russischer Gefangenschaft.

Bauernschaftsführer in Langenlois, ab 1933 nur mehr Weinbauer. Zwischen 1933 und 1936 mehrmals verhaftet.

Abg. zum Landtag (3. WP)	21.05.1932–23.06.1933

Quelle: Landtag, Biographisches Handbuch.

HÖFINGER Vinzenz, Dkfm. ÖVP
* 06.11.1928, St. Pölten
Kaufmann, St. Pölten

Nach Unterbrechung durch Kriegsdienst 1948 Matura, Hochschule für Welthandel, 1952 Diplomkaufmann, 1954 Eintritt in den väterlichen Betrieb.
    1960–1979 Gemeinderat, 1980–1986 Präsident der NÖ Handelskammer und 1990–1995 Vizepräsident, 1985–1993 Obmann des NÖ Wirtschaftsbundes.

Abg. zum Landtag (10.–12. WP)	10.07.1975–17.11.1988
Landesrat (12.–13. WP)	15.05.1986–22.10.1992

Quelle: Landtag, Biographisches Handbuch.

HÖGER Ernst SPÖ
* 30.08.1945, Berndorf
Landessekretär der Gewerkschaft Metall, Bergbau, Energie NÖ, Berndorf

Volks- und Hauptschule, Werkzeugmacherlehre. 1965 Betriebsrat, 1970 Bezirkssekretär der Gewerkschaft Metall, Bergbau, Energie.
    1972–1984 Gemeinderat bzw. Stadtrat von Berndorf, 1978 Landessekretär, 1983 Vorsitzender der Landesexekutive des ÖGB NÖ, 1985–1998 Landesparteivorsitzender und stv. Bundesparteivorsitzender, 1999 Ehrenring des Landes NÖ.

Abg. zum Landtag (11. WP)	19.04.1979–09.10.1980
Landesrat (11.–12. WP)	09.10.1980–15.05.1986
Landeshauptmannstv. (12.–15. WP)	15.05.1986–18.11.1999

Quelle: Landtag, Biographisches Handbuch.

HÖLLER Hans CSP
* 18.11.1883, Bruch b. Stephanshart
† 02.05.1963, Amstetten
Bankdirektor, Amstetten

Volks- und Ackerbauschule, 1904–1907 Militärdienst, 1909 Eintritt bei der Amstettner Sparkasse, 1914–1917 neuerlich Militärdienst, ab 1922 im Landesfeuerwehrrat tätig, März–August 1938 in Haft, während der NS-Zeit Angestellter der Diözesanverwaltung, danach bis 1958 neuerlich bei der Sparkasse beschäftigt.

1924 Gemeinderat von Amstetten, 1925 Vizebürgermeister, sehr engagiert für die Freiwilligen Feuerwehren, 1934–1938 und 1945 Bürgermeister, 1948–1950 und 1955–1958 Vizebürgermeister.

Abg. zum Landtag (1.–3. WP)   11.05.1921–30.10.1934

Quelle: Landtag, Biographisches Handbuch.

HÖLLERER Anna   ÖVP
* 27.11.1953, Gobelsburg

Volksschule in Gobelsburg 1959–1963, Hauptschule in Langenlois 1963–1967, Realgymnasium am Institut der Englischen Fräulein in Krems/Donau 1967–1968, landwirtschaftliche Fachschule in Korneuburg 1971–1972, Meisterin in der ländlichen Hauswirtschaft 1978. Kaufmännische Angestellte 1969–1975 sowie 1979–2005, Bäuerin seit 1972; Ökonomierätin seit 2008.

Bezirksbäuerin des Bezirkes Langenlois 1989–2001, Gebietsbäuerin für die Region Waldviertel 1995–2000, Landesbäuerin von Niederösterreich 2000–2010, Bundesbäuerin seit 2008, Vorsitzende des Regionalbüros für Niederösterreich und Wien der Sozialversicherungsanstalt der Bauern seit 2001.

Mitglied des Bundesrates   24.02.2000–11.12.2002
Abg. zum Nationalrat (22. WP)   20.12.2002–29.10.2006
Abg. zum Nationalrat (23.– WP)   10.11.2006–

Quelle: Parlamentsdirektion.

HÖLLIGE Josef   StL
* 31.10.1893, Retz
† 28.08.1944, Loriol/Frankreich
Disponent, Retz
Ständischer Landtag – Vertreter für Handel und Verkehr

Matura, 1914–1918 Militärdienst als Einjährig-Freiwilliger, Übernahme der väterlichen Bäckerei, Einrichtung einer elektrischen Mühle.

Gemeinderat; hat sich sehr um die Errichtung der 1925 eröffneten Handelsschule bemüht, wirtschaftliche Probleme, freiwillige Meldung zur Wehrmacht, gefallen als Hauptmann in Frankreich.

Mitglied d. Ständ. Landtages	22.11.1934–12.03.1938
Obmannstv. des Kontrollausschusses	28.06.1935–12.03.1938

Quelle: Landtag, Biographisches Handbuch.

HÖLZL Kreszenzia   SPÖ
* 28.11.1893
† 25.08.1958
Trafikantin, Gloggnitz

1948–1958 als erste Frau in Österreich Bürgermeisterin in Gloggnitz.

Abg. zum Landtag (4. WP)	12.12.1945–05.11.1949

Quelle: Landtag, Biographisches Handbuch.

HOFBAUER Johann, Ing.   ÖVP
* 24.01.1950, Kleinpertholz
Laborleiter, Gmünd

Volks- und Hauptschule, »Francisco-Josephinum« Wieselburg (Matura), ab 1971 berufstätig bei der Internationalen Atomenergiebehörde, Bank, Agrarindustrie.
 1991 Gemeinderat, 1994 Bezirksparteiobmann.

Abg. zum Landtag (14.– WP)	07.06.1993–

Quelle: Landtag, Biographisches Handbuch.

HOFER Hans   CSP
* 03.03.1863, Ebreichsdorf
† 16.03.1941, Ebreichsdorf

Volksschule. Bauer; Ökonomierat.

Abgeordneter zum Niederösterreichischen Landtag 1899–1901, Reichsratsabgeordneter 1901–1907, Bürgermeister von Ebreichsdorf 1906–1918.

Abg. zum Nationalrat (1.–2. WP) 10.11.1920–18.05.1927

Quelle: Parlamentsdirektion.

HOFER Walter, Ing. SPÖ
* 29.03.1940, Neufeld/Leitha
Arbeitsinspektor, Ebenfurth

Volksschule, Gymnasium, HTL (Maschinenbau, Matura).
  1980–1993 Bürgermeister von Ebenfurth, Bezirksobmann des Gemeindevertreterverbandes.

Abg. zum Landtag (12.–14. WP) 07.06.1984–25.01.1995

Quelle: Landtag, Biographisches Handbuch.

HOFFINGER Georg ÖVP
* 25.09.1941, Großebersdorf
Kaufmann, Großebersdorf

Volks-, Haupt- und Handelsschule, Mitarbeit im und 1966 Übernahme des elterlichen Betriebs, Kommerzialrat.
  1970 Gemeinderat in Großebersdorf, 1971–1988 Bürgermeister, mehrere Kammerfunktionen, 1998 Vizepräsident der Wirtschaftskammer NÖ.

Abg. zum Landtag (12.–14. WP) 04.11.1983–16.04.1998

Quelle: Landtag, Biographisches Handbuch.

HOFFMANN Friedrich SPÖ
* 13.07.1902, Pitten
† 03.03.1976, Wr. Neustadt

Volksschule, Hauptschule, kaufmännische Fortbildungsschule, einjähriger Textilfachkurs (erlernter Beruf: Seidenweber). Vorsitzender der Gewerkschaft der Textil-, Bekleidungs- und Lederarbeiter.

Abg. zum Nationalrat (9.–10. WP) 09.06.1959–30.03.1966

Quelle: Parlamentsdirektion.

HOFMACHER Ignaz ÖVP
* 07.09.1950, Waidhofen/Ybbs
Landwirt, Waidhofen/Ybbs

Volks-, Haupt- und landwirtschaftliche Berufsschule, Metallarbeiter.
1992 Vizebürgermeister.

Abg. zum Landtag (14.–16. WP) 10.11.1994–10.06.2007

Quelle: Landtag, Biographisches Handbuch.

HOFSTETTER Karl, Ing. ÖVP
* 21.09.1912, Groß-Inzersdorf
† 04.04.2007, Traiskirchen-Möllersdorf

Volksschule, Hauptschule, Höhere Landwirtschaftliche Bundeslehranstalt »Francisco-Josephinum« Wieselburg, Bauer und Weinhauer.
Obmann der Bezirksbauernkammer Baden, Obmann der Landwirtschaftlichen Genossenschaft Guntramsdorf, Obmann des Bezirksbauernrates Baden des Niederösterreichischen Bauernbundes, Vorsitzender des Aufsichtsrates der Raiffeisenkasse Baden.

Abg. zum Nationalrat (10.–13. WP) 14.12.1962–05.07.1974

Quelle: Parlamentsdirektion.

HOLLER Josef CSP
* 10.08.1875, Tattendorf
† 27.07.1929 (Verkehrsunfall)
Wirtschaftsbesitzer, Tattendorf

Volksschule, Militärdienst, Übernahme der elterlichen Wirtschaft.
　1904 Bürgermeister, führte Grundzusammenlegungen durch, gründete eine Milch-, eine Weinbau- und eine Brennereigenossenschaft, Bezirksbauernkammerobmann, Ökonomierat.

Abg. zum Landtag (2. WP)　　　　　　　　　　　　　　20.05.1927–27.07.1929

Quelle: Landtag, Biographisches Handbuch.

HOLZER Anna, geb. Feichtinger　　　　　　　　　　　　　　　　　　　CSP
* 29.04.1871, Gmünd
† 10.01.1952, Krems
Lehrerin, Krems

Ehemalige Lehrerin in Wien.
　Gemeinderätin in Krems, Vorsitzende der katholischen Frauenorganisation der Diözese St. Pölten; war die einzige Frau unter den christl.-soz. Abgeordneten.

Abg. zum Landtag (1.–3. WP)　　　　　　　　　　　　　11.05.1921–30.10.1934

Quelle: Landtag, Biographisches Handbuch.

HONEDER Karl　　　　　　　　　　　　　　　　　　　　　　　　　ÖVP
* 15.08.1946, Kirchschlag
Landwirt, Kirchschlag

Pflichtschulen, landwirtschaftliche Fachschule, Landwirtschaftsmeister, 1970 selbstständiger Landwirt.
　1975 Bürgermeister, 1985 Obmann der Bezirksbauernkammer Ottenschlag, 1985 Bezirksbauernratsobmann, Obmann landwirtschaftlicher Genossenschaften.

Abg. zum Landtag (15.–16. WP)　　　　　　　　　　　　16.04.1998–10.04.2008

Quelle: Landtag, Biographisches Handbuch.

HONNER Franz   KPÖ
* 04.09.1893, Heinrichsöd/Hrdonov (Böhmen)
† 10.02.1964, Wien

Volksschule, Bürgerschule, Elektromonteur, Bergarbeiter in Salzburg, am Erzberg und im Steinkohlenwerk Grünbach. Sozialistische Arbeiterjugend, Beitritt zur KPÖ 1920.

    Mitglied des Gemeinderates von Grünbach/Schneeberg 1923–1928, Funktionär der Metall- und Bergarbeitergewerkschaft. Politische Freiheitsstrafen: 1935–1936 Polizei- und Gerichtshaft, dann Anhaltelager Wöllersdorf.

Abg. zum Nationalrat (5. WP)	19.12.1945–08.11.1949
Abg. zum Nationalrat (6. WP)	08.11.1949–18.03.1953
Abg. zum Nationalrat (7. WP)	18.03.1953–08.06.1956
Abg. zum Nationalrat (8. WP)	08.06.1956–09.06 1959
Staatssekretär für Inneres	27.04.1945–20.12.1945

Quelle: Parlamentsdirektion; Chronik der KPÖ.
Lit.: Die KPÖ im National- und Bundesrat 1945–1959. 1959; Mugrauer, Manfred, Die Politik der Kommunistischen Partei Österreichs in der Provisorischen Regierung Renner. Diplomarbeit. 2004.

HORN Alfred   SPÖ
* 04.08.1898, Wien
† 10.03.1959, Hallein

Fünfklassige Volksschule, Bürgerschule, Huf- und Wagenschmied, diverse Kurse. Gendarmerie, Zollwache bzw. Steueraufsicht, außer Dienst gestellt 1938, Schmied bei der Reichsautobahn 1941–1945, Oberinspektor der Steueraufsicht.

    Funktionär der Freien Gewerkschaften 1918–1934, Bezirksvorsteher des 23. Wiener Gemeindebezirkes 1945–1954. Politische Freiheitsstrafe: 1939–1941 Arbeitslager.

Abg. zum Nationalrat (5.–8. WP)	19.12.1945–10.03.1959

Quelle: Parlamentsdirektion.

HORNEK Erwin   ÖVP
* 14.05.1959, Kautzen

Volksschule in Kautzen 1965–1969, Hauptschule in Kautzen 1969–1973, Polytechnischer Lehrgang in Waidhofen/Thaya 1973–1974, landwirtschaftliche Fachschule in Edelhof bei Zwettl 1977–1979; Zivildienst 1979–1980. Landwirtschaftlicher Facharbeiter 1979–1980, selbstständiger Landwirt seit 1980.

Mitglied des Gemeinderates der Marktgemeinde Kautzen 1985–1990, Bürgermeister der Marktgemeinde Kautzen 1990–2010, Gemeindeparteiobmann der ÖVP Kautzen seit 1990, Bezirksparteiobmann der ÖVP Waidhofen/Thaya seit 2000.

Abg. zum Nationalrat (21.– WP)   29.10.1999–

Quelle: Parlamentsdirektion.

HORR Franz   SPÖ
* 16.04.1913, Wien
† 06.01.1974, Wien

Vier Klassen Volksschule, vier Klassen Mittelschule, drei Klassen Gewerbeschule, erlernter Beruf: Tischler. Hilfsarbeiter 1931–1940, Angestellter des ÖGB 1946.

Mitarbeiter der Revolutionären Sozialisten 1934–1938, Präsident der Kammer für Arbeiter und Angestellte in Niederösterreich 1964, Bezirksparteivorsitzender der SPÖ Baden, Stellvertretender Landesparteivorsitzender der SPÖ Niederösterreich.

Abg. zum Nationalrat (7.–13. WP)   18.03.1953–06.01.1974

Quelle: Parlamentsdirektion.

HRADECSNI Bettina   Grüne
* 31.07.1961, Beirut (Libanon)

Deutsche Schule in Beirut 1967–1968, Volksschule in Wien 1968–1971, Hauptschule in Wien 1971–1975, Höhere Bundeslehranstalt für wirtschaftliche Berufe 1975–1980.

WWF Österreich 1985–1989, Gasthaus »Cello« 1993–1996, Kulturinitiative Gmünd 1999–2002.

Abg. zum Nationalrat (23. WP)   30.10.2006–27.10.2008

Quelle: Parlamentsdirektion.

HRDLICKA Karl SPÖ
* 25.09.1908, Sigmundsherberg
† 27.07.1989, Horn
Angestellter, Frauenhofen bei Horn

Volksschule, Tischlerlehre, 1927–1933 Bundesheer, danach Bauarbeiter, 1939–1945 Militärdienst. Bezirksparteiobmann Horn, Betriebsrat der NÖ Gebietskrankenkassa.
   1946–1950 Vizebürgermeister, 1950–1970 Gemeinderat.

Abg. zum Landtag (6. WP) 10.11.1954–04.06.1959

Quelle: Landtag, Biographisches Handbuch.

HREBACKA Ludwig SPÖ
* 30.08.1900, Achau
† 01.09.1966, St. Pölten
Heizer, Wilhelmsburg

Volksschule in Achau und Wilhelmsburg, Sattlerlehre. 1916 dienstverpflichtet, 1918 Militärdienst, Lederarbeiter, ab 1924 Bauarbeiter, 1929 Heizer und Kesselwärter. 1934 verhaftet, 1939 dienstverpflichtet.
   Ab 1947 Gemeinderat, 1952–1955 Vizebürgermeister.

Abg. zum Landtag (5.–7. WP) 05.11.1949–19.11.1964

Quelle: Landtag, Biographisches Handbuch.

HRUBESCH Christian FPÖ
* 19.06.1951, Krems
Versicherungsmakler, Krems

Volks- und Hauptschule, kfm. Lehre, 1972 Angestellter bei einer Versicherung, 1986 selbstständiger Versicherungsmakler.
   1983–1987 und ab 1997 Gemeinderat, 1987–1993 Stadtrat, Stadtparteiobmann, Mitglied des Landesparteivorstandes.

Mitglied des Bundesrates 12.03.1992–06.06.1993
Abg. zum Landtag (15.– WP) 07.06.1993–24.04.2003

Quelle: Landtag, Biographisches Handbuch.

HUBER Martin, Ing. FPÖ
* 15.03.1970, Amstetten

Volksschule, Hauptschule, »Francisco-Josephinum« in Wieselburg, Matura, TGM Wien (Kolleg für Kunststofftechnik), 1990 technisches Büro, 1993 technischer Leiter Mischfutterindustrie, 2003 Projektleiter Automobiltechnik, 2004 Landesgeschäftsführer.
    2005 Gf. Gemeinderat.

Abg. zum Landtag (17. WP)   10.04.2008–

Quelle: NÖ Landtag.

HUBINGER Karl ÖVP
* 07.07.1911, Hausbrunn
† 27.12.1990, Zell/See
Bauer, Hausbrunn

Volks- und Hauptschule, zwei Jahre Realgymnasium, 1940–1945 Militärdienst.
    1945 Gemeinderat, 1949–1954 Bürgermeister, 1955–1975 Obmann der Bauernkammer Poysdorf, mehrere Funktionen in landwirtschaftlichen Genossenschaften, Hauptbezirksparteiobmann Mistelbach.

Abg. zum Landtag (7.–8. WP)   04.06.1959–20.11.1969

Quelle: Landtag, Biographisches Handbuch.

HÜLMBAUER Michael ÖVP
* 26.04.1945, Ferschnitz
Landwirt, Ferschnitz

Volks- und Hauptschule, landwirtschaftliche Fachschule, seit 1971 selbstständiger Bauer.
    1967–1969 Landesobmann des Ländlichen Fortbildungswerkes, 1970–1972 Bundesobmann der Landjugend, 1975–1991 Bürgermeister, 1994–2000 Vizepräsident der Landes-Landwirtschaftskammer.

Abg. zum Landtag (12.–14. WP)   04.11.1983–10.11.1994

Quelle: Landtag, Biographisches Handbuch.

HÜTL Günther, Dipl.-Ing. ÖVP
* 29.05.1950, Voitsberg

Volksschule, Gymnasium 1961–1969, Studium an der Technischen Universität in Graz (Biomedizinische Technik, Dipl.-Ing.) 1970–1977; Präsenzdienst 1969–1970. Beamter (Techniker) an der Bundesanstalt für Landtechnik seit 1977, nebenamtlich Lehrer an der Höheren Landwirtschaftlichen Bundeslehranstalt »Francisco Josephinum«; Hofrat.
Stadtparteiobmann der ÖVP Wieselburg-Stadt seit 1994, Stadtrat von Wieselburg-Stadt seit 1995, Bezirksobmann des ÖAAB Scheibbs seit 1998.

Abg. zum Nationalrat (22. WP) 20.12.2002–29.10.2006

Quelle: Parlamentsdirektion.

HUGELMANN Karl Gottfried, Dr. CSP
* 26.09.1879, Wien
† 01.10.1959, Göttingen

Volksschule, Schottengymnasium in Wien (Matura 1899), Studium der Rechte an der Universität Wien (Dr. iur. 1905); Gerichtsdienst (zuletzt Bezirksrichter in Klosterneuburg) 1905–1918, Ministerialsekretär im Bundesministerium für Soziale Verwaltung 1918–1924, Professor für Deutsche Rechts- und Verfassungsgeschichte, Staatsrecht und Kirchenrecht an der Universität Wien 1924, Senator der rechts- und staatswissenschaftlichen Fakultät der Universität Wien 1925–1926, Dekan der rechts- und staatswissenschaftlichen Fakultät der Universität Wien 1926–1927, 1934 aus politischen Gründen der Lehrtätigkeit enthoben und in den Ruhestand versetzt. Im gleichen Jahr Berufung an die Universität Münster. Rektor der Universität Münster 1935–1937, Lehrauftrag an der Universität Göttingen 1944; Ehrensenator der Universität Wien 1938. Korrespondierendes Mitglied der Österreichischen Akademie der Wissenschaften, Herausgeber des »Deutschen Volksblattes«.
Wegen der Befürwortung des Anschlusses Österreichs an Deutschland aus der CSP ausgeschlossen. Politische Freiheitsstrafe: 1934 inhaftiert. Hugelmann rechtfertigte die Annexion Tschechiens als »Protektorat Böhmen und Mähren« als vom Reichsbegriff her berechtigt, sinnvoll und einleuchtend oder sprach sich für »ethnische Flurbereinigungen« aus. Nach Ende des Zweiten Weltkrieges wurden seine Schriften »Volk und Staat im Wandel deutschen Schicksals« (Essener Verlagsanstalt, Essen 1940) und »Die Eingliederung des Sudetenlandes« (Hanseatische Verlagsanstalt, Hamburg 1941) in der Sowjetischen Besatzungszone auf die Liste der auszusondernden Literatur gesetzt.

Mitglied des Bundesrates
(stellvertretender Vorsitzender 1923–1932)   12.05.1921–03.06.1932

Quelle: Parlamentsdirektion; Wikipedia.
Werke: (Hg.), Das Nationalitätenrecht des alten Österreich. 1934.

HUGL Laurenz   CSP
* 22.12.1867, Wetzelsdorf
† 05.10.1952, Wetzelsdorf
Bauer, Wetzelsdorf

Volksschule, mehrere Funktionen in landwirtschaftlichen Organisationen.
  1907–1940 Bürgermeister (1934 schützte er einen nationalsozialistischen Ortsgruppenleiter vor Verfolgung und konnte daher auch nach 1938 im Amt bleiben), 1946–1950 Gemeinderat, Gründung eines Wasserverbandes.

Abg. zum Landtag (3. WP)   21.05.1932–30.10.1934
Mitglied des Bundesrates   20.05.1927–03.06.1932

Quelle: Landtag, Biographisches Handbuch.

HUMS Franz   SPÖ
* 08.09.1937, Sommerein/Leithagebirge

Volksschule 1943–1947, Mittelschule (Matura 1955), Sozialakademie der Kammer für Arbeiter und Angestellte in Mödling 1961–1962; Eintritt bei den ÖBB 1955, Fahrdienstleiter 1955–1966, Mitarbeiter in der Verkaufsdirektion 1966–1995.
  Mitglied des Gemeinderates von Mitterndorf/Fischa 1982–1985, Personalvertreter und Gewerkschaftsfunktionär (mit Unterbrechungen) 1962–1975, Vorsitzender-Stellvertreter der Gewerkschaft der Eisenbahner 1986–1989, Vorsitzender dieser Gewerkschaft 1989–1997, Mitglied des Zentralausschusses der Bediensteten der ÖBB 1976–1995, Vorsitzender des Zentralausschusses der Bediensteten der ÖBB 1989–1995, Vizepräsident des Verwaltungsrates der ÖBB und Mitglied des Aufsichtsrates der Eisenbahn-Hochleistungsstrecken AG 1989–1990, Obmann der Versicherungsanstalt der österreichischen Eisenbahnen 1984–1990.

Abgeordneter zum Nationalrat (18. WP)   05.11.1990–06.11.1994
Bundesminister für Arbeit und Soziales,   06.04.1995–27.01.1997

Abgeordneter zum Nationalrat (20. WP)   15.01.1996–13.03.1996
Abgeordneter zum Nationalrat (20. WP)   29.01.1997–28.10.1999

Quelle: Parlamentsdirektion.

ICHA Ferdinand   SPÖ
* 22.09.1933, Korneuburg
Sparkassenangestellter, Korneuburg

Volks-, Haupt- und Handelsschule, 1947–1991 Sparkassenangestellter.
   1956 Landesobmann der Roten Falken, 1965 Gemeinderat, 1969 Vizebürgermeister, 1973–1990 Bürgermeister, Funktionen im Gemeindevertreterverband und Gemeindebund, 1991–1993 Klubobmann.

Abg. zu Landtag (11.–13. WP)   19.04.1979–07.06.1993

Quelle: Landtag, Biographisches Handbuch.

JAHRMANN Josef G.   SPÖ
* 26.09.1947, Spitz
Bezirksschulinspektor, Loosdorf

Volksschule Spitz, Bundesrealgymnasium Krems, LBA Krems, ab 1967 Lehrer, 1987 Bezirksschulinspektor.

Abg. zum Landtag (14.–WP)   27.11.1997–
Quelle: Landtag, Biographisches Handbuch.

JANKOWITSCH Peter, Dr.   SPÖ
* 10.07.1933, Wien

Volksschule, Realgymnasium, Matura 1951, Universität Wien (Jus), Promotion 1956, akademisch geprüfter Übersetzer, Diplom der Académie de Droit International (Den Haag) 1959. Gerichtspraxis, in das Bundeskanzleramt – Auswärtige Angelegenheiten berufen 1957, Chef des Kabinetts des Bundeskanzlers 1970, Vertreter Österreichs bei den Vereinten Nationen (New York) 1972, Wahl zum Vorsitzenden der Weltraumkommission der Vereinten Nationen, Vertreter Österreichs im Sicherheitsrat

1973–1974, Präsident des Sicherheitsrates 1973, ständiger Vertreter Österreichs bei der OECD 1978, Ernennung zum ao. und bev. Botschafter 1982, ständiger Vertreter Österreichs bei der OECD 1993.

Mitbegründer der Europäischen Kampagne der Politischen Jugend 1953, Funktionär und Vorsitzender des Verbandes Sozialistischer Studenten Österreichs (VSStÖ) 1951–1957, Studentensekretär der Sozialistischen Jugend – Internationale (IUSY) 1956–1957, Leiter des Büros des Vorsitzenden der SPÖ (Dr. Bruno Kreisky) 1967–1970, Mitglied des Bundesvorstandes der Arbeitsgemeinschaft Junge Generation in der SPÖ 1967–1969, Vorsitzender der Arbeitsgruppe für Beziehungen mit politischen Bewegungen der Dritten Welt in der Sozialistischen Internationale 1971–1972, Vorsitzender des EFTA-Parlamentarierkomitees 1990.

Abg. zum Nationalrat (16. WP)	01.06.1983–17.06.1986
Bundesminister für Auswärtige Angelegenheiten	16.06.1986–21.01.1987
Abg. zum Nationalrat (17.–18. WP)	19.02.1987–17.12.1990
Staatssekretär im Bundeskanzleramt	17.12.1990–03.04.1992
Abg. zum Nationalrat (18. WP)	08.04.1992–18.10.1993

Quelle: Parlamentsdirektion.
Werke: Österreich und Europa (Wien 1988).

JANZSA Rudolf   ÖVP
* 21.03.1914
† 26.10.1994
Helfer in Buchführungs- und Steuersachen, Betriebsberater, Scheibbs

1947 selbstständiger Wirtschaftstreuhänder.
  Ab 1961 verschiedene Kammerfunktionen, 1970–1980 Bundesinnungsmeister-Stellvertreter, 1974–1980 Landesinnungsmeister.

Abg. zum Landtag (7.–8. WP)	13.02.1964–20.11.1969

Quelle: Landtag, Biographisches Handbuch.

JAX Anton   CSP
* 06.09.1870, Waidhofen/Ybbs
† ??.06.1932
Wirtschaftsbesitzer, Waidhofen/Ybbs

Volks-, Unterreal- und Handelsschule, Techniker für Mühlenbau in Deutschland.
1927–1932 Kurator der NÖ Landeshypothekenanstalt.

Abg. zum Landtag (1.–2. WP)	110.5.1921–21.5.1932
Landesrat (1. WP)	11.05.1921–20.5.1927

Quelle: Landtag, Biographisches Handbuch.

JEDEK Karl   CSP
* 15.10.1853, Spitz/Donau
† 22.11.1940, Spitz/Donau
Gastwirt und Holzhändler, Spitz/Donau

Volksschule, Privatunterricht, Holzhändler in Spitz/Donau.
    1879–1919 Gemeinderat, 1888–1891 und 1896–1919 Bürgermeister, 1907–1918 Reichsratsabgeordneter, in zahlreichen Organisationen aktiv; Betreiber des Baues der Donauuferbahn.

Mitglied der Prov. Nationalversammlung	21.10.1918–16.02.1919
Abg. zum Landtag (1.–2. WP)	11.05.1921–21.05.1932

Quelle: Landtag, Biographisches Handbuch.

JIRKOVSKY Erika   SPÖ
* 14.05.1930, Baden
Kindergärtnerin, Traiskirchen

Volks-, Haupt- und Handelsschule, Kindergärtnerinnenausbildung.
    1960 Gemeinderat, 1975–1985 Vizebürgermeisterin.

Abg. zum Landtag (10.–11. WP)	11.07.1974–04.11.1983

Quelle: Landtag, Biographisches Handbuch.

JIROVETZ Alois   SPÖ
* 04.04.1903, Möllersdorf
† 07.09.1980
Eisengießer, Traiskirchen

Volks- und Bürgerschule, 1917–1929 Metallarbeiter, danach längere Zeit arbeitslos, 1931 Gemeindeangestellter, 1934–1935 in Haft, dann erneut arbeitslos, 1938 wieder Gemeindearbeiter und vorübergehend Militärdienst, 1947 Amtsstellenleiter der AKNÖ.
    1945 Gemeinde- und Stadtrat, 1957 Vizebürgermeister, 1960–1972 Bürgermeister, mehrere Parteifunktionen.

Abg. zum Landtag (7.–9. WP)   23.06.1960–02.07.1970

Quelle: Landtag, Biographisches Handbuch.

JOCHMANN Rosa   SPÖ
* 19.07.1901, Wien
† 28.01.1994, Wien

Fünf Klassen Volksschule, drei Klassen Bürgerschule, erster Lehrgang der Arbeiterhochschule in Wien 1926. Arbeiterin in der Wiener Süßwarenfabrik Schmidt & Söhne 1915–1916, in der Simmeringer Kabelfabrik »Ariadne« 1916, in der Kerzenfabrik »Apollo«, in der Firma Auer (Erzeugung von Gasglühstrümpfen) in Simmering. Sekretärin der Gewerkschaft des chemischen Verbandes 1925–1932, Zentralsekretärin der Sozialistischen Frauen Österreichs 1932.
    Wahl in den Bundesvorstand der SdP 1933, 1934 Fortsetzung der politischen Arbeit in der Illegalität unter dem Decknamen Josefine Drechsler. Politische Freiheitsstrafen: 1934 mehrmonatige Polizeihaft in Wr. Neustadt, 1939–1940 Polizeihaft in Wien, anschließend bis 1945 KZ Ravensbrück. Vorsitzende des Frauen-Zentralkomitees der SPÖ, Obmann des Bundes sozialistischer Freiheitskämpfer und Opfer des Faschismus 1948.

Abg. zum Nationalrat (5.–11. WP)   19.12.1945–16.05.1967

Quelle: Parlamentsdirektion; Widerstand und Verfolgung in Niederösterreich. 1988; Rosa Jochmann, Symbol für Demokratie und Menschenwürde. In: WZ online; Rosa Jochmann, Portrait einer Sozialistin; Zeitdokumente 40. o.J.
Lit.: Blimlinger, Eva, 100 Österreicherinnen des 20. Jahrhunderts. In: Zukunft.

Wien 1999; Etzersdorfer, Irene, Rosa Jochmann. In: Dachs, Herbert, Gerlich, Peter/Müller, Wolfgang C. (Hg.), Die Politiker. Karrieren und Wirken bedeutender Repräsentanten der Zweiten Republik. 2000; Sporrer, Maria/Steiner, Herbert (Hg.), Rosa Jochmann. Zeitzeugin. Wien 1988; Hans Waschek (Hg.), Rosa Jochmann. Ein Kampf, der nie zu Ende geht- Reden und Aufsätze. 1994.

JUKEL Karl, Ing. CSP
* 21.01.1865, Wien
† 20.08.1931, Schönau/Triesting
Wirtschaftsbesitzer und Gastwirt, Schönau

Volksschule, Realschule, Landwirtschaftliche Lehranstalt Mödling; Gastwirt, Ökonom.

Bürgermeister von Schönau 1906–1918; Reichsratsabgeordneter 1907–1918, Vizepräsident des Abgeordnetenhauses 1911–1918, 1920–1921. Jukel war zudem im Feuerwehrwesen als Mitglied der Feuerwehr Schönau/Triesting aktiv und wurde im Jahr 1922 zum Landesfeuerwehrkommandanten als Nachfolger von Karl Schneck gewählt. Dieses Amt hatte er bis 1931 inne und er wurde von seinem Stellvertreter Ernst Polsterer abgelöst. Unter ihm wurde das Feuerwehrgesetz 1927 für Niederösterreich (mit Ausnahme von St. Pölten und Wr. Neustadt) erlassen, nach der die Feuerwehren auch bei Hochwasser oder sonstigen Elementarereignissen einzugreifen hätten. Zudem war er beim Roten Kreuz engagiert und war Vizepräsident des Landesverbandes Wien, Niederösterreich, Burgenland.

Mitglied der Prov. Nationalversammlung	21.10.1918–16.02.1919
Staatssekretär für Verkehrswesen	30.10.1918–15.03.1919
Mitglied des Bundesrates	01.12.1920–20.05.1927
Abg. zum Landtag (1.–2. WP)	11.05.1921–20.08.1931
1. Präsident (1.–2. WP)	11.05.1921–20.08.1931

Quelle: Landtag, Biographisches Handbuch; Parlamentsdirektion; Wikipedia; Riepl, Landtag 1; Krause, Biografien; Niederösterreich 1920–1930.

JUNKER Alois SDAP
* 08.07.1893, Auschowitz/Marienbad (Böhmen)
† 23.03.1967, Wien
Fachlehrer, Schrems

Volks- und Bürgerschule, Lehrerbildungsanstalt Eger, 1912 Eintritt in den Schuldienst, 1914–1918 Militärdienst, 1921 Lehrbefähigung für Bürgerschule.
1919 Beitritt zu SDAP, 1934 verhaftet und zu einem Jahr schweren Kerker verurteilt wegen seiner maßgeblichen Mitwirkung am Februaraufstand in Schrems, aus dem Schuldienst entlassen, Kinobilleteur und Versicherungsvertreter, 1938 wieder eingestellt, 1945 Bezirksschulinspektor.

Abg. zum Landtag (3. WP)   21.5.1932–16.2.1934

Quelle: Landtag, Biographisches Handbuch.

KADENBACH Karin   SPÖ
* 19.04.1958, Wien

American High School Diploma, Elmira Free Academy, Elmira, N.Y., USA (1975); Reifeprüfung am Bundesrealgymnasium 19, 1190 Wien (1976). Abschluss des Universitätslehrgangs Werbung und Verkauf an der Wirtschaftsuniversität Wien (1980); Akademisch geprüfte Werbekauffrau, WU Wien (1983); Werbeassistentin bei der Werbeagentur J. W. Thompson, Wien (1976–1984). Kindererziehungszeiten (1984–1994). Selbstständige PR-Beraterin (seit 2008).
Wahlkampfleitung SPÖ Niederösterreich, Gemeindevertreterverband – SPÖ Niederösterreich (Febr. 1994–Dez. 1994).Geschäftsführerin, SPÖ Frauen Niederösterreich (Jan. 1995–Okt. 1999); Landesgeschäftsführerin, SPÖ Niederösterreich (Nov. 1999–Jan. 2007). Stellvertretende Bezirksvorsitzende und Mitglied des Landesparteivorstands; stellvertretende Frauenvorsitzende (seit 1995), Gemeinderätin bzw. geschäftsführende Gemeinderätin (1990–2006).

Abgeordnete zum Landtag (14.–16. WP)   19.04.2001–25.01.2007
Landesrätin (16. WP)   25.01.2007–10.04.2008
Abgeordnete zum Landtag (17. WP)   10.04.2008–14.07.2009
Mitglied des Europäischen Parlaments   14.07.2009–

Quelle: Parlamentsdirektion; Wikipedia.

KAINDL Franz   ÖVP
* 09.01.1902, Dobersberg
† 26.06.1970, Gaweinstal
Oberlehrer, Waidhofen/Thaya

Volksschule, Gymnasium, Lehrerbildungsanstalt Wr. Neustadt, Lehrtätigkeit, 1938 verhaftet und entlassen, 1941–1942 Militärdienst, 1945 Bezirksschulinspektor in Waidhofen/Thaya, 1948–1967 Hauptschuldirektor in Gaweinstal. Zahlreiche heimatkundliche Veröffentlichungen, Gedichte; Verfasser der Waldviertelhymne »s' Waldviertel is g'wiß« (1925).

Abg. zum Landtag (4. WP)	12.12.1945–05.07.1948

Quelle: Landtag, Biographisches Handbuch.

KAINZ Christoph ÖVP
* 27.04.1967, Mödling

Volksschule in Pfaffstätten 1973–1977, Hauptschule in Baden 1977–1981, Höhere Technische Lehranstalt Mödling (Tischlerei und Raumgestaltung) 1981–1985; Präsenzdienst 1985–1986. Angestellter der Bundesländer Versicherung, Außendienst 1986–1990.

Niederösterreichische Landesregierung, Jugendreferat 1990–2002, ab 20.12.2002 karenziert. Mitglied des Gemeinderates von Pfaffstätten seit 1990, Bürgermeister der Marktgemeinde Pfaffstätten seit 1997, Bezirksparteiobmann der ÖVP Baden seit 2000, Ortsobmann der Jungen ÖVP Pfaffstätten 1984–1990, Bezirksobmann der Jungen ÖVP Baden 1985–1989.

Abg. zum Nationalrat (22.–23. WP)	20.12.2002–27.10.2008
Mitglied des Bundesrates	27.01.2009–

Quelle: Parlamentsdirektion.

KAISER Hans SPÖ
* 15.07.1926, Grünbach
Tischler, Zentral-Betriebsratsobmann, Ternitz

Volksschule, Tischlerlehre, 1942 Reichsarbeitsdienst, 1943–1945 Militärdienst, Arbeit als Bergmann, 1947 zur Fa. Semperit.

1960 Zentralbetriebsratsobmann der Fa. Semperit, 1962 Landesobmann der Gewerkschaft der Chemiearbeiter.

Abg. zum Landtag (8.–12. WP)   19.11.1964–15.01.1985

Quelle: Landtag, Biographisches Handbuch.

KAISER Johann   CSP
* 26.11.1882, Tradigist
† 17.12.1962
Gebirgsbauer, Warth (Rabenstein)

Volksschule und landwirtschaftliche Kurse, landwirtschaftlicher Arbeiter, Wirtschaftsführer. Stiefvater von Kardinal Dr. König.
    1920 Gemeinderat, 1934–1938 und 1948–1950 Bürgermeister, 1938 verhaftet. Kammerrat, mehrere Funktionen in landwirtschaftlichen Genossenschaften, Bezirksbauernkammerobmann.

Abg. zum Landtag (2.–3. WP)   20.09.1928–30.10.1934

Quelle: Landtag, Biographisches Handbuch.

KAISER Richard, Dipl. Ing.   ÖVP
* 03.04.1935, Matzen

Volksschule 1941–1945, Hauptschule 1945–1946, Realgymnasium der Schulbrüder in Wien/Strebersdorf 1946–1954, Studium an der Hochschule für Bodenkultur, Fachrichtung Landwirtschaft (Dipl.-Ing.) 1954–1958. Eintritt in den Dienst der Niederösterreichischen Landes-Landwirtschaftskammer 1959, Sekretär der Bezirksbauernkammer St. Pölten 1960–1962, Viehverkehrsreferent 1962–1967, Marktreferent 1967–1973, Leiter der Marktabteilung (Direktor) der Niederösterreichischen Landes-Landwirtschaftskammer 1974–1986, Vorsitzender der Vieh- und Fleischkommission beim Bundesministerium für Land- und Forstwirtschaft 1976–1993, Mitglied des Verwaltungsrates der Agrarmarkt Austria (AMA) 1993–1997, Vorsitzender des Fachbeirates für Vieh und Fleisch der AMA 1995–1997, Übernahme des elterlichen landwirtschaftlichen Betriebes in Matzen 1983; Ökonomierat 1992.
    Mitglied des Gemeinderates von Matzen-Raggendorf seit 1980, Vizebürgermeister der Marktgemeinde Matzen-Raggendorf seit 1995, Mitglied des Landesbauernrates seit 1976, Ortsbauernobmann der Marktgemeinde Matzen seit 1979, Mitglied des Landesvorstandes des Niederösterreichischen Bauernbundes seit 1980, Teilbezirksparteiobmann der ÖVP Gänserndorf seit 1980, Mitglied der Bezirksparteileitung und der

Hauptbezirksparteileitung der ÖVP Gänserndorf seit 1980, Bezirksbauernratsobmann von Gänserndorf seit 1985, Hauptbezirksparteiobmann-Stellvertreter der ÖVP Gänserndorf seit 1987, Teilbezirksparteiobmann des Seniorenbundes Gänserndorf seit 1998.

Abg. zum Nationalrat (16.–17. WP)	10.02.1986–04.11.1990
Abg. zum Nationalrat (18. WP)	19.12.1990–06.11.1994
Abg. zum Nationalrat (19. WP)	15.03.1995–14.01.1996
Mitglied des Bundesrates	25.01.1996–19.03.1996
Abg. zum Nationalrat (20. WP)	20.03.1996–29.10.1996

Quelle: Parlamentsdirektion.

KALTEIS Erich   SPÖ
* 24.12.1926, Traisen
† 10.03.1993, Lilienfeld
Hauptschuldirektor, Traisen

Volks- und Hauptschule, nach vierjähriger Unterbrechung 1944–1947 durch Militärdienst und Kriegsgefangenschaft 1949 Matura Lehrerbildungsanstalt St. Pölten, 1950 Eintritt in den Schuldienst, 1953 Hauptschule Traisen.
    1960 Gemeinderat, 1968–1993 Bürgermeister, Bezirksparteivorsitzender.

Abg. zum Landtag (10.–13. WP)   26.01.1978–17.10.1991

Quelle: Landtag, Biographisches Handbuch.

KAMINGER Rudolf   SDAP
* 12.11.1887, Pöggstall
† 22.07.1943, Ottenschlag
Krankenkassaleiter, Ottenschlag

Fünf Klassen Volksschule, Schriftsetzerlehre, mehrere Spezialkurse in Wien, arbeitete auch in Deutschland.
    Gemeinderat.

Abg. zum Landtag (2.–3. WP)   20.05.1927–16.02.1934

Quelle: Landtag, Biographisches Handbuch.

KAMPICHLER Franz   ÖVP
* 27.06.1947, Wien

Volksschule 1953–1957, Hauptschule 1957–1961, kaufmännische Berufsschule in Wr. Neustadt und Theresienfeld 1961–1964; Präsenzdienst 1967. Filialleiter der Firma Josef Kampichler, Verkäufer im Außendienst bei der Firma Kortmann und Schulte (Wien), Akquisiteur bei der Firma Heizbösch in Lustenau.

Mitglied des Gemeinderates von Edlitz seit 1980, Bürgermeister von Edlitz 1993–2002, Bezirksobmann des ÖAAB Neunkirchen 1983–2002, Landesvorsitzender des Niederösterreichischen Familienbundes 1985–1995, Präsident der Interessenvertretung der Niederösterreichischen Familien seit 1987, Präsident des Österreichischen Familienbundes 1993–1997.

Mitglied des Bundesrates	02.07.1985–08.07.1993
Abg. zum Nationalrat (18. WP)	09.07.1993–06.11.1994
Abg. zum Nationalrat (19. WP)	13.12.1994–14.01.1996
Abg. zum Nationalrat (20.–21. WP)	14.03.1996–19.12.2002

Quelle: Parlamentsdirektion.

KAMPITSCH Julius   GDV/ StL
* 19.09.1900, Payerbach
† 14.05.1974, Wien
Hotelier, Payerbach

Volksschule, Gymnasium in Seitenstetten, Hotelbesitzer, Hausverwalter.

1927 Organisator des Steirischen Heimatschutzes im niederösterreichischen Industrie- und Semmeringgebiet, 1930 Landesleiter des Heimatschutzes in Niederösterreich, Vizepräsident des Österreichischen Gewerbebundes, Bundesinnungsmeister des Gastgewerbes. 1937 wurde seine Mitarbeit bei der NSDAP bekannt, doch verhinderte Bundeskanzler Schuschnigg seine Entlassung aus der Landesregierung; Kampitsch übernahm am 11.03.1938 auf Befehl des Gauleiters kommissarisch die Geschäfte des Landeshauptmannes und übergab sie am 12.03.1938 an den Gauleiter, blieb aber Landesstatthalter (= Landeshauptmannstv.) bis August 1938; Parteiverfahren; rehabilitiert 1942, Volksgerichtsprozess: 1946 zu 20 Jahren Kerker verurteilt, 1949 begnadigt und nach einjähriger Verwahrungshaft freigelassen. 1951 Sekretär der Handelskammer.

Abg. zum Nationalrat (3. WP)	01.07.1932–02.05.1934

Landesrat – Ständ. Landtag	22.11.1934–06.11.1935
Landeshauptmannstv.	06.11.1935–12.03.1938

Quelle: Landtag, Biographisches Handbuch.
Lit.: Bezemek, Ernst, Zur NS-Machtübernahme in Niederösterreich. In: JB für Landeskunde. 1995.

KARAS Othmar, Mag. (MBL) ÖVP
* 24.12.1957, Ybbs an der Donau

Volksschule, Bundesoberstufenrealgymnasium in Scheibbs 1976, Studium der Philosophie (Mag. phil. 1996), postgradualer Lehrgang an der Hochschule Sankt Gallen (Master of European and International Business Law) 1997.

    Politischer Referent der ÖVP-Bundespartei 1979–1980, Angestellter im Banken- und Versicherungsbereich 1981–1995, Generalsekretär der ÖVP 1995–1999; Präsident des Österreichischen Hilfswerkes seit 1998, Mitglied des Präsidiums der Europäischen Volkspartei/ED (Schatzmeister) 1999–2004, Bundesobmann der Jungen ÖVP 1981–1990, Teilbezirksparteiobmann der ÖVP Ybbs 1983–2000, Vizepräsident der Politischen Akademie der ÖVP 1996–2004, Schatzmeister und Vizepräsident der Europäischen Volkspartei/ED-Fraktion seit 2004; Wirtschaftssprecher der Europäischen Volkspartei/ED-Fraktion 2002–2004; Leiter der ÖVP-Delegation im Europäischen Parlament 2006–2009.

Abgeordneter zum Nationalrat (16.–17. WP)	19.05.1983–04.11.1990
Europäisches Parlament	20.07.1999–

Quelle: Parlamentsdirektion; Wikipedia.

KARGL August, Ing. StL/ÖVP
* 25.04.1898, Langenlois
† 06.01.1960, San Remo
Baumeister, Langenlois
Ständischer Landtag – Gewerbevertreter

Volksschule, Realschule in Waidhofen/Thaya, Staatsgewerbeschule Wien, 1916–1921 Militärdienst und italienische Kriegsgefangenschaft, Baumeisterprüfung.
    1924 Gemeinderat, 1938 KZ Dachau, 1939–1941 Militärdienst, 1944 neuerlich Haft, 1946–1954 Präsident der Handelskammer NÖ.

Mitglied d. Ständ. Landtages	22.11.1934–06.07.1937
Landesrat – Ständ. Landtag	06.07.1937–12.03.1938
Mitglied d. Prov. Landesausschusses	17.07.1945–12.12.1945
Abg. zum Landtag (4.–7. WP)	12.12.1945–06.01.1960
Landeshauptmannstv. (4.–7. WP)	12.12.1945–06.01.1960

Quelle: Landtag, Biographisches Handbuch.

KARL Josef   SPÖ
* 02.06.1922, Niederrußbach
† 08.03.1989
Landwirt, Niederrußbach

Volksschule, Hilfsarbeiter in Weingroßhandlung, 1940 dienstverpflichtet, 1942–1945 Militärdienst.

1950–1970 Gemeinderat in Niederrußbach und nach der Zusammenlegung 1970–1989 in Rußbach, 1953 Mitglied des Landesvorstandes und 1965 auch des Bundesvorstandes des Arbeitsbauernbundes, 1970–1983 Obmannstellvertreter, 1965 Landeskammerrat.

Abg. zum Landtag (9. WP)	20.12.1972–11.07.1974

Quelle: Landtag, Biographisches Handbuch.

KARNER Gerhard, Mag.   ÖVP
* 13.11.1967, Melk

Gymnasium in Melk, Matura, Studium der Betriebswirtschaftslehre an der Wirtschaftsuniversität Wien, Privatwirtschaft.

1995 Gemeinderat in Texingtal, 1996–2000 Pressereferent der ÖVP Niederösterreich, 2000–2003 Pressesprecher von Innenminister Dr. Strasser, 2003 Landesgeschäftsführer der ÖVP Niederösterreich.

Abg. zum Landtag (16.–WP)	24.04.2003–

Quelle: NÖ Landtag.

KARPFINGER Andreas CSP
* 04.09.1862, Markgraf-Neusiedl
† 22.11.1926, Markgraf-Neusiedl
Landwirt, Betriebsberater, Markgraf-Neusiedl (Raasdorf)

Vier Klassen Volksschule, Vorbereitungskurs für die Lehrerbildungsanstalt.
1894 Gemeinderat, dann Bürgermeister, Obmann des NÖ Rübenbauernbundes.

Abg. zum Landtag (1. WP) 11.05.1921–22.11.1926

Quelle: Landtag, Biographisches Handbuch.

KASPAR Josef ÖVP
* 13.03.1902, Wien
† 28.04.1978, St. Pölten

Volksschule, Bürgerschule, Fachschule und Staatsgewerbeschule; Maurer, Bautechniker. Politische Freiheitsstrafe: 1938 Polizeihaft.
Landessekretär des ÖAAB Niederösterreich, Mitglied des Gemeinderates der Stadt St. Pölten, Mitglied des Landesparteipräsidiums der ÖVP Niederösterreich.

Mitglied des Bundesrates 18.05.1961–19.10.1969

Quelle: Parlamentsdirektion.

KASSER Anton ÖVP
* 27.05.1963, Amstetten

Volks- und Hauptschule in Allhartsberg, Landwirtschaftliche Fachschule Gießhübl, 1981 landwirtschaftliche Facharbeiterprüfung, 1980–2003 Ybbstaler Fruchtsaft GesmbH.
1990 Gemeinderat, 1995 Bürgermeister von Allhartsberg, 2004–2008 Gemeindebediensteter.

Abg. zum Landtag (17.– WP) 26.02.2009–

Quelle: NÖ Landtag.

KAUFMANN Anton   ÖVP
* 03.02.1890
† 14.09.1977, Groß Gerungs'
Bauer, Groß Gerungs

1945–1947 Bezirksparteiobmann, 1950–1955 Landeskammerrat.

Abg. zum Landtag (4. WP)   12.12.1945–05.11.1949

Quelle: Landtag, Biographisches Handbuch.

KAUFMANN Herbert, Mag. rer. soc. oec.   SPÖ
* 27.10.1949, Brunn/Gebirge
Leitender Angestellter der NÖ Arbeiterkammer, Brunn/Gebirge

Volksschule Brunn/Gebirge 1956–1960, Bundesrealgymnasium Mödling 1960–1964, Höhere Technische Lehranstalt Mödling (Fachrichtung: Maschinenbau) 1964–1969, Studium der Volkswirtschaftslehre an der Universität Wien (Mag. rer. soc. oec.) 1970–1974. Diverse Tätigkeiten als Konstrukteur im Bereich Maschinenbau 1969–1975, Kammer für Arbeiter und Angestellte für Niederösterreich 1975, Abteilungsleiter der wirtschaftlichen Abteilung 1977, Direktor 1985–1999.
   Mitglied des Gemeinderates von Brunn/Gebirge 1979–1992, Abgeordneter zum Niederösterreichischen Landtag 1988–1994, Bezirksparteivorsitzender der SPÖ Mödling 1993. Nach dem Ende seiner politischen Karriere wurde Kaufmann vom Aufsichtsrat der Flughafen Wien AG 1999 zum Vorstandssprecher berufen. 2008 wurde er zudem in den Vorstand von ACI Europe, der Vereinigung europäischer Flughafenbetreiber, gewählt.

Abg. zum Landtag (13.–14. WP)   17.11.1988–07.11.1994
Abg. zum Nationalrat (19.–20. WP)   07.11.1994–31.08.1999

Quelle: Landtag, Biographisches Handbuch, Parlamentsdirektion; Krause, Biografien.
Lit.: Lingens, Peter Michael, Das System Skylink. In: Profil-online.

KAUTZ Herbert   SPÖ
* 28.01.1945, Ober-Danegg
† 27.12.2005, St. Pölten
Elektriker, Bezirkssekretär, Neunkirchen

Volksschule, Untergymnasium, Berufsschule, Lehre und Facharbeiterprüfung.
   Ab 1970 Bezirksparteisekretär. 1980 Gemeinderat, 1984 Vizebürgermeister, 1986–1992 ASKÖ-Vizepräsident, 1993 Bürgermeister.

Abg. zum Landtag (11.–16. WP)   30.10.1980 – 27.12.2005

Quelle: Landtag, Biographisches Handbuch.

KDOLSKY Andrea, Dr.   ÖVP
* 02.11.1962, Wien

Volksschule in Wien 1969–1973, Neusprachliches Realgymnasium St. Ursula in Wien-Mauer 1973–1980, Externisten-Reifeprüfungskommission in Wien 1983, Studium der Rechtswissenschaften an der Universität Wien 1982–1985, Studium der Handelswissenschaften an der Wirtschaftsuniversität Wien 1986–1993, Studium der Medizin an der Universität Wien (Dr. med. univ. 1993) 1986–1993; Turnusausbildung im Krankenhaus Eggenburg 1994–1995, Facharztausbildung für Anästhesiologie, Intensivmedizin und Schmerztherapie an der medizinischen Fakultät des AKH 2001, Oberärztin an der Universitätsklinik für Anästhesiologie und Intensivmedizin, Bereich Unfallchirurgie 2001–2004, stellvertretende Geschäftsführerin des Bundesinstituts für internationalen Bildungs- und Technologietransfer (BIB) 2004–2005, Krankenhausmanagerin für die Landeskliniken Holding/NÖGUS Niederösterreichische Landeskliniken-Holding 2005, medizinische Geschäftsführerin der Niederösterreichischen Landeskliniken-Holding 2006.
   Vorsitzende der Gewerkschaft Öffentlicher Dienst Wien 2001–2004, stellvertretende Vorsitzende der ARGE Ärztinnen, ÖGB Wien 2002–2004.

Bundesministerin f. Gesundheit und Frauen   11.01.2007–28.02.2007
Bundesministerin für Gesundheit, Jugend und Familie   01.03.2007–02.12.2008

Quelle: Parlamentsdirektion.

KEIBLINGER Josef   ÖVP
* 19.01.1910, Baumgarten
† 26.04.1968, Tulln
Kaufmann, Tulln

Volks- und Bürgerschule, Lehre, 1936 selbstständiger Kaufmann, 1939–1944 Militärdienst (schwer verwundet) und englische Kriegsgefangenschaft, 1944 im Austauschweg zurückgekehrt.
  1945 Gemeinderat, 1961–1968 Bürgermeister, mehrere Kammerfunktionen, Schöpfer der Gartenbaumesse (ab 1965) Tulln, Kommerzialrat.

Abg. zum Landtag (8. WP)   19.11.1964–26.04.1968

Quelle: Landtag, Biographisches Handbuch.

KELLNER Hans, Ing.   ÖVP
* 15.01.1929
Landwirtschaftlicher Lehrer, Erpersdorf (Zwentendorf)

Volksschule, »Francisco-Josephinum« Wieselburg (Matura), 1948 Eintritt in den landwirtschaftlichen Schuldienst, ab 1969 Direktor der landwirtschaftlichen Fachschule Tulln.
  1955 Gemeinderat, 1960–1970 Vizebürgermeister, 1968 Hauptbezirksparteiobmann, 1970–1975 Gemeinderat, 1975–1984 Vizebürgermeister, 1972 Vizepräsident und 1983–1999 Präsident des NÖ Roten Kreuzes, 1974–1984 Klubobmann.

Abg. zum Landtag (9.–12. WP)   20.11.1969–05.11.1984

Quelle: Landtag, Biographisches Handbuch.

KERBER Ernst Reinhold   ÖVP
* 06.04.1930, Baden
† 04.07.1975, Wien

Volksschule, Gymnasium in Baden; Volontär im väterlichen Betrieb, Übernahme des Betriebes 1952. Erster Obmannstellvertreter des Verbandes der Futtermittelindustrie Österreichs.

Mitglied der Landesleitung Niederösterreich des Österreichischen Wirtschaftsbundes, Mitglied des Gemeinderates von Pottendorf 1965–1972, Geschäftsführendes Mitglied des Gemeinderates von Pottendorf 1965–1967.

Mitglied des Bundesrates   20.11.1969–11.06.1970

Quelle: Parlamentsdirektion.

KERN Leopold   ÖVP
* 10.09.1918, St. Georgen/Steinfeld
† 18.03.2005, St. Pölten

Volksschule, landwirtschaftliche Fachschule. Bauer; Ökonomierat.
   Bauernbundobmann und Bauernbundobmann-Stellvertreter des Niederösterreichischen Bauernbundes, Mitglied des Gemeinderates von St. Georgen/Steinfeld, Kammerrat der Niederösterreichischen Landes-Landwirtschaftskammer 1955, Hauptbezirksparteiobmann der ÖVP St. Pölten 1965, Mitglied der Landesparteileitung der ÖVP Niederösterreich.

Abg. zum Nationalrat (10.–15. WP)   14.12.1962–18.05.1983

Quelle: Parlamentsdirektion.

KERNSTOCK Otto   SPÖ
* 14.09.1952, Lilienfeld

Volks- und Hauptschule, Polytechn. Lehrgang, Einzelhandelskaufmann.
   1983 Gemeinderat, 1990 Gf. Gemeinderat, 1995–2003 Vizebürgermeister von Lilienfeld.

Abg. zum Landtag (16.– WP)   24.04.2003–

Quelle: NÖ Landtag.

KERSCHBAUM Elisabeth   Grüne
* 19.10.1966, Eggenburg

Volksschule in Eggenburg 1972–1976, Gymnasium in Horn 1976–1979, Hauptschule in Eggenburg 1979–1980, Höhere Bundeslehranstalt für wirtschaftliche Berufe in Hollabrunn (Matura) 1980–1985; Kaufmännische Angestellte 1985–1993 sowie 1997–2003.

Mitglied des Gemeinderates von Korneuburg seit 1995, Stadträtin von Korneuburg seit 2005, Mitglied des Landesvorstandes der Grünen Niederösterreich 2001–2003.

Mitglied des Bundesrates   24.04.2003–

Quelle: Parlamentsdirektion.

KERSCHBAUM Josef   SPÖ
* 11.04.1935, Rappoltenkirchen
† 05.09.2006, Lanzendorf

Pflichtschulen, Berufsschule. Fleischhauer-Facharbeiter 1952–1959, Umschulung auf Eisenbieger 1959.

Betriebsratsobmann der Universale-Elementbau/Lanzendorf, Obmann des Zentralbetriebsrates der Universale Bau AG in Wien 1972, Landesobmann der Gewerkschaft Bau-Holz für Niederösterreich 1986, Stellvertretender Vorsitzender der Gewerkschaft Bau-Holz 1990, Kammerrat der Kammer für Arbeiter und Angestellte für Niederösterreich 1974, Vorstandsmitglied der Kammer für Arbeiter und Angestellte für Niederösterreich 1979, Mitglied des Vorstandes der Niederösterreichischen Gebietskrankenkasse 1988.

Abg. zum Nationalrat (17.–18. WP)   17.12.1986–25.02.1992

Quelle: Parlamentsdirektion.

KEUSCH Eduard   SPÖ
* 09.08.1941, Böhlerwerk
Angestellter, Böhlerwerk

Volks-, Haupt- und Handelsschule, 1958 Berufseintritt.

1975–1985 Gemeinderat in Sonntagberg, 1986–1998 Obmannstellvertreter des Finanzkontrollausschusses.

Abg. zum Landtag (11.–15. WP)   19.04.1979–24.03.2003

Quelle: Landtag, Biographisches Handbuch.

KIENBERGER Heribert ÖVP
* 12.02.1922, Artstetten
† 22.10.1983, Mayrhofen (Tirol)
Bauer, Artstetten

Matura (Handelsakademie), 1940–1945 Militärdienst.
    1950–1975 Bürgermeister, Obmannstellvertreter des Verbandes ländlicher Genossenschaften, Obmann der NÖ Viehverwertungsgenossenschaft.

Abg. zum Landtag (8.–10. WP) 19.11.1964–19.04.1979

Quelle: Landtag, Biographisches Handbuch.

KIERMAIER Günter SPÖ
* 10.11.1942, Amstetten

Volksschule 1949–1953, Hauptschule 1953–1957, kaufmännische Berufsschule (Einzelhandelskaufmann) 1957–1960, neuerliche Lehre (Kellner) 1962–1965. Einzelhandelskaufmann 1960–1961, als Kellner im elterlichen Betrieb tätig 1965–1972, Betriebsinhaber 1972; Kommerzialrat 1994.
    Stadtrat von Amstetten 1990, Bezirksparteivorsitzender der SPÖ Amstetten, Präsident des Freien Wirtschaftsverbandes Niederösterreich, Vizepräsident der Wirtschaftskammer Niederösterreich, Landesobmann der Arbeitsgemeinschaft Christentum und Sozialismus (ACUS) Niederösterreich.

Abg. zum Nationalrat (18.–21. WP) 05.11.1990–19.12.2002

Quelle: Parlamentsdirektion.

KIRCHMAIR Annemarie, siehe KLETZL Annemarie

KIRCHSCHLÄGER Rudolf, Dr. parteilos
* 20.03.1915, Obermühl (Oberösterreich)
† 30.03.2000, Wien

Volksschule, Hauptschule in Steyr, Aufbaugymnasium in Horn (Matura mit Auszeichnung 1935), Studium der Rechte an der Universität Wien (Dr. iur. 1940); Gegen

Kriegsende war Kirchschläger als Hauptmann Lehroffizier an der damaligen Kriegsschule (heute wieder: Theresianische Militärakademie) in Wr. Neustadt. Als Kommandant führte er am 1. April 1945 eine gegen die sowjetischen Truppen ausgerückte Fahnenjunker-Einheit. Die Zeitschrift Profil berichtete in ihrer Ausgabe vom 21. April 2005, dass dabei innerhalb weniger Stunden 200 Kadetten getötet und mehrere Hundert verwundet wurden; er selbst erlitt dabei eine schwere Beinverletzung. Richter am Bezirksgericht Langenlois 1947, Landesgerichtsrat am Bezirksgericht Innere Stadt 1954, in die Völkerrechtsabteilung des Außenministeriums berufen 1954, Kabinettschef bei den Außenministern Dr. Bruno Kreisky und Dr. Lujo Tončić-Sorinj, österreichischer Gesandter in Prag 1967–1970.

Bundesminister für Auswärtige Angelegenheiten   21.04.1970–23.06.1974
Bundespräsident   08.07.1974–08.07.1986

Quelle: Parlamentsdirektion, Wikipedia.
Lit.: Mock, Alois/Schambeck, Herbert (Hg.), Verantwortung in unserer Zeit. Festschrift für Rudolf Kirchschläger. 1990.
Werke: Der Friede beginnt im eigenen Haus. Gedanken über Österreich. 1980.

KISLINGER Karl   SDAP
* 15.01.1885, Itzling bei Salzburg
† 14.12.1940, Berndorf
Kupferschmiedwerkmeister, Berndorf

Sechs Klassen Volksschule in Gnigl, gewerbliche Fortbildungsschule, 1914 Eintritt in die Berndorfer Metallwarenfabrik, 1917–1918 Militärdienst, Obmann des Arbeiterbetriebsrates, 1934 verhaftet, bis 1938 arbeitslos.
    1918 Gemeinderat, 1919–1934 Bürgermeister, zahlreiche Bauvorhaben verwirklicht, Bezirksparteiobmann Baden.

Abg. zum Landtag (2.–3. WP)   20.05.1927–16.02.1934

Quelle: Landtag, Biographisches Handbuch.

KLAMMINGER Franz   StL
* 24.02.1897, Senftenberg
† 1957 für tot erklärt
Weinhauer, Senftenberg

Ständischer Landtag – Vertreter der Land- und Forstwirtschaft

Im Ersten Weltkrieg schwer verwundet, 1925 selbstständiger Landwirt.
 1929–1938 Bürgermeister, 1938 kurzzeitig verhaftet, 1939 Militärdienst, 1944/45 vermisst, 1957 Todeserklärung.

Mitglied d. Ständ. Landtages   22.11.1934–12.03.1938

Quelle: Landtag, Biographisches Handbuch.

KLEIN Anneliese   FPÖ
* 20.01.1941, Wien

Volksschule 1946–1952, Mittelschule 1952–1956, kaufmännische Berufsschule (Einzelhandel und Großhandel) 1956–1959. Einzelhandelskaufmann 1956–1960, Winzerin 1969–1998.
 Mitglied des Gemeinderates von Gumpoldskirchen seit 1990, Mitglied des Gemeinderates von Semmering seit 1995, Bezirksbauernkammerrätin in Mödling seit 1995.

Abg. zum Nationalrat (20. WP)   25.05.1998–28.10.1999

Quelle: Parlamentsdirektion.

KLETZL Annemarie, geb. Kirchmair   ÖVP
* 02.07.1940, Walterskirchen
Angestellte, Prottes

Handelsschule.
 1970–1977 Gemeinderat, 1971–1972 ÖAAB-Bezirksobfrau, 1971–1981 ÖAAB-Landesobmannstellvertreter.

Abg. zum Landtag (9.–11. WP)   20.11.1969–25.11.1979

Quelle: Landtag, Biographisches Handbuch.

KLIEBER Mauritius   CSP
* 28.06.1877, Wien
† 18.02.1949, Wien
Hofrat, Magistratsbeamter, Mauer bei Wien
Ständischer Landtag – Vertreter für den öffentlichen Dienst

Volksschule, Mittelschule. Mitglied des Gemeinderates von Mauer bei Wien, Militärdienst.
  Geschäftsführender und Erster Vizepräsident des christlichsozialen Volksverbandes für Niederösterreich.

Abg. zum Landtag (1. WP)	08.04.1924–05.11.1926
Abg. zum Landtag (2.–3. WP)	20.05.1927–30.10.1934
Abg. zum Nationalrat (2. WP)	22.10.1926–18.05.1927
Mitglied d. Ständ. Landtages	22.11.1934–01.08.1936

Quelle: Landtag, Biographisches Handbuch; Parlamentsdirektion.

KLIMA Viktor, Mag.   SPÖ
* 04.06.1947, Wien

Volksschule 1953–1959, Realgymnasium 1959–1965, stammt aus einer traditionell sozialdemokratischen Familie; nebenberuflich Studium der Betriebs- und Wirtschaftsinformatik an der Technischen Universität sowie an der Universität Wien (Mag. rer. soc. oec. 1981). Mitarbeit am Institut für Automation und wissenschaftliche Unternehmensberatungen 1965–1967, Eintritt in die Österreichische Mineralölverwaltung AG (ÖMV) 1969, dort zehn Jahre lang in einer Stabsstelle der Generaldirektion tätig, Leiter der Konzernorganisation der ÖMV 1980, Wechsel in die Zentrale Personalabteilung 1985, Leiter dieses Bereiches und Prokurist der ÖMV 1986, in den Vorstand der ÖMV mit dem unmittelbaren Verantwortungsbereich Finanzen, Controlling, Rechnungswesen sowie Unternehmenseinkauf berufen 1990, Erweiterung des Verantwortungsbereiches um den Unternehmensbereich Chemie 1991. Bundesparteivorsitzender der SPÖ 1997–2000, Vorsitzender des arbeitsrechtlichen Ausschusses des Fachverbandes der Erdölindustrie, Vorsitzender des Arbeitsausschusses »öffentliche und gemeinwirtschaftliche Unternehmen« im Rahmen der Bundeswirtschaftskammer, Vorstandsmitglied des Verbandes der öffentlichen Wirtschaft und Gemeinwirtschaft.

Abg. zum Nationalrat (19. WP)	07.11.1994–14.12.1994
Abg. zum Nationalrat (20. WP)	15.01.1996–13.03.1996

Abg. zum Nationalrat (21. WP)	29.10.1999–23.02.2000
Bundesminister für öffentliche Wirtschaft und Verkehr	03.04.1992–12.03.1996
betraut mit der Fortführung der Verwaltung des Bundesministeriums für Finanzen	03.01.1996–12.03.1996
Bundesminister für Finanzen	12.03.1996–28.01.1997
Bundeskanzler	28.01.1997–04.02.2000

Quelle: Parlamentsdirektion; wien-konkret; Klima, Viktor (1947) – Encyclopedia of World Biography.

KLINGER Franz   SPÖ
* 11.10.1893
† 07.03.1975
Tiefbauunternehmer, Baden bei Wien

Volks- und Bürgerschule, Maurerlehre, 1914–1918 Militärdienst und italienische Kriegsgefangenschaft, 1919 Polier.
    1924 Gewerkschafts-Bezirkssekretär, 1934–1938 arbeitslos, 1938 kurze Zeit in Haft, dann Bauleiter. 1929–1934 und 1945–1952 im Gemeinderat.

Abg. zum Landtag (4. WP)	29.09.1948–05.11.1949

Quelle: Landtag, Biographisches Handbuch.

KLUPPER Hans   ÖVP
* 27.10.1937, Klagenfurt
Berufsoffizier, Sommerein

Volks- und Hauptschule, Handelsakademie (Matura), Militärakademie, 1959 als Leutnant ausgemustert. Mehrere gewerkschaftliche Funktionen.
    Bezirksparteiobmann, 1970 Gemeinderat, 1985 Präsident des NÖ Zivilschutzverbandes.

Abg. zum Landtag (11.–14. WP)	07.10.1982–16.04.1998

Quelle: Landtag, Biographisches Handbuch.

KNAPP Othmar   ÖVP
* 31.10.1940, Groß-Gerungs
† 26.04.2008, Waidhofen/Thaya
Kfm. Angestellter, Raabs

Volks-, Haupt- und Handelsschule.
    1972–1992 Bezirksparteisekretär. 1975 im Gemeinderat, 1980 Stadtrat, 1995 Bürgermeister.

Abg. zum Landtag (13. WP)   01.12.1992–07.06.1993

Quelle: Landtag, Biographisches Handbuch.

KNOTTEK Wilhelm   SDAP
* 23.08.1876, Klosterneuburg
† 08.03.1947, Wien
Oberkondukteur der ÖBB, Klosterneuburg

Volks- und Bürgerschule, Spengler, ab 1900 wieder wohnhaft in Klosterneuburg.
    Vorsitzender des Arbeiter- und Soldatenrates und Redakteur der »Volkstribüne«, 1919–1922 Bürgermeister, 1934 in Haft.

Abg. zum Landtag (1.–2. WP)   11.05.1921–21.05.1932

Quelle: Landtag, Biographisches Handbuch.

KNOTZER Friedrich   SPÖ
* 04.05.1944, Traiskirchen
Bezirkssekretär, Traiskirchen

Volks-, Haupt- und Berufsschule (Einzelhandelskaufmann), 1962–1970 Filialleiter.
    1970–1985 Bezirksparteisekretär. 1975 im Gemeinderat von Traiskirchen, seit 1985 Bürgermeister, 1999 Klubobmann.

Abg. zum Landtag (12.–15. WP)   01.12.1983–18.11.1999
Landesrat (15.– WP)   18.11.1999– 24.04.2003

Quelle: Landtag, Biographisches Handbuch.

KOCZUR Anton SPÖ
* 22.02.1941, Waidhofen/Thaya
Angestellter, Groß-Siegharts

Pflichtschulen, Berufsschule, Schlosserlehre, Sozialakademie der Arbeiterkammer, 1960–1965 Betriebsschlosser bei der Firma Teppich und Möbelstoffwerke in Groß-Siegharts.

1965–1980 Bezirkssekretär der SPÖ Waidhofen/Thaya. 1967 im Gemeinderat, 1972 Stadtrat, seit 1975 Bürgermeister, 1982 Bezirksvorsitzender der SPÖ Waidhofen/Thaya, Mitglied des Landesparteivorstandes, 1988 stv. Obmann des Landtagsklubs, 1991 stv. Vorsitzender und 1995 Vorsitzender des Sozialdemokratischen Gemeindevertreterverbandes Niederösterreich, 1995 Vizepräsident des Österr. Gemeindebundes, 1998–1999 Klubobmann.

Abg. zum Landtag (11.–13. WP)	09.10.1980–07.06.1993
Mitglied des Bundesrates	07.06.1993–09.11.1994
Abg. zum Landtag (14.–15. WP)	10.11.1994–21.06.1999
2. Präsident (14. WP)	15.12.1994–16.04.1998

Quelle: Landtag, Biographisches Handbuch.

KÖNIGSBERGER Erich FPÖ
* 05.02.1956, Ober-Grafendorf

Volksschule, Realgymnasium, HTL, kfm. Berufsschule, Polizeibildungszentrum, Dienstführender Polizeibeamter.

2000–2005 und 2010 Gemeinderat von Obergrafendorf, 2000 Bezirksparteiobmann St. Pölten.

Abg. zum Landtag(17.– WP)	10.04.2008–

Quelle: NÖ Landtag.

KÖNIGSBERGER-LUDWIG Ulrike SPÖ
* 12.05.1965, Linz

Volksschule Gresten 1971–1975, Hauptschule Gresten 1975–1979, Oberstufenrealgymnasium Scheibbs (Matura) 1979–1983. Kassierin und Verkäuferin bei Bipa

1985–1986, Sachbearbeiterin bei IBM Süd West Informationstechnik und bei Kone-Sowitsch AG 1988–1989, Einkäuferin bei Fa. Kone-Sowitsch 1987–1991, Vertragsbedienstete beim Gemeindeamt Gresten 1991–1992, Prokuristin bei Bemo Betriebsmontagen 1990–1994, beim Gemeindeverband für Umweltschutz in der Buchhaltung tätig 1995–1996, Sekretärin beim Bürgermeister der Stadtgemeinde Amstetten 1996–1997, Abteilungsleiterin und Geschäftsführerin beim Verein Frau und Arbeit 1997–2002.

Stadträtin der Stadtgemeinde Amstetten (Kultur) seit 2000, Sektionsvorsitzende der SPÖ Amstetten seit 1998, Stadtparteivorsitzender-Stellvertreterin der SPÖ Amstetten seit 2000, Bezirksparteivorsitzende-Stellvertreterin der SPÖ Amstetten seit 2003, Bezirksfrauenvorsitzende der SPÖ Amstetten seit 2003.

Abg. zum Nationalrat (22.–24. WP)   20.12.2002–

Quelle: Parlamentsdirektion.

KÖSSL Günter   ÖVP
* 24.09.1950, Neufurth/Amstetten

Volksschule 1956–1960, Hauptschule 1960–1964, Berufsschule (erlernter Beruf: Maschinenschlosser) 1964–1968, Polizeischule 1969–1971, Beamten-Aufstiegsprüfung 1977; Präsenzdienst 1968. Exekutivbeamter, bei der Sicherheitswache Wien 1969–1973, beim Landesgendarmeriekommando für Niederösterreich seit 1973, Lehrer an der Gendarmerie-Zentralschule Mödling 1980–1982.

Mitglied des Gemeinderates von Amstetten 1985–1990, Stadtrat von Amstetten 1990–2000, Vizebürgermeister von Amstetten 2000–2009, Stadtparteiobmann der ÖVP Amstetten seit 2001.

Abg. zum Nationalrat (21.– WP)   29.10.1999–

Quelle: Parlamentsdirektion.

KONECNY Helene   SPÖ
(bis 19.5.1994: Helene Pecker)
* 15.11.1957, Wien

Pflichtschulen, Handelsakademie, Matura 1977. Angestellte der Zentralsparkasse und Kommerzialbank AG – nunmehr Uni Credit.

Landesvorstandsmitglied der Jungen Generation der SPÖ Niederösterreich 1987, Mitglied im Bezirks- bzw. Landesfrauenkomitee der SPÖ 1986, Mitglied des Bezirksausschusses der SPÖ Gänserndorf, Mitglied des Bezirksvorstandes der SPÖ Gänserndorf, geschäftsführendes Mitglied des Gemeinderates von Matzen-Raggendorf seit 1990, Präsidentin der Mietervereinigung Niederösterreich/Burgenland seit 1995.

Abg. zum Nationalrat (18. WP) 05.11.1990–06.11.1994

Quelle: Parlamentsdirektion.

KONECNY Theodora SPÖ
* 24.12.1924, Angern/March
† 20.01.1998, Wien

Pflichtschulen, Höhere Lehranstalt für gewerbliche Frauenberufe, Bildungsanstalt für Kindergärtnerinnen (Staatsexamen); Kindergärtnerin, Kindergarteninspektorin.
Mitglied des Gemeinderates der Marktgemeinde Angern/March 1960–1968 sowie ab 1980, Bezirksfrauenvorsitzende des Kontrollausschusses der SPÖ Niederösterreich 1986, Bezirksobmann-Stellvertreterin des Kontrollausschusses der SPÖ Niederösterreich, Obmann-Stellvertreterin des Kontrollausschusses der SPÖ Niederösterreich, Vorsitzende der Kindergärtnerinnen im Rahmen des Sozialistischen Lehrervereines Österreichs für Niederösterreich, Bundesobmann-Stellvertreterin der Fachgruppe für Kindergärtner, Hort- und Heimerzieher 1980, Obmann-Stellvertreterin der Kinderfreunde Angern/March, Präsidentin des niederösterreichischen Landessozialvereins »Volkshilfe«, Mitglied der Vollzugskommission beim Landesgericht für Strafsachen Wien.

Mitglied des Bundesrates 19.05.1983–20.02.1991

Quelle: Parlamentsdirektion.

KOLLMANN Josef CSP
* 23.10.1868, Laibach/Ljubljana (Slowenien)
† 16.06.1951, Baden

Kaufmann, Volksschule, Handelsschule. Übernahme eines Wäschegeschäftes.
Mitglied des Gemeinderates der Stadt Baden, Bürgermeister der Stadt Baden (veranlasste die Errichtung der Spielbank in Baden).

Mitglied der Konst. Nationalversammlung	04.03.1919–09.11.1920
Abg. zum Nationalrat (1.–3. WP)	10.11.1920–01.10.1930
Abg. zum Nationalrat (4. WP)	02.12.1930–02 05.1934
Bundesminister für Finanzen	15.01.1926–20.10.1926

Quelle: Parlamentsdirektion.
Lit.: Kammerhofer, Leopold, Niederösterreich zwischen den Kriegen. 1988; Josef Kollmann – Festschrift zu seinem 80. Geburtstag (Hg. v. d. Stadtgemeinde Baden 1948).

KONIR Fritz   SPÖ
* 03.04.1907, Wien
† 27.07.1972, Wien
Landessekretär des Österreichischen Gewerkschaftsbundes

Volksschule, Bürgerschule, Fachschule, Arbeitermittelschule, erlernter Beruf: Schlosser 1921–1924. Maschinenschlosser, arbeitslos, Schlosser 1936–1940, Techniker bei den »Saurer-Werken« 1940–1945,
    Landessekretär des ÖGB Niederösterreich. Bezirksparteivorsitzender der SPÖ Mödling, Mitglied des Wiener Gemeinderates und Abgeordneter zum Wiener Landtag 1954–1959. Emigration 1935–1936.

Abg. zum Nationalrat (9.–12. WP)	30.06.1960–31.12.1970

Quelle: Parlamentsdirektion.

KOPPENSTEINER Johann   SPÖ
* 23.06.1886, Waldenstein
† 31.12.1958, Mödling
Lokomotivführer i. R., Bruck/Leitha

Volksschule, Schlosserlehre, danach dreijährige Wanderschaft und Arbeit in Deutschland, Belgien, Holland, Frankreich und Italien; 1908 Eintritt bei der k.k. Staatsbahn.
    1925 Vizepräsident der burgenländischen AK, 1927 Abgeordneter zum Burgenländischen Landtag, 1934 und neuerlich 1938 und 1944 verhaftet, 1945–1947 Bürgermeister.

Abg. zum Landtag (4. WP)	12.12.1945–05.11.1949

Quelle: Landtag, Biographisches Handbuch.

KOPPENSTEINER Josef GDVP
* 14.02.1874, Jahrings
† 18.08.1938, Jahrings
Bauer, Jahrings (Zwettl)

Volksschule, Ackerbauschule in Edelhof.
War zunächst deutschnational, dann Großdeutscher und schließlich seit 1923 dem Landbund verpflichtet.

Abg. zum Landtag (1. WP)   11.05.1921–20.05.1927

Quelle: Landtag, Biographisches Handbuch.

KOREN Stephan, Dipl.-Vw. Dr. ÖVP
* 14.11.1919, Wr. Neustadt
† 26.01.1988, Wien
Ordentlicher Universitätsprofessor für Nationalökonomie.

Volksschule, Realschule, Matura 1938, Universität Wien. Zwanzigjährige wissenschaftliche Tätigkeit am Wirtschaftsforschungsinstitut, Dozent an der Universität Wien 1964, ordentlicher Professor für Wirtschaftswissenschaften an der Universität Innsbruck, ordentlicher Professor an der Wirtschaftsuniversität Wien 1968, Präsident der Österreichischen Nationalbank 1978.
  Obmann des Parlamentsklubs der Österreichischen Volkspartei 1970.

Staatssekretär im Bundeskanzleramt   31.03.1967–19.01.1968
Bundesminister für Finanzen   19.01.1968–21.04.1970
Abg. zum Nationalrat (12.–14. WP)   31.03.1970–31.01.1978

Quelle: Parlamentsdirektion; Der Koren-Plan : Das wirtschaftspolitische Konzept der Bundesregierung (Wien 1968).
Lit.: Pfeifer, Gabriele/Koren, Stephan, Wirtschaft im Spannungsfeld von Wissenschaft und Politik 1967 bis 1970. Salzburg 1993; Socher, Karl/Clement, Werner (Hg.), Stephan Koren: 1919–1988; Wirtschaftsforscher und Wirtschaftspolitiker in Österreich. Wien 1989.

KÖRNER Anna, geb. Schwarzmüller, verw. Pinkernell　　　　　　　　SPÖ
* 05.10.1919, Gmünd
kaufm. Angestellte, Haushalt, Gmünd

1950–1970 im Gemeinderat bzw. Stadtrat, erste Frau in der NÖ Landesregierung.

Abg. zum Landtag (6.–9. WP)	10.11.1954–08.05.1970
2. Präsident (9. WP)	20.11.1969–08.05.1970
Landesrat (9.–11. WP)	08.05.1970–19.04.1979

Quelle: Landtag, Biographisches Handbuch.

KOSLER Erich　　　　　　　　　　　　　　　　　　　　　　　　SPÖ
* 16.07.1915, Lilienfeld
Lehrer, Hauptschuldirektor, Lilienfeld

Lehrerbildungsanstalt St. Pölten, 1934 Eintritt in den Schuldienst, 1936/37 Bundesheer, 1938 versetzt nach Schlesien, 1939–1945 Militärdienst und englische Kriegsgefangenschaft.
　　1955–1960 und 1965–1975 im Gemeinderat, 1960 Bezirksparteivorsitzender, 1967–1972 Landesobmann des Arbeiter-Samariterbundes.

Abg. zum Landtag (7.–10. WP)　　　　　　　　　　　　　11.12.1962–31.12.1977

Quelle: Landtag, Biographisches Handbuch.

KOTTEK Ferdinand　　　　　　　　　　　　　　　　　　　　　CSP
* 27.04.1874, Korneuburg
† 05.06.1955, Korneuburg
Gastwirt und Bürgermeister, Korneuburg

Volks- und Bürgerschule, Gastgewerbelehre.
　　Gemeinderat, 1919–1922 Vizebürgermeister, 1922–1938 Bürgermeister (Errichtung der Rollfähre nach Klosterneuburg), Kommerzialrat.

Abg. zum Landtag (2. WP)　　　　　　　　　　　　　　　20.05.1927–21.05.1932

Quelle: Landtag, Biographisches Handbuch.

KRAFT Günter   SPÖ
* 11.02.1972, Stockerau

1987–1991 Lehre als Maschinenschlosser bei Fa. Heid AG, 1989–1992 Jugendvertrauensratsvorsitzender,
  1993–2002 AK NÖ, 2003 Leiter der AK NÖ Bezirksstelle Tulln. 1995–2000 Gemeinderat in Großmugl, 1999 Gemeinderat in Tulln, 2002–2008 Stadtrat, 2008 Gemeinderat.

Abg. zum Landtag (17.– WP)   22.04.2010–

Quelle: NÖ Landtag.

KRAICHEL Maria, geb. Trilety, verw. Brunner   SDAP
* 03.05.1878, Baden
† 26.11.1954, Wien
Beamtin, Baden

Volks- und Bürgerschule Baden, dann zweijährige höhere Fortbildungsschule und Handelsschule in Wien.
  1918 im Gemeinderat.

Abg. zum Landtag (1. WP)   11.05.1921–20.05.1927

Quelle: Landtag, Biographisches Handbuch.

KRAMMER Christine, geb. Plicka   SPÖ
* 08.12.1943, Wien
Kfm. Angestellte, Velm-Götzendorf

Pflichtschule, Handelsschule, 1959 Berufseintritt. Seit 1981 Wiener Sozialdienste.

Abg. zum Landtag (15. WP)   16.04.1998–24.04.2003

Quelle: Landtag, Biographisches Handbuch.

KRANZL Christa, geb. Günther   SPÖ
* 19.04.1960, Gottsdorf
Leitende Büroangestellte, Persenbeug

Volksschule Gottsdorf. BG/BRG Wieselburg (Matura), 1978–1991 Gemeindebedienstete und Standesbeamtin bei der Marktgemeinde Persenbeug-Gottsdorf.
    1987 Gemeinderätin, 1987 Mitglied des Gemeindevertreterverbandes des Bezirkes Melk, 1988 Mitglied des Bezirksvorstandes der SPÖ Bezirk Melk, 1989 Vizebürgermeisterin, 1990 Mitglied des Gemeindevertreterverbandes der SPÖ Niederösterreich, 1991 gemeinsam mit dem Gatten Gründung eines Tischlereibetriebes.
    1997 Mitglied im Landesfrauenkomitee der SPÖ NÖ.

Landesrat (15.–16. WP)	18.11.1999–11.01.2007
Staatssekretärin im BM f. Infrastruktur	11.01.2007–02.12.2008

Quelle: Landtag, Biographisches Handbuch.

KRATOHWIL Christa, geb. Kieller   FPÖ
* 06.05.1944, Wien
Selbstständige Handelsagentin, Berndorf

Volksschule, Untergymnasium, kfm. Lehre, 1968 selbstständige Kauffrau, Handelsagentur.
    1990 Gemeinderat.

Abg. zum Landtag (15. WP)	16.04.1998–14.04.1999

Quelle: Landtag, Biographisches Handbuch.

KRAUS Josef   CSP/ÖVP
* 23.02.1890, Kronberg
† 01.07.1971, Kronberg
Weinhauer und Landwirt in Kronberg (Schleinbach)

Volksschule, landwirtschaftliche Landeslehranstalt in Mistelbach, 1911–1919 Militärdienst und italienische Kriegsgefangenschaft, Übernahme des väterlichen Hofes.
    1920 Gemeinderat, 1924–1938 Bürgermeister, zahlreiche Aktivitäten im landwirtschaftlichen Genossenschaftswesen, 1934–1938 Mitglied des Staatsrates und des

Bundestages, 1938 verhaftet, April–August 1945 Präsident der NÖ Landes-Landwirtschaftskammer, 1945–1960 Obmannstellvertreter des NÖ Bauernbundes, 1947–1960 Präsident des Österreichischen Bauernbundes, 1951–1960 stv. Bundesparteiobmann der ÖVP, 1950–1965 Obmann der NÖ Genossenschaftlichen Zentralkasse, dann Präsident der Gen. Zentralbank und Generalanwaltstellvertreter des Raiffeisenverbandes, 1952–1964 Obmann des Milchwirtschaftsfonds, 1959–1961 Vizepräsident des Verbandes der europäischen Landwirtschaft (CEA).

Abg. zum Landtag (2. WP)	20.05.1927–16.12.1930
Abg. zum Nationalrat (4. WP)	02.12.1930–02.05.1934
Abg. zum Nationalrat (5.–6. WP)	19.12.1945–18.03.1953
Unterstaatssekretär im Staatsamt f. Volksernährung	27.04.1945–26.09.1945
Staatssekretär für Land- und Forstwirtschaft	26.09.1945–20.12.1945
BM für Land- und Forstwirtschaft	20.12.1945–23.01.1952

Quelle: Landtag, Biographisches Handbuch.
Lit.: Christlich – ständisch – autoritär. Mandatare im Ständestaat 1934–1938. Wien 1991; Ackerl, Isabella/Weissensteiner, Fritz, Österreichisches Personenlexikon der Ersten und Zweiten Republik. 1992; Bruckmüller, Ernst (Hg.), Personenlexikon Österreich. 2001; Eminger, Stefan/Langthaler, Ernst/Melichar, Peter, Niederösterreich im 20. Jahrhundert – Wirtschaft. 2008.

KREINER Josef   SPÖ
* 14.03.1911
† ???
Schriftsetzer, Gänserndorf

Volks- und Bürgerschule, Glasbläser- dann Schriftsetzerlehre in Komotau (Böhmen), nach dem deutschen Einmarsch in die Tschechoslowakei 1939 mit englischer Hilfe über Polen nach Schweden emigriert, Arbeiter in verschiedenen Berufen, 1946 Rückkehr nach Österreich.

1947–1952 Bezirksparteisekretär, 1950–1952 Gemeinderat, 1952 nach Schweden zurückgekehrt.

Abg. zum Landtag (5. WP)	05.11.1949–20.11.1952
Obmann des Finanzkontrollausschusses	21.12.1951–20.11.1952

Quelle: Landtag, Biographisches Handbuch.

KREISKY Bruno, Dr. SPÖ
* 22.01.1911, Wien
† 29.07.1990, Wien

Volksschule, Mittelschule, Studium der Rechte an der Universität Wien (Promotion 1938). Beamter des Wissenschaftlichen Sekretariates der Stockholmer Konsumgenossenschaft 1939–1945, Eintritt in den Diplomatischen Dienst – Österreichische Gesandtschaft in Stockholm 1946, Präsidentschaftskanzlei – Kabinettsvizedirektor 1951; ao. Gesandter und bev. Minister.
 Funktionen in der Sozialistischen Arbeiterjugend und in der SdP ab 1926, Vorsitzender-Stellvertreter der SPÖ 1957, Landesparteiobmann der SPÖ Niederösterreich 1966, Bundesparteivorsitzender der SPÖ 1967–1983, Klubobmann der sozialistischen Abgeordneten und Bundesräte 1970–1983, Rückzug aus der Politik 1983, Zurücklegung des Ehrenvorsitzes der SPÖ 1987, Vizepräsident der Sozialistischen Internationale. Politische Freiheitsstrafen: 1935–1936 und 1938. 1938 des Landes verwiesen, Zuflucht in Stockholm.

Abg. zum Nationalrat (8.–16. WP)	08.06.1956–30.09.1983
Staatssekretär im Bundeskanzleramt (für die Auswärtigen Angelegenheiten)	02.04.1953–16.07.1959
Bundesminister (für die Auswärtigen Angelegenheiten) im Bundeskanzleramt	16.07.1959–31.07.1959
Bundesminister für Auswärtige Angelegenheiten	31.07.1959–19.04.1966
Bundeskanzler	21.04.1970–24.05.1983
Betraut mit der Leitung des Bundesministeriums für Landesverteidigung	04.02.1971–08.02.1971

Quelle: Parlamentsdirektion.
Lit.: Mayerhofer, Werner, Bruno Kreisky. Seine Welt war größer als sein Land. In: WZ online (o.J.); Bischof, Günter/Pelinka, Anton (Hg.), The Kreisky Era in Austria. 1994; Kunz, Johannes (Hg.), Bruno Kreisky. Ansichten des sozialdemokratischen Staatsmannes. 1993; Kreisky, Bruno, Memoiren in drei Bänden. Bd. 1: Zwischen den Zeiten; Bd. 2: Im Strom der Politik; Bd. 3: Der Mensch im Mittelpunkt. Hg. von Rathkolb, Oliver/Kunz, Johannes/Schmidt, Margit 2000; Kriechbaumer, Robert, Die Ära Kreisky. Österreich 1970–1983 in der historischen Analyse, im Urteil der politischen Kontrahenten und in Karikaturen von Ironimus. 2004.

KREMNITZER Alois, Dr.   FPÖ
* 01.03.1938, Pinggau (Steiermark)
Bundesbeamter, Korneuburg

Volks- und Hauptschule in Friedberg/Stmk., Akademisches Gymnasium Graz, Universität Graz (Jus), 1968 Promotion, 1960 Erzieher, 1961–1966 stv. Krankenhausverwalter, 1966–1968 Offizier auf Zeit, ab 1969 im Rechnungshof.
    1992–1993 Klubobmann (wechselte nach dem Ausscheiden aus dem Landtag zum Liberalen Forum).

Abg. zum Landtag (13. WP)   17.11.1988–07.06.1993

Quelle: Landtag, Biographisches Handbuch.

KREN Maria   SPÖ
* 25.03.1892, Groß-Siegharts
† 20.11.1966, Wr. Neustadt
Industrieangestellte, Groß-Siegharts

Textilarbeiterin, Volksschule, Bürgerschule in Wien.
    Mitglied des Gemeinderates von Groß-Siegharts 1929–1934 sowie 1945–1964, Bürgermeisterin von Groß-Siegharts 1953–1964, Abgeordnete zum Niederösterreichischen Landtag 1945–1949, Vorsitzende des Bezirksfrauenkomitees der SPÖ Waidhofen/Thaya, Zweite Vorsitzende des Frauenkomitees der SPÖ Niederösterreich.

Abg. zum Landtag (4. WP)   12.12.1945–05.11.1949
Abg. zum Nationalrat (6.–8. WP)   08.11.1949–09.06.1959

Quelle: Landtag, Biographisches Handbuch.

KRENDL Heinz   SPÖ
* 05.05.1939, Enzersdorf/Fischa
Elektrotechniker, Margarethen/Moos

SJ-Landesobmann, dann stv. Bundesobmann, bis 1976 Bezirksparteisekretär, dann Bezirksparteiobmann, 1965–1971 Gemeinderat in Margarethen/Moos, 1971 Gemeinderat in Enzersdorf/Fischa, 1980 Vizebürgermeister, 1989 Bürgermeister, 1986–1992 Landesobmann der Kinderfreunde.

Abg. zum Landtag (10.–14. WP)   22.01.1976–25.01.1995

Quelle: Landtag, Biographisches Handbuch.

KRENN Franz   SPÖ
* 28.05.1923, Wien
† 03.07.2000, Wien
Büroleiter, Gablitz

Pflichtschule, Feinmechanikerlehre, 1942–1946 Militärdienst und Kriegsgefangenschaft, Angestellter bei der englischen Besatzungsmacht.
   1953 Sekretär der Privatangestelltengewerkschaft. 1967 Landessekretär und 1967–1985 Vizepräsident der AKNÖ.

Abg. zum Landtag (10.–12. WP)   22.01.1976–30.11.1987

Quelle: Landtag, Biographisches Handbuch.

KRISCHAN Jakob   StL
* 18.07.1898, Kneldub
† 09.08.1970, Wien
Gutsarbeiter, Eßling bei Wien
Ständischer Landtag – Vertreter der Land- und Forstwirtschaft

Mitglied d. Ständ. Landtags   22.11.1934–12.03.1938

Quelle: Landtag, Biographisches Handbuch.

KRISMER-HUBER Helga, Dr., geb. Klingler   Grüne
* 18.09.1972, Kufstein

Bundesrealgymnasium, Studium der Veterinärmedizin.
   2000 Gemeinderätin, Veterinärmedizinerin, 2005 Obfrau des Grünen Gemeindevertreterverbandes, 2010 Vizebürgermeisterin.

Abg. zum Landtag (16.– WP)   24.04.2003–

Quelle: NÖ Landtag.

KRIZ Georg   SPÖ
* 04.04.1921, Krems
Amtsstellenleiter der Kammer für Arbeiter und Angestellte für Niederösterreich

Volksschule, Hauptschule, einige Klassen High School in den USA, Sozialakademie der Kammer für Arbeiter und Angestellte für Wien (erlernter Beruf: Schlosser).
  Amtsstellenleiter der Kammer für Arbeiter und Angestellte für Niederösterreich. Jugendfunktionär, Gruppen- und Bezirksobmann der Sozialistischen Jugend, Bezirksobmann der Gewerkschaftsjugend, Bezirksparteivorsitzender der SPÖ Krems, Mitglied des Gemeinderates der Stadt Krems.

Abg. zum Nationalrat (12.–15. WP)   31.03.1970–08.10.1982

Quelle: Parlamentsdirektion.

KROTTENDORFER Leopold   ÖVP
* 25.10.1913, Röschitz
† 15.04.1987, Horn

Volksschule, Hauptschule, Berufsschule. Bauer, Übernahme des väterlichen Hofes 1934.
  Bürgermeister von Röschitz, Bezirksbauernkammerobmann von Eggenburg, Hauptbezirksparteiobmann der ÖVP Horn.

Abg. zum Nationalrat (10.–11. WP)   14.12.1962–31.03.1970

Quelle: Parlamentsdirektion.

KRÜNES Helmut, Dipl.-Ing. Dr. techn.   FPÖ
* 30.03.1941, Wien
Chemiker, Herzogenburg

Volksschule, Realschule, Realgymnasium, 1959 Matura, Studium an der Technischen Hochschule in Wien (Technische Chemie), 1960–1969 Mandatar der Österreichischen Hochschülerschaft (Fachschaft Naturwissenschaften an der Technischen Hochschule Wien, Haupt- und Zentralausschuss), 1969 Promotion, 1969–1973 Chemiker bei den Farbwerken Hoechst, 1973–1986 bei der Fa. Wienerberger be-

schäftigt, 1990 Vorstandsdirektor der Fa. Stuag, 1994 selbstständiger Unternehmensberater.
    1978–1979 FPÖ-Generalsekretär, 1980 Kammerrat der Kammer der gewerblichen Wirtschaft für Niederösterreich, 1981 Mitglied des Vorstandes, 1988–1989 Klubobmann, 2000 Landesparteiobmannstv.

BM für Landesverteidigung	15.05.1986–21.01.1987
Abg. zum Nationalrat (17. WP)	17.12.1986–16.11.1988
Abg. zum Landtag (12. WP)	17.11.1988–11.10.1989

Quelle: Landtag, Biographisches Handbuch.
Lit.: Bruckmüller, Ernst (Hg.), Personenlexikon Österreich. 2001.

KUBA Johann   SPÖ
* 11.04.1900, Frättingsdorf
† 18.04.1948, Schwarzach-St. Veit
Lokomotivheizer, Laa/Thaya

Volksschule, Schlosserlehre. Eintritt in die k.k. Staatsbahn, 1918–1919 Militärdienst, verschiedene Berufstätigkeiten, 1934, 1935, 1938 und 1943 verhaftet.
    1945 Amtsstellenleiter der AK und Bezirksparteivorsitzender.

Abg. zum Landtag (4. WP)	12.12.1945–18.04.1948

Quelle: Landtag, Biographisches Handbuch; Parlamentsdirektion.

KUCHNER Johann   ÖVP
* 15.10.1891, Waldegg
† 06.10.1972, Wien
Gastwirt, Waldegg

Volks- und Bürgerschule, Fleischhauerlehre, dann Praxis in England und Frankreich, 1914–1918 Militärdienst, Hotelbetrieb durch Einquartierung russischer Soldaten sehr behindert, 1948 Einrichtung der Hotelfachschule in seinem Betrieb.
    1934–1938 und 1945 Bürgermeister, 1950 Gemeinderat, 1952 Übersiedlung nach Gutenstein, 1950–1951 und 1955–1965 Vizepräsident der NÖ Handelskammer.

Abg. zum Landtag (4.–5. WP)	12.12.1945–10.11.1954

Mitglied des Bundesrates 10.11.1954–04.06.1959

Quelle: Landtag, Biographisches Handbuch; Parlamentsdirektion.

KUMMERER Werner, Dipl.-Ing. SPÖ
* 19.05.1948, Mistelbach

Volksschule Mistelbach 1954–1958, Bundesrealgymnasium Laa/Thaya 1958–1966, Studium der Technischen Chemie an der Technischen Universität Wien (Dipl.-Ing.) 1967–1974; Präsenzdienst 1966–1967. Hochschulassistent an der Veterinärmedizinischen Universität Wien 1975, Chemiker bei der ÖMV AG 1976–2000, Leiter der Abteilung Umweltschutz des Erdöl- und Erdgasbetriebes der ÖMV in Gänserndorf.

Mitglied des Gemeinderates der Stadtgemeinde Mistelbach 1981–1997, Stadtrat 1989, Zweiter Vizebürgermeister der Stadtgemeinde Mistelbach 1990–1995, Ortsparteivorsitzender der SPÖ Mistelbach seit 1996, Bezirksparteivorsitzender der SPÖ Mistelbach seit 1998.

Abg. zum Nationalrat (19.–22. WP) 07.11.1994–29.10.2006

Quelle: Parlamentsdirektion.

KUNTNER Emil SPÖ
* 31.05.1902, Wien-Breitenlee
† 12.04.1999, Mödling
Hauptschuldirektor, Hohenau

Volksschule in Breitenlee und Hirschstetten, Hauptschule Wien-Stadlau, Lehrerbildungsanstalt Wr. Neustadt, ab 1922 Volksschullehrer in Ringelsdorf, Hohenau und Rabensburg; Hauptschullehrer in Hohenau und Bruck/Leitha. 1930–1934 Gemeinderat in Hohenau, 1934 verhaftet und zwangspensioniert, noch 1934 reaktiviert und nach Bruck/Leitha versetzt (bis 1949), 1941–1946 Militärdienst und amerikanische Kriegsgefangenschaft, 1949 wieder Lehrer in Hohenau, 1951–1967 Hauptschuldirektor in Hohenau.

1950 Vizebürgermeister, 1954–1967 Bürgermeister, 1957–1960 Kurator der Landes-Hypothekenanstalt für NÖ, tätig im Lehrervorschlagsausschuss und im Aufsichtsrat der NIOGAS.

Abg. zum Landtag (6.–8. WP) 10.11.1954–23.11.1964

Landesrat (7.–8. WP)   13.10.1960–19.07.1969

Quelle: Landtag, Biographisches Handbuch.

KURZBAUER Johann   ÖVP
* 11.06.1943, Raipoltenbach

Volksschule Neulengbach 1949–1953, Hauptschule Neulengbach 1953–1957, landwirtschaftliche Fortbildungsschule Neulengbach 1959–1960, landwirtschaftliche Fachschule Pyhra 1960–1962, im zweiten Bildungsweg Ausbildung im Raiffeisen-Geldsektor in verschiedenen Raiffeisenbanken 1972–1982. Übernahme der elterlichen Landwirtschaft 1963, Geschäftsleiter der Raiffeisenbank Böheimkirchen-Kasten-Pyhra 1982–1994, während der Abgeordneten-Tätigkeit karenziert; Ökonomierat 2002.
Ortsparteiobmann der ÖVP Raipoltenbach seit 1986, Bürgermeister der Stadtgemeinde Neulengbach 1995–2007, Stadtparteiobmann der ÖVP Neulengbach 1999–2007.

Abg. zum Nationalrat (19.–22. WP)   07.11.1994–29.10.2006

Quelle: Parlamentsdirektion.

KURZBAUER Karl   ÖVP
* 06.04.1934, Melk/Donau
Zimmermeister, Melk/Donau

Zimmermannslehre, 1957 Meisterprüfung, 1966 selbstständig.
1958–1965 Bezirksobmann der ÖJB (Junge ÖVP), 1965–1975 Gemeinderat (1970–1972 Stadtrat), 1978 Bezirksparteiobmann, zahlreiche Kammerfunktionen.

Abg. zum Landtag (9.–13. WP)   03.02.1972–07.06.1993

Quelle: Landtag, Biographisches Handbuch.

KURZREITER Franz   ÖVP
* 10.12.1944, Kottaun
Landwirt, Kottaun

Volks-, Haupt- und landwirtschaftliche Berufsschule, landwirtschaftliche Fachschule Edelhof, Landwirtschaftsmeister, 1972 den elterlichen landwirtschaftlichen Betrieb übernommen.

Mehrere Funktionen in bäuerlichen Organisationen, 1975–1986 Landeskammerrat, 1990 Obmannstellvertreter NÖ Bauernbund.

Abg. zum Landtag (12.–15. WP)   29.01.1986–24.04.2003

Quelle: Landtag, Biographisches Handbuch.

KUZDAS Hubert, Ing. Mag.   SPÖ
* 20.10.1961, Pellendorf (Mistelbach)

Volksschule 1967–1971, Hauptschule 1971–1975, Höhere Technische Bundeslehr- und Versuchsanstalt (Maschinenbau) in Wien 1975–1981, Studium der Betriebswirtschaft an der Wirtschaftsuniversität Wien (Mag. rer.soc.oec.) 1985–1997. Konstruktionsbüro, SGP (Simmering Graz Pauker) AG 1982, Post & Telekom Austria Postbus 1982–2001, Bundesbeschaffung GmbH 2001–2005, Kuzdas Wintergärten GmbH 2005–2007, Unternehmensberater seit 2007.

Geschäftsführendes Mitglied des Gemeinderates von Gaweinstal seit 1995.

Abg. zum Nationalrat (23.– WP)   30.10.2006–

Quelle: Parlamentsdirektion.

LAFERL Hermann   ÖVP
* 18.05.1910, Neusiedl/Steinfeld
† 15.08.1991, Weikersdorf/Steinfeld
Bauer und Maurermeister, Weikersdorf/Steinfeld

Volks- und Hauptschule, Maurerlehre.

1945–1980 Bürgermeister, 1966–1973 Obmann des NÖ Gemeindevertreterverbandes der ÖVP.

Abg. zum Landtag (6.–9. WP)   10.11.1954–11.07.1974

Quelle: Landtag, Biographisches Handbuch.

LANG Franz   CSP
* 24.12.1871, Eggendorf/Wagram
† 14.04.1938, Eggendorf/Wagram
Bauer, Eggendorf/Wagram

Dreiklassige Volksschule.
   Bürgermeister in Eggendorf/Wagram.

Abg. zum Landtag (1. WP)   11.05.1921–27.03.1925

Quelle: Landtag, Biographisches Handbuch.

LANGER Emmo   NSDAP
* 29.01.1891, Purgstall
† 02.11.1949, Kaprun
Lehrer, St. Pölten

Lehrerbildungsanstalt Krems, 1915 als Kriegsfreiwilliger eingerückt, zweimal silberne Tapferkeitsmedaille, Oberleutnant, 1924 Lehrer in St. Pölten.
   Anhänger der NSDAP ab 1929, 1930 Kreisleiter für das Viertel ober dem Wienerwald, im Juli 1933 einige Tage in Haft, August 1933 pensioniert, September 1938 reaktiviert, am 12.3.1938 Mitglied der Landesregierung, Juli 1938–14.4.1945 Oberbürgermeister von St. Pölten, nach dem Zweiten Weltkrieg Hilfsarbeiter.

Abg. zum Landtag (3. WP)   21.05.1932–23.06.1933

Quelle: Landtag, Biographisches Handbuch.

LANGTHALER Monika, Ing.   Grüne
* 11.09.1965, Wilhelmsburg

Volksschule, Wirtschaftskundliches Realgymnasium der Englischen Fräulein in St. Pölten 1975–1983, Kolleg für technische Chemie 1984–1986, Wye-College, University of London (MSc) 1994. Analytikerin am Institut für angewandte Mikrobiologie an der Universität für Bodenkultur 1986–1987, wissenschaftliche Tätigkeit am Österreichischen Ökologie-Institut 1987–1990.
   Mitglied des Landesparteivorstandes der Grünen, Landesparteiorganisation Niederösterreich 1990–1993, Mitglied des Bundesvorstandes der Grünen 1994.

Abg. zum Nationalrat (18.–20. WP)   05.11.1990–28.10.1999

Quelle: Parlamentsdirektion; Langthaler, Monika, Grüne auf Gutsherrinnen-Art. In: Die Presse 7. August 2008.

LASER Adolf   SDAP
*04.05.1879, Sternberg/Sternberk (Mähren)
† 07.06.1942, Krems
Redakteur

Sechs Klassen Volksschule, zwei Klassen Realschule, Berufsschule (erlernter Beruf: Buchbinder) 1893–1897; Wanderschaft (Deutschland, Schweiz), Buchbinder, Redakteur der »Volkswacht« in Mährisch-Schönberg, Herausgeber des »Volksboten« in Wien/Floridsdorf.
   Kreissekretär der SdP des Viertels ober dem Manhartsberg; Bezirksparteivorsitzender der SdP Bregenz, Mitglied der Landesparteivertretung der SdP Vorarlberg; Bezirksparteivorsitzender der SdP Stockerau, Mitglied des Gemeinderates von Krems.

Mitglied des Bundesrates   15.09.1922–18.05.1927
Abg. zum Nationalrat (3. WP)   18.05.1927–01.10.1930
Abg. zum Nationalrat (4. WP)   02.12.1930–17.02.1934

Quelle: Parlamentsdirektion.

LATSCHENBERGER Karl   CSP/StL
* 17.10.1890, Melbing
† 23.01.1977, Zeilern
Bauer und Kammerobmann, Melbing, Bezirk Amstetten
Ständischer Landtag – Vertreter der Land- und Forstwirtschaft

Volksschule, Ackerbauschule Tulln, 1919 Übernahme der elterlichen Wirtschaft. 1922–1934 Obmann der Bezirksbauernkammer Amstetten, 1927–1938 und 1945–1965 Bezirksobmann des Bauernbundes.
   1924–1938 und 1945–1955 Vizebürgermeister, Funktionär mehrerer landwirtschaftlicher Genossenschaften, 1945–1963 Vorsitzender des Aufsichtsrates des Verbandes ländlicher Genossenschaften.

Abg. zum Landtag (3. WP)   21.05.1932–30.10.1934

Mitglied d. Ständ. Landtages   22.11.1934–12.03.1938

Quelle: Landtag, Biographisches Handbuch.

LAUSCH Christian   FPÖ
* 02.12.1969, Hollabrunn

Volksschule in Hollabrunn 1976–1980, Hauptschule in Hollabrunn 1980–1984, Handelsschule in Hollabrunn 1984–1985, kaufmännische Berufsschule in Theresienfeld (erlernter Beruf: Einzelhandelskaufmann) 1985–1988, Justizwacheschule mit Dienstprüfung für die Justizwache 1989–1991, Justizwacheschule mit Dienstprüfung für dienstführende Justizwachebeamte 1996–1997.
 Mitglied des Gemeinderates der Stadtgemeinde Hollabrunn seit 2005, Bezirksparteiobmann der FPÖ Hollabrunn seit 2008, Dienststellenausschussobmann – Vorsitzender der Aktionsgemeinschaft Unabhängiger und Freiheitlicher (AUF) der Justizanstalt Wien/Josefstadt 2005–2007, Dienststellenausschussobmann – Vorsitzender Stellvertreter der AUF der Justizanstalt Wien/Josefstadt seit 2007.

Abg. zum Nationalrat (24.– WP)   28.10.2008–

Quelle: Parlamentsdirektion.

LAUSCHER Fritz   KPÖ
* 22.02.1908, Wien
† 30.11.1996, Wien
Kesselschmied, Neusiedl/Zaya

Ab 1929 Partei-Instruktor, 1938–1945 KZ Dachau, insgesamt 10 Jahre politische Haft.
 1945–1968 Angestellter der KPÖ. 1948–1953 Vorstand-Stellvertreter des ÖGB NÖ, 1949–1964 Mitglied der Landesexekutive und Vizepräsident der AKNÖ.

Abg. zum Landtag (6. WP)   10.11.1954–04.06.1959

Quelle: Landtag, Biographisches Handbuch.

LECHNER Hermann SPÖ
* 29.11.1924, Wieselburg
Volksschuloberlehrer, Pockau-Gaming

Volks- und Hauptschule, Lehrerbildungsanstalt St. Pölten, 1942–1946 Militärdienst und Kriegsgefangenschaft, 1946 Eintritt in den Schuldienst.
    1955 Gemeinderat, 1960–1994 Bürgermeister, 1971 Bezirksparteivorsitzender, 1980–1987 Klubobmann.

Abg. zum Landtag (9.–12. WP)	20.11.1969–30.11.1987

Quelle: Landtag, Biographisches Handbuch.

LEDOLTER Johann ÖVP
* 12.05.1950, Reichenau/Rax

Volksschule 1956–1960, Realschule 1960–1964, Handelsakademie (Matura) 1964–1969, Studium der Betriebswirtschaft an der Universität Wien 1970–1974; Hotelier seit 1974.
    Bürgermeister der Marktgemeinde Reichenau/Rax seit 1995, Obmann der Raiffeisenbank Payerbach-Reichenau-Schwarzau im Gebirge seit 2001.

Mitglied des Bundesrates	01.01.1999–23.04.2003
Abgeordneter z. NR (22. WP)	28.04.2003–29.10.2006

Quelle: Parlamentsdirektion.

LEGERER Franz ÖVP
* 13.02.1886
† 23.12.1963
Elektrotechniker, Gänserndorf

1929–1934 Gemeinderat in Gänserndorf. 1935–1938 Vizebürgermeister, 1947–1960 Landesinnungsmeister.

Abg. zum Landtag (4. WP)	17.01.1946–05.11.1949

Quelle: Landtag, Biographisches Handbuch.

Abb. 1: Dr. Karl Renner 1920; Foto NÖLA

Abb. 2: Staatssekretär Honner stehend (mit Koplenig und Fischer); 1945; Foto NÖLA

Abb. 3: Die »Dreieinigkeit« (Figl, Helmer, Mödlagl) 1945; Foto NÖLA

Abb. 4: Festsitzung des NÖ Landtags anlässlich des Jahrestages der Befreiung (1946); Foto NÖLA

Abb. 5: Minister Hurdes und Graf 1959; Foto Bezemek (Nachlass Seifert)

Abb. 6: Landeshauptmann Steinböck beim Hollabrunner Volksfest 1961; Foto Bezemek

Abb. 7: Landeshauptmann Figl, Bundesminister Hartmann, Landeshauptmannstellvertreter Müllner (1963); Foto NÖLA

Abb. 8: Landeshauptstadtbeschluss 1986; Landeshauptmann Ludwig, Stellvertreter Pröll und Höger; Foto NÖLA

Abb. 9: Landeshauptmann Pröll mit seinen Vorgängern Ludwig und Maurer; Foto NÖ Pressedienst, Boltz

VI   Bildtafeln

*Abb. 10: Landeshauptmannstellvertreter Hans Czettel;
Foto NÖ Pressedienst*

*Abb. 11: Klubobfrau Madelaine Petrovic (Grüne);
Foto NÖ Pressedienst*

Abb. 12: Landesrätin Barbara Rosenkranz; Foto NÖ Pressedienst

Abb. 13: Klubobmann Schneeberger, Landesrätin Mikl-Leitner, Landeshauptmann Pröll, Landeshauptmannstellvertreter Sobotka; Foto NÖAAB

Abb. 14: Blick in das Plenum 2009; Foto NÖ Pressedienst

LEHR Friedrich   SPÖ
* 08.06.1917, Maria Enzersdorf
† 27.10.1990, Mödling

Pflichtschulen. Zimmereifacharbeiter 1950–1956, Angestellter des ÖGB 1956.
 Bezirksfunktionär der SPÖ Mödling 1952, Mitglied des Gemeinderates und Vizebürgermeister der Stadt Mödling 1955, Bezirksobmann der SPÖ Mödling 1969, Mitglied des Landesparteivorstandes der SPÖ Niederösterreich, Landesobmann der Gewerkschaft der Bau- und Holzarbeiter Niederösterreich, Landesstellenobmann für Wien, Niederösterreich und das Burgenland der Allgemeinen Unfallversicherungsanstalt.

Abg. zum Nationalrat (12.–15. WP)   12.01.1971–30.09.1982

Quelle: Parlamentsdirektion.

LEICHTFRIED Günther, Mag.   SPÖ
* 21.05.1949, Ybbs/Donau
AHS-Lehrer, Wieselburg

Volksschule, Realgymnasium in Waidhofen/Thaya, 1968 Matura, Studium in Wien (Lehramt für Biologie, Chemie), 1974 Eintritt in den Schuldienst.
 1997 Bürgermeister in Wieselburg, Ehrenring der Stadtgemeinde Wieselburg. Sohn des Folgenden.

Mitglied des Bundesrates   01.01.1998–17.11.1999
Abg. zum Landtag (15.– WP)   18.11.1999–

Quelle: Landtag, Biographisches Handbuch.

LEICHTFRIED Josef   SPÖ
* 11.01.1926, Wolfpassing
Angestellter, Waidhofen/Thaya

Volks- und Hauptschule, kaufmännische Berufsschule in Pöchlarn, Verwaltungsschule in Amstetten, 1941–1943 Verwaltungslehrling in Scheibbs, Reichsarbeitsdienst, 1945 Gendarmeriehilfsdienst, 1946–1947 Gemeindedienst. 1947 Angestellter der Arbeiterkammer Niederösterreich, 1949–1987 Amtsstellenleiter der AK.

1955–1960 Gemeinderat in Groß-Siegharts, 1960–1985 Stadtrat in Waidhofen, dazwischen 1965–1972 Vizebürgermeister; Lokal- und Bezirksobmann der SPÖ Waidhofen/Thaya, Bezirksobmann und Landesobmannstellvertreter sowie Bundesvorstandsmitglied des Pensionistenverbandes Österreichs, 1963–1988 Bezirksparteivorsitzender, 1979–1980 Klubobmann, 1979–1982 Mitglied des Bundesparteivorstandes, 1982–1990 Beauftragter der Bundesregierung für das Waldviertel, Mitglied des Präsidiums des Pensionistenverbandes.

Mitglied des Bundesrates	15.06.1967–19.10.1969
Abg. zum Landtag (9.–11. WP)	20.11.1969–03.10.1980

Quelle: Landtag, Biographisches Handbuch.

LEISSER Franz, Prof. ÖVP
* 17.09.1914, Altruppersdorf (Niederösterreich)
† 23.03.1984, Waidhofen/Thaya

Sechs Klassen Volksschule, Privatgymnasium Kalksburg, Universität Wien: Klassische Philologie, Lehramtsprüfung für Mittelschulen (Latein, Griechisch) 1939. Lehrer am Staatsgymnasium in Wr. Neustadt 1939, sodann am Bundesgymnasium in Waidhofen/Thaya.
 Mitglied des Gemeinderates von Waidhofen/Thaya 1948, Stadtrat von Waidhofen/Thaya 1950, Bürgermeister von Waidhofen/Thaya 1955, Landesfachgruppenobmann der Professoren und Lehrer an höheren Schulen des ÖAAB Niederösterreich.

Abg. zum Nationalrat (8.–12. WP)	08.06.1956–04.11.1971

Quelle: Parlamentsdirektion.

LEITNER Josef, Dr. SPÖ
Geb. 29.01.1972, Scheibbs

Geschäftsführer des Vereines Transjob im Mostviertel. Freiberuflich beschäftigt er sich mit der Entwicklung und Umsetzung von Gemeindeentwicklungs- und Stadtmarketingkonzepten.
 Seit Anfang 2007 SPÖ Parteimanager, zuvor war er Controller der Landespartei und von 2000 bis 2007 betriebswirtschaftlicher Referent in der Arbeiterkammer Nie-

derösterreich (AKNÖ). In seiner Heimatgemeinde Wieselburg (Bezirk Scheibbs) ist Leitner seit 1996 als Gemeinderat und seit 2000 als Wirtschaftsstadtrat tätig.

Landeshauptmann-Stellvertreter (17.– WP)	10.04.2008–

Quelle: NÖ Landesregierung.

LEMBACHER Marianne   ÖVP
* 30.12.1949, Wien
Bäuerin, Maissau

Volks-, Haupt- und landwirtschaftliche Berufsschule, 1972 Meisterprüfung für ländliche Hauswirtschaft und Betriebsübernahme.
    Landesvorsitzende des NÖ Familienbundes, Obmannstellvertreterin des Landesweinbauverbandes.

Abg. zum Landtag (13.– WP)	17.11.1988–

Lit.: Landtag, Biographisches Handbuch. 128. 2008.

LENZ Engelbert   CSP
* 16.03.1883
† 25.11.1949
Mittelschullehrer, Horn

Professor am BRG Horn, 15.01.1934 Direktor, 20.10.1935 Verurteilung wegen Unzucht mit Minderjährigen.

Abg. zum Landtag (1. WP)	28.03.1927–20.05.1927

Quelle: Landtag, Biographisches Handbuch.

LENZ Hans   SDAP
* 09.07.1873, Schönering (Oberösterreich)
† 25.02.1953, Wien

Volksschule, Bürgerschule. Leiter der Bezirkskrankenkasse in Böhmzeil bei Gmünd. Bezirksvertrauensmann der SdP.

Mitglied der Konst. Nationalversammlung	04.03.1919–09.11.1920
Abg. zum Nationalrat (1.–2. WP)	10.11.1920–18.05.1927

Quelle: Parlamentsdirektion.

LEOPOLD Josef NSDAP
* 18.02.1889, Langenlois
† 24.07.1941, gefallen (?) bei Malin/Wolhynien
Hauptmann im Bundesheer, Krems/Donau

Volksschule, Obst- und Weinbauschule Langenlois, 1910 Militärdienst, diverse Kurse, zuletzt Stabsfeldwebel, 1919 zum Volkswehrleutnant gewählt, 1920 in das Bundesheer übernommen, 1922–1923 Offiziersschule Wien.

August 1927–1938 Gauleiter der NSDAP in NÖ, 1931 Hauptmann, August 1933 zeitlicher Ruhestand, 1935–1938 Landesleiter der illegalen NSDAP in Österreich, mehrfach inhaftiert, Februar 1938 abberufen, 01.03.1938 als Major reaktiviert, April 1938–24.07.1941 Mitglied des Großdeutschen Reichstages.

Abg. zum Landtag (3. WP)	21.05.1932–23.06.1933
Landesrat (3. WP)	21.05.1932–23.06.1933

Quelle: Landtag, Biographisches Handbuch.
Lit.: Bezemek, Ernst, Zur NS-Machtübernahme in Niederösterreich. In JB für Landeskunde. 1995.

LEUTGEB Leopold CSP
* 29.04.1891, Obernalb
† 25.11.1948, Bern
Religionsprofessor

Volksschule, Gymnasium Hollabrunn (Externist), Eintritt in das Wiener Alumnat (Theologiestudium), Lehramtsprüfung für Religion an Mittelschulen. Priesterweihe 1916, Kooperator in Fischamend und Guntramsdorf, Übernahme der Pfarre St. Stefan in Baden 1918, Religionsprofessor in Baden, zwangsweise aus dem Schuldienst entfernt 1938, Seelsorger an der Kollerschen Stiftung in Baden.

Baute die christlich-soziale Organisation im Raum Baden und Pottendorf auf, aktiv im Katholischen Volksbund, Mitglied des Bezirks- und Landesschulrates. Flucht über Italien in die Schweiz.

Abg. zum Nationalrat (4. WP)   02.10.1931–19.02.1934

Quelle: Parlamentsdirektion.

LEUTGÖB Karl   FPÖ
* 16.09.1940, Waidhofen/Ybbs

Volksschule 1946–1950, Hauptschule 1950–1954, Berufsschule für Maschinenschlosser 1954–1958, Werkmeisterschule für Maschinenbau 1960–1962. Schlosser 1958–1970, Technischer Angestellter (Ein- und Verkauf) 1971–1981, Technischer Angestellter (Arbeitstechnik und Qualitätsprüfung) seit 1982.
  Mitglied des Gemeinderates der Stadt Waidhofen/Ybbs seit 1992, Bezirksparteiobmann der FPÖ Waidhofen/Ybbs seit 1991.

Abg. zum Nationalrat (20. WP)   15.05.1998–20.05.1998

Quelle: Parlamentsdirektion.

LICHAL Robert, Dr.   ÖVP
* 09.07.1932, Wien

Volksschule, Realschule, Matura 1950, Studium der Rechte (Werkstudent), Promotion 1965. Rechnungsbeamter der Niederösterreichischen Landesregierung ab 1950, Gerichtspraxis am Bezirksgericht Fünfhaus, Landesgericht für Strafsachen I in Wien, juristischer Referent an den Bezirkshauptmannschaften Mödling, Zwettl und Baden, Referent und später Abteilungsleiter des Niederösterreichischen Gemeindeärztereferates; Hofrat. Obmann der Zentralpersonalvertretung der niederösterreichischen Landesbediensteten 1968–1986, Vorsitzender-Stellvertreter der Gewerkschaft Öffentlicher Dienst 1973–1987.
  Bundesvorsitzender der Fraktion Christlicher Gewerkschafter im ÖGB 1985–1987, Mitglied des Präsidiums des Österreichischen Gewerkschaftsbundes 1986–1987, Mitglied der Bundesparteileitung der ÖVP, Mitglied des Bundesparteivorstandes, Sicherheitssprecher der ÖVP 1979–1985, Landesobmann des Niederösterreichischen Arbeiter- und Angestelltenbundes 1981, Bundesobmann des ÖAAB 1987–1991.

Mitglied des Bundesrates	23.02.1976–04.06.1979
Abg. zum Nationalrat (15.–17. WP)	05.06.1979–28.01.1987
Abg. zum Nationalrat (18. WP)	05.11.1990–06.11.1994
2. Präsident des Nationalrates (18. WP)	05.11.1990–07.11.1994
Bundesminister für Landesverteidigung	21.01.1987–06.11.1990

Quelle: Parlamentsdirektion; Krause, Biografien.

LINDNER (auch LINTNER) Eduard   SDAP
* 15.03.1875, Gams (Stmk.)
† zwischen 1938 und 1945
Lokomotivführer, Krems

Schlosserlehre, Eisenbahner.
    1919–24 Vizebürgermeister, bis 1929 Gemeinderat, Landesobmann des »Bundes der Freidenker«, Gewerkschaftsfunktionär, 1934 pensioniert.

Abg. zum Landtag (1.–2. WP)	11.05.1921–21.05.1932

Quelle: Landtag, Biographisches Handbuch.

LINDINGER Bernd, Dipl.-Ing. Dr.   FPÖ
* 10.01.1940, Linz

Volksschule in Pressbaum 1946–1950, Realschule in Wien 1950–1958, Studium an der Technischen Hochschule in Wien, Technische Chemie (Dipl.-Ing. Dr. techn.) 1958–1969, Präsenzdienst 1970; Leiter des Entwicklungslabors Metall, Ringsdorff-Werke Bonn-Bad Godesberg, BRD 1970–1974, Leiter des Zentralen Labors der Kapsch AG, Wien 1975–2000.
    Landesgeschäftsführer der FPÖ Niederösterreich 2000–2001, Mitglied des Gemeinderates der Marktgemeinde Pressbaum 1995, Ortsparteiobmann der FPÖ Pressbaum 1991, Mitglied der Landesparteileitung der FPÖ Niederösterreich 1991–1996 sowie 1999, Mitglied des Landesparteivorstandes der FPÖ Niederösterreich 1994–1996 sowie 1999, Mitglied der Bundesparteileitung der FPÖ 1999, Mitglied des Landesparteipräsidiums der FPÖ Niederösterreich 2000.

Mitglied des Bundesrates	08.06.2001–23.04.2003

Quelle: Parlamentsdirektion.

LIST Karl   CSP
* 24.04.1854, Groß-Weikersdorf
† 15.07.1939, Groß-Weikersdorf
Landwirt, Groß-Weikersdorf

Volksschule, Landwirt. 1880 im Gemeinderat, 1895–1909 Bürgermeister in Groß-Weikersdorf.
    Präsident des NÖ Landeskulturrates, bereits ab 1902 im NÖ Landtag, 1906 Mitgründer des NÖ Bauernbundes (1. Obmannstellvertreter), 1907–1918 Reichsratsabgeordneter.

Mitglied der Prov. Nationalversammlung	21.10.1918–16.02.1919
Mitglied der Konst. Nationalversammlung	04.03.1919–25.06.1919
Abg. zum Landtag (1. WP)	11.05.1921–20.05.1927
Mitglied des Bundesrates	20.05.1927–03.06.1932

Quelle: Landtag, Biographisches Handbuch.

LITSCHAUER Hans, Dr. iur.   SPÖ
* 02.11.1925, Heidenreichstein
Angestellter, Horn

Volks- und Hauptschule, Realgymnasium Waidhofen/Thaya, 1943 Reichsarbeitsdienst, 1943–1947 Militärdienst und russische Gefangenschaft, Universität Wien (Jus), 1952 Promotion.
    1953 Klubsekretär, 1955 Arbeiterkammer NÖ, 1959 Leiter der Volkswirtschaftlichen Abteilung, 1965–1984 Kammeramtsdirektor.

Abg. zum Landtag (7. WP)	04.06.1959–19.11.1964
Abg. zum Landtag (9.–10. WP)	20.11.1969–31.12.1975

Quelle: Landtag, Biographisches Handbuch.

LITSCHAUER Karl   ÖVP
* 03.09.1936, Rohrbach/Pfaffenschlag
Landesbeamter, Korneuburg

Aufbaumittelschule (Matura), 1961 Eintritt in den NÖ Landesdienst.
   Zahlreiche Personalvertretungs-, Gewerkschafts- und Parteifunktionen, 1992–1996 Bezirksparteiobmann, 1992–1997 Obmann der Zentralpersonalvertretung der NÖ Landesbediensteten, 1993–1997 Vorsitzender der Arge »Landesdienst« in der Gewerkschaft Öffentlicher Dienst.

Abg. zum Landtag (12. WP)	25.02.1988–17.11.1988
Abg. zum Landtag (13.–14. WP)	22.10.1992–16.06.1997
Mitglied des Bundesrates	16.03.1989–21.10.1992

Quelle: Landtag, Biographisches Handbuch.

LÖFFLER Robert, Dipl.-Kfm.   ÖVP
* 04.09.1930, Wullersdorf
† 08.12.1989, Hollabrunn
Sektionsgeschäftsführer der Kammer der gewerblichen Wirtschaft für Niederösterreich

Volksschule, Realgymnasium in Horn, Matura 1948, Hochschule für Welthandel in Wien. Praxis in Wirtschaftstreuhänderkanzlei, Angestellter der Kammer der gewerblichen Wirtschaft für Niederösterreich 1957, Referent bis 1959, Bezirksstellensekretär in Hollabrunn 1960, Geschäftsführer der Sektion Industrie 1971.
   Stadtrat der Stadtgemeinde Hollabrunn 1965–1968, Bürgermeister der Stadtgemeinde Hollabrunn 1969.

Mitglied des Bundesrates	13.11.1975–04.06.1979
Abg. zum Nationalrat (15.–17. WP)	05.06.1979–28.02.1989

Quelle: Parlamentsdirektion.
Lit.: Bezemek, Ernst/Ecker, Friedrich (Hg.); Hollabrunn. Das Werden einer Bezirksstadt. 2007.

LOWATSCHEK Josef   CSP/STL
* 11.03.1879, Jedenspeigen
† 01.07.1950, Mödling
Volksschuldirektor, Mödling
Ständischer Landtag – Vertreter des Schul-, Erziehungs- und Volksbildungswesens

Lehrerbildungsanstalt Brünn, ab 1899 Lehrer, seit 1908 in Mödling.
    1919 Gemeinderat, 1922–1925 und 1934–1938 Bürgermeister, Obmann des Landesverbandes der Sparkassen, Gründer des Vereines Christlicher Lehrer in NÖ, Präsident der Lehrergewerkschaft.

Abg. zum Landtag (2.–3. WP)	20.05.1927–30.10.1934
Mitglied d. Ständ. Landtages	22.11.1934–12.03.1938

Quelle: Landtag, Biographisches Handbuch.

LUDWIG Siegfried, Mag. iur.   ÖVP
* 14.02.1926, Wostitz/Vlasatice (Südmähren)
Landesbeamter, Perchtoldsdorf

Mittelschule in Znaim, ab 1943 Kriegsdienst, 1944 Matura, 1945–1946 Militärdienst und russische Kriegsgefangenschaft, 1946–1947 Angestellter bei der ÖMV, anschließend bis 1952 bei der Kammer der Gewerblichen Wirtschaft, gleichzeitig Werkstudent an der Universität Wien (Rechts- und Staatswissenschaften), 1954 Eintritt in den NÖ Landesdienst. 1957 in die Personalvertretung (1965–1968 deren Obmann), 1965 Übersiedlung nach Perchtoldsdorf.
    1975–1981 Bürgermeister, 1978–1980 Landesobmann des ÖAAB, 1980–1992 Landesparteiobmann, 1986 Initiator der Volksbefragung betreffend Landeshauptstadt St. Pölten, 1986 Ehrenring des Landes NÖ, 1992 Ehrenbürger des Landes NÖ, 1992 NÖ Landesgruppenobmann des Österr. Verbandes Genossenschaftlicher Bauvereinigungen.

Abg. zum Landtag (8.–9. WP)	03.12.1964–24.11.1969
Abg. zum Landtag (12. WP)	04.11.1983–17.11.1988
Landesrat (8.–9. WP)	25.01.1968–20.11.1969
Landeshauptmannstv. (9.–11. WP)	20.11.1969–22.01.1981
Landeshauptmann (11.–13. WP)	22.01.1981–22.10.1992

Quelle: Landtag, Biographisches Handbuch.

Lit.: Ackerl, Isabella/Weissensteiner, Fritz, Österreichisches Personenlexikon der Ersten und Zweiten Republik. 1992; Bruckmüller, Ernst (Hg.), Personenlexikon Österreich. 2001; Dippelreiter, Michael, Siegfried Ludwig. In: Dachs/Gerlich/Müller, Die Politiker. Karrieren und Wirken bedeutender Repräsentanten der Zweiten Republik. 1995.

LUGAR Robert, Ing. BZÖ
* 09.07.1970, Innsbruck

Volksschule in Innsbruck 1976–1980, Hauptschule in Innsbruck 1980–1983, Hauptschule in Axams 1983–1984, Polytechnischer Lehrgang in Axams 1984–1985, Berufsschule für Elektroinstallateure (Lehrabschlussprüfung 1989) 1985–1989, Berufsbegleitende Abendschule für Elektrotechnik an der HTL Wr. Neustadt 1995–1999, Studium der Politikwissenschaft und Publizistik an der Universität Wien 2001–2003; Technischer Leiter bei der Firma Eurowater Wasseraufbereitung in Baden 1993–1999, Mitarbeit an der Gründung einer Firma für Wasseraufbereitung in Sooß, Gründung der eigenen Firma »Aquanorm Wasseraufbereitung« 2003.
  Vorstandsmitglied der FPÖ Baden 2000, Bezirksobmann des Ringes Freiheitlicher Wirtschaftstreibender (RFW) Baden 2001, Landesobmann-Stellvertreter des Ringes Freiheitlicher Wirtschaftstreibender (RFW) Niederösterreich 2002, Bezirksparteiobmann Stellvertreter der FPÖ Baden 2003. Im Schulungsbereich der Freiheitlichen Akademie tätig 2004–2006, Übertritt zum BZÖ und Kandidatur bei der Nationalratswahl 2008.

Abg. zum Nationalrat (24.– WP) 28. 10. 2008–

Quelle: Parlamentsdirektion.

LUGMAYR Monika ÖVP
* 10.01.1940, Breitstetten
Bäuerin, Breitstetten

Volks-, Haupt- und Hauswirtschaftsschule, 1969 Übernahme des elterlichen Betriebes.
  1980–1983 Landeskammerrat, Vizepräsidentin des NÖ Hilfswerkes, 1985–2000 Landesbäuerin, Ökonomierat.

Abg. zum Landtag (12.–14. WP) 1.12.1983–16.04.1998

Quelle: Landtag, Biographisches Handbuch.

LUGSTEINER Juliane SPÖ
* 03.10.1953, Theresienfeld

Volksschule in Theresienfeld 1959–1963, Hauptschule in Felixdorf 1963–1967, Polytechnischer Lehrgang 1967–1968, kaufmännische Berufsschule (Bürokauffrau) 1968–1971, Universitärer Lehrgang für angewandte Betriebswirtschaft und Kommunikation am Regionalen Innovations-Zentrum (RIZ) in Wr. Neustadt 1991–1993.; selbstständig – Caféhaus seit 2004.
  Mitglied des Gemeinderates von Theresienfeld 1990–1995; Ortsparteivorsitzende der SPÖ Theresienfeld 1991–2007, Geschäftsführendes Mitglied des Gemeinderates von Theresienfeld 1995–2004, Vizebürgermeisterin von Theresienfeld seit 2004, Stellvertretende Landesfrauenvorsitzende der SPÖ Niederösterreich seit 2001, Bezirksfrauenvorsitzende der SPÖ Wr. Neustadt seit 2001, Bezirksparteivorsitzender-Stellvertreterin der SPÖ Wr. Neustadt seit 2001, Mitglied des Landesparteivorstandes der SPÖ Niederösterreich seit 2001, Mitglied des Bundesparteivorstandes der SPÖ seit 2006, Vorsitzende der Gemeinderatsfraktion der SPÖ Theresienfeld seit 2004, Frauenbeauftragte im Wirtschaftsverband Wr. Neustadt seit 2008.

Mitglied des Bundesrates 10.04.2008–

Quelle: Parlamentsdirektion.

LUMP Anton GDVP
* 25.01.1866, Pöggstall
† 15.09.1943, Pöggstall

Volksschule, Handelsschule, Kaufmann und Wirtschaftsbesitzer.
  Bürgermeister von Pöggstall, Bezirksschulrat, Obmann der Handelsgenossenschaft für den politischen Bezirk Pöggstall.

Abg. zum Nationalrat (1. WP) 10.11.1920–20.11.1923

Quelle: Parlamentsdirektion.

LUNACEK Ulrike, Mag.   Grüne
* 26.05.1957, Krems/Donau

Volksschule in Amstetten und Wien 1963–1967, Realgymnasium (Matura) 1967–1975, High School in Boone, Iowa, USA 1973–1974, Studium an der Universität Innsbruck, Dolmetsch Englisch und Spanisch (Mag. phil.) 1975–1983, Sozialarbeit im Frauenhaus Innsbruck 1981, Referentin in der Frauensolidarität Wien 1984–1986, Deutsch als Fremdsprache für Flüchtlinge 1985–1988, Redakteurin (SÜDWIND-Magazin) 1989–1992, Pressereferentin beim ÖIE (Österreichischer Informationsdienst für Entwicklungspolitik; jetzt: Südwind-Agentur) 1993–1995, dazwischen und parallel immer wieder freiberuflich als Dolmetscherin, Journalistin, Referentin etc. tätig.
    Bundesgeschäftsführerin der Grünen 1996–1998, Klubobfrau-Stellvertreterin des Grünen Klubs im Parlament seit 28.10.2008, Vorsitzende der Europäischen Grünen Partei (EGP) 2006.

Abgeordnete zum Nationalrat (21.–24. WP)   29.10.1999–09.07.2009
Europäisches Parlament   14.07.2009–

Quelle: Parlamentsdirektion.

LUSETZKY Helga   ÖVP
* 04.09.1940, Mistelbach
Hausfrau, Fremdenführerin, St. Christophen

1958 Matura, dann College in London und Arbeit als Englisch-Sekretärin, 1966 Fremdenführerprüfung.

Abg. zum Landtag (11. WP)   09.04.1981–04.11.1983

Quelle: Landtag, Biographisches Handbuch.

MACHO Rudolf   CSP
* 06.04.1885, Wien
† 25.08.1948, Kühnring
Kassenangestellter und Kleinhäusler, Kühnring bei Eggenburg

Volks-, Bürger- und Gewerbeschule, Schlosserlehre, arbeitete bei der Wiener Straßenbahn, 1921 pensioniert. Eintritt bei der Landwirtschaftskrankenkasse, Übersiedlung nach Kühnring.
 1945–1948 Bürgermeister in Kühnring.

Abg. zum Landtag (2.–3. WP) 29.05.1931–30.10.1934

Quelle: Landtag, Biographisches Handbuch.

MADERTHANER Leopold, Ing. ÖVP
* 09.09.1935, Hausmening
† 28.07.2007, Krems

Volksschule Ulmerfeld, Gymnasium (Unterstufe) Amstetten, Höhere Technische Bundeslehr- und Versuchsanstalt St. Pölten (Fachrichtung: Elektrotechnik). Techniker bei der Firma Siemens, Linz 1955–1959, selbstständig (Firma NEON-Maderthaner) 1959–2007.
 Stadtrat von Amstetten 1972–1985, Hauptbezirksparteiobmann der ÖVP Amstetten 1984–1989, Hauptbezirksgruppenobmann des Österreichischen Wirtschaftsbundes 1984–1991, Mitglied des Vorstandes des Österreichischen Wirtschaftsbundes, Landesgruppe Niederösterreich 1986–2007, Präsident des Österreichischen Wirtschaftsbundes 1989–1999, Ehrenpräsident des Österreichischen Wirtschaftsbundes 1999–2007, diverse Kammerfunktionen auf Bezirks- und Landesebene 1968–1986, Präsident der Kammer der gewerblichen Wirtschaft für Niederösterreich 1986–1990, Präsident der Wirtschaftskammer Österreich 1990–2000. Ehrenbürgerschaft der Stadt Chicago.

Mitglied des Bundesrates 21.06.1979–28.02.1989
Abg. zum Nationalrat (17.–18. WP) 01.03.1989–06.11.1994
Abg. zum Nationalrat (19. WP) 13.12.1994–07.05.1995
Abg. zum Nationalrat (20.–21. WP) 15.01.1996–30.06.2001

Quelle: Parlamentsdirektion; noe.orf.at 29. Juli 2007; Österreich-Lexikon.

MAGERL Ernst, Dr. iur. CSP/StL
* 14.03.1896, Rodingersdorf
† 31.05.1988, Ravelsbach
Bezirksrichter, Schrems
Ständischer Landtag – Vertreter der Land- und Forstwirtschaft

Gymnasium Horn, 1915–1918 Militärdienst, Universität Wien (Jus, Philosophie).
 1923 Beitritt zu CSP, März 1938 vom Dienst suspendiert, 1940–1945 bei einem Rechtsanwalt tätig, 1946 Präsident des Kreisgerichtes Krems, 1956 Präsident des Kreisgerichtes Korneuburg.

Abg. zum Landtag (3. WP)	21.05.1932–30.10.1934
Mitglied d. Ständ. Landtages	22.11.1934–12.03.1938

Quelle: Landtag, Biographisches Handbuch.

MAIER Johann   SPÖ
* 30.10.1952, Kleedorf (Gmünd)
Bahnhofsvorstand, Schrems

Volks- und Hauptschule, technischer Zeichner, Diensteintritt bei der ÖBB, 1973 Fahrdienstleiter, 1990 Bahnhofsvorstand.
 1980–2000 im Gemeinderat.

Abg. zum Landtag (14. WP)   15.12.1994–16.04.1998

Quelle: Landtag, Biographisches Handbuch.

MAIER Jürgen   ÖVP
* 19.01.1974, Horn

Volks-, Hauptschule, Handelsakademie, Studium der Betriebswirtschaft, Mitarbeiter der NÖN, Firmenbetreuer.
 1998 Gemeinderat, 2001 Stadtrat, 2001–2004 Landesobmann der Jungen ÖVP NÖ, 2009 Vizebürgermeister, 2010 Bürgermeister von Horn.

Abg. zum Landtag(16.– WP)   24.04.2003–

Quelle: NÖ Landtag.

MANDL Fritz   StL
* 09.02.1900, Wien
† 08.09.1977, Wien
Generaldirektor, Hirtenberg

Ständischer Landtag – Vertreter für Industrie und Bergbau

1918 Militärdienst, Generaldirektor der Hirtenberger Patronenfabrik, bis 1938 Präsident der NÖ Industriellenvereinigung, 1938 Zwangsverkauf seiner Betriebe, Auswanderung nach Argentinien, 1945 Rückkehr, Rückstellung der Betriebe, lebte zeitweise in der Schweiz.

Mitglied d. Ständ. Landtages   18.01.1935–12.03.1938

Quelle: Landtag, Biographisches Handbuch.
Lit.: Ackerl, Isabella/Weissensteiner, Fritz, Österreichisches Personenlexikon der Ersten und Zweiten Republik 1992; Bruckmüller, Ernst (Hg.), Personenlexikon Österreich. 2001.

MANDL Lukas, Mag.   ÖVP
* 12.07.1979, Wien

Gymnasium Unterstufe, Handelsakademie, Studium der Handelswissenschaften an der WU Wien, Studium der Kommunikationswissenschaften in Wien, 1998–1999 Bundesobmann der Schülerunion, 2000 selbstständiger Seminartrainer, 2000–2002 parlamentarischer Mitarbeiter, 2002–2005 Trainee der Industriellenvereinigung, 2003 Vorsitzender der Bundesjugendvertretung, 2004 Landesobmann der Kinderwelt NÖ, 2005 Consultant bei Hauska & Partner International Communications, 2005–2008 Referent der ÖVP NÖ, 2008 Universitätslektor.
    2008 Bezirksparteiobmann, 2010 Generalsekretär des ÖAAB, 2010 Stadtrat von Gerasdorf.

Abg. zum Landtag (17.– WP)   10.04.2008–

Quelle: NÖ Landtag.

MANNDORFF Ferdinand   ÖVP
* 22.11.1922, Raabs/Thaya
Chefredakteur, Hinterbrühl

Volksschule, Gymnasium, Universität Wien (Rechts- und Staatswissenschaft), 1949–1956 Leiter der Wiener Redaktion der »Salzburger Nachrichten«, 1956–1960 Redakteur der »Presse«, 1960 Chefredakteur der »Österreichischen Politischen Kor-

respondenz«, 1960 Geschäftsführer des Instituts für Wirtschaft und Politik, 1961 Geschäftsführer der Arbeitsgemeinschaft für Politik und Wissenschaft.
1972 Gemeinderat, 1974 Vizebürgermeister, 1989–1999 Bürgermeister.

Abg. zum Landtag (10.–11. WP)	23.10.1975–21.10.1980
Abg. zum Nationalrat (15.–17. WP)	22.10.1980–28.02.1989

Quelle: Landtag, Biographisches Handbuch; Parlamentsdirektion.

MANTLER Karl   SPÖ
* 13.01.1890, Wien
† 03.08.1965, Wien

Volksschule, Bürgerschule, Fortbildungsschule; gelernter Fleischhauer.
Ab 1913 Fachgruppensekretär der Fleischhauer im Verband der Lebensmittelarbeiter und -arbeiterinnen, 1934/35 Sprecher des »Siebenerkomitees« der sozialdemokratischen Mehrheit in den verbotenen Freien Gewerkschaften, 1936 bis 1938 Vorsitzender des illegalen »Bundes der Freien Gewerkschaften«, der den sozialdemokratischen und den kommunistischen Flügel zusammenfasste. 1937/38 in Haft der Ständestaat-Diktatur, 1939–1945 von den Nationalsozialisten im Konzentrationslager Buchenwald inhaftiert, 1945–1947 Staatssekretär im Bundesministerium für Vermögenssicherung, 1945–1956 Präsident der AK Wien und nach Einführung dieser Funktion Präsident des Österreichischen Arbeiterkammertags sowie Vorsitzender der Gewerkschaft der Lebens- und Genussmittelarbeiter.

Mitglied des Bundesrates	19.12.1945–05.11.1949

Quelle: Parlamentsdirektion; Arbeiterkammer Wien – »Aus dem Archiv« (Mappe Mantler), WEB-Lexikon der Wiener Sozialdemokratie.

MANTLER Leopold   ÖVP
* 30.06.1919, Hollabrunn
Bauer, Groß-Meiseldorf

Volksschule, Hauptschule, Weinbauschule, Landwirt. 1950 im Gemeinderat, 1955–1981 Bürgermeister (ab 1972 zusammengelegt mit Ziersdorf), 1960 Bezirksbauernratsobmann des Bezirkes Ravelsbach, 1960–1965 Landeskammerrat der Niederösterreichischen Landes-Landwirtschaftskammer.

Mitglied des Bundesrates 14.12.1962–19.10.1969
Abg. zum Landtag (9.–11. WP) 04.12.1969–19.04.1979

Quelle: Landtag, Biographisches Handbuch.

MARCHAT Franz FPÖ
*17.03.1964, St. Pölten
Landwirtschaftsmeister, Obritzberg

Volksschule, Untergymnasium, landwirtschaftliche Fachschule Pyhra, Landwirtschaftsmeister.
    1990–1998 und seit 2000 im Gemeinderat, 1994–1998 Landesparteisekretär, 1998–2000 Klubobmann.

Abg. zum Landtag (14.–15. WP) 07.06.1993–24.04.2003

Quelle: Landtag, Biographisches Handbuch.

MARCHSTEINER Josef ÖVP
* 27.02.1909, Kaltenbach
† 24.07.1968, Wien
Bauer, Modlisch (Schwarzenau)

Volksschule, landwirtschaftliche Schule Hubertendorf.
    Ab 1924 in Jugendorganisationen, 1945–1965 im Gemeinderat, 1946–1947 Bezirksbauernratsobmann, 1955–1967 Bezirksbauernkammerobmann, 1961–1965 Bauernkassenobmann, Kammerrat, Ökonomierat.

Abg. zum Landtag (4.–7. WP) 12.12.1945–19.11.1964

Quelle: Landtag, Biographisches Handbuch.

MARIZZI Peter SPÖ
* 04.06.1947, Neunkirchen

Volksschule, Hauptschule, Schlosserlehre 1961–1964, Abendschule; Tätigkeit beim Schoeller-Bleckmann-Werk Ternitz, Angestellter in verschiedenen Bereichen ab

1969, Leiter der Abteilung »Industrieansiedlung und Aufbau neuer Produktionen« 1986.

Zentralsekretär der SPÖ 1989–1993, Bundesgeschäftsführer der SPÖ 1993–1995, Geschäftsführer der MPT Management Consulting Project Developing & Trading GmbH seit 1999. Mitglied des Gemeinderates von Ternitz 1973, Stadtrat 1983, Bezirksparteivorsitzender-Stellvertreter der SPÖ Neunkirchen, Bezirksparteivorsitzender der SPÖ Neunkirchen seit 2000, Mitglied des Landesparteivorstandes der SPÖ Niederösterreich, Mitglied der Landesleitung der Gewerkschaft der Privatangestellten Niederösterreichs, Vertrauensmann der SPÖ und Subkassier beim Schoeller-Bleckmann-Werk Ternitz, Mitglied des Betriebsrates der Angestellten des Schoeller-Bleckmann-Werkes Ternitz 1973, Betriebsratsobmann der Angestellten des Schoeller-Bleckmann-Werkes Ternitz 1987. Marizzi kam als Wehrsprecher der SPÖ in den Dunstkreis finanzieller Transaktionen um Waffenankäufe des österreichischen Bundesheeres.

Abg. zum Nationalrat (17.–20. WP)	24.11.1987–28.10.1999
Mitglied des Bundesrates	18.11.1999–08.01.2002
Abg. zum Nationalrat (21.–23. WP)	09.01.2002–27.10.2008

Quelle: Parlamentsdirektion; Süddeutsche Zeitung 1995.

MARKOWITSCH Helga   SPÖ
* 17.11.1944, Brunn/Gebirge

Volksschule 1950–1954, Hauptschule 1954–1958, Handelsschule 1958–1960; Angestellte im Landesparteisekretariat der SPÖ Niederösterreich 1960–1964, Kammer für Arbeiter und Angestellte für Niederösterreich (Mödling) 1964–1972, Fa. Gierlinger (Brunn/Gebirge) 1979–1980, Verein »Sichere Energie – sichere Zukunft« 1982–1987.

Mitglied des Gemeinderates von Brunn/Gebirge 1979–1984; Geschäftsführendes Mitglied des Gemeinderates von Brunn/Gebirge seit 1984; Erste Vizebürgermeisterin seit 1990, Bezirksvorsitzende-Stellvertreterin der SPÖ Mödling, Mitglied des Landesparteivorstandes der SPÖ Niederösterreich, Bezirksfrauenreferentin der SPÖ Mödling seit 1979, Mitglied des Landes-Frauenkomitees der SPÖ Niederösterreich, Mitglied des Bundes-Frauenkomitees der SPÖ.

Mitglied des Bundesrates	01.12.1987–15.04.1998

Quelle: Parlamentsdirektion.

MARSCH Fritz   SPÖ
* 01.06.1926, Graz
† 03.10.2009, Wien
Zentralsekretär der SPÖ, St. Pölten

Volksschule Rottenmann 1932–1936, Realgymnasium Graz, Matura an der Staatlichen Handelsakademie Graz, Hochschule für Welthandel in Wien (1. Staatsprüfung). Während des Zweiten Weltkrieges ein Jahr Militärdienst. Mitarbeit im elterlichen Betrieb 1945–1946.
  Arbeiterkammer Wien – Volkswirtschaftliche Abteilung – Außenhandelsreferat 1948–1950, Landesjugendreferat Wien 1951–1953, Österreichischer Bundesjugendring – Mitglied des Präsidiums und Erster Sekretär 1953–1959, Landesparteisekretär der SPÖ Niederösterreich 1960–1970, Nach dem Wahlsieg der SPÖ im Jahr 1970 wurde Marsch von Bruno Kreisky zum Zentralsekretär der SPÖ bestellt. Diese Funktion übte er bis 1987 aus; Professor 1993. Obmann des Verbandes Sozialistischer Studenten 1947–1949, Vorsitzender des Außenpolitischen Ausschusses 1979–1987, Obmannstellvertreter des Klubs Sozialistischer Abgeordneter und Bundesräte 1982–1987, Mitglied des ORF-Aufsichtsrates 1970–1974, Präsident der »Österreichisch-Ungarischen Vereinigung« (ehrenamtlich) 1986–1990, ehrenamtlicher Präsident des »Vereines für Geschichte der Arbeiterbewegung«.

Abg. zum Landtag (8.–9. WP)	19.11.1964–05.11.1970
Mitglied des Bundesrates	19.11.1970–02.11.1971
Abg. zum Nationalrat (13.–17. WP)	04.11.1971–13.02.1987

Quelle: Landtag, Biographisches Handbuch; Parlamentsdirektion; Ex-SPÖ-Zentralsekretär Fritz Marsch ist tot. In: Die Presse vom 3. Oktober 2009; Web-Lexikon der Wiener Sozialdemokratie.
Lit.: Bruckmüller, Ernst (Hg.), Personenlexikon Österreich. 2001.

MARWAN-SCHLOSSER Rudolf   ÖVP
* 08.05.1914, Kosten/Kostany (Böhmen)
† 26.07.1993, Wr. Neustadt
Baustoffhändler, Wr. Neustadt

Volksschule, Realschule in Wr. Neustadt, Matura 1932. Bundesheer 1933, Leutnant 1937, Major im Generalstab der Deutschen Wehrmacht 1945, Major des Generalstabes der Reserve 1968, Unternehmer 1949.

Mitglied des Gemeinderates von Wr. Neustadt 1955, Stadtrat für Bauwesen 1957–1962, Hauptbezirksobmann der Österreichischen Jugendbewegung 1946–1948, Stadtbezirksgruppenobmann des Österreichischen Wirtschaftsbundes Wr. Neustadt 1952, Hauptbezirksparteiobmann der ÖVP Wr. Neustadt 1962–1976, Landesgruppenobmannstellvertreter des ÖWB Niederösterreich 1963.

Abg. zum Landtag (6.–7. WP) 10.11.1954–03.12.1962
Abg. zum Nationalrat (10.–14. WP) 14.12.1962–04.06.1979

Quelle: Landtag, Biographisches Handbuch; Parlamentsdirektion.

MATZKE Franz SDAP/SPÖ
* 25.03.1881, Lugendorf
† 13.08.1957, Gutenbrunn

Einklassige Volksschule in Lugendorf, Landeslehrerseminar in St. Pölten; Provisorischer Unterlehrer in Schönbach und Gföhl, definitiver Unterlehrer in Martinsberg, definitiver Lehrer in Bärnkopf, Oberlehrer in Gutenbrunn, Ruhestand 1934. Politische Freiheitsstrafen: 1934, 1938 und 1945 mehrwöchige Untersuchungshaft.
   Bürgermeister der Gemeinde Gutenbrunn 1927–1934, 1945 sowie 1948–1954

Mitglied des Bundesrates 19.12.1945–05.11.1949

Quelle: Parlamentsdirektion.

MAURER Andreas ÖVP
* 07.09.1919, Trautmannsdorf
† 25.10.2010, Trautmannsdorf
Bauer, Trautmannsdorf

Volksschule und landwirtschaftliche Fachschule, 1940–1945 Militärdienst und englische Kriegsgefangenschaft.
   1950–1970 Obmann des Ortsbauernrates. 1951–1956 im Gemeinderat, 1962–1970 Obmannstellvertreter des NÖ Bauernbundes, 1970–1989 Obmann, 1967–1975 gf. Landesparteiobmann, 1967 Aufsichtsrat der Bundesländer-Versicherung und 1980–1995 Aufsichtsratsvorsitzender, 1975–1980 Landesparteiobmann, diverse Funktionen in landwirtschaftlichen und bäuerlichen Organisationen, 1969–1989 Aufsichtsratsvor-

sitzender der Donaukraftwerke, Ehrenbürger von etwa 60 Gemeinden, 1979 Ehrenring des Landes NÖ, 1981 (erster) Ehrenbürger des Landes NÖ.

Abg. zum Landtag (7.–8. WP)	04.06.1959–19.11.1964
Landesrat (8. WP)	19.11.1964–24.11.1966
Landeshauptmann (8.–12. WP)	24.11.1966–22.01.1981

Quelle: Landtag, Biographisches Handbuch.
Lit.: Ackerl, Isabella/Weissensteiner, Fritz, Österreichisches Personenlexikon der Ersten und Zweiten Republik. 1992; Bruckmüller, Ernst (Hg.): Personenlexikon Österreich. 2001; Dippelreiter, Michael: Andreas Maurer. In: Dachs/Gerlich/Müller, Die Politiker. Karrieren und Wirken bedeutender Repräsentanten der Zweiten Republik. 1995.

MAUSS Erich, Ing.   ÖVP
* 29.07.1926
Weinhauer, Walkersdorf

Pflichtschule, Wein- und Obstbauschule Krems, 1943–1945 Militärdienst und amerikanische Kriegsgefangenschaft.
    1965–1990 Bürgermeister, 1969 Bezirksbauernratsobmann, zahlreiche Funktionen in landwirtschaftlichen Genossenschaften und Verbänden, 1970–1986 Vizepräsident der NÖ Landes-Landwirtschaftskammer, 1970–1985 Präsident des Bundesweinbauverbandes, 1972–1986 Obmann des Weinwirtschaftsfonds.

Abg. zum Landtag (8.–9. WP)	20.01.1966–04.05.1970

Quelle: Landtag, Biographisches Handbuch.

MAUTNER-MARKHOF Michael, Dr. iur.   ÖVP
* 10.12.1950, Wien
Unternehmer, Schwechat

Volksschule, Akademisches Gymnasium, Universität Wien (Jus), 1975 Promotion, Arbeit in Industrie und bei einem Wirtschaftstreuhänder und Steuerberater.
    1975–1980 und ab 1985 im Gemeinderat, 1996 Stadtrat.

Abg. zum Landtag (14. WP)   07.06.1993–16.04.1998

Quelle: Landtag, Biographisches Handbuch.

MAYER Ferdinand   ÖVP
* 20.05.1916, Sitzendorf
† 08.10.1991, Sitzendorf

Volksschule, landwirtschaftliche Fortbildungsschule. Bauer.
  Bürgermeister des Marktes Sitzendorf 1955–1980, Bezirksparteiobmann der ÖVP Hollabrunn.

Abg. zum Nationalrat (8.–9. WP)   08.06.1956–14.12.1962

Quelle: Parlamentsdirektion.
Lit.: Aichinger-Rosenberger, Peter (Hg.), Daheim in Sitzendorf. 2006.

MAYER Franz   SPÖ
* 10.11.1913, Wien
† 23.05.1977, Baden
Schneidergehilfe, Bezirkssekretär, Baden

Volksschule, Bürgerschule, Fortbildungsschule, Schneiderlehre.
  Mitglied der Revolutionären Sozialisten, 1936 verhaftet, 1939–1945 Militärdienst, 1945 Bezirksparteisekretär, ASKÖ-Bezirksobmann.

Mitglied des Bundesrates   19.11.1964–19.10.1969
Abg. zum Landtag (9. WP)   20.11.1969–11.07.1974

Quelle: Landtag, Biographisches Handbuch.

MAYER Johann   CSP
* 28.02.1858, Deutsch-Wagram
† 12.10.1941, Bockfließ
Wirtschaftsbesitzer, Bockfließ

Volksschule, 1870–1875 Müllerlehre, 1876–1877 Handelsschule, 1880 Übernahme der väterlichen Mühle.

Ab 1884 im Gemeinderat in Großengersdorf, ab 1890 Landtagsabgeordneter, 1897–1919 Abgeordneter zum Reichsrat, 1902 Mitglied des Landesausschusses, Präsident des Landeskulturrates, setzte den Bau der Bahnlinie Floridsdorf–Stammersdorf–Auersthal durch, Ehrenbürger von 169 Gemeinden.

Abg. zum Landtag (1. WP)	11.05.1921–28.12.1922
Landeshauptmann (1. WP)	11.05.1921–09.06.1922
Mitglied der Prov. Nationalversammlung	21.10.1918–16.02.1919
Mitglied der Konst. Nationalversammlung	04.03.1919–21.05.1922
Mitglied des Bundesrates	01.12.1920–23.12.1922
Vorsitzender des Bundesrates	01.12.1921–21.02.1922

Quelle: Landtag, Biographisches Handbuch.

MAYER Norbert   ÖVP
* 11.05.1887, Ybbs/Donau
† 22.08.1966, Amstetten

Volksschule, Bürgerschule, Fachschule, Installateur.
　Vizebürgermeister von Ybbs 1937–1938, Bürgermeister von Ybbs 1945, Obmann des Gewerbebundes von Ybbs, Präsident des Verbandes der Radiohändler Österreichs, Innungsmeister der Installateure für Niederösterreich, Beirat der Niederösterreichischen Gewerbekammer.

Abg. zum Nationalrat (5. WP)	19.12.1945–08.11.1949

Quelle: Parlamentsdirektion.

MAYR Walter   ÖVP
* 25.10.1943, Retz

Volksschule in Retz 1951–1954, Hauptschule in Retz 1954–1957, kaufmännische und gewerbliche Berufsschule in Krems (erlernter Beruf: Konditor) 1957–1960, Fachkurse Handelsschule in Retz; Diözesansekretär der Katholischen Jugend Land Österreich 1962–1969.
　Sekretär beim Niederösterreichischen Arbeiter- und Angestelltenbund (NÖAAB) 1970–1974, Landessekretär Stellvertreter des NÖAAB 1974–1994, Landesgeschäftsführer des NÖAAB seit 1994, Mitglied des Gemeinderates der Stadtgemeinde Groß-

Enzersdorf 1985–1990 sowie seit 2005, Stadtrat der Stadtgemeinde Groß-Enzersdorf 1990–1995 und 2000–2005, Vizebürgermeister der Stadtgemeinde Groß-Enzersdorf 1995–2000.

Mitglied des Bundesrates	12.12.2002–23.04.2003
Mitglied des Bundesrates	10.04.2008–26.01.2009

Quelle: Parlamentsdirektion.

MAYRHOFER Franz CSP/ÖVP
* 09.09.1886, Aschbach
† 11.06.1962, Aschbach

Volksschule in Aschbach, Gymnasium in Seitenstetten (Matura 1905), Studium an der Universität Wien (Englisch, Französisch). Übernahme des elterlichen landwirtschaftlichen Betriebes.

Mitglied des Gemeinderates von Aschbach, Abgeordneter zum Niederösterreichischen Landtag 1925–1927, Mitglied des Staatsrates 1934–1938, Mitglied des Bundestages 1934, Kammerrat der Bezirksbauernkammer von St. Peter in der Au 1945, Generalrat der Österreichischen Nationalbank 1945–1948.

Abg. zum Landtag (1. WP)	04.02.1925–20.05.1927
Abg. zum Nationalrat (3. WP)	18.05.1927–01.10.1930
Abg. zum Nationalrat (4. WP)	02.12.1930–02.05.1934
Abg. zum Nationalrat (5.–7. WP)	19.12.1945–08.06.1956

Quelle: Parlamentsdirektion.

MAYERHOFER Leopold FPÖ
* 04.12.1955, Tradigist
Polizeibeamter, Ruprechtshofen

Pflichtschule in Tradigist 1962–1970, Polytechnischer Lehrgang in Kirchberg/Pielach 1970–1971, Berufsschule (erlernter Beruf: Konditor), Eintritt in den Polizeidienst 1976.

Mitglied des Gemeinderates der Gemeinde Ruprechtshofen seit 1995, Landesparteiobfrau-Stellvertreter der FPÖ Niederösterreich seit 2003.

Abg. zum Landtag (15. WP)   16.04.1998–24.03.2003
Abg. zum Nationalrat (23.– WP)   30.10.2006–

Quelle: Landtag, Biographisches Handbuch; Parlamentsdirektion.

MAYRHOFER Franz   CSP/ÖVP
* 09.09.1886, Aschbach
† 11.06.1962, Aschbach
Bauer, Fohra-Aschbach

Volksschule, Gymnasium in Seitenstetten, Universität Wien (Englisch, Französisch), 1914–1919 Reserveoffizier und italienische Gefangenschaft, Übernahme des elterlichen landwirtschaftlichen Betriebes.
    Im Gemeinderat, 1934–1938 Staatsrat, 1945–1962 Oberkurator der Landes-Hypothekenanstalt.

Abg. zum Landtag (1. WP)   04.02.1925–20.05.1927
Abg. zum Nationalrat (3. WP)   18.05.1927–01.10.1930
Abg. zum Nationalrat (4. WP)   02.12.1930–02.05.1934
Abg. zum Nationalrat (5.–7. WP)   19.12.1945–08.06.1956

Quelle: Landtag, Biographisches Handbuch, Parlamentsdirektion.

MENTASTI Alois   SDAP/SPÖ
* 15.02.1887, Sooß
† 23.04.1958, Sooß
Weinhauer, Sooß

Volksschule, Malerlehre, auf Wanderschaft durch Europa, 1909 Rückkehr und Berufseintritt, 1918 Übernahme der elterlichen Wirtschaft.
    1919–1934 Mitglied des Gemeinderates und Vizebürgermeister in Sooß, 1922–1934 Landesbauernkammerrat. 1934 und 1944 Haft. 1946–1953 Mitglied des Parteivorstandes der SPÖ, 1945–1955 Bürgermeister und 1955–1958 im Gemeinderat, 1923–1934 und 1945–1958 Obmann des Österreichischen Arbeitsbauernbundes, 1945–1950 Vizepräsident der Landes-Landwirtschaftskammer für Niederösterreich.

Abg. zum Landtag (1.–3. WP)   20.05.1927–16.02.1934

Abg. zum Landtag (4. WP)	12.12.1945–05.11.1949
2. Präsident (4. WP)	12.12.1945–06.07.1949
Abg. zum Nationalrat (6. WP)	08.11.1949–18.03.1953
Unterstaatssekretär im Staatsamt für Land- und Forstwirtschaft	27.04.1945–20.12.1945

Quelle: Landtag, Biographisches Handbuch; Parlamentsdirektion.

MENTIL Hermann   FPÖ
* 23.05.1940, Mainburg (Niederösterreich)

Volksschule 1946–1950, Hauptschule 1950–1954, Berufsschule (erlernter Beruf: Elektrotechniker) 1954–1958, Ausbildung zum Kaufmann im Wirtschaftsförderungsinstitut; Präsenzdienst 1958–1960. Elektrotechniker, Monteur 1958–1965, selbstständiger Kaufmann seit 1965.

Mitglied des Gemeinderates bzw. geschäftsführendes Mitglied des Gemeinderates von Rabenstein 1972, Bezirksparteiobmann der FPÖ St. Pölten/Stadt 1972–1998, Landesparteiobmann-Stellvertreter der FPÖ Niederösterreich 1982–1998, Wirtschaftskammer Niederösterreich: Ausschussmitglied des Landesgremiums des Radio- und Elektrohandels seit 1985, Ausschussmitglied des Landesgremiums des Eisenhandels seit 1990, Ausschussmitglied der Landesinnung Niederösterreich der Sanitär- und Heizungsinstallateure seit 1995, Ausschussmitglied der Landesinnung der Elektrotechniker, Radio- und Videoelektroniker seit 1995, Wirtschaftskammer Österreich: Ausschussmitglied der Bundesinnung der Sanitär- und Heizungsinstallateure seit 1995, Ausschussmitglied des Bundesgremiums des Radio- und Elektrohandels seit 1995, Sektionsobmann-Stellvertreter der Wirtschaftskammer Niederösterreich 1997–1998.

Abg. zum Nationalrat (19.–20. WP)	07.11.1994–14.05.1998
Abg. zum Nationalrat (20. WP)	07.10.1998
Abg. zum Nationalrat (20. WP) (ohne Klubzugehörigkeit)	08.10.1998–28.10.1999

Quelle: Parlamentsdirektion.

MENZL Hans   SPÖ
* 30.05.1894, Langenwang
† 31.12.1951, Wr. Neustadt

Volksschule, gewerbliche Fortbildungsschule (erlernter Beruf: Dreher).

Gewerkschaftssekretär, Bezirksparteivorsitzender der SPÖ Wr. Neustadt. Mehrere politische Freiheitsstrafen.

Mitglied des Bundesrates   05.11.1949–31.12.1951

Quelle: Parlamentsdirektion.

MICHALITSCH Martin, Dr.   ÖVP
* 13.05.1961, Wien

Volksschule, Gymnasium, Universität Wien (Jus), 1983 Promotion, 1984 Eintritt in den NÖ Landesdienst, 1985–1990 Universitätsassistent und Lektor (Universität Wien).
   1988–1993 Klubsekretär, 2009 Bürgermeister von Eichgraben.

Abg. zum Landtag (14.– WP)   07.06.1993–

Quelle: NÖ Landtag.

MIKESCH Herta   ÖVP
* 07.10.1960, Ybbs/Donau

Volksschule in Marbach 1966–1970, Hauptschule in Krummnußbaum und Schihauptschule in Lilienfeld 1970–1975, Trainingszentrum Waidhofen/Ybbs, Handelsschule 1975–1978. Büroangestellte 1978–1985, Unternehmerin, Übernahme des elterlichen Betriebes 1985.
   Mitglied des Gemeinderates von Marbach/Donau 1990–1992, Hauptbezirksgruppenobfrau des Österreichischen Wirtschaftsbundes (ÖWB) Melk seit 1999.

Abg. zum Nationalrat (22.–23. WP)   05.03.2003–27.10.2008

Quelle: Parlamentsdirektion.

MIKL-LEITNER Johanna, Mag.   ÖVP
* 09.02.1964, Hollabrunn

Volksschule 1970–1974, Realgymnasium in Laa/Thaya 1974–1978, Handelsakademie in Laa/Thaya 1978–1983, Studium der Wirtschaftspädagogik an der Wirtschaftsuniver-

sität Wien (Mag. rer. soc. oec.) 1983–1989. Lehrerin an der Handelsakademie in Laa/
Thaya 1989–1990, Unternehmensberatung 1989–1990, Trainee in der Industriellenvereinigung 1990–1993, Stellvertreterin der Verlagsleitung Signum-Verlag 1993–1995.

Marketingleitung der Volkspartei Niederösterreich 1995–1998, Landesgeschäftsführerin der Volkspartei Niederösterreich seit 1998. Präsidentin Europaforum Wachau seit 1998, Mitarbeiterin des Niederösterreichischen Hilfswerks seit 2002.

Abg. zum Nationalrat (21. WP)	29.10.1999–30.06.2001
Abg. zum Nationalrat (21.–22. WP)	03.07.2001–18.04.2003
Landesrätin (16.– WP)	24.04.2003–

Quelle: Parlamentsdirektion; Krause, Biografien.

MIKLAS Wilhelm   CSP
* 15.10.1872, Krems/Donau
† 20.03.1956, Wien

Volksschule, Stiftsgymnasium Seitenstetten 1882–1890, Studium an der Universität
Wien – Lehramt für Geschichte und Geographie. Hilfslehrer an Gymnasien in verschiedenen Gebieten der Monarchie, Lehrer am Landesgymnasium in Horn, Direktor des Gymnasiums Horn 1905; Hofrat.

Abgeordneter zum Niederösterreichischen Landtag 1908, Reichsratsabgeordneter
1907. 1918/19 Mitglied des Staatsrates. Am 11.11.1918 stimmte er als einziger Abgeordneter für die Beibehaltung der Monarchie. In der Krise 1933/34 schöpfte er seine
verfassungsrechtlichen Möglichkeiten als Bundespräsident nicht aus. Im März 1938
leistete er am längsten Widerstand gegen die Diktate aus Berlin.

Mitglied der Prov. Nationalversammlung	21.10.1918–16.02.1919
Mitglied der Konst. Nationalversammlung	04.03.1919–09.11.1920
Unterstaatssekretär für Kultus im Staatsamt für Inneres und Unterricht	15.03.1919–20.11.1920
Abg. zum Nationalrat (1.–3. WP)	10.11.1920–06.12.1928
Präsident des Nationalrates (2.–3. WP)	20.11.1923–06.12.1928
Bundespräsident	10.12.1928–12.03.1938

Quelle: Parlamentsdirektion; Bundespräsident Wilhelm Miklas (1872–1956), Tatka-
tholik und Kernösterreicher (aus Reden und Schriften). Wien 1974; Kirchenhist. Inst.
Als Ms. vervielfältigt; Czeike, Felix (Hg.), Historisches Lexikon. Wien. Bd. 6 – Die
österreichischen Parlamentarier 1918–1993. Wien 1993.

MIKSCH Karl   SPÖ
* 29.10.1891, Muttaschlag/Mutyneves (Böhmen)
† 04.05.1965, Wr. Neustadt
Sekretär der Textilarbeiter

Volksschule, Weber.
    Sekretär der Textilarbeitergewerkschaft 1946. Mitglied des Gemeinderates und Vizebürgermeister von Felixdorf 1918–1923, Politische Freiheitsstrafe: 1934 mehrmonatige Haft, Anhaltelager Wöllersdorf. Vizebürgermeister von Wr. Neustadt 1945, Bezirksparteivorsitzender der SPÖ Wr. Neustadt 1945, Mitglied der Union der Textilarbeiter Österreichs 1906.

Abg. zum Nationalrat (5. WP)   19.12.1945–08.11.1949

Quelle: Parlamentsdirektion.

MINKOWITSCH Roland, Mag.   ÖVP
* 13.01.1920, Spittal/Drau
† 22.01.1986, Mannersdorf

Volksschule, Realgymnasium, Studium der Rechtswissenschaften (Sponsion 1980). Bauer; Ökonomierat.
    Hauptbezirksparteiobmann der ÖVP Gänserndorf 1962, Mitglied des Präsidiums des Niederösterreichischen Bauernbundes, Präsident des Österreichischen Bauernbundes 1970–1980.

Abg. zum Nationalrat (10.–16. WP)   02.04.1963–22.01.1986
Staatssekretär im Bundesministerium für Inneres 19.01.1968–21.04.1970
2. Präsident des Nationalrates (16. WP)   04.11.1975–22.01.1986

Quelle: Parlamentsdirektion.
Lit.: Kraus, Therese/Schambeck, Herbert (Hg.), Roland Minkowitsch. Staatsmann, Agrarpolitiker, Weinbauer 1989.

MITTERHAUSER Fritz   ÖVP
* 02.01.1895, Stockerau
† 30.11.1959, Stockerau
Bauer, Stockerau

Handelsakademie (Matura), Militärdienst, Übernahme des elterlichen Hofes, 1939 inhaftiert, dann Militärdienst, nach dem Polen-Feldzug für die Landwirtschaft unabkömmlich gestellt.
    Ab 1934 kommunalpolitisch engagiert 1949–1950 Vizebürgermeister in Stockerau.

Abg. zum Landtag (4.–6. WP)   12.12.1945–04.06.1959

Quelle: Landtag, Biographisches Handbuch.

MITTERMANN Viktor, Dr. phil.   GDVP
* 26.09.1878, Wien
† 27.07.1938, KZ Dachau
Professor am Staatsgymnasium, Krems

Theresianum, Universität Wien, Supplent, ab 1904 Professor in Wien, Gablonz und Krems, im Ersten Weltkrieg Militärdienst.
    1908–1914 im Gemeinderat. Als sich 1932 die radikalen Elemente in seiner Partei durchsetzten, trat er zu den Christlichsozialen bzw. dem Bauernbund über.

Abg. zum Landtag (1.–2. WP)   11.05.1921–21.05.1932
3. Präsident (1. WP)   11.01.1923–20.05.1927
Landesrat (2. WP)   20.05.1927–21.05.1932

Quelle: Landtag, Biographisches Handbuch.

MOCK Alois, Dr.   ÖVP
* 10.06.1934, Euratsfeld (Bez. Amstetten)

Volksschule Euratsfeld 1940–1944, Hauptschule Amstetten 1944–1946, Gymnasium in Amstetten und Seitenstetten 1946–1952, Studium der Rechte an der Universität Wien (Dr. iur. 1957), Bologna Center der John Hopkins University in Bologna 1957–1958, Freie Universität Brüssel 1960–1961. Unterrichtsministerium (Referent für hochschulpolitische Fragen) 1958, Bundeskanzleramt (Referent für EWG- und EFTA-Fragen) 1961, der österreichischen OECD-Vertretung in Paris zugeteilt 1962–1966.
    Sekretär und Kabinettschef von Bundeskanzler Dr. Klaus, Beamter des Bundesministeriums für Auswärtige Angelegenheiten; Gesandter. Bürgermeister von Euratsfeld 1970–1971, Bundesobmann des ÖAAB 1971–1978, Klubobmann der ÖVP

1978–1987, Bundesparteiobmann der ÖVP 1979–1989, Präsident der Europäischen Demokratischen Union (EDU) seit 1979, Präsident der Internationalen Demokratischen Union (IDU) 1983–1987.

Abg. zum Nationalrat (12.–17. WP)	31.03.1970–03.04.1987
Abg. zum Nationalrat (18. WP)	05.11.1990–17.12.1990
Abg. zum Nationalrat (19. WP)	07.11.1994–12.12.1994
Abg. zum Nationalrat (19. WP)	08.05.1995–14.01.1996
Abg. zum Nationalrat (20. WP)	15.01.1996–28.10.1999
Bundesminister für Unterricht	02.06.1969–21.04.1970
Vizekanzler	21.01.1987–24.04.1989
Betraut mit der Leitung des Bundesministeriums für auswärtige Angelegenheiten	21.01.1987–24.04.1989
Bundesminister für auswärtige Angelegenheiten	24.04.1989–04.05.1995
Betraut mit der Fortführung der Verwaltung des Bundesministeriums für Landesverteidigung	06.11.1990–17.12.1990

Quelle: Parlamentsdirektion.
Lit.: Eichtinger, Martin/Wohnout, Helmut, Alois Mock. Ein Mann schreibt Geschichte. 2008; Gehler, Michael, Österreichs Außenminister Alois Mock, Deutschland und Europa 1989/90 (Berichte zu den Europa-Gesprächen vom 19.04.2010, Hildesheim).

MÖDLAGL Otto, Dipl.-Ing.   KPÖ
* 23.09.1899, Wien
† 21.12.1974, Eisenstadt

Technische Hochschule Wien, unterbrochen 1917–1918 durch Militärdienst, Obmann der Soz. Studenten, 1924 Dipl.-Ing., arbeitslos, dann Journalist.
1931 als Bezirksparteisekretär nach Neusiedl/See geschickt, 1934 Übertritt zur KPÖ, 1935 drei Monate Haft. Arbeit in einem Ingenieurbüro in Wien, 1945 Arbeit am Wiederaufbau der KPÖ. Nach Wiedererrichtung des Burgenlandes aus der NÖ Landesregierung ausgeschieden und Eintritt in die burgenländische Landesregierung als Landeshauptmannstellvertreter bis 04.01.1946, Nov. 1945–04.11.1949 einziger kommunistischer Abgeordneter des Burgenlandes, trotzdem 3. Präsident, 1945–1946 Landesparteivorsitzender, 1946 selbstständiger Vermessungsingenieur, volkskundliche Forschungen, starb bei einem Verkehrsunfall.

Landeshauptmannstv. (4. WP)	01.05.1945–15.10.1945

Unterstaatssekretär f. öffentliche Bauten   04.05.1945–20.12.1945

Quelle: Landtag, Biographisches Handbuch.

MOHNL Josef   SPÖ
* 17.07.1945, Wien
† 25.09.1991, Tulln
Hauptschullehrer, Zwentendorf

Pflichtschulen, Bundeslehrerbildungsanstalt in St. Pölten, 1964 Reifeprüfung für das Lehramt an Volksschulen, 1966 Lehrbefähigungsprüfung für Volksschulen, 1967–1969 Volksschullehrer, 1969 Hauptschullehrer an der Hauptschule Zwentendorf. Mitglied des Bezirksschulratskollegiums.
   1983–1991 Bürgermeister, geschäftsführender Bezirksparteiobmann, Bezirksobmann des Sozialistischen Lehrervereins Österreichs (SLÖ), 1987–1988 Klubobmann. Tödlich verunglückt (Verkehrsunfall).

Mitglied des Bundesrates   01.10.1982–14.05.1986
Abg. zum Landtag (12.–13. WP)   15.05.1986–25.09.1991
Landesrat (13. WP)   17.11.1988–25.09.1991

Quelle: Landtag, Biographisches Handbuch.

MOLD Franz   ÖVP
* 18.02.1962, Zwettl

Volksschule, Hauptschule, Polytechnische Schule, landwirtschaftliche Lehre, Berufsschule Edelhof, Landwirtschaftsmeisterprüfung, 1984, Übernahme des landwirtschaftlichen Betriebes.
   1989–1991 Landesobmann der NÖ Landjugend, 1990–2005 Landeskammerrat, 1995 Bezirksobmann des Bauernbundes, 1995 Obmann der Bezirksbauernkammer Zwettl, 1995 Gemeinderat, 1998 Teilbezirksobmann ÖVP Zwettl, 2006 Stadtrat.

Abg. zum Landtag (17.– WP)   10.04.2008–

Quelle: NÖ Landtag.

MOLZER Josef, Dipl.-Ing. ÖVP
* 17.11.1914, Korneuburg
† 05.02.1993, Korneuburg
Baumeister, Korneuburg

Realschule, Technische Hochschule Wien, 1938 Diplomingenieur, 1940–1945 dienstverpflichtet in Linz, 1949 Mitinhaber eines Bauunternehmens. 1965–1985 Landesinnungsmeister, 1967–1985 Bundesinnungsmeister, 1970–1975 Obmannstellvertreter und 1975–1980 Obmann der Bundessektion Gewerbe.

Abg. zum Landtag (9.–12. WP) 20.11.1969–04.11.1983

Quelle: Landtag, Biographisches Handbuch.

MONDL Walter SPÖ
* 04.05.1923, Grusbach
Beamter der ÖBB, Mistelbach

Pflichtschulen, technische Mittelschule. Fachbeamter der ÖBB.
  Mitglied des Gemeinderates von Mistelbach 1955–1965, Stadtrat von Laa/Thaya 1966, geschäftsführender Bezirksparteivorsitzender der SPÖ Mistelbach 1958–1967, Bezirksparteivorsitzender der SPÖ Mistelbach 1967, Mitglied der Landesparteivertretung der SPÖ Niederösterreich 1957, Vorsitzender-Stellvertreter der Kontrollkommission der SPÖ 1970.

Abg. zum Landtag (7.–8. WP) 04.06.1959–29.03.1966
Abg. zum Nationalrat (11.–15. WP) 30.03.1966–08.12.1982

Quelle: Landtag, Biographisches Handbuch; Parlamentsdirektion; APA 5. Jänner 2004.

MORAWITZ Hans SDAP
* 01.02.1893, Wien
† 03.08.1966, Hannover
Redakteur, Eßling

Volksschule, Bürgerschule, Berufsschule, diverse Kurse, Schlosser.
  Sekretär der Sozialdemokratischen Parteiorganisation des Weinviertels, Redakteur des Wochenblattes »Volksbote«.

1923–1925 Abgeordneter zum burgenländischen Landtag, 1924–1925 Präsident des burgenländischen Landtages, Mitglied des Landesparteivorstandes der SDAP Burgenland, 1922–1924 Landesparteiobmann, 1925 Austritt aus der SDAP.

Abg. zum Landtag (1. WP)	11.05.1921–14.09.1922
Abg. zum Nationalrat (1.–2. WP)	13.07.1922–01.10.1925

Quelle: Landtag, Biographisches Handbuch.

MÖRWALD Karl KPÖ
* 26.10.1918, Krems/Donau
Redakteur; Stadtrat, Krems/Donau

Volksschule, Gymnasium, Handelsschule, kfm. Angestellter, 1938 Reichsarbeitsdienst, 1939–1944 Militärdienst, desertiert, Aufbau einer Widerstandsgruppe in Krems, 1945 Journalist.
    1945–1950 Vizebürgermeister in Krems, 1950–1979 im Gemeinderat.

Abg. zum Landtag (6. WP)	20.09.1956–04.06.1959

Quelle: Landtag, Biographisches Handbuch.

MOSCHNA Franz CSP
* 01.12.1877, Wien
† 04.03.1959, Wien
Angestellter der Postverwaltung, Mistelbach

Volks- und Bürgerschule, Kunstgießerlehre, 1898–1901 Militärdienst, 1901 Eintritt in den Postdienst.
    1921–1938 im Gemeinderat und Vizebürgermeister in Mistelbach, 1932 pensioniert, 1938 verhaftet, Übersiedlung nach Aspang, 1950–1954 Bürgermeister in Aspang, 1954–1957 im Gemeinderat.

Abg. zum Landtag (3. WP)	21.05.1932–30.10.1934

Quelle: Landtag, Biographisches Handbuch.

MOSER Hans Helmut   FPÖ/LIF
* 03.09.1948, Bruck/Mur

Volksschule in Bruck/Mur 1954–1958, Bundesrealgymnasium in Bruck/Mur, Bundesrealschule in Bruck/Mur (Matura 1966), Offiziersausbildung an der Theresianischen Militärakademie in Wr. Neustadt 1967–1970, Studium der Handelswissenschaften an der Hochschule für Welthandel (1. Diplomprüfung), Landesverteidigungsakademie (Generalstabsausbildung). Kommandant der 9. Panzergrenadierbrigade 1985–1990.
   Stadtrat von Traiskirchen 1990–1994, Mitglied des Gemeinderates von Traiskirchen seit 1994, Vorsitzender der Arbeitsgemeinschaft Freiheitlicher Heeresangehöriger (AFH) 1978–1983, Mitglied der Landesparteileitung der FPÖ Niederösterreich, Mitglied der Bundesparteileitung der FPÖ, Gründungsmitglied des Liberalen Forums, Mitglied des Landesforums des Liberalen Forums Niederösterreich, Mitglied des Bundesforums des Liberalen Forums, Klubobmann-Stellvertreter des Klubs des Liberalen Forums, Landessprecher des Liberalen Forums Niederösterreich 1993–1995. Als Verteidigungsattaché in Berlin geriet er wegen angeblicher Waffengeschäfte in die Schlagzeilen.

Abg. zum Nationalrat (17.–18. WP)	02.11.1989–03.02.1993
Abg. zum Nationalrat (18.–19. WP)	04.02.1993–14.01.1996
Abg. zum Nationalrat (20. WP)	15.01.1996–28.10.1999

Quelle: Parlamentsdirektion; Liberalismus-Portal 1993; Skandal beim Bundesheer: Früherer FP-Abgeordneter des Waffenhandels bezichtigt. In: news.at vom 6.6.2005.

MOSER Karl   ÖVP
* 09.05.1953, Altenmarkt
Landwirtschaftsmeister, Yspertal

Volks-, Haupt-, Berufs- und Fachschule, Landwirtschaftsmeister.
  1980 im Gemeinderat, 1987 Bürgermeister, 1985–93 Landeskammerrat.

Abg. zum Landtag (14.– WP)	07.06.1993–

Quelle: Landtag, Biographisches Handbuch.

MOTZ Wolfgang, Mag. iur.   SPÖ
* 20.02.1963, Wien
Angestellter, Langenzersdorf

AHS, Uni Wien (Jus), 1988 Berufseintritt Verbund AG.
   Ab 1997 im Gemeinderat.

Abg. zum Landtag (15.–16. WP)   16.04.1998–10.04.2008

Quelle: Landtag, Biographisches Handbuch.

MÜCK Fridolin   CSP
* 31.10.1875, Dohle (Nordmähren)
† 05.07.1949, Linz
Direktor des Grundbuchamtes, Pöggstall

1896–1899 Militärdienst, Eintritt bei der Gendarmerie, Postenkommandant in Wallsee, um 1907 nach Pöggstall übersiedelt, Staatsprüfung für das Gerichtskanzlei- und Grundbuchfach, Grundbuchamt Pöggstall.
   Gemeinderat, Bauernkammerrat, Gründer und Obmann mehrerer landwirtschaftlicher Körperschaften, 1938 Übersiedlung nach Oed bei Amstetten.

Abg. zum Landtag (2.–3. WP)   20.05.1927–30.10.1934

Quelle: Landtag, Biographisches Handbuch.

MÜHLBERGHUBER Edith   FPÖ
* 22.10.1964, Steyr

Volksschule in Steyr 1971–1975, Hauptschule in Steyr 1975–1979, Polytechnischer Lehrgang in Steyr 1979–1980, kaufmännische Berufsschule in Steyr (erlernter Beruf Handelskauffrau) 1980–1983. Kaufmännische Angestellte 1983–1995, Büroangestellte 2003–2004.

Abg. zum Nationalrat (24.– WP)   28.10.2008–

Quelle: Parlamentsdirektion.

MÜLLER Adolf   SDAP
* 10.06.1884, Brenner (Südtirol)
† 23.09.1940, Wien

Fünf Klassen Volksschule, zwei Klassen Unterrealschule im klösterlichen Waisenasyl Josefinum in Bozen, (erlernter Beruf: Tapezierer und Sattler). Im Bahnerhaltungs- und Verkehrsdienst tätig (Oberbauarbeiter, Aushilfskondukteur) ab 1899, Entlassung 1902, arbeitslos, Wanderschaft, Gelegenheitsarbeiten, wieder bei der Südbahn (Leoben, Donawitz) beschäftigt.
   Sekretär der SDAP Leoben 1906, in der Zentrale der Eisenbahnergewerkschaft in Wien tätig 1908–1922.

Abg. zum Nationalrat (1.–3. WP)	20.11.1923–01.10.1930
Abg. zum Nationalrat (4. WP)	02.12.1930–17.02.1934

Quelle: Parlamentsdirektion.

MÜLLER Hans   FPÖ
* 12.08.1943, Aspang

Volksschule in Aspang 1950–1954, Hauptschule in Aspang 1954–1958, Handelsakademie in Wr. Neustadt 1958–1960, Handelsschule in Wr. Neustadt 1960–1961. Angestellter der Raiffeisenkasse Aspang 1961–1966, Bankstellenleiter 1964–1966, Geschäftsleiter der Raiffeisenkasse Kirchberg/Wechsel seit 1967, Vorsitzender der internationalen Geschäftsleiterkommission von europäischen Genossenschaftsbanken 1997–1998.
   Mitglied des Gemeinderates der Gemeinde Kirchberg/Wechsel seit 2001, Vorsitzender des Prüfungsausschusses der Gemeinde Kirchberg/Wechsel seit 2001, Mitglied des Finanzausschusses der FPÖ Niederösterreich seit 1998, Mitglied der Bezirksparteileitung der FPÖ Neunkirchen seit 1999.

Abg. zum Nationalrat (21. WP)   29.10.1999–19.12.2002

Quelle: Parlamentsdirektion.

MÜLLER Johann   StL
* 25.08.1888, Wien
† 28.01.1964, Groß-Siegharts
Textilarbeiter, Groß-Siegharts

Ständischer Landtag – Vertreter für Industrie und Bergbau

Mitglied d. Ständ. Landtages	22.11.1934–12.03.1938

Quelle: Landtag, Biographisches Handbuch.

MÜLLNER Franz   ÖVP
* 06.10.1896, Pyhra
† 26.02.1980, St. Pölten
Bauer, Kilb, »Handelhof«

Volks- und Bürgerschule, Lehrerbildungsanstalt, 1914–1918 Militärdienst und 1939–1940 Militärdienst (hoch dekoriert).
 1924–1934 Bürgermeister von Rametzberg, 1934–1938 und 1945–1955 im Gemeinderat, 1953 Hauptbezirksparteiobmann, mehrere Funktionen in landwirtschaftlichen Genossenschaften, Ehrenbürger mehrerer Gemeinden.

Abg. zum Landtag (5.–8. WP)	05.11.1949–19.11.1964
3. Präsident (7.–8. WP)	19.06.1962–19.11.1964

Quelle: Landtag, Biographisches Handbuch.

MÜLLNER Hans   SDAP
* 12.02.1879, Wien
† 07.08.1951, Wien
Gürtler, Oberwagram bei St. Pölten

Volksschule, Bürgerschule, Fortbildungsschule, Gürtlerlehre, Redakteur (»Deutscher Arbeiter«, »Schlesische Volkspresse«).
 Sekretär der SDAP Wörgl und Innsbruck, Kreissekretär der SDAP Viertel ober dem Manhartsberg. 1927 im Gemeinderat, 1934 verhaftet, Sekretär des Österreichischen Metallarbeiterverbandes.

Abg. zum Landtag (1. WP)	11.05.1921–20.05.1927
Abg. zum Nationalrat (3. WP)	24.05.1927–01.10.1930
Abg. zum Nationalrat (4. WP)	02.12.1930–17.02.1934

Quelle: Landtag, Biographisches Handbuch; Parlamentsdirektion; Krause, Biografien.

MÜLLNER Viktor　　　　　　　　　　　　　　　　　　　　　　　　　ÖVP
* 10.07.1902, Wien
† 10.07.1988, Wien
Fachlehrer, Hinterbrühl

Volksschule, Bürgerschule, Lehrerbildungsanstalt, Fachstudium in Physik und Mathematik. 1927 nach St. Pölten übersiedelt und in der christlichen Arbeiterbewegung betätigt.
1934–1938 Vizebürgermeister von St. Pölten, 1938–1942 KZ Dachau später nach Wien übersiedelt und in der Österr. Widerstandsbewegung tätig. Hilfsarbeiter, Chauffeur, Versicherungsvertreter, Sicherheitswachebeamter, Fachlehrer, Hauptschuldirektor.
1945–1968 Landesobmann des ÖAAB, Landesobmann der christlichen Gewerkschafter und christlichen Arbeitervereine Niederösterreichs, übernimmt den Wiederaufbau der NEWAG (heute EVN), später Präsident des Aufsichtsrates und 1963 Generaldirektor. 1955 Gründung der Niogas, Initiator der »Südstadt« in Maria Enzersdorf. Im Jänner 1966 werden aus einem Rechnungshofbericht über die NEWAG schwere Vorwürfe gegen ihn bekannt. Trotzdem wird er noch am 18.06.1966 als Landesobmann des ÖAAB wieder gewählt. 03.10.1966 Rücktritt als gf. Landesparteiobmann, am 24.10.1966 wird er als Generaldirektor von der Generalversammlung der NEWAG abberufen. Am 15.12.1966 verhaftet, 4 1/2 Monate in U-Haft. Im Mai 1968 nach einem zwanzigtägigen Prozess wegen Amtsmissbrauches und Untreue zu vier Jahren schweren Kerkers und 20 Mio. S Schadenersatz verurteilt. Wegen eines schweren Herzleidens muss er die Haft nicht antreten, wird aber bis zum Existenzminimum gepfändet.
Am 28.05.1968 Parteiausschluss. In mehreren Zivilprozessen kämpft er erfolglos um seine Rehabilitierung. 1983 erhält er auf Beschluss der Landesregierung gnadenhalber seine Lehrerpension. Die »Müllner-Affäre« war Gegenstand vieler Landtagsdebatten und eine Zeit lang auch ein beherrschendes Thema der österreichischen Innenpolitik.

Abg. zum Nationalrat(5.–6. WP)	19.12.1945–18.03.1953
Landesrat (4.–7. WP)	05.05.1949–28.01.1960
Mitglied des Bundesrates	20.03.1953–10.11.1954
Abg. zum Landtag (6.–7. WP)	10.11.1954–03.11.1959
Landeshauptmannstv. (7. WP)	28.01.1960–24.01.1963

Quelle: Landtag, Biographisches Handbuch; Parlamentsdirektion; Krause, Biographien.
Lit.: Ackerl, Isabella/Weissensteiner, Fritz, Österreichisches Personenlexikon der Ersten und Zweiten Republik. 1992; Bruckmüller, Ernst (Hg.), Personenlexikon Österreich. 2001.

MUROWATZ Lona   SPÖ
* 08.02.1919, Filzmoos (Steiermark)

Volksschule, Realschule. Buchhandelsangestellte.

Funktionärin der Österreichischen Kinderfreunde 1948, Mitglied des Gemeinderates von Wr. Neustadt 1960, Stadträtin für Kultur 1965–1968, Mitglied des Frauenlandesausschusses der Privatangestellten, Vorsitzende des Frauenreferates im ÖGB Niederösterreich 1964, Mitglied des Bundes-Frauenkomitees und des Landes-Frauenkomitees von Niederösterreich (Stellvertretende Vorsitzende) 1968, Vorsitzende des Bezirks-Frauenkomitees und Bezirksobmann-Stellvertreterin der SPÖ Wr. Neustadt 1972.

Abg. zum Nationalrat (11.–15. WP)   07.02.1968–30.09.1981

Quelle: Parlamentsdirektion.

MUSSIL Arthur, Dr.   ÖVP
* 30.09.1911, Mödling
† 21.02.1999, Klosterneuburg

Volksschule, Gymnasium, Universität Wien (Jus). Gerichtspraxis.

Landesgewerbeverband Niederösterreich 1936, Kammer der gewerblichen Wirtschaft für Niederösterreich 1945, Kammeramtsdirektor 1952, Generalsekretär der Bundeskammer der gewerblichen Wirtschaft 1966. Mitglied der Landesleitung Niederösterreich des Österreichischen Wirtschaftsbundes 1948.

Mitglied des Bundesrates   19.11.1964–30.03.1966
Abg. zum Nationalrat (11.–14. WP)   30.03.1966–04.06.1979

Quelle: Parlamentsdirektion.

MUZIK Hans   SPÖ
* 22.12.1940, Deutsch-Wagram
Bundesbahnbediensteter, Deutsch-Wagram

Volks- und Hauptschule, Maschinenschlosserlehre, 1960 Lokführer.

1975 im Gemeinderat, 1980 Vizebürgermeister, 1983–1999 Bürgermeister in Deutsch-Wagram.

Abg. zum Landtag (13.–15. WP)   11.07.1991–24.04.2003

Quelle: Landtag, Biographisches Handbuch.

NADERER Josef   ÖVP
* 08.03.1906, Maissau
† 03.04.1965, Maissau
Weingroßhändler, Maissau

Volks-, Real- und Handelsschule, Kaufmannslehre. 1934–1938 Vizebürgermeister in Eggenburg, 1938 verhaftet, Betrieb enteignet, 1944–1945 Militärdienst. 1952 Präsident der Österreichischen Weinwerbung.
   1960–1965 Bürgermeister in Maissau, mehrere Kammerfunktionen.

Abg. zum Landtag (4. WP)   12.12.1945–05.11.1949

Quelle: Landtag, Biographisches Handbuch.

NAGL Johann   ÖVP
* 08.12.1905, Gerersdorf
† 01.05.1988, Melk
Bauer, Gerersdorf (Pöggstall)

Volksschule.
   1936–1938 und 1945 im Gemeinderat, 1947–1970 Bezirksbauernkammerobmann, Hauptbezirksparteiobmann, Ehrenbürger.

Abg. zum Landtag (5.–6. WP)   05.11.1949–04.06.1959
Abg. zum Landtag (7. WP)   28.01.1960–19.11.1964

Quelle: Landtag, Biographisches Handbuch.

NASKO Siegfried, Dr.   SPÖ
* 22.03.1943, Graz
Beamter, St. Pölten

Volks- und Hauptschule, Bäckerlehre mit Facharbeiterprüfung, Aufbaugymnasium,

Matura, Universität Wien (Geschichte und Germanistik), 1971 Kulturamt beim Magistrat St. Pölten, 1980 Archivdirektor.
 1984 Gemeinderat, 1991–2003 Stadtrat, Professor.

Abg. zum Landtag (16. WP)   24.04.2003–07.11.2005

NEIDHART Rolf, Dr.   SPÖ
* 22.12.1944, Bell (Deutschland)

Volksschule, Bundesrealgymnasium in Wien (Matura 1962), Studium der Rechte und der Staatswissenschaften an der Universität Wien (Promotion 1968). Gerichtspraxis (Gänserndorf, Melk und Landesgericht für Zivilrechtssachen Wien), Dienstantritt im Bundesministerium für Verkehr und verstaatlichte Unternehmungen 1970, Oberste Zivilluftfahrtbehörde, einer der Leiter der Flugunfallkommission, Leiter der Rechts- und Organisationsabteilung im Präsidium des Bundesministeriums für Verkehr 1984, Sicherheitsbeauftragter und Vorsitzender der Kommission für das betriebliche Vorschlagswesen; Oberrat 1983.
 Mitglied des Gemeinderates von Strasshof/Nordbahn 1975–1987, Bürgermeister von Strasshof/Nordbahn 1987, Bezirksvorsitzender der Jungen Generation der SPÖ Gänserndorf 1972–1975, Ortsparteivorsitzender der SPÖ Strasshof/Nordbahn 1974, Mitglied des Bezirksparteivorstandes der SPÖ Gänserndorf 1979, Obmann des Dienststellenausschusses »Zentralleitung« im Bundesministerium für Verkehr 1979–1984.

Abg. zum Nationalrat (17. WP)   01.12.1987–04.11.1990

Quelle: Parlamentsdirektion.
Lit.: Neidhart, Josef, Strasshofer Heimatbuch. 1989.

NEUBAUER Karl   ÖVP
* 18.11.1920, Pernersdorf
† 25.05.1985, Pfaffendorf
Weinbauer, Pernersdorf

Volks- und Hauptschule, landwirtschaftliche Fachschule Retz, 1940–1947 Militärdienst und Kriegsgefangenschaft.
 1949 Bezirksparteiobmann (Haugsdorf), mehrere Funktionen in landwirtschaftlichen Genossenschaften.

Abg. zum Landtag (6. WP)   10.11.1954–04.06.1959

Quelle: Landtag, Biographisches Handbuch.

NEUGEBAUER Max, Dr.   SPÖ
* 08.09.1900, Barzdorf/Bernartice u Javorníka (Schlesien)
† 09.03.1971, Korneuburg

Volksschule, Lehrerbildungsanstalt in Troppau, Studium an der Universität Wien (Promotion 1939). Volksschullehrer, Hauptschullehrer, Hauptschuldirektor.
    Vorsitzender der Bezirksorganisation der SPÖ Hollabrunn, Obmann des Sozialistischen Lehrervereines Österreichs 1958–1969, Bezirksschulratsmitglied 1929–1930 sowie 1932–1934. Geschäftsführender Präsident des Stadtschulrates für Wien 1960. Präsident des DÖW.

Abg. zum Nationalrat (5.–10. WP)   19.12.1945–30.03.1966

Quelle: Parlamentsdirektion.

NEUSTÄDTER-STÜRMER Odo (vor 1919 Marquis de Gozani)   HB
* 03.11.1885, Laibach/Ljubljana (Slowenien)
† 19.03.1938, Hinterbrühl

Volksschule, Theresianum in Wien (Matura 1905), Studium der Rechte an der Universität Wien bis 1909; Dienst in der Statthalterei Küstenland in Triest 1912, Beamter an der Bezirkshauptmannschaft Rohrbach im Mühlviertel 1919, Leiter der Bezirkshauptmannschaft Braunau 1923, österreichischer Gesandter in Budapest 1936; ao. Gesandter und bev. Minister.
    Neustädter-Stürmer war ein großer Verfechter des ständestaatlichen Gedankens, einer der Chefideologen der Heimwehr und ihres politischen Arms, des Heimatblocks, und gilt als einer der Väter der autoritären, ständestaatlichen Maiverfassung des Dollfuß-Regimes. Eine undurchsichtige Rolle spielte Neustädter-Stürmer beim nationalsozialistischen Juliputsch 1934. Aus Angst vor einem nationalsozialistischen Racheakt verübte Neustädter-Stürmer deshalb nach dem Anschluss Österreichs 1938 Selbstmord.

Abgeordneter zum Nationalrat (4. WP)   03.02.1931–02.05.1934
Staatssekretär für die Angelegenheiten der Arbeitsbeschaffung und
des Fremdenverkehrs sowie die technischen Angelegenheiten

des Straßenwesens im Bundesministerium für Handel und Verkehr	10.05.1933–16.02.1934
Staatssekretär für die Angelegenheiten des Arbeitsdienstes im Bundesministerium für soziale Verwaltung	10.05.1933–16.02.1934
Bundesminister für soziale Verwaltung,	16.02.1934–17.10.1935
Bundesminister im Bundeskanzleramt (mit der sachlichen Leitung der die Gesetzgebung über die berufsständische Neuordnung vorbereitenden Tätigkeit der Bundesministerien betraut)	10.09.1934–17.10.1935
Bundesminister im Bundeskanzleramt (mit der sachlichen Leitung der Angelegenheiten des Sicherheitswesens und der Vorbereitung der Gesetzgebung über die berufsständische Neuordnung betraut ab 6.11.1936)	03.11.1936–20.03.1937

Quelle: Parlamentsdirektion; Wikipedia.
Lit.: Staudinger, Anton, Neustädter-Stürmer Odo. In: Österreichisches Biographisches Lexikon 1815–1950, 7. Wien 1978; Jagschitz, Gerhard, Der Putsch. Die Nationalsozialisten 1934 in Österreich, Graz/Wien/Köln 1976.

NIKLAS Rudolf   SPÖ
* 23.04.1906, Lienz
† 07.07.1972
Bauer, Wagram/Donau

Volks- und Bürgerschule in Wr. Neustadt, Schlosserlehre, in der elterlichen Landwirtschaft in Orth/Donau tätig, dann selbstständig, 1939–1945 Militärdienst.
    1947–1955 im Gemeinderat in Wagram, 1950–1970 Landeskammerrat, 1957 Übersiedlung nach Göpfritz/Wild, 1958 Landesobmann des Arbeiterbauernbundes, 1965–1970 im Gemeinderat in Göpfritz/Wild, mehrere Funktionen in landwirtschaftlichen Organisationen.

Abg. zum Landtag (5.–8. WP)	28.11.1952–06.03.1967

Quelle: Landtag, Biographisches Handbuch.

NIMETZ Konrad   SPÖ
* 11.01.1895, Wien
† 10.03.1956, Wien

Schlossermeister, Berndorf.

Volks- und Bürgerschule, Schlosserlehre, 1915 Militärdienst, dann dienstverpflichtet, 1923 selbstständig.
   1945–1956 Bürgermeister, 1947–1950 Innungsmeister.

Abg. zum Landtag (4.–6. WP)	12.12.1945–10.03.1956

Quelle: Landtag, Biographisches Handbuch.

NOVAK Josef   SPÖ
* 14.08.1905, Wien
† 20.08.1977, Wien

Volksschule, Bürgerschule, gewerbliche Fortbildungsschule; Taschnergehilfe, Zeitungsbeamter, Oberbauarbeiter bei der deutschen Reichsbahn, Oberrevident der ÖBB; Politische Freiheitsstrafe 1935.
   Mitglied des Gemeinderates der Marktgemeinde Dürnkrut 1949, Bürgermeister 1950–1951, Bezirksparteivorsitzender-Stellvertreter der SPÖ Hollabrunn.

Mitglied des Bundesrates	13.10.1960–10.12.1971

Quelle: Parlamentsdirektion.

NOWOHRADSKY Herbert   ÖVP
* 19.02.1950, Jedenspeigen
Hauptschuldirektor, Palterndorf

Volksschule, Gymnasium Gänserndorf, Pädagogische Akademie Wien-Strebersdorf, 1972 Berufseintritt, Lehrer in Hauskirchen, Neusiedl, Hohenau, 1984 Hauptschuldirektor.
   1980 Bürgermeister.

Abg. zum Landtag (14.– WP)	07.06.1993–
2. Präsident (17.– WP)	10.04.2008–

Quelle: Landtag, Biographisches Handbuch.

ÖLZELT Franz   StL
* 05.09.1887, Nieder-Grünbach
† 01.02.1963, Hinterbrühl
Stadtpfarrer, Gmünd
Ständischer Landtag – Vertreter der Land- und Forstwirtschaft

Volksschule, Stiftsgymnasium Seitenstetten, Alumnat St. Pölten, 1911 Priesterweihe, Kaplan in Würmla, Weitenfeld, Groß-Siegharts und Gmünd.
  1917 Sekretär des Katholischen Volksbundes, 1922 Generaldirektor des Katholischen Volksbundes der Diözese St. Pölten, 1924–1938 Pfarrer in Gmünd. Zahlreiche Aktivitäten im katholischen Vereinswesen, Ehrenbürger mehrerer Gemeinden.

Abg. zum Nationalrat (1.–3. WP)	20.11.1923–01.10.1930
Abg. zum Nationalrat (4. WP)	02.12.1930–19.02.1934
Mitglied d. Länd. Landtages	22.11.1934–12.03.1938

Quelle: Landtag, Biographisches Handbuch; Parlamentsdirektion.

OFENBÖCK Anton   SDAP/SPÖ
* 27.08.1874, Wr. Neustadt
† 15.09.1952, Wr. Neustadt
Redakteur, Wr. Neustadt

Volksschule, Bürgerschule in Wien, Tischlerlehre, Wanderschaft (Deutschland, Italien und Frankreich), Modelltischler in Wien, Lokomotivfabrik in Wr. Neustadt, Maschinenfabrik in Leobersdorf, Schoellerwerk in Ternitz, Versicherungsagent, Advokatursbeamter, 1905 Redakteur der »Gleichheit«, Buchhalter und Kassier.
  1909–1913 im Gemeinderat von Wr. Neustadt, 1913 Vizebürgermeister, 1918–34 Bürgermeister, 1934 verhaftet (Anhaltelager Wöllersdorf).

Mitglied der Konst. Nationalversammlung	04.03.1919–31.05.1919
Abg. zum Landtag (1. WP)	11.05.1921–20.05.1927
2. Präsident (1. WP)	11.05.1921–19.05.1926
Mitglied des Bundesrates	01.12.1920–17.02.1934
Mitglied des Bundesrates	19.12.1945–05.11.1949

Quelle: Landtag, Biographisches Handbuch.

OFENBÖCK Josef   ÖVP
* 04.04.1919, Katzelsdorf
† 16.11.1975, Wr. Neustadt

Volksschule, Hauptschule, erlernter Beruf: Schriftsetzer, Externisten-Reifeprüfung, Universität Wien. Eintritt in den niederösterreichischen Landesdienst 1946, Bürodirektor der Bezirkshauptmannschaft Wr. Neustadt 1951.

Geschäftsführender Gemeinderat in Katzelsdorf 1955, Hauptbezirksobmann des ÖAAB Wr. Neustadt 1959, Mitglied des Vorstandes der Fachgruppe der niederösterreichischen Landesbediensteten im ÖAAB, Mitglied des ÖAAB-Bundesvorstandes 1968.

Abg. zum Nationalrat (11.–14. WP)   30.03.1966–16.11.1975

Quelle: Parlamentsdirektion.

OFNER Harald, Dr.   FPÖ
* 25.10.1932, Wien

Volksschule 1938–1942, Gymnasium bis 1947, Berufsschule (erlernter Beruf: Starkstrommonteur) 1947–1951, Maturaschule 1951–1953, Studium der Rechte an der Universität Wien (Dr. iur.) 1953–1958. Rechtspraktikant in Wien 1958–1959, Konzipient in Langenlois, Krems und Wien 1959–1965, Rechtsanwalt seit 1965.

Erster Vizebürgermeister der Stadt Mödling 1975–1979, Mitglied des Gemeinderates der Stadt Mödling 1979–1983 sowie seit 1985, Landesparteiobmann-Stellvertreter der FPÖ Niederösterreich 1974–1976, Landesparteiobmann der FPÖ Niederösterreich 1976–1989, Obmannstellvertreter des Klubs der Freiheitlichen Partei Österreichs 1980–1983, Bundesparteiobmann-Stellvertreter der FPÖ, Vorsitzender der Bundesheer-Beschwerdekommission.

Abg. zum Nationalrat (15.–16. WP)   05.06.1979–31.05.1983
Abg. zum Nationalrat (17.–18. WP)   17.12.1986–06.11.1994
Abg. zum Nationalrat (19.–21. WP)   07.11.1994–19.12.2002
Bundesminister für Justiz   24.05.1983–21.01.1987

Quelle: Parlamentsdirektion.
Lit.: Eminger, Stefan/Langthaler, Ernst, Niederösterreich im 20. Jahrhundert: Politik. 2007.

ONODI Heidemaria, geb. Kain SPÖ
* 23.08.1957, Doppeln
Lehrschwester, St. Pölten

Volksschule 1963–1967, Hauptschule 1967–1971, Hauswirtschaftsschule 1971–1973, Krankenpflegeschule 1974–1977, Universitätslehrgang für lehrendes Krankenpflegepersonal 1985–1987, Universitätslehrgang für leitendes Krankenpflegepersonal 1989–1990, Beamtenaufstiegsprüfung 1987–1989. Kaufmännische Angestellte 1973–1974, Diplomkrankenschwester 1977–1980, Akademisch geprüfte Lehrerin der Gesundheits- und Krankenpflege – Lehrschwester an der Krankenpflegeschule bzw. am Krankenhaus St. Pölten 1980.

Mitglied des Gemeinderates der Landeshauptstadt St. Pölten 1989–1993, Vorsitzende des Bezirksfrauenkomitees der SPÖ St. Pölten, Landesparteivorsitzende der SPÖ Niederösterreich 2001–2008.

Abg. zum Nationalrat (18. WP)	01.12.1992–06.11.1994
Abg. zum Nationalrat (19.–20. WP)	15.12.1994–31.03.1998
Abg. zum Landtag (15. WP)	16.04.1998–19.04.2001
2. Präsidentin (15. WP)	16.04.1998–19.04.2001
Landeshauptmannstv. (15.–16. WP)	19.04.2001–10.04.2008

Quelle: Landtag, Biographisches Handbuch; Parlamentsdirektion; Krause, Biografien.

OTT Heinrich ÖVP
* 23.06.1893, Graz
† 07.11.1975, Wien

Volksschule, Gymnasium in Innsbruck und Graz, Fachkurse für Elektrotechnik. Kaufmännischer Beamter bei den Siemens Schuckert-Werken in Wien, geschäftsführender Gesellschafter des Elektrotechnischen Installationsbüros G.m.b.H. in Wr. Neustadt 1919, Alleininhaber des Betriebes 1929.

Mitglied des Gemeinderates von Wr. Neustadt 1934–1938, Gewerberat und Rat der Kaufmannschaft von Niederösterreich.

Abg. zum Nationalrat (5. WP)	19.12.1945–08.11.1949
Mitglied des Bundesrates	08.11.1949–16.11.1952

Quelle: Parlamentsdirektion.

PALME Josef   SDAP
* 15.02.1859, Kittlitz/Kytlice (Böhmen)
† 22.11.1935, Mariabrunn (Wien)
Privatbeamter, Hadersdorf-Weidlingau

Volksschule, Fortbildungsschule für Glas und Keramik, ab 1881 in einer Fächerfabrik in Wien, ab 1899 wohnhaft in Hadersdorf-Weidlingau.
    1919–1934 im Gemeinderat und Bürgermeister.

Abg. zum Landtag (1.–2. WP)	20.05.1927–21.05.1932
Landesrat (1. WP)	11.05.1921–20.05.1927
Mitglied des Bundesrates	12.05.1921–20.05.1927

Quelle: Landtag, Biographisches Handbuch.

PANZENBÖCK Josef   SPÖ
* 10.08.1900, Waldegg
† 12.11.1984, Wien

Volksschule Waldegg 1906–1914, Bei der Firma Bunzl & Biach, Ortmann, beschäftigt (Hilfsarbeiter, Maschinenmeister) 1916–1945; Gemeindesekretär von Waldegg 1945, Standesbeamtenprüfung 1953.
    Mitglied des Gemeinderates von Waldegg 1929–1934, Fürsorgerat und Bezirksfürsorgerat, Schriftführer der Lokalorganisation der SPÖ Waldegg.

Mitglied des Bundesrates	14.12.1962–19.11.1964

Quelle: Parlamentsdirektion.

PARNIGONI Rudolf   SPÖ
* 26.02.1948, Gmünd

Pflichtschulen, Berufsschule (erlernter Beruf: Kaufmann), Sozialakademie der Kammer für Arbeiter und Angestellte in Wien; Präsenzdienst. Angestellter bei den ÖBB, Sachbearbeiter für Jugendschutz in der Arbeiterkammer für Niederösterreich 1968–1975, Bezirkssekretär des ÖGB Gmünd 1975–1991, Abteilungsleiter in der Kammer für Arbeiter und Angestellte für Niederösterreich seit 1991.

Mitglied des Gemeinderates der Stadt Gmünd 1975–1990, Vizebürgermeister der Stadt Gmünd 1980–1984, Kammerrat der Kammer für Arbeiter und Angestellte für Niederösterreich 1979–1990. Bezirksparteivorsitzender der SPÖ Gmünd, Stellvertretender Landesparteivorsitzender der SPÖ Niederösterreich, Mitglied des Bundesparteivorstandes der SPÖ, Stellvertretender Klubvorsitzender der Sozialdemokratischen Parlamentsfraktion – Klub der sozialdemokratischen Abgeordneten zum Nationalrat, Bundesrat und Europäischen Parlament 25.10.2006–27.10.2008.

Abg. zum Nationalrat (16.–23. WP)   19.05.1983–27.10.2008

Quelle: Parlamentsdirektion; Bezirksblatt Gmünd: Antoni folgt auf Parnigoni – Rudolf Parnigoni legte die Bezirksführung in Konrad Antonis Hände (Oktober 2008).

PARRER Franz   CSP
* 23.03.1875, Mauer bei Wien
† 28.03.1944, Küb
Bauer und Gastwirt

Dreiklassige Volksschule, Bürgerschule, Privatstudien. Bauer und Gastwirt in Mannersdorf, Verfasser zahlreicher Artikel über landwirtschaftliche Fragen.
  Mitglied des Gemeinderates von Mannersdorf, Bürgermeister von Mannersdorf, Abgeordneter zum Niederösterreichischen Landtag, Reichsratsabgeordneter 1911.

Mitglied der Prov. Nationalversammlung   21.10.1918–16.02.1919
Mitglied der Konst. Nationalversammlung   04.03.1919–09.11.1920
Abg. zum Nationalrat (1.–3. WP)   10.11.1920–01.10.1930

Quelle: Parlamentsdirektion.

PAUPPILL Theodor   SDAP
* 16.9.1887, Wien
† ??
Telegraphen-Oberwerkmeister, Neumarkt/Ybbs

Volks-, Bürger- und Fortbildungsschule, 1904 Telegraphenmonteur. 1907 Eintritt in die Sozialdemokratische Partei, 1914–1916 Militärdienst.
  Funktionen in mehreren Arbeitervereinigungen.

| Abg. zum Landtag (1.–3. WP) | 20.05.1927–16.02.1934 |

Quelle: Landtag, Biographisches Handbuch.

PAZELT Josef   SDAP
* 02.02.1891, Platt
† 24.04.1956, Wien

Volksschule, Bürgerschule, Lehrerbildungsanstalt Strebersdorf, Volksschullehrer in Hollabrunn, Leutnant im Ersten Weltkrieg, Bürgerschullehrer in Pulkau, Bezirksschulinspektor in Wr. Neustadt; 1934–1941 aus politischen Gründen außer Dienst gestellt; 1945–1956 Leiter der Schulwissenschaftlichen Abteilung im Bundesministerium für Unterricht.

| Abg. zum Nationalrat (4. WP) | 02.12.1930–28.05.1932 |

Quelle: Parlamentsdirektion.
Lit.: Mochty-Weltin, Christina/Bezemek, Ernst/Ostap, Wilhelm (Hg.), Heimat Zellerndorf . 2000.

PECHALL Rudolf   GDVP
* 15.04.1866, Wr. Neustadt
† 20.08.1937, Wr. Neustadt
Bauunternehmer, Wr. Neustadt

Pflastererlehre. 1916–1918 Militärdienst.
    1913–1918 im Gemeinderat.

| Abg. zum Landtag (1. WP) | 10.06.1921–20.05.1927 |
| Mitglied des Bundesrates | 20.05.1927–03.06.1932 |

Quelle: Landtag, Biographisches Handbuch.

PENDL Otto   SPÖ
* 29.10.1951, Trumau
Justizwachebeamter

Volksschule in Trumau, Hauptschule in Oberwaltersdorf, Berufsschule in Stockerau (erlernter Beruf: Starkstrommonteur). Justizwachebeamter in Wien seit 1975.

Bürgermeister der Marktgemeinde Trumau seit 1998, Bezirksparteivorsitzender der SPÖ Baden seit 1998, Klubobmann-Stellvertreter der Sozialdemokratischen Parlamentsfraktion – Klub der sozialdemokratischen Abgeordneten zum Nationalrat, Bundesrat und Europäischen Parlament seit 27.10.2008.

Abg. zum Nationalrat (20.– WP)	17.09.1998–

Quelle: Parlamentsdirektion.

PENZ Johann, Ing. ÖVP
* 17.08.1950, Maierhöfen
Bauernbunddirektor, Gedersdorf

Pflichtschulen, HLBLA »Francisco-Josephinum« Wieselburg (Matura 1970), Uni Wien (Volkswirtschaft).

1973 Sekretär und 1984 Direktor des NÖ Bauernbundes, 1996–1998 Mitglied der Parlamentarischen Versammlung des Europarates.

Mitglied des Bundesrates	01.12.1987–15.04.1998
Abg. zum Landtag (15.– WP)	16.04.1998–
3. Präsident (15.–17. WP)	16.04.1998–10.04.2008
1. Präsident (18.– WP)	10.04.2008–

Quelle: Landtag, Biographisches Handbuch.

PERNKOPF Stephan, Dr. ÖVP
* 17.08.1972

»Francisco-Josephinum« Wieselburg, Universität Wien (Jus), 1999 NÖ Versicherung.

Büroleiter von Landwirtschaftsminister und Finanzminister Dipl.-Ing. Josef Pröll. 2000 Gemeinderat in Wieselburg-Land.

Landesrat (17.– WP)	26.02.2009–

Quelle: NÖ Landtag.

PETROVIC Madeleine, MMag. Dr.   Grüne
* 25.06.1956, Wien

Volksschule, Gymnasium (Matura 1974), Studium der Rechte an der Universität Wien (Dr. iur. 1978), Studium der Betriebswirtschaftslehre an der Wirtschaftsuniversität Wien (Mag. rer. soc. oec. 1982), geprüfte Gerichtsdolmetscherin für Englisch (Universität Wien), Sprachdiplome der Universitäten Michigan (Englisch) und Brüssel (Französisch). Studienassistentin am Institut für Römisches Recht und Antike Rechtsgeschichte der Universität Wien 1976, Universitätsassistentin 1979–1984, Beamtin im Bundesministerium für Arbeit und Soziales 1984, Gerichtsdolmetsch für Englisch; Oberrätin. Mitglied des Österreich-Konvents 30.6.2003–31.1.2005.

Klubobfrau des Landtagsklubs der Grünen Niederösterreich seit 2003, Mitglied des Landesparteivorstandes der Grünen Alternative Wien, Obfrau des Grünen Klubs 1992–1999, Bundessprecherin der Grünen 1994–1996, Klubobmann-Stellvertreterin des Grünen Klubs 1999–2003.

Abg. zum Nationalrat (18.–22. WP)   05.11.1990–23.04.2003
Abg. zum Landtag (16.– WP)   24.04.2003–

Quelle: Parlamentsdirektion; Krause, Biografien.

PETTENAUER Johann   SPÖ
* 15.01.1902, Gabelsburg
† 27.07.1985, Klosterneuburg
Maschinenschlosser, Klosterneuburg

Volksschule, Maschinenschlosserlehre, technischer Zeichner, ab 1930 Chauffeur und Industriearbeiter, 1939–1945 Militärdienst, 1946 Bediensteter der Gemeinde Wien.

Bezirksvorsteher-Stellvertreter von Wien 26. Nach der Rückgliederung von Klosterneuburg an NÖ 1954–1970 Vizebürgermeister.

Abg. zum Landtag (5.–7. WP)   27.02.1951–19.11.1964

Quelle: Landtag, Biographisches Handbuch.

PETZNEK Leopold   SDAP
* 30.06.1881, Bruck/Leitha
† 27.07.1956, Wien

Hauptschuldirektor, Mödling

Nach dem Tod beider Eltern im Hyrtl'schen Waisenhaus in Mödling aufgewachsen. Lehrerbildungsanstalt in St. Pölten und Wr. Neustadt, Volksschullehrer in Siebenhirten und Mödling, ab 1911 Haupt-(Bürger-)schullehrer, 1914–1918 Militärdienst (Russland, Italien, mehrfach ausgezeichnet).

    1919 Gemeinderat in Mödling, 1922–1934 Klubobmann, lernte 1923 Elisabeth Windischgrätz kennen (Tochter von Kronprinz Rudolf, genannt »die rote Erzherzogin«), ab 1924 Lebensgemeinschaft mit ihr, 1931 Mitglied der Zentralleitung des Republikanischen Schutzbundes; Februar und Juli 1934 in Haft, 1944–1945 KZ Dachau, 1945–1949 Präsident des Rechnungshofes, 1948 (nach Scheidung der Ehe von Windischgrätz) erneut Heirat.

Abg. zum Landtag (1.–3. WP)	11.05.1921–16.02.1934
2. Präsident (2.–3. WP)	20.05.1927–16.02.1934

Quelle: Landtag, Biographisches Handbuch.
Lit.: Bruckmüller, Ernst (Hg.), Personenlexikon Österreich. 2001.

PEYERL Franz   SPÖ
* 16.09.1920, Waidhofen/Ybbs
Abteilungsleiter, Windhag

Volks- und Bürgerschule, Schweißerlehre, 1939–1943 Militärdienst (schwere Verwundung), kaufmännischer Angestellter.
    1949 Zentralvorstandsmitglied der Privatangestelltengewerkschaft.

Abg. zum Landtag (7.–9. WP)	18.05.1961–15.11.1972

Quelle: Landtag, Biographisches Handbuch.

PFALLER Josef   SPÖ
* 16.03.1908, Hohenwarth (Niederösterreich)
† 07.01.1968, Linz

Volksschule, Bürgerschule, Fortbildungsschule und Maschinenbaufachschule; Elektromechaniker, Werkmeister.

Landesparteisekretär der SPÖ Niederösterreich. Politische Freiheitsstrafen: 1934–1939 verschiedene Polizei- und Gerichtsstrafen, Anhaltelager Wöllersdorf und KZ Buchenwald.

Mitglied des Bundesrates   05.11.1949–15.03.1958

Quelle: Parlamentsdirektion.

PFARRER Anton   CSP
* 01.06.1867, Grünbach
† 04.11.1951
Landwirt, Grünbach am Schneeberg

Volks- und Ackerbauschule.
   Gemeinderat, 1935–1938 Bürgermeister in Grünbach.

Abg. zum Landtag (1.–2. WP)   11.05.1921–21.05.1932

Quelle: Landtag, Biographisches Handbuch.

PFEFFER Karl   SPÖ
* 11.01.1903, Neubruck (Niederösterreich)
† 04.09.1975, St. Pölten
Direktor der Niederösterreichischen Gebietskrankenkasse i. R.

Volksschule, Bürgerschule, Berufsschule. Krankenkassenangestellter 1922, Direktor der Niederösterreichischen Gebietskrankenkasse; Regierungsrat 1956.
   Fraktionsvorsitzender der Sozialistischen Versicherungsvertreter. Politische Freiheitsstrafe: 1934 drei Monate Anhaltelager.

Abg. zum Nationalrat (10.–11. WP)   14.12.1962–31.03.1970

Quelle: Parlamentsdirektion.

PFEIFER Josef   SPÖ
* 04.07.1933, Platt (Niederösterreich)

Pflichtschulen, landwirtschaftliche Fortbildungsschule, Absolvent des bäuerlichen

Volksbildungsheimes Graschnitz/Steiermark. Im elterlichen Betrieb als Landarbeiter tätig bis 1958, danach selbstständiger Landwirt; Ökonomierat.

Bürgermeister der Gemeinde Platt bei Zellerndorf 1960–1966, danach Vizebürgermeister der Großgemeinde Zellerndorf, Mitglied des Gemeinderates von Zellerndorf 1970–1975, Bezirksparteivorsitzender der SPÖ Hollabrunn 1967, Kammerrat der Bezirksbauernkammer Retz 1970–1975, Kammerrat der Niederösterreichischen Landes-Landwirtschaftskammer 1975–1980, Mitglied des Landesstellenausschusses der Sozialversicherungsanstalt der Bauern Niederösterreich 1967, Mitglied des Bundesvorstandes des Arbeitsbauernbundes 1960, Obmann der SPÖ-Bauern Niederösterreichs 1981, Mitglied der Verwaltungskommission des Weinwirtschaftsfonds.

Abg. zum Nationalrat (11.–17. WP) 30.03.1966–31.12.1988

Quelle: Parlamentsdirektion.
Lit.: Mochty-Weltin, Christina/Bezemek, Ernst/Ostap, Wilhelm (Hg.), Heimat Zellerndorf. 2000.

PFLUG Josef CSP
* 17.01.1869, Rauchenwarth
† 25.02.1937, Rauchenwarth
Landwirt, Rauchenwarth (Himberg)

Volksschule, Militärdienst, Übernahme des elterlichen Betriebes.
Ab 1894 im Gemeinderat, 1912 Bürgermeister, 1923 Ehrenbürger, ab 1927 in Wienerherberg wohnhaft.

Abg. zum Landtag (1.–2. WP) 11.05.1921–21.05.1932

Quelle: Landtag, Biographisches Handbuch.

PICHLER Franz SPÖ
* 05.10.1920, St. Pölten
† 27.11.1982, St. Pölten
Metallarbeiter, St. Pölten

Pflichtschulen, Berufsschule, Schmiedelehre, 1946 in den Voith-Werken St. Pölten als Schmied tätig.
1955 Obmann des Arbeiterbetriebsrates, Zentralbetriebsratsobmann der Voith-

Werke St. Pölten, 1959 Kammerrat der AKNÖ, 1962 Bezirksobmannstellvertreter der SPÖ St. Pölten, 1964 Vorsitzender der Landesexekutive des ÖGB für Niederösterreich, 1965 Obmann der Gewerkschaft der Metall- und Bergarbeiter für Niederösterreich, 1970–1972 Vizepräsident der AKNÖ, 1972 Obmann der NÖ Gebietskrankenkasse.

Abg. zum Landtag (7. WP) 04.06.1959–06.12.1962
Abg. zum Nationalrat (10.–15. WP) 14.12.1962–30.09.1982

Quelle: Landtag, Biographisches Handbuch; Parlamentsdirektion.

PIECHULA (auch PICHULA) Wilhelm   CSP
* 09.04.1873, Oderfurt/Privoz (Mähr. Ostrau)
† 27.07.1951, Wien
Eisenbahner und Kleinhäusler, Deutsch-Wagram

Volks- und Baugewerbeschule, Tischlerlehre, 1898 Eintritt in den Eisenbahndienst.
1914–1919 im Gemeinderat, stv. Vorsitzender der Gewerkschaft christlicher Eisenbahner Österreichs.

Abg. zum Landtag (1.–2. WP) 11.05.1921–21.05.1932

Quelle: Landtag, Biographisches Handbuch.

PIETSCH Karl   SPÖ
* 04.03.1943, Eisenerz (Stmk)
Berufsoffizier, Wr. Neustadt

BRG Judenburg, Militärakademie, 1967 als Leutnant ausgemustert, UNO-Auslandseinsätze.
1985–1986 im Gemeinderat, 1986 Stadtrat, 1999 Vizepräsident des NÖ Zivilschutzverbandes.

Abg. zum Landtag (14.–16. WP) 25.01.1996–24.04.2003

Quelle: Landtag, Biographisches Handbuch.

PLANK Josef, Dipl.-Ing. ÖVP
* 29.08.1958, Reinsberg
Agrarökonom, Reinsberg

Volksschule, Realgymnasium Scheibbs, Universität für Bodenkultur Wien, 1982 Eintritt in die NÖ Landes-Landwirtschaftskammer/Bezirkskammer Amstetten, 1993 Agrarmarkt Austria, 1996–2000 Vorsitzender des Vorstandes.

Landesrat (15.–17. WP) 29.06.2000–26.02.2009

Quelle: Landtag, Biographisches Handbuch.

PLATZER Friedrich ÖVP
* 07.05.1928, St. Johann
† 27.06.1975, Linz
Kaufmann, St. Johann in Engstetten

Volks-, Haupt- und Handelsschule, 1953 selbstständiger Landesproduktenhändler und Gastwirt, dann Fruchtsaft- und Obstweinproduzent.
　1963–1972 Vizebürgermeister (dazwischen 1971 Bürgermeister) 1972–1974 nach der Zusammenlegung Gemeinderat in St. Peter/Au.

Abg. zum Landtag (8.–10. WP) 31.05.1968–27.06.1975

Quelle: Landtag, Biographisches Handbuch.

PLATZER Herbert SPÖ
* 12.08.1943, Lilienfeld
Hauptschuldirektor, Hainfeld

Volks- und Hauptschule, Lehrerbildungsanstalt St. Pölten, 1964 Volksschullehrer, 1969 Hauptschullehrer, 1978 Hauptschuldirektor.
　Ab 1972 im Gemeinderat, 1975 Vizebürgermeister, 1981–1991 Bürgermeister in Hainfeld.

Abg. zum Landtag (13.–14. WP) 17.10.1991–29.06.1995
Mitglied des Bundesrates 29.06.1995–15.04.1998

Quelle: Landtag, Biographisches Handbuch.

PLESSL Rudolf   SPÖ
* 12.01.1967, Wien

Volksschule 1973–1977, Hauptschule 1977–1981, Handelsschule 1981–1982; Präsenzdienst. Polizeibeamter 1982–2008.
　Mitglied des Gemeinderates der Gemeinde Untersiebenbrunn 2000–2001, geschäftsführendes Mitglied des Gemeinderates der Gemeinde Untersiebenbrunn 2001–2005, Vizebürgermeister von Untersiebenbrunn 2005–2006, Bürgermeister von Untersiebenbrunn seit 2006, Ortsparteiobmann der SPÖ Untersiebenbrunn seit 2004.

Abg. zum Nationalrat (24.– WP)   28.10.2008–

Quelle: Parlamentsdirektion.

PODRATZKY Karl   KPÖ
* 01.08.1895, Wien
† nicht zu eruieren
Angestellter, St. Pölten

Volksschule, dann Übersiedlung nach Linz, Angestellter der Arbeiterkrankenkasse, 1915–1918 Militärdienst. 1919–1934 Mitglied der SDAP, 1923 nach Waidhofen/Ybbs, später nach Amstetten und St. Pölten versetzt, 1934 verhaftet und pensioniert, 1935 Übertritt zur KPÖ, 1937 neuerlich verhaftet und zu einem Jahr Kerker verurteilt, dann als Krankenkassenangestellter wiedereingestellt, 1942 erneut verhaftet.

Mitglied d. Prov. Landesausschusses   17.07.1945–12.12.1945

Quelle: Landtag, Biographisches Handbuch.

PÖLZ Johann   SPÖ
* 16.10.1920, Waidhofen/Ybbs
† 07.02.1978, Amstetten

Pflichtschulen, Gewerbeschule, Sozialakademie, erlernter Beruf: Tischler. Werkmeister.
　Bezirksobmann der SPÖ Amstetten, Bürgermeister der Stadt Amstetten 1965–1978.

PÖLZER Johann   SDAP
* 30.01.1872, Alt-Petrain/Stary Petrín (Mähren)
† 21.04.1934, Wien

Volksschule, Lehre: Schneider. Zeitungsbeamter.
  Bezirksparteivorsitzender der SDAP Wien/Favoriten, Mitglied der Landesparteivertretung der SDAP Niederösterreich 1901, Mitglied des Parteivorstandes der SdAP 1919–1934, Mitglied des Wiener Gemeinderates 1918.

Mitglied der Konst. Nationalversammlung	04.03.1919–31.05.1919
Landesrat	25.05.1919–10.11.1920
Abg. zum Nationalrat (1.–3. WP)	10.11.1920–01.10.1930
Abg. zum Nationalrat (4. WP)	02.12.1930–17.02.1934

Quelle: Parlamentsdirektion; Krause, Biografien.

POKORNY Erwin   ÖVP
* 11.03.1920, Wr. Neustadt
† 04.03.1973, Wr. Neustadt
Gewerkschaftssekretär, Wr. Neustadt

Gärtnerlehre, Textilarbeiter. Betriebsrat.
  1956–1959 ÖAAB-Hauptbezirksobmann, Bundesobmann der Christlichen Fraktion in der Textilarbeitergewerkschaft.

Abg. zum Landtag (9. WP)   04.12.1969–04.03.1973

Quelle: Landtag, Biographisches Handbuch.

POLKE Emil   SDAP
* 05.03.1858, Olbersdorf/Albrechtice (Schlesien)
† 10.01.1930, Wien

Privatbeamter, Volksschule. Redakteur der »Volkswacht« in Wien.
Vorsitzender der SDAP Niederösterreich, Mitglied des Gemeinderates von Wien. Mehrere Verurteilungen aus politischen Gründen.

Mitglied der Prov. Nationalversammlung	21.10.1918–16.02.1919
Mitglied der Konst. Nationalversammlung	04.03.1919–09.11.1920
Abg. zum Nationalrat (1. WP)	10.11.1920–20.11.1923

Quelle: Parlamentsdirektion.

POPP Franz   SDAP/SPÖ
* 14.09.1891, Dobermannsdorf
† 08.09.1981, Wien
Lehrer, Hohenau

Volksschule Hohenau, Bürgerschule Zistersdorf, Lehrerbildungsanstalt Wr. Neustadt, 1911 Matura, Eintritt in den Schuldienst, 1914–1918 Militärdienst (Oberleutnant), Volksschullehrer: Leobersdorf, Berndorf, Pottenstein, Weißenbach/Triesting, Gainfarn, Günselsdorf, Traiskirchen, Hohenau (1947 Volksschuldirektor).
1921–1934 Bürgermeister von Hohenau, 1923 Freie Lehrergewerkschaft Österreichs; 1945 den Sozialistischen Lehrerverein Österreichs gegründet, von Februar bis April 1934 inhaftiert, von 1934 bis 1938 unter Polizeiaufsicht und 1938/39 Gestapo-Untersuchung, 1945 Mitglied des Prov. Landesausschusses, Zentralsekretär der SPÖ, 1945–1960 Klubobmann, 1956–1960 Landesparteivorsitzender, 1960 Ehrenring des Landes NÖ.

Abg. zum Landtag (1.–3. WP)	11.05.1921–16.02.1934
Abg. zum Landtag (4.–7. WP)	12.12.1945–04.10.1960
Landeshauptmannstv. (4.–7. WP)	12.12.1945–12.10.1960

Quelle: Landtag, Biographisches Handbuch.
Werke: Um ein besseres Niederösterreich. 40 Jahre Politik im »Kernland«. 1976.

POPP Leopold   ÖVP
* 10.03.1909, Heidenreichstein
† 29.02.1972, Waidhofen/Thaya
Strickwarenerzeuger, Heidenreichstein

Volks-, Bürger- und Mittelschule, 1927 Praktikant im Textilbereich, 1934 selbstständiger Strickereibetrieb, 1940–1946 Militärdienst und englische Kriegsgefangenschaft.
    1955–1958 im Gemeinderat, mehrere Partei- und Kammerfunktionen.

Abg. zum Landtag (7.–8. WP)	04.06.1959–20.11.1969

Quelle: Landtag, Biographisches Handbuch.

POSCH Rudolf   SDAP
* 17.12.1894, Neunkirchen
† 07.06.1934, Wolkersdorf
Industrieangestellter, Neunkirchen

Pflicht- und Handelsschule, bei Schoeller-Bleckmann beschäftigt, im Ersten Weltkrieg Militärdienst.
    1924 SDAP-Bezirkssekretär; beging Selbstmord.

Abg. zum Landtag (3. WP)	21.05.1932–16.02.1934

Quelle: Landtag, Biographisches Handbuch.

PÖSCHL Josef   CSP/StL
* 24.09.1878, Niederrußbach
† 01.10.1963, Niederrußbach
Bauer und Weinhauer, Niederrußbach
Ständischer Landtag – Vertreter der Land- und Forstwirtschaft

Volksschule, 1911 Übernahme der elterlichen Wirtschaft.
    1919 im Gemeinderat, 1921 Bürgermeister in Niederrußbach, Gründer der örtlichen Raiffeisenkasse, 1925 Obmann der Bezirksbauernkammer, Mitglied der Landesparteileitung.

Abg. zum Landtag (2.–3. WP)	20.05.1927–30.10.1934
Obmannstv. des Finanzkontrollausschusses (3. WP)	05.07.1932–12.03.1934
Obmann des Finanzkontrollausschusses (3. WP)	13.03.1934–30.10.1934
Mitglied d. Ständ. Landtages	22.11.1934–12.03.1938
Obmann des Kontrollausschusses	28.06.1935–12.03.1938

Quelle: Landtag, Biographisches Handbuch.

POSPISCHIL Karl   SPÖ
* 26.01.1926, Neuda
† 08.07.2001, Wien
Bezirksstellenleiter der Gebietskrankenkasse, Golling (Neuda)

Volksschule, Hauptschule, Berufsschule (Flugzeugbauer), 1943–1946 Militärdienst und Kriegsgefangenschaft, Eintritt in die Niederösterreichische Gebietskrankenkasse, ab 1965 Bezirksstellenleiter in Pöchlarn.
    1948–1955 Bezirksobmann der Sozialistischen Jugend Melk, 1955 im Gemeinderat, 1960–1982 Bürgermeister der Marktgemeinde Golling, 1969–1987 Mitglied des Landesparteivorstandes, 1970 Bezirksparteivorsitzender.

Mitglied des Bundesrates	20.11.1969–05.11.1970
Abg. zum Landtag (9.–12. WP)	19.11.1970–30.11.1987
2. Präsident (11.–12. WP)	28.01.1982–30.11.1987

Quelle: Landtag, Biographisches Handbuch.

POSPISCHIL Viktor   KPÖ
* 21.01.1922, Wien
† 24.04.1983, Neunkirchen
Redakteur, Pottschach

Matura, dann Chemigraph, Militärdienst, kriegsversehrt; Redakteur.
    1949 Mitgründer und Obmann der »Vereinigung fortschrittlicher Sozialisten«, legte mit Schreiben vom 2. August 1956 sein Mandat zurück, weil er mit der Fusion der Linkssozialisten mit der KPÖ nicht einverstanden war.

Abg. zum Landtag (5.–6. WP)	05.11.1949–19.09.1956

Quelle: Landtag, Biographisches Handbuch.

PRADER Georg, Professor   CSP/StL
* 15.01.1880, Roßbach OÖ
† 22.12.1942, St. Pölten
Professor am Landeslehrerseminar, St. Pölten

Gymnasium Linz-Urfahr, Universität Wien (Germanistik), 1906 Professor in St. Pölten, 1914–1918 Militärdienst.

1918 im Gemeinderat, 1922–1934 Vizebürgermeister in St. Pölten, 1922 Vorsitzender-Stellvertreter des NÖ Landesschulrates, 1934–1938 Vertreter Niederösterreichs im Länderrat, 1939 unter Kürzung der Bezüge pensioniert.

Abg. zum Landtag (1.–3. WP)	11.05.1921–30.10.1934
3. Präsident (1. WP)	11.05.1921–11.01.1923
Obmann des Finanzkontrollausschusses (2. WP)	20.05.1927–19.05.1932
Landesrat (3. WP)	21.05.1932–22.11.1934
Landesrat – Ständ. Landtag	22.11.1934–12.03.1938

Quelle: Landtag, Biographisches Handbuch.
Lit.: Christlich – ständisch – autoritär. Mandatare im Ständestaat 1934 – 1938. Wien 1991.

PRADER Georg, Dr. ÖVP
* 15.06.1917, St. Pölten
† 16.03.1985, Wien

Volksschule, humanistisches Gymnasium (Matura 1936), Studium an der Universität Wien (Dr. iur. 1946). Gerichtspraxis, Beamtenlaufbahn im niederösterreichischen Landesdienst; Hofrat. Mitglied des Präsidiums des ÖAAB Niederösterreich 1952, Mitglied des Bundesvorstandes des ÖAAB 1953, Obmann der Fachgruppe Niederösterreichische Landesbedienstete im ÖAAB Niederösterreich 1956–1969,

Ortsparteiobmann der ÖVP Langenzersdorf 1957, Bundesobmannstellvertreter des ÖAAB 1965–1974, Landesparteiobmann der ÖVP Niederösterreich 1967–1975, Landesobmann des ÖAAB Niederösterreich 1968.

Mitglied des Bundesrates	10.11.1954–09.06.1959
Abg. zum Nationalrat (9.–14. WP)	09.06.1959–04.06.1979
Bundesminister für Landesverteidigung	02.04.1964–21.04.1970

Quelle: Parlamentsdirektion; Chronik der österreichischen Streitkräfte 1960 – 1969; 20. Todestag von NÖAAB-Ehrenobmann Georg Prader, Vollblutpolitiker, Sozialpionier, Politiker mit Ecken und Kanten. St. Pölten 2005.

PRAHER Adelheid   SPÖ
* 16.10.1933, St. Pölten

Pflichtschulen, Bundeshandelsschule St. Pölten. Eintritt in den Dienst des Magistrats der Stadt St. Pölten 1949, Unterbrechung der Berufstätigkeit (Haushalt) 1960–1965, teilzeitbeschäftigt 1965–1967, Referentin für das Schul- und Kindergartenwesen des Magistrats St. Pölten 1967.
 Mitglied des Gemeinderates und Stadtrat der Stadt St. Pölten 1975–1982, Mitglied des Landesparteivorstandes der SPÖ Niederösterreich 1972, Vorsitzende des Bezirks-Frauenkomitees der SPÖ St. Pölten 1973, Obmann-Stellvertreterin der SPÖ St. Pölten 1982, Mitglied des Bundesparteivorstandes der SPÖ 1987, Funktionärin der SPÖ seit 1954, Mitglied des Kollegiums des Bezirksschulrates von St. Pölten/Stadt 1964, Mitglied bzw. Ersatzmitglied des Kollegiums des Landesschulrates für Niederösterreich 1965.

Abg. zum Nationalrat (15.–18. WP)   01.10.1982–30.11.1992

Quelle: Parlamentsdirektion.

PREINEDER Martin   ÖVP
* 01.05.1962, Wr. Neustadt

Volksschule in Lanzenkirchen 1968–1972, Hauptschule in Lanzenkirchen 1972–1976, landwirtschaftliche Fachschule in Gumpoldskirchen 1976–1979, Meisterprüfung (Landwirtschaft) 1983; Präsenzdienst 1981–1982. Mitarbeiter am elterlichen Hof 1979–1986, selbstständiger Landwirt seit 1986, biologische Landwirtschaft seit 1996.
 Mitglied des Gemeinderates der Marktgemeinde Lanzenkirchen 1993–2007, Landesobmann der Niederösterreichischen Landjugend 1986–1989, Bundesobmann der Österreichischen Landjugend 1988–1990, Bundesobmann der Österreichischen Jungbauern 1991–1993. Stellvertretender Obmann des Bauernbundes Niederösterreich seit 2005, Kammerrat der Niederösterreichischen Landes-Landwirtschaftskammer seit 1990, Vorsitzender des Energieausschusses der Landwirtschaftskammer Österreich 2002–2007, Vorsitzender des Ausschusses für Biologische Landwirtschaft der Landwirtschaftskammer Österreich seit 2007.

Mitglied des Bundesrates   12.12.2002–23.04.2003
Abg. zum Nationalrat (22. WP)   28.04.2003–29.10.2006
Mitglied des Bundesrates   16.11.2006–
Präsident des Bundesrates   01.07.2010–

Quelle: Parlamentsdirektion; Krause, Biografien.

PREISS Kurt, Dr. SPÖ
* 08.11.1929, Krems/Donau

Volksschule, Gymnasium (Matura 1947), Studium an der Philosophischen Fakultät der Universität Wien (Promotion 1952), Lehramtsprüfung (Deutsch, Latein, Philosophie) 1953. Als Lehrer an Allgemeinbildenden Höheren Schulen in Wien, Steiermark und Niederösterreich tätig, Direktor des Bundesrealgymnasiums Krems 1977–1991; Hofrat. Mitglied des Kollegiums des Landesschulrates für Niederösterreich und von Fachkommissionen (Zentrale Arbeitsgemeinschaft: Politische Bildung, Lehrbücherkommission für Philosophie), Funktionär der Gewerkschaft Öffentlicher Dienst 1957–1977.
Vizebürgermeister der Stadt Krems/Donau 1972–1982, Bezirksparteivorsitzender der SPÖ Krems 1982, Obmann-Stellvertreter des Bundes Sozialistischer Akademiker, Intellektueller und Künstler (BSA), Landesorganisation Niederösterreich 1975, Mitglied des Sozialhilfe- und Raumordnungsbeirates des Landes Niederösterreich 1973–1983, Obmann der Arbeitsgemeinschaft für Christentum und Sozialismus/Niederösterreich (ACUS) 1979–1991, Mitglied des Kuratoriums der wissenschaftlichen Landesakademie für Niederösterreich. Autor zahlreicher zeitgeschichtlicher Bücher.

Abg. zum Nationalrat (15.–18. WP) 09.10.1982–28.01.1993

Quelle: Parlamentsdirektion.
Werke: Krems im Jahre 1945. 1989; Von der Befreiung zur Freiheit. 1997.

PREISZLER Alois FPÖ
* 21.02.1938, Eisenberg/Pinka
Zollbeamter, Guntramsdorf

Volks- und Hauptschule, Externistenmatura, 1956 Eintritt in den Bundesdienst. Personalvertreter.
 1975 im Gemeinderat, 1990 Vizepräsident des NÖ Zivilschutzverbandes.

Abg. zum Landtag (13.–14. WP) 17.11.1988–16.04.1998

Quelle: Landtag, Biographisches Handbuch.

PRENDINGER Franz   CSP
* 02.04.1893, Gainfarn
† 05.10.1963
Hauer, Gainfarn

Volksschule, 1914–1918 Militärdienst.
　1919 im Gemeinderat. 1924–1938 und 1945–1950 Bürgermeister von Gainfarn, Obmann der Bezirksbauernkammer Baden und der Raiffeisenkasse; während der Zeit des Ständestaates wurden auf sein Anwesen zwei Anschläge mit Rohrbomben verübt.

Abg. zum Landtag (3. WP)   21.05.1932–30.10.1934

Quelle: Landtag, Biographisches Handbuch.

PRENTL Josef   StL
* 23.08.1890, Unterlaa
† 16.05.1949, Unterlaa
Bauer, Unterlaa
Ständischer Landtag – Vertreter der Land- und Forstwirtschaft

Volksschule, Bürgerschule, Bauer.
　1920–1938 Bürgermeister in Unterlaa, 1924–1933 Obmannstellvertreter und 1933–1938 Obmann der Bezirksbauernkammer.

Mitglied des Bundesrates   03.06.1932–27.04.1934
Abg. zum Nationalrat (4. WP)   27.04.1934–02.05.1934
Mitglied d. Ständ. Landtages   22.11.1934–12.03.1938

Quelle: Landtag, Biographisches Handbuch, 128. 2008; Parlamentsdirektion.

PRIGL Paul   SPÖ
* 01.02.1921, Baden
† 17.06.1988, Horn
kaufmänn. Angestellter, Horn

Volks-, Haupt- und Handelsschule, 1940 Reichsarbeitsdienst, 1941–1945 Militärdienst. 1960–1962 Gewerkschaftssekretär, 1962 Amtsstellenleiter der AKNÖ.
　1960–1977 Bezirksparteivorsitzender, 1965–1980 im Gemeinderat.

Abg. zum Landtag (8.–10. WP) 06.04.1967–31.10.1977

Quelle: Landtag, Biographisches Handbuch.

PROBER Josef, Dr. ÖVP
* 05.08.1950, Neunkirchen
Regionalmanager (Landesbeauftragter), Gloggnitz

Volks- und Hauptschule, Gymnasium, Universität Wien (Politikwissenschaft, Soziologie), 1977 Promotion, 1977 Berufseintritt beim Österr. Bauernbund, 1984–1989 Wiener Bauernbunddirektor, 1990 Landesbeauftragter Regionalmanager für das südliche NÖ.

Abg. zum Landtag (14.– WP) 07.06.1993–

Quelle: Landtag, Biographisches Handbuch.

PROKOP Liese, geb. Sykora ÖVP
* 27.03.1941, Wien
† 31.12.2006 St. Pölten
Hausfrau, Maria Enzersdorf

Volksschule, Gymnasium (Matura), Leichtathletik-Spitzensportlerin (50-fache österr. Meisterin in verschiedenen Disziplinen), 1967 Akademische Weltmeisterin, 1968 Silbermedaille Olympische Spiele in Mexiko, 1969 Weltrekord im Fünfkampf; als erste Frau Landeshauptmannstellvertreter in Niederösterreich.

Abg. zum Landtag (9.–11. WP) 20.11.1969–09.04.1981
Landesrat (11.–13. WP) 09.04.1981–22.10.1992
Landeshauptmannstv. (13.–16. WP) 22.10.1992–21.12.2004
Bundesministerin für Inneres 22.12.2004–31.12.2006

Quelle: Landtag, Biographisches Handbuch.
Lit.: Ackerl, Isabella/Weissensteiner, Fritz, Österreichisches Personenlexikon der Ersten und Zweiten Republik. 1992; Bruckmüller, Ernst (Hg.), Personenlexikon Österreich. 2001.

PRÖLL Erwin, Dipl.-Ing. Dr. ÖVP
* 24.12.1946, Radlbrunn
Agrarökonom, Radlbrunn

Volks- und Hauptschule, Gymnasium, Hochschule für Bodenkultur.
1972 Berufseintritt beim Österr. Bauernbund. 1992 Landesparteiobmann.

Landesrat (11. WP)	27.03.1980–22.01.1981
Landeshauptmannstv. (11.–13. WP)	22.01.1981–22.10.1992
Landeshauptmann (13.– WP)	22.10.1992–

Quelle: Landtag, Biographisches Handbuch.
Lit.: Ackerl, Isabella/Weissensteiner, Fritz, Österreichisches Personenlexikon der Ersten und Zweiten Republik. 1992; Bruckmüller, Ernst (Hg.), Personenlexikon Österreich. 2001; Friewald-Hofbauer, Theres (Hg.), Erwin Pröll. Wegbeschreibungen. 1999.
Werke: Regionalanalyse des politischen Bezirks Hollabrunn. 1977.

PRÖLL Josef, Dipl.-Ing. ÖVP
* 14.09.1968, Stockerau

Volksschule 1974–1978, Bundesrealgymnasium in Hollabrunn 1978–1986, Studium an der Universität für Bodenkultur in Wien (Landwirtschaft, Agrarökonomie, Dipl.-Ing.) 1987–1993.
 Referent der Niederösterreichischen Landes-Landwirtschaftskammer 1993–1998, Wirtschaftspolitischer Referent im Österreichischen Bauernbund 1998–2000, Assistent der Abgeordneten Agnes Schierhuber im EU Parlament 1998–2000, Direktor des Wiener Bauernbundes 1999–2000, Kabinettschef von Bundesminister Mag. Wilhelm Molterer im Bundesministerium für Land- und Forstwirtschaft, Umwelt und Wasserwirtschaft 2000–2001, Direktor des Österreichischen Bauernbundes 2001–2003.
 Mitglied des Österreich-Konvents 30.6.2003–31.1.2005, Obmann des Parlamentsklubs der ÖVP 28.10.2008–25.11.2008, Bundesparteiobmann der ÖVP seit 2008.

Abg. zum Nationalrat (22. WP)	23.04.2003–25.04.2003
Abg. zum Nationalrat (23. WP)	30.10.2006–09.11.2006
Abg. zum Nationalrat (24. WP)	08.10.2008–02.12.2008
Bundesminister für Land- und Forstwirtschaft, Umwelt und Wasserwirtschaft	28.02.2003–02.12.2008
Vizekanzler	02.12.2008–

Bundesminister für Finanzen   02.12.2008–

Quelle: Parlamentsdirektion; Wikipedia; Josef Pröll führt ÖVP in die Zukunft. In: noe.orf.at.

PÜCHLER Josef   SDAP
* 13.03.1883, Gloggnitz
† 15.03.1971, Wr. Neustadt
Lokomotivführer, Wr. Neustadt

Bau- und Maschinenschlosserlehre, 1904–1907 und 1914–1915 Militärdienst, 1907 Eintritt bei der Südbahngesellschaft, 1908 Lokomotivführer, organisierte nach dem Ersten Weltkrieg in Wr. Neustadt die Stadtwerke.

1919 Vizebürgermeister, Mitglied der Zentralleitung des Republikanischen Schutzbundes; 1934 provozierte er zwei Tage vor den Februarkämpfen einen Streit, um verhaftet zu werden, weil er von der Aussichtslosigkeit des Kampfes überzeugt war. In seiner Partei wurde ihm das nie verziehen.

Abg. zum Landtag (2.–3. WP)   20.05.1927–16.02.1934

Quelle: Landtag, Biographisches Handbuch.

PÜLSL Franz   SDAP
* 22.02.1875
† 27.12.1946
Parteisekretär, Liesing

1910 im Gemeinderat, 1919–1934 Bezirksparteisekretär, 1921–1934 Vizebürgermeister, Mitgründer der Wohnbaugenossenschaft Wien Süd.

Abg. zum Landtag (1. WP)   24.03.1926–20.05.1927

Quelle: Landtag, Biographisches Handbuch.

PUM Andreas, Ing.   ÖVP
* 20.05.1971, Linz

Volks- und Hauptschule, Höhere Landwirtschaftliche Bundeslehranstalt St. Florian, Matura, Firma Schaumann- Futtermittel, 1993–2007 Agrarmarkt Austria.
    1995 Gemeinderat von St. Valentin, 1996 Stadtrat, 2000 Übernahme des elterlichen Betriebes, 2000 Landwirtschaftskammerrat.

Abg. zum Landtag(16.–WP)	11.06.2007–

Quelle: NÖ Landtag.

RAAB Julius, Ing. DDDr. h.c.   CSP/ÖVP
* 29.11.1891, St. Pölten
† 08.01.1964, Wien
Präsident der Bundeskammer der gewerblichen Wirtschaft, Baumeister

Volksschule, Gymnasium in Seitenstetten, Technische Hochschule (Hoch- und Tiefbau). Bauleiter.
    Mitglied des Gemeinderates von St. Pölten 1927–1933, Mitglied des Bundeswirtschaftsrates 1934–1938, Mitglied des Bundestages 1934–1938, Landesführer der niederösterreichischen Heimwehr 1928, Mitbegründer der ÖVP 1945, Obmann des ÖVP Parlamentsklubs 1945, Bundesparteiobmann der ÖVP 1952–1960, Präsident des Österreichischen Wirtschaftsbundes bis 1963, Handelskammerrat 1935, Präsident der Niederösterreichischen Handelskammer 1938, Präsident der Bundeskammer der gewerblichen Wirtschaft 1946, Kandidat für die Wahl des Bundespräsidenten 1963.
    Raab ist als der »Staatsvertragskanzler« in die Geschichte eingegangen. Seine politische Laufbahn begann Raab als Christlichsozialer im St. Pöltener Gemeinderat. Gleichzeitig war er Abgeordneter zum Nationalrat und niederösterreichischer Heimwehrführer. Im Ständestaat widmete er sich dem Aufbau einer einheitlichen Standesorganisation für die Gewerbetreibenden, zwischen 1938 und 1945 arbeitete er in der Straßenbauabteilung der Wiener Baufirma Kohlmayer. Die Nationalsozialisten ließen ihn ungeschoren (Friedrich Weissensteiner).

Abg. zum Nationalrat (2.–4. WP)	18.05.1927–02.05.1934
Abg. zum Nationalrat (5.–10. WP)	19.12.1945–08.01.1964
Bundesminister für Handel und Verkehr	16.02.1938–11.03.1938
Staatssekretär für öffentliche Bauten	27.04.1945–20.12.1945
Bundeskanzler	02.04.1953–11.04.1961
Betraut mit der einstweiligen Führung der Geschäfte des Bundesministeriums für Handel und Wiederaufbau	21.04.1953–28.04.1953

Quelle: Parlamentsdirektion.
Lit.: Weissensteiner, Friedrich, Der Staatsvertragskanzler Julius Raab. In: WZ Online; Gehler, Michael, Raab, Julius. In: Neue Deutsche Biographie (NDB). Band 21. 2003, 51–53; Schausberger, Franz, Julius Raab und der gescheiterte Versuch, Geschichte umzuschreiben. Salzburg 1994; Prantner, Robert/Kunz, Johannes (Hg.), Julius Raab, Ansichten eines Staatsvertragskanzlers. 1991; Jedlicka, Ludwig, in: NÖB 16; ders. u. Staudinger, Anton, Vom alten zum neuen Österreich, Fallstudien zur österreichischen Zeitgeschichte. 1900–1975. 1977, 451–471; Reichhold, Ludwig, Eine biographische Chronik, 460–65; ders., Geschichte der ÖVP. Wien 1975; Ritschel, Karl Heinz, Julius Raab, Der Staatsvertragskanzler. 1975; Riepl, Hermann, in: Weissensteiner, Friedrich/Weinzierl, Erika (Hg.), Die österreichischen Bundeskanzler, 1983, S. 296–324 (P); Wiltschegg, Walter, Die Heimwehr. 1985; Brusatti, Alois/Heindl, Gottfried (Hg.), Julius Raab, Eine Biographie in Einzeldarstellungen 1985; Gutkas, Karl, Die Vorfahren von Julius Raab; Heindl, Waltraud, Julius Raab in Anekdote und Karikatur; Enderle-Burcel, Gertrude, Christlich – ständisch – autoritär, Mandatare im Ständestaat 1934–1938.

RABL Franz   ÖVP
* 05.06.1928, Radessen
Bauer, Radessen, Post Ludweis

1945 Militärdienst, 1945 Übernahme des elterlichen Betriebes.
    1955 im Gemeinderat, 1966–1997 Bürgermeister (Ludweis, 1972 Zusammenlegung Ludweis – Aigen), mehrere Funktionen in landwirtschaftlichen Genossenschaften, 1969 Vizepräsident des NÖ Zivilschutzverbandes, 1970 Hauptbezirksparteiobmann, 1980 Vizepräsident des Österr. Schwarzen Kreuzes.

Abg. zum Landtag (8.–12. WP)   19.11.1964–19.02.1988

Quelle: Landtag, Biographisches Handbuch.

RADA Robert, Dr.   SPÖ
* 13.04.1949, Aalfang

Volksschule in Amaliendorf 1955–1959, Hauptschule in Heidenreichstein 1959–1963, Musisch-Pädagogisches Realgymnasium in Wr. Neustadt 1963–1968, Pädagogische Akademie in Baden 1968–1970, Studium der Geisteswissenschaften an der Universität Wien (Dr. phil.) 1976–1980. Hauptschullehrer 1970–1987, Bezirksschulinspektor 1987–1994, Landesschulinspektor seit 1994.

Mitglied des Gemeinderates der Großgemeinde Groß-Enzersdorf 1982–1995, Stadtrat der Großgemeinde Groß-Enzersdorf 1985–1995, Bezirksparteivorsitzender der SPÖ Gänserndorf seit 1996.

Abg. zum Nationalrat (19.–23. WP)	07.11.1994–27.10.2008

Quelle: Parlamentsdirektion.

RÄDLE Johann ÖVP
* 13.06.1952, Bad Erlach

Volksschule 1958–1962, Hauptschule 1962–1966, Polytechnischer Lehrgang 1966–1967, landwirtschaftliche Fachschule 1968–1970. Zivilschutzlehrer 1974–1981, Pressereferent beim Amt der Niederösterreichischen Landesregierung 1981–1993, Geschäftsführer im Bereich Umweltconsulting 1993–2007.
   Mitglied des Gemeinderates von Bad Erlach 1980–2000, Bürgermeister von Bad Erlach seit 2000, Gründungsmitglied der Jungen ÖVP Bad Erlach 1968, Gemeindeparteiobmann der ÖVP Bad Erlach seit 1977, Bezirksparteiobmann der ÖVP Wr. Neustadt seit 1986, Bezirksobmann des ÖAAB Wr. Neustadt seit 1996.

Abg. zum Nationalrat (22.– WP)	20.12.2002–

Quelle: Parlamentsdirektion; private Homepage.

RAM Thomas, Mag. FPÖ
* 21.01.1972, Wien

Volksschule, Allgemeinbildende Höhere Schule in Schwechat 1982–1990, Präsenzdienst 1996–1997, Studium der Betriebswirtschaftslehre an der Wirtschaftsuniversität Wien (Mag. rer. soc. oec.) 1990–2002.
   Mitglied des Gemeinderates von Fischamend 1995–1996, Stadtrat von Fischamend seit 1996; Landesparteisekretär der FPÖ Niederösterreich seit 1999, Landesparteiobfrau-Stellvertreter der FPÖ Niederösterreich seit 2003.

Mitglied des Bundesrates	16.04.1998–29.11.2002
Abg. zum Landtag (15.–16. WP)	12.12.2002–10.04.2008

Quelle: Parlamentsdirektion; noe.ORF.at.

RAMBOSSEK Edwin, Dkfm. FPÖ
* 13.02.1943, Kapfenberg/Stmk.
Leiter des Rechnungswesens, Perchtoldsdorf

Volksschule, Untergymnasium, Handelsakademie, Hochschule für Welthandel, 1961 Eintritt in die Privatwirtschaft.
    1975 im Gemeinderat, 1993 Obmann des Gemeindevertreterverbandes für Freiheitliche und Unabhängige.

Abg. zum Landtag (13.–15. WP)	15.12.1992–24.04.2003
Obmann des Finanzkontrollausschusses (13.–14. WP)	07.06.1993–30.06.1998

Quelle: Landtag, Biographisches Handbuch.

RAUSCH Bettina, Mag. ÖVP
* 25.12.1979, Scheibbs

Volksschule in Krummnußbaum 1985–1989, Stiftsgymnasium der Benediktiner in Melk 1989–1997, Europa-Wirtschaftsschulen Wien (Tourismuskolleg) 1997–1999, Studium der Rechtswissenschaften, Publizistik und Kommunikationswissenschaften, Politikwissenschaft an der Universität Wien (Mag. phil. 2009) 2003–2009 Reisebüro-Assistentin 1999–2000; parlamentarische Mitarbeiterin (MEP Ursula Stenzel) 2000–2003, Projektmanagement »Die Junge Akademie NÖ« 2003–2004, Sales & Produktmanagement Online-Marketing (Vorarlberger Medienhaus/Tourismus Technologie GmbH).
    2005–2007 Mitglied des Landespräsidiums der Jungen Volkspartei Niederösterreich seit 2001, Landesobfrau der Jungen Volkspartei Niederösterreich seit 2004, Mitglied des Landesparteivorstandes der ÖVP Niederösterreich seit 2004.

Mitglied des Bundesrates	10.04.2008–

Quelle: Parlamentsdirektion.

RAUSCHA Julie SDAP
* 07.04.1878, Wr. Neustadt
† 19.02.1926, Wr. Neustadt

Private Volksschule, Bürgerschule. Haushaltshilfe, Arbeiterin in der Drahtstiftenfabrik Burkhardt, Heimarbeiterin, Arbeiterin in der Munitionsfabrik Wöllersdorf.

Mitglied des Gemeinderates von Wr. Neustadt 1918–1926, Mitglied des Landesparteivorstandes der SDAP Wien und Niederösterreich, Vorsitzende des Landesfrauenkomitees der SDAP Niederösterreich, Mitbegründerin des Konsumvereins Wr. Neustadt.

Mitglied der Konst. Nationalversammlung	05.06.1919–09.11.1920
Abg. zum Nationalrat (1.–2. WP)	10.11.1920–19.02.1926

Quelle: Parlamentsdirektion.

RAZBORCAN Gerhard   SPÖ
* 24.12.1960, Wien

Volks-, Haupt- und Handelsschule, Angestellter der Sozialversicherungsanstalt der NÖ GKK, Geschäftsführer der Bezirksorganisation Schwechat.
    1995 gf. Gemeinderat, 2005 Vizebürgermeister von Leopoldsdorf/Wien.

Abg. zum Landtag (15.– WP)   07.11.2002–

Quelle: NÖ Landtag.

REICH Viktor, Dr. Ing.   GDVP
* 16.12.1885, Pohorlitz (Südmähren)
† 1942
Landwirt und Professor an der Höheren Staatslehranstalt für Wein- und Obstbau, Klosterneuburg

Hochschule für Bodenkultur in Wien, Universität Leipzig.

Abg. zum Landtag (1.–2. WP)   14.06.1921–21.05.1932

Quelle: Landtag, Biographisches Handbuch.

REIF Johann   SPÖ
* 11.04.1887, Wien
† 10.08.1949, Kritzendorf
Hauptschuldirektor i. R., Kritzendorf

Lehrerbildungsanstalt, 1906 Eintritt in den Wiener Schuldienst, Militärdienst und russische Kriegsgefangenschaft.
   1919–1934 im Gemeinderat, 1935 pensioniert, 1945 Bürgermeister.

Abg. zum Landtag (4. WP)   12.12.1945–05.11.1949

Quelle: Landtag, Biographisches Handbuch.

REIF Konrad   SDAP
* 15.12.1887, Wien
† 13.10.1963, Wien
Bundesbeamter, Purkersdorf

Volks-, Bürger- und Realschule, 1906 Matura und Eintritt in die Postsparkasse, 1923 im Zuge von Einsparungsmaßnahmen (also mit 36 Jahren!) pensioniert und nie wieder reaktiviert.

Abg. zum Landtag (3. WP)   21.05.1932–16.02.1934

Quelle: Landtag, Biographisches Handbuch.

REISCHER Josef   ÖVP
* 30.05.1920, Weissenbach/Triesting
† 17.09.1989, Wien
Bauer, Edla (Weissenbach/Triesting)

Bäuerliche Fachschule, 1940–1945 Militärdienst und Kriegsgefangenschaft.
   1949–1980 im Gemeinderat, 1960–1988 Bezirksbauernkammerobmann, 1970–1980 Obmannstellvertreter des NÖ Bauernbundes, Bezirksparteiobmann.

Abg. zum Landtag (8.–11. WP)   19.11.1964–04.11.1983

Quelle: Landtag, Biographisches Handbuch.

REITER Ferdinand   ÖVP
* 06.02.1926, Ritzing (Burgenland)
Lehrer, Zistersdorf

Gymnasium und Lehrerbildungsanstalt Wien, 1943–1946 Reichsarbeitsdienst, Militärdienst und Kriegsgefangenschaft, Eintritt in den Schuldienst in Zistersdorf.
    1955 im Gemeinderat, 1960–1985 Bürgermeister, 1967–1971 Vizepräsident des Österreichischen Gemeindebundes und 1971–1987 Präsident, 1969–1971 Vizepräsident des NÖ Roten Kreuzes, 1973–1986 Obmann des ÖVP Gemeindevertreterverbandes NÖ, diverse Parteifunktionen, 1986 Ehrenring des Landes NÖ.

Abg. zum Landtag (7.–12. WP)	25.04.1963–25.02.1988
3. Präsident (8.–11. WP)	19.11.1964–09.04.1981
Präsident (11.–12. WP)	09.04.1981–25.02.1988

Quelle: Landtag, Biographisches Handbuch.

REITERER Hannelore, geb. Höbaus   SPÖ
* 07.09.1941, Neunkirchen
Gummiarbeiterin, Ternitz

Volks- und Hauptschule, 1957 Berufseintritt bei Fa. Semperit.
    1985 im Gemeinderat.

Abg. zum Landtag (12. WP)	01.12.1987–17.11.1988

Quelle: Landtag, Biographisches Handbuch.

REITHER Hans (Johann)   SDAP
* 03.06.1874, Hadres
† 05.12.1941
Oberschaffner, Gmünd

1933–1934 Bürgermeister, schon vorher besonders um den Wohnbau bemüht.

Abg. zum Landtag (1.–2. WP)	11.05.1921–21.05.1932

Quelle: Landtag, Biographisches Handbuch.

REITHER Josef CSP/StL/ÖVP
* 26.06.1880, Langenrohr
† 30.04.1950, Tulln
Wirtschaftsbesitzer, Langenrohr

Dreiklassige Volksschule, Übernahme der elterlichen Wirtschaft.
 1912–1924 Bürgermeister, 1922 Vizepräsident und 1925–1938 Präsident der Landes-Landwirtschaftskammer, bald danach auch Präsident der NÖ Brandschadenversicherung AG, 1928 Obmann des NÖ Bauernbundes, Vorstandsmitglied des österr. Bauernbundes, 1935–1938 Vertreter Niederösterreichs im Länderrat und Mitglied des Bundestages, 1938–1941 KZ Dachau, 1944–1945 KZ Ravensbrück, 1945–1949 Klubobmann, 1945–1947 Präsident des Österr. Bauernbundes, 1945–1950 Präsident der NÖ Landes-Landwirtschaftskammer, 1946–1949 Vorsitzender der Präsidentenkonferenz der Landwirtschaftskammern .

Abg. zum Landtag (1.–3. WP)	11.05.1921–30.10.1934
Abg. zum Landtag (4.–5. WP)	12.12.1945–30.04.1950
Landeshauptmannstv. (1.–2. WP)	17.02.1925–30.06.1931
Landeshauptmannstv. (3. WP)	21.05.1932–17.05.1933
Landeshauptmann (2. WP)	01.07.1931–21.05.1932
Landeshauptmann (3. WP)	18.05.1933–30.10.1934
Landeshauptmannstv.	22.11.1934–12.03.1938
Landeshauptmann (4. WP)	12.12.1945–02.05.1949
Bundesminister für Land- und Forstwirtschaft	30.07.1934–17.10.1935

Quelle: Landtag, Biographisches Handbuch.
Lit.: Christlich – ständisch – autoritär. Mandatare im Ständestaat 1934–1938. Wien 1991; Ackerl, Isabella/Weissensteiner, Fritz, Österreichisches Personenlexikon der Ersten und Zweiten Republik. 1992; Bruckmüller, Ernst (Hg.), Personenlexikon Österreich. 2001.

REITMAIER Adolf SDAP
* 12.06.1895, Weyer OÖ
† 04.09.1963, Wien
Parteisekretär, St. Pölten

Volks- und Bürgerschule, Zuckerbäckerlehre, Parteischule, Redakteur. 1921–1925 Personalvertreter im Heeresministerium. 1934 verhaftet; nach dem Zweiten Weltkrieg einige Jahre Sekretär des Wiener Bürgermeisters Theodor Körner.

Abg. zum Landtag (3. WP)   21.05.1932–16.02.1934

Quelle: Landtag, Biographisches Handbuch.

REITZL Anton   ÖVP
* 03.06.1915, Wien
† 12.02.1994, Waterloo (Kanada)
Malermeister, St. Pölten

Abg. zum Landtag (5. WP)   05.11.1949–10.11.1954

Quelle: Landtag, Biographisches Handbuch.

REIXENARTNER Josef   SPÖ
* 06.07.1928, Thal/Muggendorf
† 29.01.1988, Wr. Neustadt
Papiermacher, Waidmannsfeld

Kfm. Lehre, Militärdienst. 1964–1984 Zentralbetriebsratsobmann der Firma Bunzl & Biach. Mitglied des Zentralvorstandes der Chemiearbeitergewerkschaft.
   1965–1985 im Gemeinderat.

Abg. zum Landtag (11.–12. WP)   19.04.1979–06.06.1984

Quelle: Landtag, Biographisches Handbuch.

RENNER Karin, Mag., geb. Krehlik.   SPÖ
* 02.08.1965, Wien

Volksschule, Integrierte Gesamtschule, Handelsschule, Privatwirtschaft, Beamtin im Verwaltungsgerichtshof, Studium der Politikwissenschaft und Pädagogik.
   2000 Vizebürgermeisterin, 2008 Vizepräsidentin des Verbandes sozialdemokratischer Gemeindevertreter in NÖ.

Abg. zum Landtag(16.– WP)   24.04.2003–

Quelle: NÖ Landtag.

RENNER Karl, Dr. iur. SDAP
* 14.12.1870, Unter-Tannowitz/Dolni Dunajovice (Mähren)
† 31.12.1950, Wien SPÖ
Generalstaatsbibliothekar., Gloggnitz

Volksschule, Gymnasium, Universität Wien (Jus), 1898 Promotion, Bibliothekar der Reichsratsbibliothek. Verfasser zahlreicher Broschüren unter den Pseudonymen Synopticus und Rudolf Springer.

1907–1918 Reichsratsabgeordneter, Leiter der österreichischen Delegation bei den Friedensverhandlungen von St. Germain, 1923 Gründer der Arbeiterbank (heute BAWAG). 1934 vorübergehend verhaftet. 1945 Mitgründer der SPÖ.

Abg. zum Landtag (1. WP)	11 05.1921–14.09.1922
Mitglied der Prov. Nationalversammlung	21.10.1918–16.02.1919
Mitglied der Konst. Nationalversammlung	04.03.1919–09.11.1920
Abg. zum Nationalrat (1.–3. WP)	10.11.1920–01.10.1930
Abg. zum Nationalrat (4. WP)	02.12.1930–17.02.1934
Abg. zum Nationalrat (5. WP)	19.12.1945–20.12.1945
Leiter der Staatskanzlei (Staatskanzler)	30.10.1918–15.03.1919
Staatskanzler	15.03.1919–07.07.1920
Leiter des Staatsamtes für Inneres und Unterricht	15.03.1919–09.05.1919
Leiter des Staatsamtes für Äußeres	26.07.1919–17.10.1919
Staatssekretär für Äußeres	17.10.1919–22.10.1920
Präsident d. Nationalrates (4. WP)	29.04.1931–04.03.1933
Staatskanzler	27.04.1945–20.12.1945
Bundespräsident	20.12.1945–31.12.1950

Quelle: Parlamentsdirektion.
Lit.: Wodak, Walter, Briefwechsel Karl Renner – 1945–1949, in: Diplomatie zwischen Ost und West, hg. von Leser, Norbert (Österr. Diplomaten 4, Wien 1976) etc. L.: Almanach Wien 101, 1952, S. 296ff.; Stanley, Guy, Die brit. Vorbehalte gegenüber der provisor. Regierung Renner 1945, in: Zeitgeschichte 3, 1975/76, S. 38ff.; Neue Österr. Biogr. 9, 1956, S. 9ff.; Verosta, Stefan, Theorie und Realität von Bündnissen; Lammasch, Heinrich, Karl Renner und der Zweibund (1897-1914). 1971; Reisel, R., Karl Renner und die Führung der österr. Außenpolitik vom 26.07.1919–21.10.1920, phil. Diss. Wien, 1972; Kann, Robert A., Renners Beitrag zur Lösung nationaler Konflikte im Lichte nationaler Probleme der Gegenwart (= Sbb. Wien, phil.-hist. Kl. 279/4), 1973; Leser, Norbert, Karl Renner. In: 1000 Jahre Österr., hg. von Pollak, W., 3. 1974, S. 217ff.; ders., Karl Renner. als Theoretiker des Sozialismus und Marxismus,

in: Wissenschaft und Weltbild. 1975, S. 441ff.; Wagnleitner, Reinhold, Grossbritannien und die Wiedererrichtung der Republik Österreich, phil. Diss. 1975, 97, 100ff., 166, 175f., 181f., 239f., 245f.; Leser, Norbert, Karl Renner als Politikwissenschaftler, in: FS für Christian Broda, hg. von Neider, M. 1976; S. 169ff., Nasko, Siegfried (Hg.), Dr. Karl Renner – vom Bauernsohn zum Bundespräsidenten, Dr.-Karl-Renner-Museum, Gloggnitz 1979 (Kat.); in Dokumenten und Erinnerungen, hg. von Nasko, Siegfried, 1982; Die österreichischen Bundeskanzler. Leben und Werk, hg. von Weissensteiner/Friedrich, Weinzierl, Erika. 1983.
Werke: Der Kampf der Österr. Nationen um den Staat. 1902; Grundlagen und Entwicklungsziele der Österr.-Ung. Monarchie, 1906; Österr. Erneuerung, 3 Bde., 1.–3. Aufl. 1916; ders., An der Wende zweier Zeiten. Lebenserinnerungen von K. R., 1.–2. Aufl. 1946.

RENNER Walter   SPÖ
* 25.03.1940, Säusenstein

Pflichtschulen, Handelsschule in St. Pölten. Angestellter der Niederösterreichischen Gebietskrankenkasse seit 1956, Bezirksstellenleiter der Bezirksstelle Pöchlarn der Niederösterreichischen Gebietskrankenkasse seit 1986.
Vizebürgermeister der Gemeinde Säusenstein 1970, Mitglied des Gemeinderates der Stadtgemeinde Ybbs/Donau 1971–1993, Finanzstadtrat der Stadtgemeinde Ybbs/Donau 1980–1984, Bezirksparteivorsitzender der SPÖ Melk/Donau 1983–1990, Ortsparteivorsitzender der SPÖ Säusenstein seit 1967, Betriebsrats-Obmann der Bezirksstelle Pöchlarn der Niederösterreichischen Gebietskrankenkasse seit 1969.

Abg. zum Nationalrat (16. WP)   01.10.1983–16.12.1986
Abg. zum Nationalrat (17. WP)   27.01.1987–04.11.1990

Quelle: Parlamentsdirektion.

RENNHOFER Johann, Dipl.-Ing.   ÖVP
* 04.05.1936, Neunkirchen
Landesbeamter, Lilienfeld

Volksschule und Gymnasium Neunkirchen, Hochschule für Bodenkultur (Forstwirtschaft), 1960 Eintritt in den NÖ Landesdienst, ab 1968 in Lilienfeld.
Hauptbezirksparteiobmann, 1980–1986 Stadtrat, 1986–1995 im Gemeinderat.

Abg. zum Landtag (12.–13. WP)   08.11.1984–07.06.1993

Quelle: Landtag, Biographisches Handbuch.

RENTMEISTER Walter, Mag.   NSDAP
* 03.12.1894, Feldbach, Stmk.
† 03.12.1964
Angestellter, Apotheker, Oberlaa

Gymnasium Graz und Klagenfurt, Universität Prag (Pharmazie), zeitweise Militärdienst, 1919 Flucht nach Klagenfurt.
  1922 im Gemeinderat, 1923–1925 Landesleiter der NSDAP, 1926 Übersiedlung nach Wien, hier bis 1928 Gauleiter, 1931 Übersiedlung nach Oberlaa, 1933 Flucht nach Deutschland (Berlin, Arbeitsfront), 1934 deutscher Staatsbürger, 1938 Rückkehr, 1941 freiwillig zur Wehrmacht (Sanitätsdepot für das Afrikakorps in Neapel), 1943 Rückkehr nach Wien, Stadtrat, 1945 nach Deutschland abgeschoben, 1947 zurück nach Wien und 1951 zu sechs Jahren Kerker verurteilt, 1959 Erwerb einer Apotheke in der Steiermark.

Abg. zum Landtag (3. WP)   21.05.1932–23.06.1933

Quelle: Landtag, Biographisches Handbuch.

RESCH Roman   ÖVP
* 27.05.1922, Krems/Donau
† 02.06.1976
Arbeiter, Krems-Lerchenfeld

Volks- und Hauptschule, Maschinenschlosserlehre, während des Krieges zwei Jahre Maschineningenieurschule, 1941–1945 Militärdienst (Marine).
  1946 Eintritt in die NEWAG (heute EVN), dort selbst maßgeblich am Aufbau der Betriebsorganisation des ÖAAB beteiligt, 1955 Zentralbetriebsratsobmann.

Abg. zum Landtag (7.–8. WP)   10.03.1960–20.12.1967
Landesrat (8. WP)   19.11.1964–20.12.1967

Quelle: Landtag, Biographisches Handbuch.

Verzeichnis der Mandatare 275

RESCHNY Hermann   NSDAP
* 15.06.1898, Wien-Stammersdorf
† 07.01.1971, Graz
Fachlehrer, Stammersdorf

1919 Lehrer (1933 entlassen). 1925–1933 Führer der SA in Österreich. Flucht nach Deutschland und dort 1933–1938 Führer der Österr. Legion, 1936–1945 Mitglied des Großdeutschen Reichstages, 1938 Hauptmann der Wehrmacht. 1948 zu 16 Jahren Haft verurteilt, 1957 amnestiert.

Abg. zum Landtag (3. WP)	21.05.1932–02.06.1932
Mitglied des Bundesrates	03.06.1932–30.06.1933

Quelle: Landtag, Biographisches Handbuch.
Lit.: Bruckmüller, Ernst (Hg.); Personenlexikon Österreich. 2001.

RICHTER Paul   SDAP
* 22.11.1877, Dresden
† 20.01.1958, Wien

Beamter, Volksschule, Bürgerschule, erlernter Beruf: Ziseleur, Fortbildungskurse. Beamter der Allgemeinen Arbeiter-Kranken- und Unterstützungskassa 1905, Herausgeber und Chefredakteur der Sozialdemokratischen Mitgliederzeitschrift »Der Sozialdemokrat« 1922–1934.

Abgeordneter zum Niederösterreichischen Landtag, Gründung des Sozialdemokratischen Wahlvereins Rudolfsheim 1896, Mitglied der Landesparteivertretung der SDAP Niederösterreich 1902, in den Parteivorstand der SDAP berufen 1917, Zentralvorstandsmitglied des Metallarbeiterverbandes. Politische Freiheitsstrafen: 1934 und 1944 Haft.

Mitglied der Konst. Nationalversammlung	04.03.1919–09.11.1920
Abg. zum Nationalrat (1.–3. WP)	10.11.1920–01.10.1930
Abg. zum Nationalrat (4. WP)	02.12.1930–17.02.1934

Quelle: Parlamentsdirektion.

RIEDL Alfred, Mag. rer. soc. oec. Ing. ÖVP
* 07.11.1952, Grafenwörth
Wirtschaftstreuhänder, Grafenwörth

Pflichtschulen, HBLA »Francisco-Josephinum« Wieselburg, WU Wien.
1985 im Gemeinderat, 1990 Bürgermeister von Grafenwörth, Vizepräsident des NÖ Gemeindevertreterverbandes der ÖVP.

Abg. zum Landtag (15.– WP) 16.04.1998–

Quelle: Landtag, Biographisches Handbuch.

RIEDL Walter ÖVP
* 17.07.1952, Laa/Thaya
† 30.08.2001, Tiefgraben (Oberösterreich)

Volksschule, Gymnasium, Handelsschule, Handelsakademie (Matura 1972). Büroangestellter, Tätigkeit in einer Steuerberatungskanzlei 1973, selbstständiger Steuerberater seit 1980.
  Finanzstadtrat in Laa/Thaya 1982–1988, Leiter der Zukunftswerkstatt Bezirk Mistelbach, Vorstandsmitglied der Hauptbezirksparteileitung der ÖVP Mistelbach 1990–1992, Vorstandsmitglied der Bezirksparteileitung der ÖVP Mistelbach 1992–1996, Bezirksgruppenobmann des Österreichischen Wirtschaftsbundes, Bezirk Laa/Thaya 1988–1992, Teilbezirksgruppenobmann des Österreichischen Wirtschaftsbundes, Bezirk Laa/Thaya.
  1992–1997 Mitglied des Landesgruppenvorstandes und der Landesgruppenleitung des Österreichischen Wirtschaftsbundes, Landesgruppe Niederösterreich 1991–1997.

Abg. zum Nationalrat (18. WP) 18.12 1990–21.10.1991
Abg. zum Nationalrat (18. WP) 29.01.1993–06.11.1994

Quelle: Parlamentsdirektion.

RIEFLER Ferdinand ÖVP
* 04.12.1897, Wien
† 18.05.1975, Hollabrunn
Postbeamter, Chefredakteur der Volkspresse, Obritz

Während der NS-Zeit zwei Jahre in Haft, dann Gauverbot in Wien und Übersiedlung nach Obritz (Heimatgemeinde seiner Gattin), Militärdienst. Am 28. August 1946 von der russischen Besatzungsmacht verschleppt, zu vier Jahren Arbeitslager verurteilt und nach Russland gebracht, nach sechs Jahren entlassen und am 27. Juli 1952 schwer krank zurückgekehrt. Der Beschluss des Ministerrates vom 12. November 1946, dass das Bundeskanzleramt die entsprechenden Schritte zur Heimkehr Rieflers unternehmen werde, war erfolglos geblieben. Als Gründe für seine Verhaftung nannte Abg. Riefler seine Reden, welche er gemeinsam mit dem Sekretär des Bauernbundes, Schretter, im Erdölgebiet gehalten hatte, und die Sicherstellung eines Buches mit dem Titel »Der deutsche Bauernkrieg« aus seiner Privatbibliothek während der Hausdurchsuchung anlässlich seiner Verhaftung. Sein Mandat wurde ihm bis zum Ende der Gesetzgebungsperiode freigehalten.

Fast gleichzeitig wurde auch der Abg. Franz Gruber verschleppt. Riefler hat seine Erlebnisse in dem Buch »Verschleppt-Verbannt-Unvergessen« (1956) ausführlich beschrieben.

Abg. zum Landtag (4. WP)　　　　　　　　　　　　　　　12.12.1945–05.11.1949

Quelle: Landtag, Biographisches Handbuch.

RIEL Franz, Dr. iur. Dr. phil.　　　　　　　　　　　　　　　　　　　ÖVP
* 06.10.1895, Horn
† 04.07.1952, Krems
Rechtsanwalt, Krems/Donau

Gymnasium, 1914–1918 Militärdienst, Universität Wien (Geschichte und Geographie, dann Jus), 1932 selbstständiger Rechtsanwalt.
　　1935–1938 im Gemeinderat, 1945–1950 Bürgermeister.

Abg. zum Landtag (4. WP)　　　　　　　　　　　　　　　12.12.1945–05.11.1949

Quelle: Landtag, Biographisches Handbuch.

RIESS Julian　　　　　　　　　　　　　　　　　　　　　　　　　　　StL
* 08.01.1891
† 29.01.1991
Fabrikant, Ybbsitz
Ständischer Landtag – Vertreter für Industrie und Bergbau

Entstammt einer alten Pfannenschmiedfamilie (er war der letzte geprüfte Pfannenschmied), 1923 mit seinen Brüdern Gründung eines Stanz- und Emailwerkes, später Bau zweier E-Werke.

 Legte nach kurzer Zeit sein Mandat aus Protest gegen Gesetzesbeschlüsse zurück. Gemeinderat.

Mitglied d. Ständ. Landtages	22.11.1934–28.12.1934

Quelle: Landtag, Biographisches Handbuch.

RIESS Susanne   FPÖ
* 15.09.1961, Mödling

Pflichtschulen, Höhere Bundeslehranstalt für wirtschaftliche Frauenberufe (Matura 1981), Studium an der Wirtschaftsuniversität Wien. Praxis in diversen Banken, Assistentin der Geschäftsführung im Familienbetrieb Firma Loysch in Melk seit 1989.

Abg. zum Nationalrat (18. WP)	09.06.1993–06.11.1994
Abg. zum Nationalrat (20. WP)	25.05.1998–28.10.1999

Quelle: Parlamentsdirektion.

RIGL Karl   ÖVP
* 13.05.1909
† 11.12.1971
Elektromeister, St. Pölten

Bürger- und Handelsschule, Abendkurse, 1935 selbstständiger Elektrotechniker, 1940–1945 Militärdienst und Kriegsgefangenschaft.

 1955–1960 im Gemeinderat, 1960–1970 Landesinnungsmeister, verschiedene weitere Kammerfunktionen.

Abg. zum Landtag (8.–9. WP)	19.11.1964–11.12.1971

Quelle: Landtag, Biographisches Handbuch.

RINKE Ingeborg, geb. Wallnberger   ÖVP
* 04.03.1952, Villach

Volksschule, AHS-Unterstufe, Fotografin.
 1994 Gemeinderat, 1997–2003 Erste Vizebürgermeisterin, Bezirksleiterin der ÖVP Frauen, 2007 Bürgermeisterin.

Abg. zum Landtag (16.– WP)   24.04.2003–

Quelle: NÖ Landtag.

ROBL Josef, Dipl.-Ing.   ÖVP
* 06.05.1918, Kleinrötz
† 08.04.2005, Stockerau
Bauernbunddirektor, Kleinrötz

Volksschule, Realgymnasium Korneuburg und Stockerau, 1938–1945 Militärdienst, Hochschule für Bodenkultur (Landwirtschaft).
 1948 Sekretär im NÖ Bauernbund, 1966–1983 NÖ Bauernbunddirektor.

Abg. zum Landtag (7.–11. WP)   04.06.1959–09.04.1981
Präsident (9.–11. WP)   20.11.1969–09.04.1981

Quelle: Landtag, Biographisches Handbuch.

RÖSCH Eduard   SDAP
* 07.10.1870, Wien
† 11.05.1937, Stockerau

Acht Klassen Volksschule, Bürstenmacher, Staatsgewerbeschule, Fortbildungskurse. Meister in einer Maschinenfabrik mit eigener Bürstenmacherei in Stockerau. Hauptvertrauensmann dieser Fabrik.
 Mitglied des Gemeinderates von Stockerau 1912, Bürgermeister von Stockerau 1918, Abgeordneter zum Niederösterreichischen Landtag 1919–1927, Mitglied der SDAP 1891, Gründung einer Holzarbeitergewerkschaftsgruppe.

Abg. zum Nationalrat (3. WP)   18.05.1927–01.10.1930

Abg. zum Nationalrat (4. WP) 02.12.1930–17.02.1934

Quelle: Parlamentsdirektion.

RÖSCH Otto SPÖ
* 24.03.1917, Wien
† 03.11.1995, Wien

Matura, Studium (Rechte und Philosophie) an den Universitäten Wien und Graz.
    Abgeordneter zum Steiermärkischen Landtag 1953–1959, Funktionen in sozialistischen Jugendorganisationen, Präsident des Pensionistenverbandes Österreichs 1983–1991. Otto Rösch, ehemaliges NSDAP-Mitglied, unterrichtete an der Napola-Traiskirchen, versah seinen Kriegsdienst in der Deutschen Wehrmacht und wurde dort mit dem »Deutschen Kreuz in Gold« ausgezeichnet.

Mitglied des Bundesrates	10.10.1951–15.04.1953
Abg. zum Landtag (7.–8. WP)	04.06.1959–26.05.1966
Landesrat (8.–9. WP)	26.05.1966–21.04.1970
Abg. zum Nationalrat (13.–15. WP)	04.11.1971–18.05.1983
Staatssekretär im Bundesministerium für Landesverteidigung	19.10.1959–19.04.1966
Bundesminister für Inneres	21.04.1970–08.06.1977
Bundesminister für Landesverteidigung	08.06.1977–24.05.1983

Quelle: Parlamentsdirektion; Krause, Biografien; Web-Lexikon der Wiener Sozialdemokratie.
Lit.: Kreiskys braune Minister. In: Der Standard vom 19. Dezember 2005; Eva Blimlinger, Der Mut zum Fleck. In: Der Falter vom 6.Juli 2005.

RÖSEL Franziska, geb. Weiser CSP
* 01.10.1870, Würnitz
† 03.05.1934
Bezirksleiterin der katholischen Frauen, Korneuburg

Volksschule Harmannsdorf, Hauswirtschaftsschule Retz, Bedienstete bei der Gräfin Kinsky-Wilczek.
    Gründung zahlreicher Gruppen der katholischen Frauenorganisation und einer Hebammenorganisation im Burgenland, Gemeinderat in Korneuburg.

Abg. zum Landtag (1. WP)　　　　　　　　　　　　03.04.1925–20.05.1927

Quelle: Landtag, Biographisches Handbuch.

ROHATA Josef　　　　　　　　　　　　　　　　　　　　　　SPÖ
* 18.04.1909, Mödling
† 13.12.1989, Mödling
Buchdrucker, Sekretär, Mödling

Volks- und Bürgerschule, Buchdruckerlehre, 1934 und 1935 verhaftet, 1934–1938 arbeitslos, 1940–1945 Militärdienst und englische Kriegsgefangenschaft.
　1945 Bezirksparteisekretär. 1954–1975 im Gemeinderat, Ehrenbürger.

Abg. zum Landtag (6.–8. WP)　　　　　　　　　　　16.10.1958–20.11.1969

Quelle: Landtag, Biographisches Handbuch.

ROHRBÖCK Lambert　　　　　　　　　　　　　　　　　　ÖVP
* 17.09.1917, Fallbach
† 09.06.2003
Bauer, Fallbach (Loosdorf/Mistelbach)

Volksschule, Landwirtschaftsschule Retz, 1939–1945 Militärdienst.
　1950–1970 im Gemeinderat (dazwischen 1960–1965 Bürgermeister), 1972 Bezirksbauernkammerobmann, 1972–1978 Hauptbezirksparteiobmann.

Abg. zum Landtag (8.–11. WP)　　　　　　　　　　19.11.1964–08.04.1981

Quelle: Landtag, Biographisches Handbuch.

ROMEDER Franz, Mag. iur.　　　　　　　　　　　　　　　ÖVP
* 16.10.1938, Schweiggers
Bauernbundsekretär, Schweiggers

Volksschule, Gymnasium (Stift Zwettl und Melk), Universität Wien (Jus), Werkstudent), Sekretär im NÖ Bauernbund.

1971–1993 Bürgermeister, 1976–1988 gf. Obmann bzw. Obmann des ÖVP-Gemeindevertreterverbandes, 1980–1999 Hauptbezirksparteiobmann, 1987–1999 Präsident des österr. Gemeindebundes, 1998 Ehrenring des Landes NÖ.

Abg. zum Landtag (9.–14. WP)	20.11.1969–16.04.1998
3. Präsiden (11.–12. WP)	09.04.1981–25.02.1988
Präsident (12.–14. WP)	25.02.1988–16.04.1998

Quelle: Landtag, Biographisches Handbuch.

ROMSY Karl   ÖVP
* 01.11.1903, Herrnbaumgarten
† 19.03.1989
Bauer, Herrnbaumgarten

1934–1935 Außendienstbeamter im landwirtschaftlichen Arbeitsamt.
1946–1948 Bürgermeister, 1959–1969 Arbeiter im Wärmekraftwerk Korneuburg.

Abg. zum Landtag (4. WP)	12.12.1945–05.11.1949

Quelle: Landtag, Biographisches Handbuch.

ROSENKRANZ Barbara   FPÖ
* 20. 6.1958, Salzburg
Hausfrau, Rückersdorf

Volksschule 1964–1968, Neusprachliches Gymnasium (Matura) 1968–1976, Studium an der Universität Wien (Geschichte, Philosophie) seit 1976.
  Abgeordnete zum Niederösterreichischen Landtag 1993–2002, Landesparteiobmann-Stellvertreterin der FPÖ Niederösterreich 1996–2003, Landesparteiobfrau der FPÖ Niederösterreich seit 2003, Landesparteisekretärin der FPÖ Niederösterreich 1998–1999, geschäftsführende Klubobfrau des Landtagklubs der FPÖ Niederösterreich 2000–2001, Klubobfrau des Landtagklubs der FPÖ Niederösterreich 2001–2002, Obmann-Stellvertreterin des Freiheitlichen Parlamentsklubs 27.10.2006–9.4.2008. Landesrätin für Baurecht und Tierschutz in Niederösterreich. Rosenkranz war Kandidatin der FPÖ für die Bundespräsidentenwahl 2010, bei der sie 15,2 % der Stimmen erhielt.

Abg. zum Landtag (14.–16. WP)   07.06.1993–24.11.2002
Abg. zum Nationalrat (22. WP)   20.12.2002–27.04.2006
Abg. zum Nationalrat (22. WP)   28.04.2006–29.10.2006
Abg. zum Nationalrat (23. WP)   30.10.2006–09.04.2008
Landesrätin (17.– WP)   10.04.2008–

Quelle: Landtag, Biographisches Handbuch; Parlamentsdirektion; Krause, Biografien.
Lit.: Rosenkranz, Barbara, MenschInnen. Gender Mainstreaming – Auf dem Weg zum geschlechtslosen Menschen. Graz 2008,

ROSENKRANZ Walter, Dr.   FPÖ
* 29.07.1962, Krems

Volksschule in Krems 1968–1972, Bundesgymnasium in Krems 1972–1980, Studium der Rechtswissenschaften an der Universität Wien (Dr. iur.) 1980–1989, Studium an der Hochschule für Musik und Darstellende Kunst (Konzertfach Gitarre) 1980–1982, Ausbildung zum Musikschullehrer für NÖ Musikschulen 1978–1980; Vertragsbediensteter im Bundesministerium für Landesverteidigung 1991–1992, Jurist im FP-Landtagsklub Wien 1992–1994, Rechtsanwaltsanwärter 1995–2000, Rechtsanwalt seit 2000.
     Mitglied des Gemeinderates der Stadt Krems seit 1988, Landesparteisekretär der FPÖ Wien 1994, Bundesobmann der Freiheitlichen Studenteninitiative/GSI 1988–1989.

Abg. zum Nationalrat (24.– WP)   28.10.2008–

Quelle: Parlamentsdirektion.

ROSENMAIER Alfredo   SPÖ
* 24.12.1950, Wr. Neustadt

Volks- und Hauptschule, ein Jahr HTL, Berufsschule, Facharbeiterprüfung, Werkmeisterschule, Strahlenschutzbeauftragter, Mess- und Regeltechniker.
     1980 Gemeinderat, 1985 Stadtrat von Ebenfurth, 1996 Bürgermeister, 2008 Vizepräsident des NÖ Zivilschutzverbandes.

Abg. zum Landtag (16.– WP)   24.04.2003–

3. Präsident (17.– WP) 10.04.2008–
Mitglied des Bundesrates 09.01.2002–23.04.2003

Quelle: NÖ Landtag.

ROSENSTINGL Peter FPÖ
* 06.09.1951, Wien

Volksschule 1957–1961, Hauptschule 1961–1965, Berufsschule (erlernter Beruf: Industriekaufmann) 1965–1968; Präsenzdienst 1970. Angestellter mit Ausbildung im Steuerrecht 1968–1978, Prokurist einer Steuerberatungskanzlei 1978, selbstständiger Unternehmer 1981.

Mitglied des Gemeinderates von Gießhübl 1990–1993, Landesparteiobmann-Stellvertreter der FPÖ Niederösterreich 1992–1998, Landesobmann des Ringes Freiheitlicher Wirtschaftstreibender (RFW) Niederösterreich 1989–1998, Bundesobmann-Stellvertreter des Ringes Freiheitlicher Wirtschaftstreibender (RFW) 1991–1998, Kammerrat der Wirtschaftskammer Niederösterreich 1990. Nach Verlusten von über hundert Millionen Schilling im Unternehmen seines Bruders und dem Konkurs seiner Wirtschaftstreuhänderkanzlei setzte sich Rosenstingl am 28. April 1998 nach Brasilien ab. Nachdem sein Verschwinden am 3. Mai in Zusammenhang mit ersten Berichterstattungen über Betrügereien publik geworden war, reagierte die FPÖ am 4. Mai mit der Enthebung Rosenstingls aus allen seinen politischen Funktionen. Kurz darauf stellte der Ring Freiheitlicher Wirtschaftstreibender Niederösterreich, dessen Landesobmann Rosenstingl gewesen war, bei einer Buchprüfung das Fehlen von mehreren Millionen Schilling fest. Zudem wurde bei der Prüfung der FPÖ-Parteikasse das Fehlen von weiteren Geldern entdeckt. In der Folge schloss die FPÖ Rosenstingl am 7. Mai 1998 aus der Partei aus, Rosenstingl selbst wurde am 5. Juni 1998 mit seiner Fluchtgefährtin in Fortaleza festgenommen. Es folgten langwierige Auslieferungsverhandlungen, die am 19. Juni 1999 mit der Überstellung Rosenstingls nach Wien endeten. Nach seiner Auslieferung wurde Rosenstingl in U-Haft genommen und am 14. Dezember 1999 der Prozess gegen ihn eröffnet. Er wurde nach 24 Verhandlungstagen am Landesgericht Wien wegen schweren gewerbsmäßigen Betrugs und Untreue mit einem Gesamtschaden von 51,5 Millionen Schilling zu sieben Jahren Haft verurteilt. Am 19. Februar 2002 wurde Rosenstingl auf Grund einer »fortschreitenden Herzerkrankung« wegen Vollzugsuntauglichkeit aus der Haft entlassen. Die Affäre Rosenstingl führte zu einem politischen Erdbeben und zog innerhalb der FPÖ Niederösterreich weite Kreise. Bernhard Gratzer, Landesparteiobmann der FPÖ Niederösterreich, musste aus allen seinen Ämtern zurücktreten, während Erich Schreiner, Nationalratsabgeordneter der FPÖ aus Niederösterreich, sein Mandat noch im Mai

1998 niedergelegt hatte. Er war mit Rosenstingl über zwei Unternehmen auch beruflich verbunden gewesen. Auch Hermann Mentil, Finanzreferent der FPÖ Niederösterreich, legte zunächst sein Nationalratsmandat zurück, wollte jedoch nicht gänzlich darauf verzichten. Er wurde schließlich aus der FPÖ ausgeschlossen und war ein Jahr lang »wilder« Abgeordneter im Nationalrat.

Abg. zum Nationalrat (18. WP)	05.11.1990–06.11.1994
Abg. zum Nationalrat (19.–20. WP)	07.11.1994–10.05.1998
Abg. zum Nationalrat (20. WP) (ohne Klubzugehörigkeit)	11.05.1998–30.09.1998

Quelle: Parlamentsdirektion; Wikipedia – »Affäre Rosenstingl«; Krause, Biografien.
Lit.: Rosenstingl, Peter, »Ich habe das selbst verbockt«. In: Die Presse vom 22. August 2010.

ROTH-HALVAX Elisabeth (Sissy), geb. Krasser ÖVP
* 02.09.1946, Wien
† 21.08.2009, Maria Lanzendorf

Volksschule in Wien 1952–1956, Realgymnasium in Wien 1956–1960, Gymnasium in Wien 1960–1962, Hotelfachschule 1962–1964; Hotel »Am Stephansplatz« – Rezeption 1964–1965, Österreichisches Verkehrsbüro – Leiterin der Personalabteilung und Personalentwicklung sowie Aus- und Weiterbildung der Hotelgruppe »Austria Trend Hotels« 1965–2000.

Bürgermeisterin der Gemeinde Maria Lanzendorf 2000–2009, Bezirksobfrau des ÖAAB Schwechat 2003–2009, Obfrau des Gemeindevertreterverbandes (GVV) Wien-Umgebung 1990–2009, Vorstandsmitglied des Niederösterreichischen GVV 1990–2009, Obfrau-Stellvertreterin der Niederösterreichischen Dorf- und Stadterneuerung 2003–2009.

Abg. zum Landtag (15.– WP)	16.04.1998–
Mitglied des Bundesrates	01.01.2004–31.12.2005
Präsidentin des Bundesrates	01 01.2006–30.06.2006

Quelle: Landtag, Biographisches Handbuch; Parlamentsdirektion; Krause, Biografien.
Lit.: Kosak, Daniel, Trauer: Bürgermeisterin Roth-Halvax verstorben. In: Österreichischer Gemeindebund, Mitteilung vom 24. 8. 2009.

ROZUM Karl ÖVP
* 01.01.1937, St. Pölten
† 02.12.1988, Wien
Privatangestellter, Neulengbach

Volks- und Hauptschule, Maschinenschlosserlehre, technischer Zeichner.
    1964–1982 ÖAAB-Bezirksobmann, 1971–1988 Landessekretär des NÖ ÖAAB, 1965–1988 im Gemeinderat von Neulengbach, 1982–1988 ÖAAB-Hauptbezirksparteiobmann.

Abg. zum Landtag (10.–13. WP) 11.07.1974–02.12.1988

Quelle: Landtag, Biographisches Handbuch.

RUCKTESCHL Leopold SDAP
* 08.07.1882, Fischamend
† 15.12.1957
Tischler, Markt Fischamend

Volksschule, Tischlerlehre, 1914–1918 Militärdienst.
    1919 Gemeinderat, 1929–1934 Bürgermeister, 1934 und 1944 inhaftiert. 1945–1954 (Rückgliederung nach NÖ) Ortsvorsteher, 1954–1955 Bürgermeister; auch in der Bau- und Holzarbeitergewerkschaft tätig.

Abg. zum Landtag (3. WP) 21.05.1932–16.02.1934

Quelle: Landtag, Biographisches Handbuch.

RUPP Anton SPÖ
* 16.03.1941, Wiesing
Werkzeugmacher, Herzogenburg

Volks- und Hauptschule, Werkzeugmacher.
    1967 im Gemeinderat, 1971 Betriebsratsobmann, 1975 Vizebürgermeister, 1984 Bürgermeister.

Abg. zum Landtag (12.–15. WP) 01.12.1983–24.04.2003

Quelle: Landtag, Biographisches Handbuch.

RUPP Franz   ÖVP
* 16.04.1938, Höflein
Bauer, Höflein

Volks- und Hauptschule, landwirtschaftliche Fachschule. 1965 im Gemeinderat.
1975 Bürgermeister, 1978–1993 Hauptbezirksparteiobmann, 1988 Obmannstellvertreter und 1992 Obmann des ÖVP-Gemeindevertreterverbandes NÖ.

Abg. zum Landtag (11.–13. WP)   19.02.1981–07.06.1993

Quelle: Landtag, Biographisches Handbuch.

RUPP Josef   CSP/ÖVP
* 11.09.1895, Höflein
† 16.02.1962, Wien

Volksschule, Bürgerschule; Bauer.
  Mitglied des Gemeinderates von Höflein bei Bruck/Leitha 1929–1938, Mitglied der Landes-Landwirtschaftskammer Niederösterreich, Obmann des Bezirksbauernrates. Politische Freiheitsstrafen: 1939 verhaftet, mehrmonatige Gefängnishaft, viereinhalb Jahre in den Konzentrationslagern Buchenwald und Sachsenhausen, 24 Monate Verbannung.

Mitglied des Bundesrates   27.04.1934–02.05.1934
Abg. zum Nationalrat (5. WP)   19.12.1945–08.11.1949

Quelle: Parlamentsdirektion.

SABELKO Adolf   CSP
* 17.05.1890, Finsternau (Niederösterreich)
† 20.02.1973, Obergrafendorf

Volksschule, Mittelschule in Waidhofen/Thaya und Melk, Studium der Theologie in St. Pölten (Priesterweihe 1914); Seelsorger in den Pfarren Maria Anzbach, Ottenschlag, Großgöttfritz, Steinakirchen, Neulengbach, Gerersdorf, St. Margarethen/Sierning und Weinburg, Direktor des Katholischen Volksbundes 1924–1929, Pfarrer in Obergrafendorf 1935–1963, Dechant des Dekanates St. Pölten-Land 1937–1963, Monsignore.

Mitglied des Bundesrates   03.06.1932–14.12.1933

Quelle: Parlamentsdirektion.

SACHER Ewald   SPÖ
* 03.08.1949, Krems
Schuldirektor, Krems

Volksschule in Krems-Lerchenfeld 1955–1959, Bundesrealschule in Krems 1959–1963, Handelsakademie in Krems 1963–1968, Pädagogische Akademie Krems 1970–1972, Pädagogisches Institut des Bundes in Baden 1973–1974. Kaufmännischer Angestellter bei der VOEST-Alpine Krems 1969–1970, Volksschullehrer im Bezirk Krems-Rehberg 1972–1975, Hauptschullehrer in Krems-Stein 1975–1981, Volksschuldirektor in Krems-Lerchenfeld 1981–1993.
   Mitglied des Gemeinderates der Stadt Krems/Donau 1981–1982, Stadtrat der Stadt Krems an der Donau 1982–1983, Vizebürgermeister der Stadt Krems/Donau 1983–2000, Vorsitzender der SPÖ-Stadtorganisation Krems 1979–1993, Stellvertretender Vorsitzender der SPÖ-Bezirksorganisation Krems 1989, Vorsitzender der SPÖ-Bezirksorganisation Krems 1993, Klubobmann der SPÖ Niederösterreich 1999–2003, Präsident der Volkshilfe Niederösterreich seit 2004, Vizepräsident der Volkshilfe Österreich seit 2007, Vorsitzender des Niederösterreichischen Kulturforums seit 2005.

Mitglied des Bundesrates   08.02.1993–06.06.1993
Abg. zum Landtag (14.–17. WP)   70.06.1993–27.10.2008
2. Präsident (16. WP)   24.04.2003–10.04.2008
Abg. zum Nationalrat (24.– WP)   28.10.2008–

Quelle: Landtag, Biographisches Handbuch; Parlamentsdirektion; Krause, Biografien.

SAILER Georg   SDAP
* 08.02.1874, Wien
† 14.12.1935, Wien

Volksschule, Bürgerschule, Gremialfachschule für Buchdrucker, Tätigkeit als Schriftsetzer und Korrektor.
   Geschäftsführer des Konsumvereines »Vorwärts« 1907, Sekretär im Zentralverband österreichischer Konsumvereine, Mitglied des Landesparteivorstandes der

SDAP Burgenland 1922–1934, Mitglied der Landesparteikontrolle der SDAP Burgenland 1924–1926.

Abg. zum Landtag (Kurie Wien)	20.05.1919–30.12.1920
Mitglied des Bundesrates	08.02.1920–13.07.1922
Abgeordneter zum Nationalrat (1–3. WP)	13.07.1922–01.10.1930

Quelle: Parlamentsdirektion.

SALIGER Rudolf NSDAP
* 21.01.1882, Weidenau, Schlesien
† ???
Oberstleutnant im Bundesheer, Korneuburg

Gymnasium Weidenau, 1901 Matura, technische Militärakademie Wien, 1904 Eintritt in das Militär, bei dem er auch nach dem Ersten Weltkrieg verblieb (hoch dekoriert), 1933 verhaftet.

Abg. zum Landtag (3. WP)	21.05.1932–23.06.1933

Quelle: Landtag, Biographisches Handbuch

SAMWALD Franz SPÖ
* 17.12.1931, Pottschach
† 21.12.1995, Wr. Neustadt
Bezirkssekretär

Berufsschule, Sozialakademie in Mödling, Werkmeisterkurs (erlernter Beruf: Schlosser). Hilfsarbeiter bei der Firma Semperit 1945–1946, Schlosserlehre in der Firma Schoeller-Bleckmann 1946–1949, Angestellter der Vereinigten Edelstahlwerke AG (VEW).
    Bezirkssekretär der SPÖ Neunkirchen 1960–1970. Mitglied des Gemeinderates der Gemeinde Pottschach 1960–1965, Bürgermeister der Gemeinde Pottschach 1965–1973, Bürgermeister der Stadtgemeinde Ternitz 1974, Sozialistische Jugend 1945, Bezirksobmann der Sozialistischen Jugend Neunkirchen 1950, Ortsparteivorsitzender der SPÖ Pottschach 1953, Bezirksparteivorsitzender der SPÖ Neunkirchen, Mitglied des Landesparteipräsidiums der SPÖ Niederösterreich 1970.

Abg. zum Nationalrat (11.–17. WP)　　　　　　　　　　26.02.1969–23.11.1987

Quelle: Parlamentsdirektion.

SASSMANN Hans　　　　　　　　　　　　　　　　　　　ÖVP
* 06.06.1892, Mauer bei Melk
† 10.01.1968, St. Pölten
Bauer, St. Pölten

Kaufmannslehre, 1913–1919 Militärdienst und russische Kriegsgefangenschaft. 1923–1928 Fürsorgerat der Stadt St. Pölten, 1925 Ortsbauernratsobmann, dann im NÖ Bauernbund und der landwirtschaftlichen Genossenschaft, 1930 Genossenschaftl. Zentralbank.
　1934–1938 Mitglied des Stadtrates, 1938 verhaftet, 1945 Obmann der Bezirksbauernkammer, mehrere Funktionen in landwirtschaftlichen Genossenschaften, der am längsten amtierende Landtagspräsident (17 Jahre), 1962 Ehrenring des Landes NÖ, Ökonomierat.

Abg. zum Landtag (4.–7. WP)　　　　　　　　　　　　12.12.1945–19.06.1962
Präsident (4.–7. WP)　　　　　　　　　　　　　　　　12.12.1945–19.06.1962

Quelle: Landtag, Biographisches Handbuch.

SAUER Willibald　　　　　　　　　　　　　　　　　　ÖVP
* 17.12.1938, Großgerharts
Bauer, Großgerharts

Volksschule 1944–1948, Hauptschule 1948–1952. Landwirt seit 1952; Ökonomierat 1994.
　Mitglied des Gemeinderates der Marktgemeinde Thaya 1968–1969 sowie 1985–1990, Vizebürgermeister der Marktgemeinde Thaya 1975–1985, Abgeordneter zum Niederösterreichischen Landtag 1988–1993, Obmann der Bezirksbauernkammer Waidhofen/Thaya seit 1990, Kammerrat der Bezirksbauernkammer Waidhofen/Thaya seit 1975, Obmann des Verbandes Waldviertler Fleckviehzüchter seit 1981, Obmann der Zentralen Arbeitsgemeinschaft Österreichischer Rinderzüchter seit 1994.

Abg. zum Landtag (12.–13. WP)　　　　　　　　　　　25.02.1988–07.06.1993

Abg. zum Nationalrat (19.– WP)   07.11.1994–

Quelle: Landtag, Biographisches Handbuch; Parlamentsdirektion.

SCHAMBECK Herbert, Dr. Dr. h.c. mult.   ÖVP
* 12.07.1934, Baden

Volksschule, Gymnasium in Baden, Universität Wien (Dr. iur. 1958), Gerichtsdienst 1958, Assistent 1959, Dozent an der Universität Wien 1964, Rechtskonsulent in der wissenschaftlichen Abteilung der Bundeskammer der gewerblichen Wirtschaft in Wien 1965, außerordentlicher Universitätsprofessor an der Universität Innsbruck 1966, Gastprofessor an der University of Notre Dame/USA 1967, ordentlicher Universitätsprofessor für öffentliches Recht, politische Wissenschaften und Rechtsphilosophie an der Universität Linz 1967, Emeritierung 2002.
    Mitglied des Bundesparteivorstandes und des Niederösterreichischen Landesparteivorstandes der ÖVP, Hauptbezirksparteiobmann der ÖVP Baden, Mitglied des Bundesvorstandes des ÖAAB und des Landesvorstandes des ÖAAB Niederösterreich, Vorsitzender der Bundesratsfraktion des Parlamentsklubs der ÖVP 1975–1997.

Mitglied des Bundesrates	20.11.1969–30.06.1997
Vorsitzender des Bundesrates	01.01.1988–30.06.1988
Präsident des Bundesrates	01.01.1997–30.06.1997
Vorsitzender der 14. Bundesversammlung	08.07.1992

Quelle: Parlamentsdirektion; Kaluza, Hans Walther/Penz, Johann, Recht – Glaube – Staat. Festgabe für Herbert Schambeck. Wien 1994.

SCHARMITZER Leopold   CSP/StL
* 22.09.1882, Gänserndorf
† 18.04.1944
Landwirt, Gänserndorf
Ständischer Landtag – Vertreter für Geld-, Kredit- und Versicherungswesen

Volksschule, landwirtschaftliche Lehranstalt Feldsberg, 1902 Übernahme der elterlichen Wirtschaft.
    1919–1929 Bürgermeister, 1935–1936 im Gemeinderat, 1926–1938 Obmann des NÖ Rübenbauernbundes und 1927–1938 des Verbandes ländlicher Genossenschaf-

ten in NÖ, 1934 Ehrenbürger von Lassee und Gänserndorf (1938 widerrufen), 1938 kurzfristig in Haft.

Abg. zum Landtag (1.–3. WP)	11.05.1921–30.10.1934
Landesrat (2. WP)	01.07.1931–21.05.1932
Mitglied d. Ständ. Landtages	22.11.1934–12.03.1938

Quelle: Landtag, Biographisches Handbuch.

SCHASCHING Beate   SPÖ
* 24.08.1961, Wels

Volksschule 1968–1972, Allgemeinbildende Höhere Schule (Matura) 1972–1980, Pädagogische Akademie 1980–1983. Hauptschullehrerin 1983–2005.

Stadträtin für Gesundheit in Neulengbach seit 2000, Ortsparteivorsitzende der SPÖ Neulengbach-Tausendblum seit 1999, Mitglied des Bundes-Frauenkomitees der SPÖ, Präsidentin der ASKÖ Wien, Präsidentin der ASKÖ St. Pölten, Obfrau des Klubs Fit und Gesund in Neulengbach seit 2001, Schulsprecherin der Österreichischen Kinderfreunde.

Abg. zum Nationalrat (21.–23. WP)   29.10.1999–09.07.2008

Quelle: Parlamentsdirektion.

SCHAUER Erwin   ÖVP
* 07.02.1927, Markt Piesting
Dachdeckermeister und Kaufmann, Markt Piesting

Pflichtschulen, Ingenieurschule für Maschinenbau in Wr. Neustadt, Ausbildung im Dachdeckergewerbe, Meisterprüfung 1949. Selbstständig (Betrieb in Pernitz 1950, Geschäftsführender Gesellschafter der Firma Erwin Schauer OHG in Markt Piesting); Kommerzialrat.

Mitglied des Gemeinderates der Marktgemeinde Piesting 1955–1965, Geschäftsführender Gemeinderat der Marktgemeinde Piesting 1965–1975, Mitglied der Niederösterreichischen Landesregierung 1980–1986, Hauptbezirksgruppenobmann des Österreichischen Wirtschaftsbundes (ÖWB) Wr. Neustadt 1974, Obmann-Stellvertreter der Landesgruppe Niederösterreich des ÖWB 1976, Mitglied der Landesparteileitung der ÖVP Niederösterreich 1976, Landesinnungsmeister der Dachdecker und Pflasterer für Niederösterreich 1960–1975, Bundesinnungsmeister der Dachdecker und Pflasterer 1965–1975.

Abg. zum Nationalrat (14.–15. WP)	01.02.1978–21.10.1980
Landesrat (11.–12. WP)	02.10.1980–14.05.1986

Quelle: Landtag, Biographisches Handbuch; Parlamentsdirektion; Krause, Biografien.

SCHAUFLER Engelbert   ÖVP
* 11.11.1941, Steinakirchen/Forst
† 20.11.2000, Wien

Volksschule 1947–1951, Hauptschule 1951–1955, landwirtschaftliche Berufsschule 1956–1957, Sozialakademie 1978–1979, Mitarbeit in der elterlichen Landwirtschaft 1955–1963; Kraftfahrer und Betriebsratsvorsitzender der Arbeiter im Raiffeisenlagerhaus Gramatneusiedl 1963–1980, Tätigkeit in der Gewerkschaft der Privatangestellten (Rechtsabteilung) 1980–1981, Sekretär in der Gewerkschaft Agrar-Nahrung-Genuss 1981–2000.

Mitglied des Gemeinderates der Stadtgemeinde Schwechat 1980–1990, Stadtrat der Stadtgemeinde Schwechat 1990–1996, Teilbezirksobmann des ÖAAB Bezirk Schwechat 1992–2000, Vorsitzender-Stellvertreter der Gewerkschaft Land-Forst-Garten 1981–1990, Mitglied des Vorstandes der Gewerkschaft Agrar-Nahrung-Genuss 1990–2000, Mitglied des Präsidiums der Gewerkschaft Agrar-Nahrung-Genuss 1991–2000, Kammerrat der Niederösterreichischen Landarbeiterkammer 1977–1987, Präsident 1987–2000, Vorsitzender des Österreichischen Landarbeiterkammertages 1987–2000, Bundesvorsitzender-Stellvertreter der Fraktion Christlicher Gewerkschafter im ÖGB 1991–2000.

Mitglied des Bundesrates	09.07.1993–15.04.1998
Mitglied des Bundesrates	16.04.1998–20.11.2000

Quelle: Parlamentsdirektion.

SCHEBESTA Karl   ÖVP
* 18.01.1906
† 25.06.1969
Kaufmann, Schönabrunn

Pflichtschule, Wagen- und Karosseriebauerlehre, 1925 Eintritt in den Postdienst, Personalvertreter, 1938 kurzzeitig in Haft, 1944–1946 Militärdienst und amerikanische Kriegsgefangenschaft.
   1947 Landessekretär des Wirtschaftsbundes.

Abg. zum Landtag (7. WP)	11.12.1962–19.11.1964

Quelle: Landtag, Biographisches Handbuch.

SCHEELE Karin, Mag.   SPÖ
* 22.07.1968 in Baden bei Wien

1982–1987: Handelsakademie Baden, 1990–1997: Studium der Handelswissenschaften an der Wirtschaftsuniversität Wien, 1987–1990: Pensionsversicherungsanstalt der Arbeiter.
   1990–1994: Entwicklungspolitische Bildungs- & Öffentlichkeitsarbeit; 1990–1994: Entwicklung und Koordination internationaler Projekte im Landessekretariat der Sozialistischen Jugend NÖ 1996–1998: Sozialistische Jugend Internationale (IUSY), Koordination der Frauenarbeitsgruppe, Vertretung im Jugenddirektorat des Europarates)1998–1999: Referentin im Internationalen Sekretariat der SPÖ (zuständig für die Beziehungen zur Sozialistischen Internationale und für den Bereich Entwicklung und Politik).

Abg. zum Europäischen Parlament	20.07.1999–11.02.2008
Landesrätin (17.– WP)	11.12.2008–

Quelle: NÖ Landesregierung.

SCHEFF Otto, Dr.   ÖVP
* 12.12.1889, Berlin
† 26.10.1956, Maria Enzersdorf

Volksschule, Gymnasium, Studium der Rechte an der Universität Wien (Promotion 1913). Rechtsanwalt in Mödling.
   Mitglied des Gemeinderates von Mödling, Präsident des Reichsbundes der Hausbesitzer, Vizepräsident des Österreichischen Olympischen Comités (ÖOC).

Abg. zum Nationalrat (5.–6. WP)	19.12.1945–18.03.1953

Quelle: Parlamentsdirektion.

SCHEIBENREIF Alois   StL/ÖVP
* 20.04.1906, Reith
† 21.12.1975, Neunkirchen
Landwirt, Reith
Ständischer Landtag – Vertreter der Land- und Forstwirtschaft

Volksschule, Kurs im bäuerlichen Volksbildungsheim Hubertendorf, Bauer. 1925–1937 Landesverbandsobmann der Niederösterreichischen Fortbildungsvereine.
    1934–1938 Gemeinderat von Flatz und Obmannstellvertreter des Niederösterreichischen Bauernbundes; nach 1938 zweimal verhaftet. 1947 Obmann der Land- und Forstwirtschaftlichen Sozialversicherungsanstalt, 1950 Vizepräsident und 1962–1970 Präsident der NÖ Landes-Landwirtschaftskammer.

Mitglied d. Ständ. Landtages	22.11.1934–12.03.1938
Abg. zum Nationalrat (5.–11. WP)	19.12.1945–07.12.1967

Quelle: Landtag, Biographisches Handbuch; Parlamentsdirektion.

SCHEIDL Franz, Ing.   SPÖ
* 12.10.1913, Bisamberg
† 24.08.1996
Maschineningenieur, Bisamberg

Volks- und Hauptschule, Staatsgewerbeschule Wien, 1936 Berufseintritt. 1965–1980 im Gemeinderat von Bisamberg.

Abg. zum Landtag (7.–9. WP)	08.06.1966–08.12.1972

Quelle: Landtag, Biographisches Handbuch.

SCHEIDL Josef   ÖVP
* 07.01.1907, Wien
† 24.03.1985, Wien

Volksschule, Gymnasium, Lehrerseminar; Lehrer, Schuldirektor. Politische Freiheitsstrafe: 1938 Haft.
    Generalsekretär-Stellvertreter und Hauptgeschäftsführer der ÖVP 1951.

Mitglied des Bundesrates   04.06.1959–03.05.1961

Quelle: Parlamentsdirektion.

SCHELLING Johann Georg, Mag. Dr.   ÖVP
* 27.12.1953, Hohenems/Vorarlberg

Volksschule 1960–1964, Gymnasium (Matura) 1964–1972, Studium der Betriebswirtschaftslehre an der Johannes-Kepler-Universität Linz (Mag. rer. soc. oec. 1978, Dr. rer. soc. oec. 1981). Assistent am Institut für Handel, Absatz und Marketing der Universität Linz; Leiner/Kika Unternehmensgruppe seit 1981, Geschäftsführer in leitender Position seit 1988, selbstständiger Unternehmensberater seit 1990, geschäftsführender Gesellschafter von Big Deal Marken und Marketingberatung GmbH seit 1999. Geschäftsführer von XXXLutz GmbH in Wels 1992–2005, Geschäftsführer von XLA GmbH und im Aufsichtsrat der XXXLutz GmbH seit 2005. Vizepräsident der Wirtschaftskammer Österreich; seit 1. Mai 2008 ist Schelling Obmann der Allgemeinen Unfallversicherungsanstalt (AUVA). Nachdem er für den Vorstand des Hauptverbandes der Sozialversicherungsträger als Arbeitgebervertreter nominiert wurde, legte er diese Funktion mit Beginn 2009 zurück. Am 21. Jänner 2009 wurde er einstimmig für vier Jahre zum Vorsitzenden des Verbandsvorstandes im Hauptverband der österreichischen Sozialversicherungsträger gewählt. Seit 1. Jänner 2009 betreibt er als Winzer das Stiftsweingut Herzogenburg, eines der ältesten Weingüter des Traisentales, im Ortsteil Wielandsthal der Gemeinde Herzogenburg.

Abg. zum Nationalrat (23. WP)   01.02.2007–27.10.2008

Quelle: Parlamentsdirektion; Wikipedia.

SCHERBAUM Hugo, Ing.   GDVP
* 28.12.1872, Gossengrün bei Eger (Böhmen)
† 12.04.1947
Direktor der Fachschule für das Eisen- und Stahlgewerbe, Waidhofen/Ybbs

Technische Hochschule Prag und Brünn, arbeitete in einem Bauunternehmen, 1897 Eintritt in den techn. Schuldienst in Fulpmes/Tirol, 1906 an der Schule in Waidhofen/Ybbs, 1910 Vereinigung von vier Lehranstalten zu einer Fachschule mit zusätzlichen kfm. Kursen. Autor mehrerer Fachbücher, 1934 pensioniert.

Abg. zum Landtag (1.–2. WP)   11.05.1921–21.05.1932

Quelle: Landtag, Biographisches Handbuch.

SCHERRER Josef   ÖVP
* 31.12.1908, Neumarkt/Ybbs
† 26.08.1989, Herzogenburg
Kaufmann, Herzogenburg

Volks-, Bürger- und Handelsschule, 1924 Bankangestellter, 1935 Direktor der Volksbank Ruprechtshofen.
    1939 Bürgermeister, 1942–1945 Militärdienst und russische Kriegsgefangenschaft, nach 1945 politisch gemaßregelt, 1952 Obmann des Wirtschaftsbundes Herzogenburg, 1955–1965 Gemeinderat, zahlreiche Funktionen in Wirtschaftsorganisationen.

Abg. zum Landtag (6.–7. WP)   10.11.1954–10.02.1964
Abg. zum Nationalrat (10.–13. WP)   23.01.1964–04.11.1975

Quelle: Landtag, Biographisches Handbuch; Parlamentsdirektion.

SCHERZ Michael   SPÖ
* 11.09.1895, Gainfarn
† 28.05.1982, Bad Vöslau
Weinhauer, Gainfarn

Volksschule, Zimmermannslehre, übte den Beruf bis 1945 aus, 1915–1918 Militärdienst, 1943–1945 dienstverpflichtet.
    1924–1934 im Gemeinderat, 1945 Vizebürgermeister, 1950–1970 Bürgermeister von Gainfarn.

Abg. zum Landtag (6.–7. WP)   12.06.1954–19.11.1964

Quelle: Landtag, Biographisches Handbuch.

SCHICKELGRUBER Hans   SPÖ
* 14.06.1922, St. Pölten
† 24.12.2003, St. Pölten

Volksschule, Gymnasium, Matura, Bundeslehrerbildungsanstalt in St. Pölten, Lehrbefähigungsprüfung für den Unterricht an Volks- und Hauptschulen; Lehrer an der Expositurhauptschule St. Pölten/Harland, Bezirksschulinspektor für die Bezirke St. Pölten/Stadt und Lilienfeld; Regierungsrat.

   Mitglied des Gemeinderates von St. Pölten 1956, Stadtrat von St. Pölten 1958, Bürgermeister der Stadt St. Pölten 1970, Stadtparteiobmann der SPÖ St. Pölten 1969, Mitglied des Landesparteivorstandes der SPÖ Niederösterreich, Obmann der Bezirksgruppe St. Pölten des Sozialistischen Lehrervereines Österreichs 1954.

Mitglied des Bundesrates	02.11.1971–03.11.1983

Quelle: Parlamentsdirektion.
Lit.: Nasko, Siegfried, Empor aus dumpfen Träumen. 1986. Bürgermeister a.D. Reg.-Rat Hans Schickelgruber verstorben. In: ÖGZ 2/04.

SCHIERHUBER Agnes   ÖVP

* 31.05.1946, Reith

Volksschule 1952–1956, Hauptschule 1956–1960, landwirtschaftliche Berufsschule 1961–1962, landwirtschaftliche Fachschule für Mädchen (Gehilfin in der ländlichen Hauswirtschaft) 1963–1964. Mitarbeit im elterlichen Betrieb 1964–1967, Heirat 1967, Übernahme des Betriebes »Lugendorf 2«; Ökonomierätin 2000.

   Mitglied der Hauptbezirksparteileitung der ÖVP Ottenschlag, Mitglied des Präsidiums des Niederösterreichischen Bauernbundes seit 1985, Bezirksbäuerin des Bezirkes Ottenschlag 1974–1994, Obmann-Stellvertreterin der Bezirksbauernkammer Ottenschlag 1975–1995, Kammerrat der Niederösterreichischen Landes-Landwirtschaftskammer 1985–1986, Stellvertretende Vorsitzende des Aufsichtsrates der Raika Ottenschlag-Martinsberg seit 1980, Obfrau des österreichischen Verbandes für Heil- und Gewürzpflanzung (AGV) seit 1993, Obfrau des Vereins Sonderkulturen Waldviertel seit 2003.

Mitglied des Bundesrates	18.12.1986–14.01.1996
Abg. zum Nationalrat (20. WP)	15.01.1996
Abg. zum Europäischen Parlament	01.01.1995–14.07.2009

Quelle: Parlamentsdirektion.

SCHIMANEK Hans Jörg   FPÖ
* 23.03.1940, Wien
Journalist, Schiltern

Gymnasium (Matura), Berufseintritt als Journalist bei verschiedenen Zeitungen und im ORF (Hörfunk und Fernsehen), seit 1974 in Langenlois wohnhaft.
    1990–1992 Stadtrat in Langenlois, 1998–2000 Landesparteiobmann, danach Bezirksrat in Wien/Floridsdorf.

Landesrat (14.–15. WP)   07.06.1993–13.04.1999
Abg. zum Landtag (15. WP)   29.04.1999–28.06.2000

Quelle: Landtag, Biographisches Handbuch.

SCHIPANI Hellmuth   SPÖ
* 25.04.1927, Krems
† 14.08.1993, Innsbruck

Pflichtschulen, Fortbildungsschule Elektriker.
    Vorsitzender der Bundesratsfraktion des Klubs Sozialistischer Abgeordneter und Bundesräte, Mitglied des Zentralvorstandes und Landesobmann-Stellvertreter der Gewerkschaft Metall-Bergbau-Energie; Vorstandsmitglied und Kammerrat der Kammer für Arbeiter und Angestellte für Niederösterreich, Betriebsratsobmann des Arbeiterbetriebsrates der Hütte Krems GmbH, Mitglied des Vorstandes der Niederösterreichischen Gebietskrankenkasse.

Mitglied des Bundesrates   08.05.1970–28.11.1987

Quelle: Parlamentsdirektion.

SCHITTENHELM Dorothea, geb. Marth   ÖVP
* 07.05.1954, Wien
Zahnärztliche Assistentin, Bisamberg

Volksschule in Strem 1960–1964, Hauptschule in Güssing 1964–1968, Polytechnischer Lehrgang in Güssing 1968–1969, Ausbildung zur zahnärztlichen Assistentin 1969–1973.

Landesgeschäftsführerin der Niederösterreichischen Frauenbewegung 1989–2000. Abgeordnete zum Niederösterreichischen Landtag 1997–2007, Mitglied des Gemeinderates der Marktgemeinde Bisamberg seit 1990, Vizebürgermeisterin der Marktgemeinde Bisamberg 1995–2000, Bürgermeisterin der Marktgemeinde Bisamberg seit 2000, Landesleiterin der Österreichischen Frauenbewegung Niederösterreich seit 2000, Bezirksparteiobfrau der ÖVP Korneuburg seit 1996.

Abg. zum Landtag (14.–16. WP)   19.06.1997–21.02.2007
Abg. zum Nationalrat (23.– WP)   01.02.2007–

Quelle: Landtag, Biographisches Handbuch.

SCHLEGL Franz   ÖVP
* 29.03.1908, Stockerau
† 07.12.1969, St. Pölten
Gemeindebeamter, St. Pölten

1934 Eintritt in den Gemeindedienst, 1938 kurzzeitig in Haft, 1938–1945 Militärdienst. 1948 ÖAAB-Bezirksobmann.
  1950–1969 im Gemeinderat.

Abg. zum Landtag (7.–8. WP)   04.06.1959–20.11.1969

Quelle: Landtag, Biographisches Handbuch.

SCHLESINGER Paul Johannes   SDAP
* 09.07.1874, Wien
Ermordet 10.02.1945, KZ Groß-Rosen
Sekretär des Österreichischen Metallarbeiterverbandes, Wr. Neustadt

Volksschule, Bürgerschule, Feinmechanikerlehre, Mechanikergehilfe (Wien, Lundenburg, St. Pölten), Wanderschaft (Budapest, Deutschland, Niederlande, Belgien, Schweiz), 1905 Rückkehr nach Österreich.
  Sekretär des Österreichischen Metallarbeiterverbandes. 1907 Obmann der Gebietskrankenkasse Baden, 1911–1912 Bezirksvertrauensobmann des Österreichischen Metallarbeiterverbandes für die Bezirke Mödling, Baden und Wr. Neustadt, 1918 Mitglied der industriellen Bezirkskommission Wr. Neustadt, in der Monarchie wegen

mehrerer politischer Vergehen angeklagt und verurteilt, 1934 inhaftiert, Anhaltelager Wöllersdorf, 1938–1939 Gestapohaft, 1944 neuerlich festgenommen; im KZ Groß-Rosen umgekommen.

Abg. zum Landtag (1. WP)	11.05.1921–24.03.1926
Abg. zum Nationalrat (2.–3. WP)	09.03.1926–01.10.1930
Abg. zum Nationalrat (4. WP)	02.12.1930–17.02.1934

Quelle: Landtag, Biographisches Handbuch; Parlamentsdirektion.

SCHLÖGL Karl, Mag. SPÖ
* 28.01.1955, Wien

Volksschule Purkersdorf 1961–1965, Gymnasium 1965–1974, Studium der Rechte, der Politikwissenschaften und der Geschichte (Mag. phil. 1991).

Bildungssekretär der SPÖ Niederösterreich 1978–1985, Leitender Sekretär des SPÖ-Zentralsekretariats 1985–1992, Mitglied des Gemeinderates von Purkersdorf seit 1985, Bürgermeister der Stadtgemeinde Purkersdorf 1989–1997 sowie seit 2000, Mitglied des Landesparteivorstandes der SPÖ Niederösterreich 1977, Landesvorsitzender der Sozialistischen Jugend Niederösterreichs, Stellvertretender Bundesvorsitzender der Sozialistischen Jugend 1978–1985, Bezirksparteivorsitzender der SPÖ Purkersdorf 1988–1998, Landesparteivorsitzender der SPÖ Niederösterreich 1998–2001, Stellvertretender Bundesparteivorsitzender der SPÖ 2000, Stellvertretender Klubvorsitzender der Sozialdemokratischen Parlamentsfraktion – Klub der sozialdemokratischen Abgeordneten zum Nationalrat, Bundesrat und Europäischen Parlament 2000. Schlögl hatte keine Berührungsängste zur FPÖ, was gleichermaßen umstritten war und anerkannt wurde.

Mitglied des Bundesrates	01.12.1987–16.10.1991
Abg. zum Nationalrat (18. WP)	22.10.1991–06.11.1994
Abg. zum Nationalrat (20. WP)	15.01.1996–13.03.1996
Abg. zum Nationalrat (21. WP)	29.10.1999–05.10.2000
Staatssekretär im Bundeskanzleramt	06.04.1995–28.01.1997
Bundesminister für Inneres	28.01.1997–04.02.2000
Landeshauptmannstv. (15. WP)	05.10.2000–19.04.2001

Quelle: Parlamentsdirektion; Krause, Biografien.
Werke: »Meine Lebensphilosophie? Leben und leben lassen«. In: Die Presse vom 24. Juli 2009.

SCHMALZBAUER Karl   ÖVP
* 31.10.1895, Weikertschlag
† 28.12.1967, Preßbaum
Bauer, Weikertschlag

1924 Bürgermeister und im Genossenschaftswesen tätig, 1939 Militärdienst.
    1946–1950 im Gemeinderat, 1950–1955 erneut Bürgermeister, 1955 wieder Gemeinderat, 1960–1965 Vizebürgermeister, Obmann der Bezirksbauernkammer Raabs und des Bezirksbauernrates, Hauptbezirksparteiobmann Waidhofen/Thaya.

Abg. zum Landtag (5.–7. WP)   05.11.1949–19.11.1964

Quelle: Landtag, Biographisches Handbuch.

SCHMATZ Franz   CSP
* 11.05.1870, Laaben
† 14.10.1953, Neulengbach
Gasthofbesitzer in Neulengbach

Volks-, Bürger- und Handelsschule.
    Gemeinderat, 1934–1938 Bürgermeister, Kammerrat, verschiedene Funktionen in landwirtschaftlichen Genossenschaften.

Abg. zum Landtag (1.–2. WP)   11.05.1921–21.05.1932

Quelle: Landtag, Biographisches Handbuch.

SCHMID Franz   NSDAP
* 15.10.1877, Hof/Leitha
† 27.06.1953, Baden
Postamtsdirektor, Baden

Lehrerbildungsanstalt Wr. Neustadt, dann Postdienst, 1911 Übersiedlung nach Baden.
    1919 Gründer der Ortsgruppe Baden, 1926–1933 in der Kreis- und Gauleitung tätig, 1924–1933 Gemeinderat, 1933 vorübergehend inhaftiert, arbeitete dann weiter illegal, 1939–1945 Bürgermeister, 1939–1945 Mitglied des Deutschen Reichstages, 1945 Flucht nach OÖ, später im Waldviertel und ab 1952 wieder in Baden.

Abg. zum Landtag (3. WP) 21.05.1932–23.06.1933

Quelle: Landtag, Biographisches Handbuch.

SCHMIDT Elisabeth ÖVP
* 27.11.1920, Wien

Ortsleiterin der Österreichischen Frauenbewegung Melk 1960–1968, Bezirks- und Hauptbezirksleiterin der Österreichischen Frauenbewegung Melk 1961–1986, Bezirks- und Hauptbezirksleiterin der Österreichischen Frauenbewegung St. Pölten 1969–1988, Landessozialreferentin der Niederösterreichischen Frauenbewegung 1964–1967, Landesleiterin der Katastrophenhilfe Niederösterreich 1965–1974, geschäftsführende Landesleiterin der Niederösterreichischen Frauenbewegung 1967–1970, Landesleiterin der Niederösterreichischen Frauenbewegung 1970–1983, Stellvertretende Bundesleiterin 1974.

Mitglied des Bundesrates 24.02.1972–04.11.1975
Abg. zum Nationalrat (14.–15. WP) 04.11.1975–18.05.1983

Quelle: Parlamentsdirektion.

SCHMITZER Ing. Karl ÖVP
* 22.04.1926, Afing (Niederösterreich)

Pflichtschulen, Höhere Landwirtschaftliche Bundeslehranstalt »Francisco-Josephinum«. Lehrer an landwirtschaftlichen Berufsschulen 1948–1960, Lehrer an der landwirtschaftlichen Fachschule in Pyhra 1960, deren Direktor 1965.
    Mitglied des Gemeinderates der Marktgemeinde Pyhra, Vizebürgermeister der Marktgemeinde Pyhra 1972, Ortsparteiobmann der ÖVP Pyhra, agrarpolitischer Referent der Bundesleitung des ÖAAB.

Abg. zum Nationalrat (12.–15. WP) 31.03.1970–09.06.1981

Quelle: Parlamentsdirektion.

SCHMUCKENSCHLAGER Johannes ÖVP
* 20.09.1978, Klosterneuburg

Volksschule in Klosterneuburg 1985–1989, Hauptschule in Klosterneuburg 1989–1993, Gymnasium für Leistungssport in Wien 1993–1998, Facharbeiterprüfung für Weinbau und Kellereiwirtschaft 1999. Mitarbeit im elterlichen Betrieb 1998–2006, Betriebsführer seit 2006.

Kammerrat der Bezirksbauernkammer Tullnerfeld seit 2005, Landesobmann der Niederösterreichischen Bauernbundjugend seit 2007, Bezirksbauernratsobmann von Klosterneuburg seit 2008. Vizepräsident des NÖ Bauernbundes.

Abg. zum Nationalrat (24.– WP) 03.12.2008–

Quelle: Parlamentsdirektion; Die »Nachrücker« im ÖVP-Parlamentsklub. In: apa ots.at

SCHNEEBERGER Klaus, Mag. rer. soc. oec. ÖVP
* 18.04.1950, Lienz
Angestellter, Wr. Neustadt

Volksschule, Untergymnasium, Handelsakademie, Hochschule für Welthandel (Betriebswirtschaft), Berufseintritt bei der EVN.

1975 im Gemeinderat, 1986–2000 Vizebürgermeister, 2000 Klubobmann.

Abg. zum Landtag (14.– WP) 07.06.1993–

Quelle: Landtag, Biographisches Handbuch.

SCHNEEBERGER Pius SDP/SPÖ
* 10.07.1892, Neuwald (Niederösterreich)
† 15.02.1969, Wien

Volksschule. Forstarbeiter 1906; Obmann des Land- und Forstarbeiterverbandes 1924–1934 sowie 1945–1948.

Vorsitzender der Gewerkschaft der Land- und Forstarbeiter, Mitglied des Bundesvorstandes des Bundes Freier Gewerkschaften Österreichs 1931. Politische Freiheitsstrafen: 1934 drei Monate Haft, 1944 neuerlich in Haft.

Abg. zum Nationalrat (1.–3. WP) 20.11.1923–01.10.1930

Abg. zum Nationalrat (4. WP)   02.12.1930–17.02.1934
Abg. zum Nationalrat (5.–9. WP)   19.12.1945–14.12.1962

Quelle: Parlamentsdirektion.

SCHNEIDER Karl   ÖVP

* 30.01.1918, Bruck/Leitha
Kaufmann, Bruck/Leitha

Handelsakademie in Wien, 1938–1946 Militärdienst und amerikanische Kriegsgefangenschaft (erlernter Beruf: Kaufmann), 1948 Übernahme des väterlichen Betriebes, auf Eisen- und Brennstoffhandel spezialisiert. 1957 Mitglied des gewerblichen Berufsschulrates, 1960 Obmann der Sektion Handel.

    1960–1978 Stadtrat, diverse Kammerfunktionen, 1965 Vizepräsident der NÖ Handelskammer, 1970–1977 Bezirksparteiobmann, 1972 Landesgruppenobmann des Wirtschaftsbundes der ÖVP.

Abg. zum Landtag (7.–9. WP)   07.12.1961–24.11.1969
Landesrat (9.–11. WP)   20.11.1969–02.10.1980

Quelle: Landtag, Biographisches Handbuch.

SCHNEIDER Michael   CSP

* 13.09.1855, Wartberg
† 06.03.1929, Stoitzendorf
Landwirt, Stoitzendorf/Eggenburg

Musste schon mit elf Jahren den Besitz seines verstorbenen Vaters führen, 1881 Übernahme eines Besitzes in Stoitzendorf.

Abg. zum Landtag (1. WP)   11.05.1921–20.05.1927

Quelle: Landtag, Biographisches Handbuch.

SCHNEIDER Viktor   SPÖ

* 18.10.1910, Petronell
Landwirt, Petronell

Volks- und Bürgerschule, 1934 Übernahme der elterlichen Wirtschaft, 1940–1948 Militärdienst und russische Kriegsgefangenschaft.

1950 im Gemeinderat, 1953–1983 Bürgermeister, 1961–1965 Obmannstellvertreter und 1965–1980 Landesobmann des NÖ Arbeitsbauernbundes, 1967 gf. Obmann des Österr. Arbeitsbauernbundes.

Abg. zum Landtag (8.–10. WP)	03.12.1964–31.12.1975

Quelle: Landtag, Biographisches Handbuch.

SCHNEIDMADL Heinrich   SDAP
* 20.02.1886, Gutenstein
† 31.10.1965, Wien
Redakteur, St. Pölten

Volksschule, Bürgerschule, Arbeiterschule in Wien, Parteischule in Bodenbach, Schriftsetzerlehre, Redakteur (»Arbeiter-Zeitung«). In der SDAP aktiv ab 1904, 1914–1918 Militärdienst, gründete 1918 die Zeitung »Volkswacht« in St. Pölten.

Vorsitzender der sozialdemokratische Kreisorganisation im Viertel ober dem Wienerwald, Vizebürgermeister und Gemeinderat von Stattersdorf, mehrmals wegen Übertretung des Versammlungsgesetzes und des Kolportageverbotes vorbestraft, 1934 Haft (Anhaltelager Wöllersdorf), 1938 und 1944 erneut verhaftet, 1945 Chefredakteur der »Arbeiter-Zeitung«, 1950–1965 Vizepräsident der NEWAG, 1955–1963 Vizepräsident des Roten Kreuzes NÖ.

Mitglied der Konst. Nationalversammlung	04.03.1919–09.11.1920
Abg. zum Nationalrat (1.–3. WP)	10.11.1920–23.05.1927
Abg. zum Landtag (2.–3. WP)	20.05.1927–16.02.1934
Landesrat (2.–3. WP)	20.05.1927–16.02.1934
Landesrat (4. WP)	12.12.1945–06.07.1949
Unterstaatssekretär im Staatsamt für öffentliche Bauten	27.04.1945–20.12.1945

Quelle: Landtag, Biographisches Handbuch; Parlamentsdirektion; Krause, Biografien.
Lit.: Ackerl, Isabella/Weissensteiner, Fritz, Österreichisches Personenlexikon der Ersten und Zweiten Republik. 1992; Bruckmüller, Ernst (Hg.), Personenlexikon Österreich. 2001.

SCHNOFL Hubert   SDAP
* 05.10.1868, Radkersburg, Stmk.
† 10.12.1936, St. Pölten
Sekretär des Österreichischen Metallarbeiterverbandes, St. Pölten

Volks-, Bürger- und Gewerbeschule, Schlosserlehre, 1909 im Metallarbeiterverband angestellt.
    1919 im Gemeinderat und Bürgermeister.

Mitglied des Bundesrates	01.12.1920–19.05.1926
Abg. zum Landtag (1.–2. WP)	11.05.1921–21.05.1932
2. Präsident (1. WP)	19.05.1926–20.05.1927

Quelle: Landtag, Biographisches Handbuch.

SCHOBER Edgar, Ing.   ÖVP
* 31.10.1926, Klein-Eibenstein
Landwirtschaftslehrer, Purgstall

1927 Übersiedlung nach Schwadorf, Volksschule, Gymnasium, »Francisco-Josephinum" Wieselburg, durch Kriegsdienst und Kriegsgefangenschaft unterbrochen, 1948 Matura und Eintritt in den landwirtschaftlichen Schuldienst.
    1955 Gemeinderat in Sölling, Vizebürgermeister und ab 1967 (Eingemeindung) in Purgstall, 1964 Schulinspektor, 1976–1985 Bürgermeister, 1972 Hauptbezirksparteiobmann.

Abg. zum Landtag (10.–13. WP)	11.07.1974–11.07.1991
3. Präsident (12.–13. WP)	25.02.1988–11.07.1991

Quelle: Landtag, Biographisches Handbuch.

SCHÖBERL Franz   ÖVP
* 11.08.1895, Spitz/Donau
† 26.07.1977
Weinbauer, Spitz/Donau

1915–19 Militärdienst.
    1924–1938 im Gemeinderat, 1945–1965 Bürgermeister, 1950 Obmann der Be-

zirksbauernkammer und der Winzergenossenschaft Wachau, Bezirksparteiobmann, 1949–1966 Obmann des NÖ Gemeindevertreterverbandes der ÖVP.

Abg. zum Landtag (4.–7. WP)	02.12.1945–19.11.1964

Quelle: Landtag, Biographisches Handbuch.

SCHÖCHTNER Heinrich   CSP
* 23.05.1876, Zissersdorf
† 27.12.1953
Landwirt, Ziegeleibesitzer und Postmeister in Ruhe, Zissersdorf bei Geras

Volksschule, Eintritt in den Postdienst, 1912 Übernahme der väterlichen Wirtschaft.
  Obmann der Bezirksbauernkammer Geras und Funktionär mehrerer landwirtschaftlicher Genossenschaften, Bürgermeister in Geras.

Abg. zum Landtag (1.–2. WP)	20.05.1927–21.05.1932

Quelle: Landtag, Biographisches Handbuch.

SCHÖNBAUER Ernst, DDr.   GDVP/Landbund
* 29.12.1886, Windigsteig (Niederösterreich)
† 03.05.1966, Eichberg
Universitätsprofessor, Wirtschaftsbesitzer

Volksschule, Gymnasium, Studium an den Universitäten Prag, Wien und Berlin (Dr. phil. 1911, Dr. iur. 1915), Hochschule für Bodenkultur in Wien. Privatdozent an der Universität Wien 1919, außerordentlicher Universitätsprofessor 1924, ordentlicher Universitätsprofessor für Römisches und Bürgerliches Recht, Antike Rechtsgeschichte, Papyrologie 1929–1948.
  Bundesobmann bzw. Mitglied der Reichsparteileitung der Deutschösterreichischen Bauernpartei/Landbund für Österreich, Rückzug aus der Politik 1930.

Mitglied der Konst. Nationalversammlung (GDVP)	04.03.1919–09.11.1920
Abg. zum Nationalrat (1. WP) (ohne Klubzugehörigkeit)	10.11.1920–20.11.1923
Abg. zum Nationalrat (2.–3. WP) (LBD)	07.01.1924–01.10.1930

Quelle: Parlamentsdirektion .

SCHÖLS Alfred   ÖVP
* 15.06.1951, Horn

Volksschule, Hauptschule, kaufmännische Berufsschule; Präsenzdienst. Vertragsbediensteter der Niederösterreichischen Landesregierung 1970–1978, Beamter der Niederösterreichischen Landesregierung seit 1978; Fachoberinspektor (1993).
  Vorsitzender der Gewerkschaft Öffentlicher Dienst Niederösterreich seit 1989, Vorsitzender der Fraktion Christlicher Gewerkschafter Niederösterreich seit 1991, Vorsitzender-Stellvertreter des ÖGB Niederösterreich seit 1994.

Mitglied des Bundesrates	03.07.1997–11.12.2002
Abg. zum Nationalrat (22. WP)	20.12.2002–29.10.2006
Mitglied des Bundesrates	22.02.2007–09.04.2008
Präsident des Bundesrates	01.07.2001–31.12.2001

Quelle: Parlamentsdirektion.

SCHOIBER Ernst   ÖVP
* 28.02.1908, St. Pölten
† 13.12.1990, Scheibbs
Bezirksschulinspektor, Präsident des Landesschulrates, Scheibbs

Volks- und Bürgerschule, Lehrerbildungsanstalt St. Pölten, Volks- und Hauptschullehrer, 1942–1947 Militärdienst und Kriegsgefangenschaft, 1952 Bezirksschulinspektor, 1959–1975 gf. Präsident des Landesschulrates, wesentlich an der Reorganisation des Schulwesens (Ausbau der Hauptschulen, Verringerung der Volksschul-Oberstufen) beteiligt.

Abg. zum Landtag (8.–9. WP)	19.11.1964–11.07.1974

Quelle: Landtag, Biographisches Handbuch.

SCHOLTEN Rudolf, Dr.   SPÖ
* 03.11.1955, Wien

Volksschule 1961–1965, Gymnasium 1965–1973, Studium der Volkswirtschaft, Studium der Rechte an der Universität Wien 1974–1978; Präsenzdienst 1973–1974. Eintritt in den Dienst der Österreichischen Kontrollbank 1976–1983, im Sekretariat des

Vorstandes mit internationaler Finanzierung befasst bis 1983, Aufenthalt in den USA – Beschäftigung bei verschiedenen Banken 1983, Rückkehr in die Österreichische Kontrollbank 1984, wirtschaftspolitischer Sekretär des damaligen Bundesministers für Finanzen, Dr. Franz Vranitzky, 1984–1986, wirtschafts- und kulturpolitischer Berater im Kabinett von Bundeskanzler Dr. Franz Vranitzky 1986–1988, Generalsekretär des Österreichischen Bundestheaterverbandes 1988–1990, Mitglied des Vorstandes der Österreichischen Kontrollbank 1997, Präsident des »Bruno-Kreisky-Forums« seit 2004.

Abg. zum Nationalrat (19. WP)	07.11.1994–14.12.1994
Abg. zum Nationalrat (20. WP)	15.01.1996–13.03.1996
Bundesminister für Unterricht, Kunst und Sport	17.12.1990–31.01.1991
Bundesminister für Unterricht und Kunst	01.02.1991–29.11.1994
Bundesminister für Wissenschaft und Forschung	29.11.1994–31.12.1994
Bundesminister für Wissenschaft, Forschung und Kunst	01.01.1995–30.04.1996
Betraut mit der vorläufigen Leitung des Bundesministeriums für öffentliche Wirtschaft und Verkehr	12.03.1996–30.04.1996
Bundesminister für Wissenschaft, Verkehr und Kunst	01.05.1996–28.01.1997

Quelle: Parlamentdirektion; Wikipedia; Web-Lexikon der Wiener Sozialdemokratie.

SCHREDER Josef   CSP
* 22.09.1878, Weidling
† 02.06.1948
Bauer und Bäckermeister, Weidling (Klosterneuburg)

1919 Vizebürgermeister, 1922–1932 Bürgermeister.

Abg. zum Landtag (2. WP)	30.09.1931–21.05.1932

Quelle: Landtag, Biographisches Handbuch.

SCHORN Hildegard   ÖVP
* 10.01.1947, Wien

Pflichtschulen, landwirtschaftliche Fachschule, Meisterprüfung in ländlicher Hauswirtschaft.

Bezirksbäuerin des Bezirkes Schwechat 1984, Mitglied der Bezirksparteileitung der ÖVP Schwechat 1986, Kammerrat der Bezirksbauernkammer Schwechat 1985, Vorsitzende des Bezirksbauernrates Schwechat 1990, Gebietsbäuerin 1990.

Abg. zum Nationalrat (17.–18. WP)   06.04.1987–06.11.1994

Quelle: Parlamentsdirektion.

SCHRAMM Erwin   SPÖ
* 12.03.1898, Irmsdorf (Mähren)
† 30.11.1991, Wr. Neustadt

Volksschule, gewerbliche Fachschule, Schlosser. Wanderlehrer der Reichsorganisation der Schul- und Kinderfreunde im Burgenland 1930–1934, Bezirkssekretär der SPÖ Wr. Neustadt.
   Mitglied des Gemeinderates von Neufeld/Leitha 1927–1934, Stadtrat von Wr. Neustadt 1946–1965. Politische Freiheitsstrafen: 1934 Haft, Anhaltelager Kaisersteinbruch und Wöllersdorf.

Abg. zum Nationalrat (9. WP)   26.06.1962–14.12.1962

Quelle: Parlamentsdirektion.

SCHREFEL Josef   ÖVP
* 11.02.1945, Göstling
Landwirt

Volksschule Göstling 1951–1955, Hauptschule Göstling 1955–1959, land- und forstwirtschaftliche Berufsschule 1959–1962, landwirtschaftliche Fachschule 1962–1965; Präsenzdienst 1965. Landwirt 1971–1996.
   Mitglied des Gemeinderates von Göstling/Ybbs 1980–1985 sowie seit 1995, Geschäftsführendes Mitglied des Gemeinderates von Göstling/Ybbs 1985–1995, Ortsparteiobmann-Stellvertreter der ÖVP Göstling/Ybbs seit 1980, Bezirksbauernratsobmann von Gaming seit 1980.

Abg. zum Nationalrat (19.–20. WP)   07.11.1994–28.10.1999

Quelle: Parlamentsdirektion.

SCHREINER Erich L., Ing. Mag.　　　　　　　　　　　　　　　　　　FPÖ
* 26.06.1950, Wien

Volksschule Langenlois 1956–1960, Akademisches Gymnasium Melk 1960–1962, Realgymnasium Krems 1962–1965, Höhere Bundeslehr- und Versuchsanstalt für Wein- und Obstbau in Klosterneuburg 1966–1970, Studium der Bodenkultur 1971–1972, Studium an der Wirtschaftsuniversität Wien (Mag. rer. soc. oec.) 1972–1977, Studium an der Wirtschaftsuniversität in Buenos Aires 1974; Präsenzdienst 1970–1971. Berufsanwärter in einer Wirtschaftstreuhandgesellschaft 1977, selbstständiger Wirtschaftstreuhänder seit 1982, Mitgesellschafter von zwei Unternehmensberatungsgesellschaften 1984 und 1988, Geschäftsführer einer Unternehmensberatungsgesellschaft.

Mitglied des Gemeinderates der Stadt Langenlois 1980–1991, Gemeindeparteiobmann der FPÖ Langenlois 1978–1980, Bezirksparteiobmann der FPÖ Krems 1980–1993, Landesparteiobmann-Stellvertreter der FPÖ Niederösterreich 1990, Mitglied des Ausschusses der Wirtschaftskammer Niederösterreich 1995.

Schreiner war Wirtschaftssprecher des FPÖ-Parlamentsklubs und musste nach Bekanntwerden der Affäre um Peter Rosenstingl 1998 zurücktreten, wobei er mit Rosenstingl eine gemeinsame Firma betrieben hatte und als Gesellschafter von FPÖ-Wohnbaufirmen aktiv gewesen war. Sein Parteiausschluss wurde 2002 in letzter Instanz vom Parteischiedsgericht bestätigt.

Abg. zum Nationalrat (18. WP)	05.11.1990–06.11.1994
Abg. zum Nationalrat (19. WP)	07.11.1994–07.05.1995
Abg. zum Nationalrat (20. WP)	15.01.1996
Abg. zum Nationalrat (20. WP)	12.11.1996–13.05.1998
Abg. zum Europäischen Parlament	01.01.1995–11.11.1996

Quelle: Parlamentsdirektion; Wikipedia.

SCHÜRFF Hans, Dr. iur.　　　　　　　　　　　　　　　　　　　　GDVP
* 12.05.1875, Mödling
† 27.03.1939, Wien
Spediteur, Mödling

Volksschule, Mittelschule in Freistadt, Handelsakademie, Universität Wien (Jus), Spediteur und Prokurist in der Firma seines Vaters.

Obmannstellvertreter des Bundes der Deutschen in Niederösterreich, 1911 Reichsratsabgeordneter, 1918 Mitglied der Provisorischen Landesversammlung von Niederösterreich, 1919–1924 im Gemeinderat, 1929–1934 Bürgermeister, 1930 Obmann der Großdeutschen Volkspartei.

Abg. zum Landtag (1. WP)	11.05.1921–10.06.1921
Mitglied der Prov. Nationalversammlung	21.10.1918–16.02.1919
Mitglied der Konst. Nationalversammlung	04.03.1919–09.11.1920
Abg. zum Nationalrat (1.–3. WP)	10.11.1920–01.10.1930
Abg. zum Nationalrat (4. WP)	02.12.1930–02.05.1934
Bundesminister für Handel und Verkehr	17.04.1923–26.09.1929
Bundesminister für Justiz	04.12.1930–30.05.1931
	20.06.1931–29.01.1932

Quelle: Landtag, Biographisches Handbuch; Parlamentsdirektion; Krause, Biografien.
Lit.: Ackerl, Isabella/Weissensteiner, Fritz, Österreichisches Personenlexikon der Ersten und Zweiten Republik. 1992; Bruckmüller, Ernst (Hg.), Personenlexikon Österreich. 2001.

SCHULZ Sophie, geb. Rotteneder   ÖVP
* 23.05.1905
† 24.04.1975, Baden
Haushalt, Baden

Bereits in der CSP aktiv, 1950 im Gemeinderat, 1955–1965 Stadtrat in Baden.

Abg. zum Landtag (7. WP)	05.11.1959–19.11.1964

Quelle: Landtag, Biographisches Handbuch.

SCHÜTZ Adolf   SPÖ
* 28.03.1938, Laa/Thaya
Angestellter, Laa/Thaya

Volks- und Hauptschule, bäuerliche Fachschule, 1965 Berufseintritt bei der NÖ Gebietskrankenkasse.
    1972–1973 im Gemeinderat, 1973–1975 Stadtrat, 1975–1993 Vizebürgermeister in Laa/Thaya.

Abg. zum Landtag (12.–14. WP)   18.12.1986–16.04.1998

Quelle: Landtag, Biographisches Handbuch.

SCHWAB Karl   FPÖ
* 15.09.1936, Garmanns
Landwirt, Ladendorf

Pflichtschulen, zwei Jahre landwirtschaftliche Fortbildungsschule, 1950–1962 Mitarbeit im elterlichen Betrieb, 1963 Übernahme des landwirtschaftlichen Betriebes.
    Bezirksparteiobmann der FPÖ Mistelbach, Mitglied der Landesparteileitung, 1975–1995 im Gemeinderat.

Mitglied des Bundesrates   12.10.1989–11.03.1992
Abg. zum Landtag (13. WP)   12.03.1992–07.06.1993
Mitglied des Bundesrates   07.06.1993–18.04.1995

Quelle: Landtag, Biographisches Handbuch.

SCHULTES Hermann, Ing.   ÖVP
* 18.09.1953, Wien

Volksschule 1959–1963, Hauptschule in Gänserndorf 1963–1967, Höhere Landwirtschaftliche Bundeslehranstalt »Francisco-Josephinum« (Ing. 1977) in Wieselburg 1967–1972. Landwirt seit 1972.
    Landesobmann des Niederösterreichischen Bauernbundes seit 2005, Präsident der Niederösterreichischen Landes-Landwirtschaftskammer seit 2005, Stellvertretender Obmann des Österreichischen Bauernbundes seit 2005, IFAP (International Föderation of Agricultural Producers) Executivcommittee seit 2006. Umweltsprecher der ÖVP-Parlamentsfraktion (seit 2008). Klimaschutzsprecher der ÖVP (seit 2007); Präsident der Vereinigung »Die Rübenbauern« (2001–2005). Gründungsobmann des Distelvereins (1987–1996).

Abg. zum Nationalrat (21.– WP)   19.09.2000–

Quelle: Parlamentsdirektion; Wikipedia.

SCHULZ Manfred, Ing.   ÖVP
* 04.01.1963, Mistelbach

Volksschule, Hauptschule, HBLA »Francisco-Josephinum Wieselburg", Landeskammerrat.
  1999 Gemeinderat in Gnadendorf.

Abg. zum Landtag (17.– WP)   10.04.2008–

Quelle: NÖ Landtag.

SCHUSTER Martin   ÖVP
* 30.05.1967, Wien

Volksschule in Perchtoldsdorf, Gymnasium in Perchtoldsdorf (Matura), 1988–2001 Assistent der Geschäftsführung, 2003–2008 Dr. Heinrich Schuster Beteiligungsges. m.b.H.
  1991 Gemeinderat, 1992 gf. Gemeinderat, 2001–2002 politischer Referent der ÖVP NÖ, 2002 Bürgermeister von Perchtoldsdorf.

Abg. zum Landtag (17.– WP)   10.04.2008–

Quelle: NÖ Landtag.

SCHWARZ Josef   CSP
* 11.12.1873, Thaua
† März 1927
Landwirt, Thaua (Allentsteig)

Volksschule Allentsteig.
  1912 Bürgermeister, Vorstandsmitglied der Lagerhausgenossenschaft.

Abg. zum Landtag (1. WP)   11.05.1921–März 1927

Quelle: Landtag, Biographisches Handbuch.

SCHWARZBÖCK Rudolf ÖVP
* 09.12.1947, Korneuburg
Bauer und Weinhauer, Hagenbrunn

Volksschule, Hauptschule, landwirtschaftliche Fortbildungsschule Korneuburg, landwirtschaftliche Fachschule Mistelbach, Landwirtschaftsmeister 1970. Landwirt seit 1973; Ökonomierat 1998.

Mitglied des Österreich-Konvents 30.6.2003–31.1.2005, Mitglied des Gemeinderates von Hagenbrunn 1980–1985, Obmannstellvertreter des Niederösterreichischen Bauernbundes seit 1980, Bundesparteiobmann-Stellvertreter der ÖVP 1989–1991 sowie 1995, Kammerrat der Landes-Landwirtschaftskammer für Niederösterreich seit 1975, Präsident der Niederösterreichischen Landes-Landwirtschaftskammer seit 1985, Vorsitzender der Präsidentenkonferenz der Landwirtschaftskammern Österreichs seit 1990, Landesobmann des Ländlichen Fortbildungswerkes von Niederösterreich seit 1972.

Abg. zum Landtag (11.–12. WP)	09.04.1981–18.12.1986
Abg. zum Nationalrat (17.–21. WP)	17.12.1986–18.09.2000

Quelle: Landtag, Biographisches Handbuch; Parlamentsdirektion; Wikipedia; Rudolf Schwarzböck verabschiedet sich. In: noeORF.at
Lit.: Bruckmüller, Ernst (Hg.), Personenlexikon Österreich. 2001.

SCHWARZOTT Friedrich ÖVP
* 20.08.1890, Neunkirchen
† 06.08.1967, Neunkirchen
Fuhrwerksunternehmer, Neunkirchen

Volksschule, Bürgerschule, 1907–1910, 1912–13 und 1914–1918 Militärdienst, ab 1920 Transportunternehmer.

1935–1938 Landesinnungsmeister der Fuhrwerker Niederösterreichs, 1947–1965 Obmann der Sektion Verkehr in der Kammer der gewerblichen Wirtschaft für NÖ, 1950 Kurator des Wirtschaftsförderungsinstitutes der Handelskammer für NÖ, 1962 Bundesobmann der Sektion Verkehr.

Abg. zum Landtag (4.–7. WP)	12.12.1945–19.11.1964
Mitglied des Bundesrates	04.06.1959–25.01.1960

Quelle: Landtag, Biographisches Handbuch.

SCHWEINHAMMER Johann   ÖVP
* 06.05.1904, Gänserndorf
† 09.12.2003, Gänserndorf
Bauer, Gänserndorf

Volks- und Bürgerschule, Ackerbauschule Feldsberg, 1932 Übernahme des elterlichen Betriebes.
    1933–1938 und 1945–1946 im Gemeinderat, 1935–1938 Bauernrat und Ortsschulrat, 1950–1958 Bezirksbauernratsobmann.

Abg. zum Nationalrat (5. WP)	19.12.1945–08.11.1949
Abg. zum Landtag (5. WP)	05.11.1949–10.11.1954

Quelle: Landtag, Biographisches Handbuch; Parlamentsdirektion.

SEDLACZEK Adolf   SDAP
* 21.09.1877, Gr. Ullersdorf (Böhmen)
† 18.01.1964, (oder schon 1955?)
Adjunkt der Bundesbahn, St. Pölten

Volks- und Bürgerschule, Schlosserlehre, bei der Bahn hauptsächlich als Elektriker eingesetzt, 1934 kurzzeitig in Haft.
    Gemeinderat in St. Pölten.

Abg. zum Landtag (1.–2. WP)	11.05.1921–21.05.1932

Quelle: Landtag, Biographisches Handbuch.

SEGUR-CABANAC August   CSP
* 22.01.1881, Brünn/Brno
† 01.03.1931, Wien
Beamter, Mödling

Theresianum, Universität Wien (Jus), 1906 Statthaltereibeamter, 1914 Bezirkshauptmannschaft Mödling, 1917 Beauftragter für das Ernährungswesen in NÖ.
    Gemeinderat, als Finanzminister mit der Vorbereitung der Völkerbundanleihe befasst, 1923–1927 Präsident des Dorotheums, 1925–1931 Kurator des Theresianums.

Abg. zum Nationalrat (1. WP)	10.11.1920–02.12.1920
Abg. zum Landtag (1. WP)	11.05.1921–21.03.1924
Landesrat (1. WP)	11.05.1921–01.06.1922
BM für Finanzen	31.05.1922–14.11.1922

Quelle: Landtag, Biographisches Handbuch.

SEIDL Georg   CSP/ÖVP
* 21.07.1896, Kleinbaumgarten
† 21.05.1968, Mistelbach

Volksschule, Gymnasium, Hochschule für Bodenkultur.

Mitglied des Gemeinderates von Gaubitsch 1929–1938, Mitglied des Bundesvorstandes des Niederösterreichischen Bauernbundes 1934–1938, Mitglied des Bundeswirtschaftsrates 1934–1938, Bürgermeister von Gaubitsch 1936–1938, Obmann der Bezirksbauernkammer von Laa/Thaya, Obmann der Niederösterreichischen Molkereigenossenschaft.

Abg. zum Nationalrat (4. WP)	02.12.1930–02.05.1934
Abg. zum Nationalrat (5.–7. WP)	19.12.1945–08.06.1956

Quelle: Parlamentsdirektion.

SEITNER Renate   SPÖ
* 03.02.1962, Krems

Volksschule in Mautern/Donau 1968–1972, Allgemeinbildende Höhere Schule in Krems/Donau 1972–1977, Bildungsanstalt für Arbeitslehrerinnen 1977–1981, Lehrabschluss für Damenkleidermacherinnen 1984, Meisterprüfung für Damenkleidermacherinnen 1987, Fachlehrerin an der Bundeslehranstalt für Kindergärtnerinnen in Amstetten 1981–1983, Erzieherin am Bundeskonvikt III in Krems 1983–1986, Lehrerin für textiles und technisches Werken am Bundesrealgymnasium Ringstraße in Krems/Donau seit 1984.

Mitglied des Gemeinderates der Stadtgemeinde Mautern/Donau 1995–2006, Stadträtin der Stadtgemeinde Mautern/Donau seit 2007, Bezirksfrauenvorsitzende der SPÖ Krems/Donau seit 1996, Bezirksvorsitzende der Fraktion Sozialdemokratischer Gewerkschafter (FSG) in Krems/Donau seit 2001.

Mitglied des Bundesrates   25.01.2007–09.04.2008

Quelle: Parlamentsdirektion.

SEKANINA Karl   SPÖ
* 27.10.1926, Wien
† 27.10.2008, Amstetten

Pflichtschulen, Fortbildungsschule, Maturaschule, zweijährige Maschinenbauschule, Werkzeugmacher bei der Firma Kapsch und Söhne.
Sekretär der Gewerkschaft der Metall- und Bergarbeiter 1958–1962, Zentralsekretär der Gewerkschaft der Metall- und Bergarbeiter 1962–1965, Bezirksparteivorsitzender der SPÖ Wien/Brigittenau 1972, Vorsitzender-Stellvertreter der Gewerkschaft Metall-Bergbau-Energie 1965–1971, geschäftsführender Vorsitzender der Gewerkschaft Metall-Bergbau-Energie 1971–1977, Vorsitzender der Gewerkschaft Metall-Bergbau-Energie 1977–1985, Vorsitzender der Fraktion Sozialistischer Gewerkschafter im ÖGB 1975–1980, Vizepräsident des ÖGB 1979–1985, Obmann der Wiener Gebietskrankenkasse für Arbeiter und Angestellte 1965–1979, Vizepräsident des Hauptverbandes der österreichischen Sozialversicherungsträger in Wien 1974–1979. In seine Amtszeit als Bautenminister fiel der Ausbau der Südautobahn (Sparautobahn). Von 1976 bis 1982 war er auch Präsident des Österreichischen Fußball-Bundes. Nach seinem von Anschuldigungen der missbräuchlichen Verwendung von Gewerkschaftsgeldern ausgelösten Rücktritt aus seinen Funktionen zog sich Sekanina weitgehend aus der Öffentlichkeit zurück. Von 1989 bis 2004 fungierte er als Obmann des Fußballvereins ASK Ybbs und übernahm danach die Ehrenobmannschaft.

Mitglied des Bundesrates   25.10.1963–28.10.1964
Abgeordneter zum Nationalrat (10.–16. WP)   28.10.1964–31.05.1983
Bundesminister für Bauten und Technik   05.11.1979–22.02.1985

Quelle: Parlamentsdirektion; Wikipedia.
Lit.: Metzker, Josef, Karl Sekanina: Mächtiger Polterer mit viel Herz. In: Die Presse vom 28.10.2008.

SIGL Robert   SPÖ
* 01.08.1943, Ober-Grafendorf

Volksschule in Ober-Grafendorf 1949–1953, Hauptschule in Ober-Grafendorf 1953–

1957, Berufsschule in St. Pölten (erlernter Beruf: Maschinenschlosser) 1957–1961, Absolvent der Sozialakademie in Mödling 1965–1966. Ausbildung und Berufsausübung bei den ÖBB als Lokheizer ab 1961, Dampf-, Diesel- und Elektrolokführer sowie Maschinenmeister bis 1996.

Mitglied des Gemeinderates von Ober-Grafendorf 1970–1985, Geschäftsführendes Mitglied des Gemeinderates von Ober-Grafendorf 1975–1980, Stellvertretender Ortsparteivorsitzender der SPÖ Ober-Grafendorf 1963–1979, Ortsparteivorsitzender der SPÖ Ober-Grafendorf 1979–1984, Mitglied des Bezirksparteivorstandes der SPÖ St. Pölten seit 1975, Bezirksparteivorsitzender-Stellvertreter der SPÖ St. Pölten seit 1990, Mitglied der SPÖ-Bundesparteikontrollkommission seit 1980, Kontrollobmann der SPÖ Niederösterreich seit 1993, Bezirksvorsitzender der Österreichischen Kinderfreunde St. Pölten seit 1990, Obmann der Gewerkschaft der Eisenbahner St. Pölten 1974–1998, Kammerrat der Kammer für Arbeiter und Angestellte für Niederösterreich 1977–1990, Mitglied der Landesexekutive des ÖGB Niederösterreich 1979–1996, Bezirksobmann des ÖGB St. Pölten 1988–1996, Bundeskontrollobmann der Gewerkschaft der Eisenbahner 1987–1996, Vertrauensmann der ÖBB 1967–1993, Obmann des Vertrauensmännerausschusses der Zugförderungsleitung St. Pölten 1970–1988, Bundesfinanzreferent des Österreichischen Zivilschutzverbandes seit 1993.

Abg. zum Nationalrat (17.–20. WP)	06.06.1989–28.10.1999

Quelle: Parlamentsdirektion.

SIGMUND Wilhelm　　　　　　　　　　　　　　　　　　　　　　　　　　SPÖ
* 05.11.1903, Wien
† 17.06.1982, Scheibbs
Elektromechaniker, Gresten

Volks- und Bürgerschule, landwirtschaftlicher Arbeiter, dann Schlosserlehre, 1923 arbeitslos und Arbeit in Rumänien, 1924 zur Gemeinde Wien/Wasserkraftwerke, 1934–1938 arbeitslos und mehrfach verhaftet, gemaßregelt und angeklagt wegen Hochverrats, ab 1938 bei den E-Werken der Stadt Wien.

1945–1975 Bürgermeister in Gresten, Bezirksparteiobmann, Ehrenbürger.

Abg. zum Landtag (4.–8. WP)	12.12.1945–20.11.1969
Obmann des Finanzkontrollausschusses (5. WP)	22.12.1952–10.11.1954
Obmann des Finanzkontrollausschusses (6. WP)	17.02.1955–04.06.1959
Obmann des Finanzkontrollausschusses (7. WP)	16.07.1959–19.11.1964

Obmann des Finanzkontrollausschusses (8. WP)   03.12.1964–30.09.1965
2. Präsident (8. WP)   30.09.1965–20.11.1969

Quelle: Landtag, Biographisches Handbuch.

SIMLINGER Karl   ÖVP
* 30.10.1906, Gföhleramt
† 25.12.1965, Gföhleramt

Volksschule, Landwirtschaftsschule.
    1938 im Gemeinderat, 1945–1965 Bezirksbauernobmann, Funktionen in mehreren landwirtschaftlichen Genossenschaften, erwarb sich große Verdienste um die Elektrifizierung der vielen Streusiedlungen, 1950–1960 Landeskammerrat.

Abg. zum Landtag (8. WP)   19.11.1964–25.12.1965

Quelle: Landtag, Biographisches Handbuch.

SIMONER Franz   CSP
* 12.08.1898, Harlanden
† 29.07.1955
Bauer, Harlanden/Erlauf
Ständischer Landtag – Vertreter der Land- und Forstwirtschaft

Volksschule, Winterfachschule Tulln, 1916–1917 Militärdienst, 1920 Übernahme der väterlichen Wirtschaft.
    1924–1932 im Gemeinderat, 1933–1938 Obmann der Lagerhausgenossenschaft Pöchlarn, Obmann des Landwirtschaftlichen Fortbildungsvereines, 1949–1955 Bürgermeister, 1950–1955 Obmann der Bezirksbauernkammer Melk und 1945–1952 Hauptbezirksparteiobmann der ÖVP.

Abg. zum Landtag (3. WP)   21.05.1932–30.10.1934
Mitglied d. Ständ. Landtages   22.11.1934–12.03.1938

Quelle: Landtag, Biographisches Handbuch.

SINGER Rudolf   SPÖ
* 30.05.1907, Wien
† 03.04.1979, St. Pölten

Volksschule, Bürgerschule, Fachgewerbeschule, technische Abendkurse. Aufzugsmonteur.
    Parteisekretär 1945. Mitglied der SDAP 1924, Bürgermeister der Stadt St. Pölten 1960–1970. Politische Freiheitsstrafen: 1934 Arrest, Anhaltelager Wöllersdorf.

Abg. zum Nationalrat (6.–9. WP)	08.11.1949–07.06.1960
Mitglied des Bundesrates	13.10.1960–27.02.1969

Quelle: Parlamentsdirektion.

SIVEC Herbert   SPÖ
* 08.08.1933, Drautschen, Bez. Villach
Bundesbeamter, Groß Enzersdorf

Volks-, Haupt-, Berufsschule, 1953 Eintritt in den Bundesdienst (Gendarmerie, dann Bundesheer).
    1970 im Gemeinderat, 1979–1982 Vizebürgermeister, 1982–1994 Bürgermeister, 1993 Vizepräsident des NÖ Zivilschutzverbandes.

Abg. zum Landtag (12.–14. WP)	13.11.1986–16.04.1998

Quelle: Landtag, Biographisches Handbuch.

SLAWIK Franz, Dr. phil.   SPÖ
* 07.01.1936, Berndorf
† 16.02.1993, Schwechat
Direktor des Bundesgymnasiums und Bundesrealgymnasiums, Schwechat

Volksschule, Bundesgymnasium Berndorf, Universität Wien (Lehramt für Deutsch, Philosophie, Leibesübungen), 1971 Promotion »sub auspiciis praesidentis«, 1959–1972 Professor in Krems, ab 1972 Direktor in Schwechat.
    1975 im Gemeinderat, 1977–1980 Direktor des Dr. Karl Renner Institutes, 1988–1991 Klubobmann.

Abg. zum Landtag (11.–12. WP)	28.01.1982–15.05.1986
Abg. zum Landtag (12. WP)	17.11.1988–02.12.1991
Landesrat (12. WP)	15.05.1986–17.11.1988

Quelle: Landtag, Biographisches Handbuch.

SMITKA Johann SDAP
* 09.01.1863, Wien
† 24.03.1944, Wien
Rechnungsführer

Volksschule (erlernter Beruf: Kleidermacher).
　Mitglied des Arbeiterbeirates im Handelsministerium, Vorsitzender der Österreichischen Gewerbekommission, Gehilfenobmann des Verbandes der Schneider Österreichs, Reichsratsabgeordneter 1907.

Mitglied der Prov. Nationalversammlung	21.10.1918–16.02.1919
Mitglied der Konst. Nationalversammlung	04.03.1919–09.11.1920
Abg. zum Nationalrat (1.–3. WP)	10.11.1920–01.10.1930

Quelle: Parlamentsdirektion.

SOBOTKA Wolfgang, Mag. phil. ÖVP
* 05.01.1956, Waidhofen/Ybbs
AHS-Lehrer, Waidhofen/Ybbs

Volksschule, BRG Waidhofen/Ybbs, Universität Wien (Geschichte), Hochschule für Musik und darstellende Kunst (Musikerziehung), Bruckner-Konservatorium Linz (Dirigieren), 1972–1998 Musikschullehrer, 1976–1998 AHS-Lehrer, 1980–1987 Stadtarchivar, 1988–1999 Leiter der Musikschule.
　1982 im Gemeinderat, 1992 Stadtrat, 1989 Stadtparteiobmann, 1996–1998 Bürgermeister.

Landesrat (15.–17. WP)	16.04.1998–26.02.2009
Landeshauptmannstv. (17.– WP)	26.02.2009–

Quelle: Landtag, Biographisches Handbuch.

SODOMKA Franz SPÖ
* 01.11.1922
† 12.07.1980, Wien
Bundesangestellter, Mistelbach

1948–1949 Stadtrat in Mistelbach.

Abg. zum Landtag (5. WP) 05.11.1949–06.10.1951

Quelle: Landtag, Biographisches Handbuch.

SOLAR Lola ÖVP
* 13.05.1904, Brunn/Gebirge
† 20.05.1989, Mödling

Volksschule, Bürgerschule, Keramikklasse einer Kunstgewerbeschule, Lehrerbildungsanstalt (Matura 1926), Lehrbefähigungsprüfung für den Unterricht an Hauptschulen 1932. Junglehrerin an der Privat-Volksschule Marienheim (ohne Entgelt) 1926–1930, Aushilfslehrerin in Neupölla 1930, verschiedene Anstellungen im Bezirk Zwettl folgten. Annahme eines Postens in Göpfritz/Wild 1933, vom Schuldienst enthoben im April 1938. Ab Herbst desselben Jahres wieder im Schuldienst tätig, Lehrerin in Hainburg 1938–1945, Rückkehr nach Mödling 1945, Hauptschuldirektorin. Mitarbeit in der Katholischen Jugend, der Katholischen Aktion, der Vaterländischen Front.
Niederösterreichische Landesleiterin der Österreichischen Frauenbewegung 1945–1970, Bundesleiterin der Österreichischen Frauenbewegung 1950, Geschäftsführende Vorsitzende des Österreichischen Wohlfahrtsdienstes, Vorsitzende der Europäischen Frauen-Union 1955–1959, zur Ehrenvorsitzenden der Europäischen Frauen-Union mit Sitz und Stimme im Vorstand auf Lebenszeit gewählt 1961, Bundesparteiobmann-Stellvertreterin der ÖVP, Mitbegründerin des »Österreichischen Frauenringes« 1969.

Abg. zum Nationalrat (6.–11. WP) 08.11.1949–31.03.1970

Quelle: Parlamentsdirektion.

SOUKUP Klaus SPÖ
* 08.03.1936, Magdeburg
Bankangestellter, Gramatneusiedl

Volks- und Hauptschule, Teppichweber, 1956 in Metall verarbeitender Industrie (Härterei) tätig.
    1965 im Gemeinderat, 1975 Bürgermeister, 1977 Berufswechsel zu einer Bank.

Abg. zum Landtag (13.–14. WP)	02.12.1991–25.04.1995

Quelle: Landtag, Biographisches Handbuch.

SPIESS Josef   ÖVP
* 10.08.1933, Ternitz
Bauer, Ternitz

Volksschule, Unterrealgymnasium, bäuerliche Fachschule Gießhübl, Eintritt in den elterlichen Betrieb.
    1970–1989 im Gemeinderat, dazwischen 1975–1985 Stadtrat in Ternitz, 1980 Bezirksbauernratsobmann.

Abg. zum Landtag (11.–13. WP)	19.04.1979–07.06.1993

Quelle: Landtag, Biographisches Handbuch.

SPINDELEGGER Erich, Ing.   ÖVP
* 19.06.1919, Hinterbrühl

Volksschule in Hinterbrühl, vier Klassen Bundesrealgymnasium in Mödling, vier Klassen Höhere Technische Lehranstalt in Mödling (Matura 1938); Bediensteter der ÖBB – Oberinspektor.
    Bürgermeister der Marktgemeinde Hinterbrühl, Ortsobmann des ÖAAB Hinterbrühl 1958, Hauptbezirksobmann des ÖAAB Mödling, Landesorganisationsreferent des ÖAAB Niederösterreich.

Abgeordneter zum Nationalrat (11. WP)	30.03.1966–31.03.1970
Mitglied des Bundesrates	18.06.1970–23.02.1976

Quelle: Parlamentsdirektion.

SPINDELEGGER Michael, Dr. ÖVP
* 21.12.1959, Mödling

Volksschule in Hinterbrühl 1965–1969, Bundesrealgymnasium in Mödling 1969–1977, Studium der Rechtswissenschaften an der Universität Wien (Dr. iur.) 1978–1983. Assistent an der Universität Wien 1982–1983, Gerichtsjahr – Gerichtspraxis an verschiedenen Gerichten in Wien 1983–1984, Bediensteter des Landes Niederösterreich mit Tätigkeiten in der Zentrale und an den Bezirkshauptmannschaften Gmünd und Baden 1984–1987, Mitglied des Kabinetts des Bundesministers für Landesverteidigung 1987–1990, Traineeprogramm bei der Vereinigung Österreichischer Industrieller mit Tätigkeiten bei Alcatel Austria, Siemens und der Verbundgesellschaft sowie Auslandsaufenthalt 1990–1993, Mitarbeiter bei der GiroCredit in der Abteilung Vorstandssekretariat, Volkswirtschaft und Strategisches Management 1993–1994.

Europareferent in der Bundesleitung des ÖAAB 1989–1991, Stellvertretender Bundesobmann des ÖAAB 1991–2009, Bundesobmann des ÖAAB seit 2009, Stellvertretender Landesobmann des ÖAAB Niederösterreich 1995–1998, Landesobmann des ÖAAB Niederösterreich seit 1998, Klubobmann-Stellvertreter des ÖVP Parlamentsklubs 2000–2006.

Mitglied des Bundesrates	22.10.1992–16.12.1993
Abg. zum Nationalrat (18. WP)	17.12.1993–06.11.1994
Abg. zum Nationalrat (19. WP)	13.12.1994–13.03.1995
Abg. zum Nationalrat (20. WP)	15.01.1996
Abg. zum Nationalrat (20. WP)	14.03.1996–19.03.1996
Abg. zum Nationalrat (20.–24. WP)	30.10.1996–02.12.2008
Abg. zum Europäischen Parlament	01.01.1995–29.10.1996
2. Präsident des Nationalrates	30.10.2006–02.12.2008
Bundesminister für europäische und internationale Angelegenheiten	02.12.2008–

Quelle: Parlamentsdirektion; Wikipedia.

STADLER Johann Ewald, Mag. iur. FPÖ/BZÖ
* 21.05.1961, Mäder/Vbg.
Etsdorf/Kamp

Volksschule in Mäder 1967–1971, Hauptschule in Altach 1971–1975, Handelsschule in Lustenau 1975–1979, Maturaschule, Studium der Rechtswissenschaften an der Universität Innsbruck (Mag. iur. 1990) 1984–1990. Vertragsbediensteter beim Finanzamt Feldkirch, Landeswahlleiter der FPÖ Vorarlberg. Selbstständiger Handelsbetrieb, Geschäftsführender Klubobmann, Rechtspraktikant beim Bezirks- und Landesgericht Krems 2007–2008, Jurist.

Gemeindevertreter von Mäder 1985–1996, Mitglied des Gemeindevorstandes von Mäder 1990–1994, Abgeordneter zum Vorarlberger Landtag 1989–1994, Mitglied der Niederösterreichischen Landesregierung 1999–2001, Klubobmann des Landtagsklubs der FPÖ Vorarlberg 1991–1994, Landesparteiobmann-Stellvertreter der FPÖ Vorarlberg, Mitglied der Landesparteileitung der FPÖ Vorarlberg, Mitglied des Landesparteivorstandes der FPÖ Vorarlberg, Mitglied der Bundesparteileitung der FPÖ, Mitglied des Bundesparteivorstandes der FPÖ, Landesparteiobmann-Stellvertreter der FPÖ Niederösterreich 1998, Klubobmann-Stellvertreter des Freiheitlichen Parlamentsklubs 30.10.2006–06.03.2007, Klubobmann-Stellvertreter des Parlamentsklubs des BZÖ seit 28.10.2008. Ist am 07.03.2007 aus der FPÖ ausgetreten, gehörte aber bis zum 20.08.2008 dem Freiheitlichen Parlamentsklub an.

Landesrat (15. WP)	29.04.1999–28.06.2001
Abg. zum Nationalrat (19.–20. WP) (FPÖ)	07.11.1994–28.04.1999
Abg. zum Nationalrat (23. WP) (FPÖ)	30.10.2006–20.08.2008
Abg. zum Nationalrat (23. WP) (ohne Klubzugehörigkeit)	21.08.2008–27.10.2008
Abg. zum Nationalrat (24.– WP) (BZÖ)	28.10.2008–
Volksanwalt	01.07.2001–29.10.2006

Quelle: Landtag, Biographisches Handbuch; Parlamentsdirektion; Wikipedia.

STAFFA Franz SPÖ
* 06.05.1907, Felixdorf
† 06.02.1981, Wr. Neustadt
Gemeindeangestellter, Felixdorf

Volksschule in Felixdorf, ab dem 10. Lebensjahr krankheitsbedingt vom Schulbesuch befreit, Weberlehre, Weber in Felixdorf, Textilarbeiter, Bauhilfsarbeiter, in sozialistischen Jugendorganisationen. 1934 verhaftet. Während des Zweiten Weltkrieges in Rüstungsindustrie dienstverpflichtet, 1941 vorübergehend verhaftet, Angestellter der AKNÖ.

1955–1960 im Gemeinderat, gf. Obmann des Sozialistischen Gemeindevertreterverbandes in Niederösterreich.

Abg. zum Landtag (4.–6. WP)	12.12.1945–04.06.1959
Abg. zum Nationalrat (9. WP)	09.06.1959–14.12.1962

Quelle: Landtag, Biographisches Handbuch; Parlamentsdirektion.

STANGL Georg   SPÖ
* 09.04.1927, Lanzendorf
Lehrer, Mistelbach

Volks- und Hauptschule, Lehrerbildungsanstalt Znaim, 1944–1945 Arbeitsdienst, Militärdienst und amerikanische und russische Kriegsgefangenschaft, 1948 Matura in Wr. Neustadt, Eintritt in den Lehrberuf.
    1955–1981 im Gemeinderat, 1965–1966 Vizebürgermeister in Mistelbach, 1972–1986 Landesobmann der Kinderfreunde.

Abg. zum Landtag (8.–12. WP)   31.03.1966–18.12.1986

Quelle: Landtag, Biographisches Handbuch.

STANGLER Franz   ÖVP
* 08.11.1910, Erlauf
† 30.03.1983, Erlauf
Lehrer, Erlauf, Bez. Melk

Volks- und Bürgerschule, Lehrerbildungsanstalt St. Pölten, Lehrer in Puchberg/Schneeberg und St. Pölten. 1938 verhaftet, 1940–1946 Militärdienst und englische Kriegsgefangenschaft, danach wieder Lehrer.
    Funktionär in der Christlich deutschen Turnerschaft, 1936 Landesjugendführer des Österreichischen Jungvolks, 1946–1955 Landesobmann und 1947–1950 Bundesobmannstellvertreter der Österr. Jugendbewegung, 1964–1974 Klubobmann, 1965 Direktor der Daniel Gran Volksschule St. Pölten, 1957–1982 Vorsitzender Stellvertreter des Verbandes NÖ Volkshochschulen, 1977–1983 Präsident des Vereines der Freunde Carnuntums.

Abg. zum Landtag (5.–9. WP)   05.11.1949–11.07.1974
Obmann des Finanzkontrollausschusses (7.–9. WP)   24.01.1963–11.07.1974

Quelle: Landtag, Biographisches Handbuch.

STEIGER August   CSP
* 10.04.1884, Eckartsau
† 11.09.1963, Eckartsau
Bauer, Eckartsau

Volksschule, 1912 Übernahme der väterlichen Wirtschaft.

1919–1938 Bürgermeister in Eckartsau (er verabschiedete Kaiser Karl bei der Abreise ins Exil) und wieder 1945–1948, März–Juni 1938 inhaftiert, Vizepräsident des Rübenbauernbundes, 1922–1938 und 1945–1948 Obmann der Bezirksbauernkammer Groß Enzersdorf.

Abg. zum Landtag (2. WP)	18.12.1930–21.05.1932

Quelle: Landtag, Biographisches Handbuch.

STEINBÖCK Johann   CSP/StL/ÖVP
* 12.06.1894, Frauenhofen/Horn
† 14.01.1962, Wien
Bauer, Frauenhofen
Ständischer Landtag – Vertreter der Land- und Forstwirtschaft

Volksschule, Ackerbauschule Tulln, 1914–1916 Militärdienst, schwer verwundet und im Austausch aus russischer Kriegsgefangenschaft zurückgekehrt.

1924 im Gemeinderat, 1928 Bezirksbauernratsobmann, 1928–1938 und 1945–1946 Bürgermeister, 1950–1962 NÖ Bauernbundobmann, 1949–1962 auch Klubobmann.

Abg. zum Landtag (3. WP)	21.05.1932–30.10.1934
Landesrat – Ständ. Landtag	22.11.1934–12.03.1938
Landesrat (4. WP)	13.12.1945–05.05.1949
Landeshauptmann (4.–7. WP)	05.05.1949–14.01.1962

Quelle: Landtag, Biographisches Handbuch.
Lit.: Ackerl, Isabella/Weissensteiner, Fritz, Österreichisches Personenlexikon der Ersten und Zweiten Republik. 1992; Bruckmüller, Ernst (Hg.), Personenlexikon Österreich. 2001; Vonwald, Franz, Landeshauptmann Johann Steinböck und Niederösterreich. Entwicklungen zu seiner Zeit. Diss. Wien. 1994.

STEINBÖCK Josef   ÖVP
* 04.12.1927, Frauenhofen/Horn
Bauer, Frauenhofen

Sohn von Steinböck Johann. Volksschule, Hauptschule, landwirtschaftliche Berufsschule, landwirtschaftliche Fachschule, 1944–1945 Militärdienst.

1955 im Gemeinderat, 1960–1996 (seit 1972 St. Bernhard – Frauenhofen) Bürgermeister, 1964–1992 Vorstandsmitglied des Verbandes ländlicher Genossenschaften, 1965 Kammerrat der Landes-Landwirtschaftskammer, 1965–1970 Bezirksparteiobmann der ÖVP Horn, 1965–1989 Obmann der Bezirksbauernkammer Horn.

Abg. zum Landtag (9.–12. WP)	08.05.1970–20.01.1986
Mitglied des Bundesrates	07.01.1966–04.05.1970

Quelle: Landtag, Biographisches Handbuch.

STEINER Ubald   StL
* 29.05.1882, Troppau (österr. Schlesien)
† 22.11.1946, Herzogenburg
Propst, Herzogenburg
Ständischer Landtag – Vertreter der gesetzlich anerkannten Kirchen- und Religionsgemeinschaften

1905 Priesterweihe, dann in Hafnerbach, Anzbach und Stein/Donau tätig, 1909 Eintritt in das Stift Herzogenburg, 1911 Stiftskurat, 1912 Novizenmeister, 1914–1915 Feldkurat, 1927 Propst.

Mitglied d. Ständ. Landtages	22.11.1934–12.03.1938

Quelle: Landtag, Biographisches Handbuch.

STEINGÖTTER Wilhelm, Dr. med.   SPÖ
* 19.11.1886, St. Pölten
† 30.11.1966, St. Pölten
Arzt, St. Pölten

1912 Promotion in Wien, 1917–1918 Militärarzt (hoch dekoriert), anschließend Sanitätsoffizier beim Bundesheer, 1939 als Oberstarzt entlassen.
    1919–1934 im Gemeinderat, 1945 Vizebürgermeister, 1950–1960 Bürgermeister, Bezirksparteiobmann, Medizinalrat, Ehrenbürger.

Abg. zum Landtag (4.–6. WP)	12.12.1945–04.06.1959

Quelle: Landtag, Biographisches Handbuch.

STEINMASSL Erwin SPÖ
* 26.07.1924, Krems
† 29.04.1967, Krems

Volksschule in Krems, Hauptschule in Krems, Handelsschule in Krems, Sozialakademie. Bahnbediensteter ab 1941.
    Mitglied des Gemeinderates von Krems 1954, Vorsitzender der Direktionsleitung der Gewerkschaft der Eisenbahner, Vizepräsident der Arbeiterkammer Niederösterreich 1956–1964, Kammeramtsdirektor-Stellvertreter der Arbeiterkammer Niederösterreich 1964.

Abg. zum Nationalrat (11. WP)   30.03.1966–29.04.1967

Quelle: Parlamentsdirektion.

STEIRER Johann SPÖ
* 23.05.1894, St. Pölten
† 28.05.1958
Angestellter, St. Pölten

Volksschule St. Veit/Gölsen, Polier- und Schleiferlehre, Arbeit in Steyr, 1914–1917 Militärdienst, 1927–1928 arbeitslos, dann Gemeindebediensteter, 1934 verhaftet, 1938 aus dem Gemeindedienst entlassen, Arbeit als Maschinist, 1945 erneut Gemeindebediensteter.
    1945–1949 Obmann der Gewerkschaft der Gemeindebediensteten in NÖ.

Abg. zum Landtag (4. WP)   12.12.1945–05.11.1949

Quelle: Landtag, Biographisches Handbuch.

STERN Heinrich SPÖ
* 27.05.1897, Groß Kadolz
† 09.12.1974, Tulln
Eisenbahner, Tulln

Volksschule, 1911 Geschäftsdiener, 1915–1918 Militärdienst (Verwundung), 1920 zum Österreichischen Bundesheer.
    1945–1950 Bezirksparteivorsitzender, 1945–1950 Vizebürgermeister.

Abg. zum Landtag (4. WP) 12.12.1945–05.11.1949

Quelle: Landtag, Biographisches Handbuch.

STIKA Felix SDAP/SPÖ
* 05.05.1887, Warschau
† 04.03.1971, Baden
Werkzeugmacher, Baden

Volksschule, Bürgerschule, Gewerbeschule, Werkzeugschlosserlehre, Tätigkeit in verschiedenen Wiener Betrieben, Verwaltung der Zeitung »Volkstribüne«, Patronenfabrik Hirtenberg, Metallwerke Enzersfeld, Werkzeugmacher.
 1925 Bezirksparteisekretär. Leiter der sozialdemokratischen Organisation des Triestingtales, 1918 Bürgermeister von Hirtenberg, 1918–1934 Mitglied im Zentralvorstand der österr. Metallarbeiter, 1934–1935 in Haft, 1944 erneut verhaftet, 1945–1949 Mitglied des Bundesparteivorstandes der SPÖ, 1960 Ehrenring des Landes NÖ.

Mitglied der Konst. Nationalversammlung	04.03.1919–09.11.1920
Abg. zum Nationalrat (1.–3. WP)	10.11.1920–01.10.1930
Abg. zum Nationalrat (4. WP)	02.12.1930–17.02.1934
Abg. zum Nationalrat (5. WP)	19.12.1945–08.11.1949
Landesrat (4.–7. WP)	12.12.1945–15.06.1960
Abg. zum Landtag (5.–7. WP)	05.11.1949–15.06.1960

Quelle: Landtag, Biographisches Handbuch; Parlamentsdirektion; Krause, Biografien.
Lit.: Riepl, Hermann, Der Landtag in der Zweiten Republik. 1972.

STIPPEL Johann, Dr. SPÖ
* 15.06.1940, Markt Piesting

Pflichtschulen, Lehrerbildungsanstalt in Wr. Neustadt (Matura 1959), Universität Wien (Dr. phil.). Lehrer an einer Allgemeinbildenden Höheren Schule 1964, Administrator des Bundesoberstufenrealgymnasiums Wr. Neustadt 1970, Leiter des Bundesoberstufenrealgymnasiums Wr. Neustadt 1976, Direktor des Bundesoberstufenrealgymnasiums Wr. Neustadt 1981; Hofrat 1992.
 Mitglied des Gemeinderates von Wr. Neustadt 1975–1980, Funktionär des Verbandes Sozialistischer Studenten Österreichs (VSStÖ), Funktionen im Bund Sozialdemo-

kratischer Akademiker, Intellektueller und Künstler (BSA) sowie im Sozialdemokratischen Lehrerverein Österreichs (SLÖ), Mitglied des Stadtparteivorstandes der SPÖ Wr. Neustadt, Mitglied des Bezirksparteivorstandes und des Bezirksparteiausschusses der SPÖ Wr. Neustadt, Bezirksbildungsvorsitzender der SPÖ Wr. Neustadt 1975, Vorsitzender des Landesbildungsausschusses der SPÖ Niederösterreich, Vorsitzender-Stellvertreter des Bundesbildungsausschusses der SPÖ, Wissenschaftssprecher der SPÖ, Obmann der Sozialistischen Professoren im BSA Niederösterreich 1976–1982, Vorsitzender-Stellvertreter der Gewerkschaft Öffentlicher Dienst – Sektion Höhere Schulen – in Niederösterreich 1972–1976.

Abg. zum Nationalrat (15.–18. WP)	05.06.1979–06.11.1994
Abg. zum Nationalrat (19. WP)	15.12.1994–14.01.1996
Abg. zum Nationalrat (20. WP)	14.03.1996–28.10.1999

Quelle: Parlamentsdirektion.

STIX Alexandra Desiree, siehe DORFMEISTER-STIX Alexandra Desiree

STOCKER Franz   ÖVP
* 01.05.1933, Raiding

Volksschule 1939–1944, Hauptschule 1944–1945, Realschule 1945–1949, Berufsschule (erlernter Beruf: Elektroinstallateur) 1950–1953, Gewerkschaftsschule des ÖGB, Werkmeisterabendschule 1955–1957. Elektroinstallateur in Wr. Neustadt 1953–1960, Elektromonteur der NEWAG (EVN) 1960–1993. Arbeiterbetriebsrat in der Betriebsdirektion Wr. Neustadt der NEWAG 1961, Arbeiterbetriebsratsvorsitzender der NEWAG Betriebsdirektion Wr. Neustadt 1965–1988, Vorsitzender des Zentralbetriebsrates der NEWAG bzw. EVN 1976–1993.

Bezirksparteiobmann der ÖVP Wr. Neustadt 1980–1991, Kammerrat der Kammer für Arbeiter und Angestellte für Niederösterreich 1974–1989, Mitglied des Zentralvorstandes der Gewerkschaft Metall-Bergbau-Energie 1971, Mitglied des Präsidiums der Gewerkschaft Metall-Bergbau-Energie 1978, Vorsitzender der Fraktion Christlicher Gewerkschafter der Gewerkschaft Metall-Bergbau-Energie 1978, Mitglied des Vorstandes des Österreichischen Gewerkschaftsbundes 1979–1991, Vorsitzender-Stellvertreter der Gewerkschaft Metall-Bergbau-Energie 1980–1992.

Mitglied des Bundesrates   05.06.1979–18.05.1983

Abg. zum Nationalrat (16.–18. WP)   19.05.1983–16.12.1993

Quelle: Parlamentsdirektion.

STÖCKLER Josef   CSP
* 08.06.1866, St. Valentin (Niederösterreich)
† 09.12.1936, St. Valentin

Volksschule; Wirtschaftsbesitzer.
     Bürgermeister von St. Valentin, Abgeordneter zum Niederösterreichischen Landtag 1909, Reichsratsabgeordneter 1907, Obmann des Niederösterreichischen Bauernbundes.

Mitglied der Prov. Nationalversammlung	21.10.1918–16.02.1919
Mitglied der Konst. Nationalversammlung	04.03.1919–09.11.1920
Abg. zum Nationalrat (1.–2. WP)	10.11.1920–18.05.1927
Mitglied des Bundesrates	20.05.1927–02.05.1934
Vorsitzender des Bundesrates	01.12.1930–31.05.1931
Staatssekretär für Landwirtschaft	30.10.1918–15.03.1919
Staatssekretär für Land- und Forstwirtschaft	15.03.1919–17.10.1919

Quelle: Parlamentsdirektion; Niederösterreich 1920–1930. 1930.

STÖGNER Hans, Dr.   CSP
* 23.12.1876, Bad Ischl
† 28.06.1962, Bad Ischl

Volksschule, Gymnasium, Studium der Geschichte und Geographie an der Universität Wien. Professor am Gymnasium in Horn 1911, Rektor des Bundesgymnasialkonviktes, Pensionierung 1937.
     Mitglied des Gemeinderates von Horn 1924–1934.

Abg. zum Nationalrat (4. WP)   02.12.1930–02.5.1934

Quelle: Parlamentsdirektion.

STÖHR Franz, Ing. ÖVP
* 21.11.1921, Felixdorf
† 21.03.1970
Radiotechniker, Felixdorf

1951–1965 im Gemeinderat von Felixdorf.

Abg. zum Landtag (7. WP) 04.06.1959–31.10.1961

Quelle: Landtag, Biographisches Handbuch.

STOLL Josef SPÖ
* 28.04.1918, Oberwölbing
† 04.12.1993, Waidhofen/Ybbs
Schlosser, Hilm-Kematen

Volks- und Hauptschule, Schlosserlehre, Reichsarbeitsdienst, 1940–1945 Militärdienst und amerikanische Kriegsgefangenschaft.
 1950 Vizebürgermeister, 1960–1971 Bürgermeister, Bezirksparteivorsitzender.

Abg. zum Landtag (5.–7. WP) 17.05.1951–15.05.1961

Quelle: Landtag, Biographisches Handbuch.

STRACHE Max SPÖ
* 14.09.1935, Judenburg

Volksschule und Hauptschule in Judenburg 1941–1949; erlernter Beruf: Werkzeugschmied 1949–1952. Federnschmied 1952–1961.
 Landessekretär der Sozialistischen Jugend Steiermark 1961–1966, Bundessekretär der Jungen Generation 1966–1970, Organisationssekretär der SPÖ 1970–1975, Landesparteisekretär der SPÖ Niederösterreich 1975–1986, Geschäftsführer (Fa. Prosekt Marketing) 1986–1987, Landesdirektor einer Versicherung 1988–1995, pensioniert seit 1995. Mitglied des Gemeinderates von Oberwölbling 1980–1982, Jugendvertrauensmann in den Steirischen Guss-Stahlwerken in Judenburg 1952–1960, Präsident des ARBÖ Niederösterreich seit 1995.

Mitglied des Bundesrates 09.04.1981–30.09.1982

Abg. zum Nationalrat (15. WP) 01.10.1982–18.05.1983
Abg. zum Nationalrat (16. WP) 01.06.1983–16.12.1986

Quelle: Parlamentsdirektion.

STRASSER Ernst, Dr. iur. ÖVP
* 29.04.1956, Grieskirchen, OÖ
Landesparteisekretär, Hofamt Priel

Volksschule, Allgemeinbildende Höhere Schule, Studium der Rechtswissenschaften an der Universität Salzburg (Dr. iur. 1981). Direktionssekretär des Österreichischen Bauernbundes 1981–1983, Rechtsreferent des Oberösterreichischen Bauern- und Nebenerwerbsbauernbundes 1983–1985, Direktionssekretär des Oberösterreichischen Bauern- und Nebenerwerbsbauernbundes 1985–1987, Sekretär des Bundesministers für Land- und Forstwirtschaft 1987–1989, Kabinettschef-Stellvertreter des Vizekanzlers 1989–1990, Büroleiter des Bundesparteiobmannes der ÖVP 1989–1990, Leiter der strategischen Planung der Umdasch AG, Amstetten 1990–1991, Geschäftsführer »Shop Concept-Mittelraum« der Umdasch AG, Heidelberg 1991–1992, Landesgeschäftsführer der Niederösterreichischen Volkspartei 1992–1998, Präsident des Niederösterreichischen Hilfswerks seit 1998, Gründung CCE-Consulting GmbH 2005, Managing Partner VCP Energy 2005–2008, Internationaler Beirat VCP Capital Partners 2008.

Mitglied des Österreich-Konvents 30.06.2003–11.12.2004, Mitglied des Gemeinderates der Stadtgemeinde Grieskirchen 1983–1985, Abgeordneter zum Niederösterreichischen Landtag 1993–2000, Klubobmann des Landtagsklubs der ÖVP Niederösterreich 1998–2000, Europäisches Parlament – Delegationsleiter der ÖVP seit 14.07.2009, Vertreter des Landes Niederösterreich im ORF-Kuratorium 1993–2000.

Abg. zum Landtag (14.–15. WP) 07.06.1993–04.02.2000
Abg. zum Nationalrat (22. WP) 20.12.2002–25.04.2003
Abg. zum Europäischen Parlament 14.07.2009–
Bundesminister für Inneres 04.02.2000–11.12.2004

Quelle: Landtag, Biographisches Handbuch; Parlamentsdirektion; Krause, Biografien; Lexikon des Niederösterreichischen Landesmuseums.
Lit.: Bruckmüller, Ernst (Hg.), Personenlexikon Österreich. 2001.

STRASSER Peter   SPÖ
* 03.07.1917, Jena (Thüringen)
† 06.06.1962, Wien

Volksschule, Mittelschule. Übersetzungsbüro, Schweißtechniker, Journalist.
 Mitglied der Parteivertretung der Sozialistischen Jugend, Vorsitzender der Internationalen Union der Sozialistischen Jugend, Präsident der Europäischen Versammlung der Sozialistischen Jugend, Mitglied der österreichischen Delegation zur Beratenden Versammlung des Europarates 1956–1962. 1938 Emigration nach Frankreich, Internierung 1939, 1940 Flucht, Verhaftung, Überstellung nach Deutschland, Haft.

Abg. zum Nationalrat (6.–9. WP)   08.11.1949–06.06.1962

Quelle: Parlamentsdirektion.

STRASSMAYER Karl   NSDAP
* 30.04.1897, Atzenbrugg
† 07.05.1945, Gmünd
Kellermeister, Krems

Volksschule, Gymnasium mit »Kriegsmatura«, arbeitete in einer Weinhandlung in Krems und dann in Jugoslawien, dann wieder in Krems.
 1924/25 Kontakt zur NSDAP, 1929 SA-Standartenführer, 1932 holte er in Kenntnis des Losungswortes von einer Druckerei Propagandamaterial einer anderen Partei ab und wurde wegen Betrugs angezeigt. 1933 Flucht nach Deutschland, 1938 Rückkehr, 1938–1945 Mitglied des Großdeutschen Reichstages. Ab 1939 in Gmünd Leiter eines Arbeitsdienstlagers, mit Kriegsende verschollen, Todeserklärung per 07.05.1945.

Abg. zum Landtag (3. WP)   03.06.1932–23.06.1933

Quelle: Landtag, Biographisches Handbuch.

STREERUWITZ Ernst, Dr.   CSP
* 23.09.1874, Mies/Stríbro (Böhmen)
† 19.10.1952, Wien

Volksschule, Gymnasium, Theresianische Militärakademie in Wr. Neustadt, Aufnahmsprüfung in die Kriegsschule, Studium der Rechte an der Universität Wien, Studium des Maschinenbaus an der Technischen Hochschule in Wien, Berufsoffizier in einem Dragonerregiment, Betriebskonsulent 1901, Direktor der Neunkirchner Druckfabrik Aktiengesellschaft. Promotion zum Doktor der Staatswissenschaften 1939. Oberkurator der Landeshypothekenanstalt für das Land Niederösterreich und das Burgenland, Präsident der Kammer für Handel, Gewerbe und Industrie in Wien. Vorstandsmitglied des Hauptverbandes der Industrie, Präsident der Wiener Handelskammer, Obmann des Arbeitgeberverbandes der Niederösterreichischen Textilindustrie, Oberkurator der Landeshypothekenanstalt für Niederösterreich.

Abg. zum Nationalrat (1.–3. WP)	20.11.1923–01.10.1930
Abg. zum Nationalrat (4. WP)	02.12.1930–02.05.1934
Bundeskanzler	04.05.1929–26.09.1929

Quelle: Parlamentsdirektion; Protokolle des Ministerrates der Ersten Republik, Abteilung V, Kabinett Ernst Streeruwitz/Dr. Johannes Schober, Band 1, MRP Nr. 570 vom 7. Mai 1929 bis MRP Nr. 601 vom 29. November 1929, (Bearbeiterin: Eszter Dorner-Brader), Wien 1988.
Lit.: Eminger, Stefan/Langthaler, Ernst/Melichar, Peter, Niederösterreich im 20. Jahrhundert. 2008.

STRICKER Adolf ÖVP
* 24.09.1942, Wien

Pflichtschulen, Bundeslehrerbildungsanstalt St. Pölten, Lehramtsprüfung für Volksschulen, Hauptschulen und Polytechnische Lehrgänge. Volksschullehrer in Stadt Haag und in St. Pölten 1961–1966, Lehrer an der Schule des Polytechnischen Lehrganges in St. Pölten 1966–1974; Hofrat.

Obmann der Landesfachgruppe Pflichtschullehrer im ÖAAB Niederösterreich 1973, Amtsführender Präsident des Landesschulrates für Niederösterreich von 1985 bis 2006.

Mitglied des Bundesrates	04.11.1983–01.07.1985
Abg. zum Nationalrat (17. WP)	06.04.1987–04.11.1990
Abg. zum Nationalrat (18. WP)	18.12.1990

Quelle: Parlamentsdirektion; Adolf Stricker geht in Pension. In: orfnoe.at vom 5. Dezember 2006.

Lit.: Dippelreiter, Michael, Streifzug durch die Bildungslandschaft. In: Niederösterreich: Land im Herzen, Land an der Grenze. Wien, 2000. 455.

STROBL Franz SDAP
* 24.10.1893, Haugsdorf
† 25.05.1970, Haugsdorf

Volksschule in Haugsdorf, Bürgerschule in Haugsdorf; Kleinbauer.

Mitglied des Bundesrates 24.04.1931–03.06.1932

Quelle: Parlamentsdirektion.

STRÖER Alfred SPÖ
* 03.12.1920, Wien

Volksschule, Hauptschule, Berufsschule (erlernter Beruf: Werkzeugmacher), Externistenmatura, Studium der Staatswissenschaften.
  Jugendsekretär des ÖGB 1956–1959, Leitender Sekretär des ÖGB 1959. Bezirksparteivorsitzender der SPÖ Purkersdorf, Vorstandsmitglied des Internationalen Bundes Freier Gewerkschaften, Mitglied des Kollegiums des Wiener Stadtschulrates. Inhaftiert, 1939–1941 verurteilt wegen Vorbereitung zum Hochverrat.

Abg. zum Nationalrat (11.–13. WP) 30.03.1966–04.10.1972

Quelle: Parlamentsdirektion.

STROHMAYER-DANGL Kurt ÖVP
* 25.03.1964, Waidhofen/Thaya

Volksschule in Waidhofen/Thaya 1970–1974, Hauptschule in Waidhofen/Thaya 1974–1978, Polytechnischer Lehrgang in Waidhofen/Thaya 1978–1979, Maurer 1979–1982; Gendarmerie-Grundausbildung in Wien 1983–1984, Polizeibeamter seit 1984.
  Mitglied des Gemeinderates der ÖVP Waidhofen/Thaya 2000–2003, Stadtrat der ÖVP Waidhofen/Thaya 2003–2005, Vizebürgermeister 2005–2007, Bürgermeister

von Waidhofen/Thaya seit 2007, Teilbezirksparteiobmann der ÖVP Waidhofen/Thaya seit 2004, Gemeindeparteiobmann der ÖVP Waidhofen/Thaya seit 2007, Bezirksobmann des NÖAAB Waidhofen/Thaya seit 2005, Personalvertreter der Fraktion Christlicher Gewerkschafter – Kameradschaft der Exekutive Österreichs (FCG KdEÖ), Bezirk Waidhofen/Thaya 1987–2006, Personalvertreter der Kameradschaft der Exekutive Niederösterreichs 2006–2008.

Mitglied des Bundesrates   10.04.2008–

Quelle: Parlamentsdirektion.

STROMMER Josef   StL/ÖVP
* 18.02.1903, Mold
† 29.07.1964, Mold
Bauer, Mold bei Horn
Ständischer Landtag – Vertreter der Land- und Forstwirtschaft

Volksschule, Gymnasium, Höhere landwirtschaftliche Schule in Mödling, 1937 Übernahme des väterlichen Betriebes. Zwischen 1938 bis 1945 mehrmals aus politischen Gründen in Haft.
    1945–1950 Bürgermeister, 1955–1964 Vizebürgermeister, 1945–1950 Obmann der Bezirksbauernkammer Horn, 1945 Vizepräsident und 1950–1962 Präsident der Landes-Landwirtschaftskammer, 1950–1962 Vorsitzender der Präsidentenkonferenz der Landwirtschaftskammern, zahlreiche Funktionen in landwirtschaftlichen Genossenschaften und Verbänden.

Mitglied des Bundesrates   27.04.1934–02.05.1934
Mitglied d. Länd. Landtages   22.11.1934–12.03.1938
Abg. zum Nationalrat (5.–9. WP)   19.12.1945–05.06.1962

Quelle: Landtag, Biographisches Handbuch; Parlamentsdirektion.

STUMMVOLL Günter, Dkfm. Dr.   ÖVP
* 03.03.1943, Wien

Volksschule 1949–1953, Bundesrealgymnasium 1953–1961, Hochschule für Welthandel (Dipl.-Kfm. 1965, Dr. rer. comm. 1967) 1961–1967. Vereinigung Österreichischer

Industrieller 1966–1991, Leiter der Abteilung Sozialpolitik 1974–1991, Generalsekretär der Wirtschaftskammer Österreich 1992–2000, selbstständig seit 2000.
    Klubobmann-Stellvertreter des ÖVP Parlamentsklubs 2000–2008, Vorsitzender des Finanzausschusses seit 2000.

Mitglied des Bundesrates	01.04.1980–18.05.1983
Abg. zum Nationalrat (16.–18. WP)	19.05.1983–17.12.1990
Abg. zum Nationalrat (18.– WP)	22.10.1991–
Staatssekretär im Bundesministerium für Finanzen	07.03.1988–22.10.1991

Quelle: Parlamentsdirektion; Österreich-Lexikon.

STURM Josef   CSP
* 23.05.1885, Reichenhub/Haag
† 14.05.1944, Linz
Direktor des NÖ Bauernbundes

Stiftsgymnasium Seitenstetten, Theologiestudium, 1908 Priesterweihe, Tätigkeit in mehreren Pfarren und Studium der Volkswirtschaft in Wien und Berlin.
    1918–1933 NÖ Bauernbunddirektor und zugleich 1918–1928 Generalsekretär des Reichsbauernbundes und Vizepräsident der Landarbeiterversicherungsanstalt, anschließend wieder in der Seelsorge tätig.

Mitglied des Bundesrates	01.12.1920–03.06.1932
Landeshauptmannstv. (3. WP)	18.05.1933–15.12.1933

Quelle: Landtag, Biographisches Handbuch.

SULZER Erich   SPÖ
* 10.11.1929, Herzogenburg
† 12.06.1987, Stuttgart
Angestellter, Herzogenburg

Volks-, Haupt- und Handelsschule, 1946 Eintritt in die NÖ Gebietskrankenkasse.
    1955 im Gemeinderat, 1959 Vizebürgermeister, 1965–1984 Bürgermeister, 1969–1982 Bezirksparteivorsitzender, tödlich verunglückt.

Abg. zum Landtag (9.–11. WP)	20.11.1969–04.11.1983

Mitglied des Bundesrates 06.03.1969–19.10.1969

Quelle: Landtag, Biographisches Handbuch.

SWOBODA Karl, Dr. SDAP
* 12.09.1874, Pottendorf
† 11.07.1953, Landegg

Volksschule, Gymnasium, Studium der Medizin. Arzt, Medizinalrat.
Bürgermeister von Pottendorf-Landegg 1950–1951

Abg. zum Nationalrat (4. WP) 20.02.1933–17.02.1934

Quelle: Parlamentsdirektion.
Lit.: Sabbata-Valteiner, Thomas, Landegg – Pottendorf – Siegersdorf – Wampersdorf 1945–2000. 2000.

SULZBERGER Benno FPÖ
* 06.05.1947, Sallingberg (Zwettl)

Volksschule 1953–1957, Hauptschule 1957–1961, landwirtschaftliche Fachschule 1962–1964, EDV-Kurse 1971–1972; Landwirtschaft im Vollerwerb 1962–1965, Lastkraftwagenfahrer 1966, Offsetdrucker 1968, Fahrverkäufer 1969–1970, Garagenmeister 1971–1972, Organisation und Programmierung, Firma MAN Sonderfahrzeuge Wien seit 1972.
  Vizebürgermeister von Sallingberg 2000, Bezirksparteiobmann der FPÖ Zwettl 1992, Mitglied der Landesparteileitung der FPÖ Niederösterreich 1992, Mitglied des Landesparteivorstandes der FPÖ Niederösterreich 2000, Delegierter zum Bundesparteitag 1992, Kuratorium des NÖ-Wasserwirtschaftsfonds 1993.

Mitglied des Bundesrates 29.11.2002–23.04.2003

Quelle: Parlamentsdirektion.

TATZBER Martin SPÖ
* 08.12.1893, Sommerein
† 27.05.1958, Wien
Bauer, Trautmannsdorf

Volksschule, Steinmetzlehre, 1914–1918 Militärdienst, 1928 Übernahme der väterlichen Wirtschaft. 1919–1939 im Konsumverband tätig.

1919 im Gemeinderat, 1924–1934 Bürgermeister in Sommerein, 1944–1945 Militärdienst, 1949 Bezirksparteiobmann, 1953–1958 Landesobmann des Arbeitsbauernbundes, 1955–1958 Bürgermeister in Trautmannsdorf.

Abg. zum Landtag (5.–6. WP)   05.11.1949–27.05.1958

Quelle: Landtag, Biographisches Handbuch.

TAUCHNER Edmund   FPÖ
* 23.04.1956, Trattenbach

Volksschule, Hauptschule, Polytechnischer Lehrgang, Berufsschule (erlernte Berufe: Maurer und Rauchfangkehrer), Meisterprüfung, Präsenzdienst 1975, Geschäftsführer 1998–2008.

Mitglied des Gemeinderates von Kirchberg/Wechsel seit 1994, Ortsparteiobmann der FPÖ Kirchberg/Wechsel seit 1994, Mitglied des Landesparteivorstandes der FPÖ Niederösterreich seit 1998, Landesparteiobmann-Stellvertreter der FPÖ Niederösterreich seit 2005.

Mitglied des Bundesrates   28.10.2008–19.11.2008
Abg. zum Landtag (17.– WP)   10.04.2008–

Quelle: Parlamentsdirektion.

TAZREITER Josef   ÖVP
* 03.01.1891, Hubberg bei Ybbsitz
† 05.01.1955, Ybbsitz
Bauer

Fünfklassige Volksschule in Ybbsitz. Übernahme der väterlichen Landwirtschaft 1921; Ökonomierat 1953.

Bauernratsobmann des Bezirkes Waidhofen/Ybbs, Landesbauernrat, Obmann des Niederösterreichischen Almweidevereines, Obmann der Arbeitsgemeinschaft bäuerlicher Hilfsvereine, Obmann der Ybbstaler landwirtschaftlichen Genossenschaft.

Mitglied des Bundesrates   27.04.1934–02.05.1934

Abg. zum Nationalrat (5. WP)   19.12.1945–08.11.1949
Mitglied des Bundesrates   08.11.1949–10.11.1954

Quelle: Parlamentsdirektion.

TESAR Johann   StL/ÖVP
* 03.03.1895, Annaberg
† 16.01.1988, Lilienfeld
Schuhmachermeister, Annaberg
Ständischer Landtag – Gewerbevertreter.

Volksschule, Schuhmacherlehre, 1916–1918 und 1939 Militärdienst.
   1924 Gemeinderat, 1934 Vizebürgermeister in Annaberg, 1926–1938 Bezirksfürsorgerat und Bezirksschulrat; 1944 verhaftet, 1945–1975 Bürgermeister, Hauptbezirksparteiobmann Lilienfeld, Kammerrat.

Mitglied des Bundesrates   27.04.1934–02.05.1934
Mitglied d. Ständ. Landtages   22.11.1934–12.03.1938
Abg. zum Landtag (4.–7. WP)   12.12.1945–19.11.1964
3. Präsident (7. WP)   10.03.1960–19.06.1962
Präsident (7. WP)   19.06.1962–19.11.1964

Quelle: Landtag, Biographisches Handbuch.

TEUFL Josef   CSP
* 28.02.1883, Unter-Rohrendorf
† 30.10.1947, Krems
Landwirt und Weinhauer

Abg. zum Nationalrat (1.–3. WP)   20.11.1923–01.10.1930
Abg. zum Nationalrat (4. WP)   02.12.1930–02.05.1934

Quelle: Parlamentsdirektion.

THEURINGER Leopold   ÖVP
* 08.10.1894
† 26.08.1969
Bauer, Raasdorf bei Groß-Enzersdorf

1945–1954 Ortsvorsteher (während der Zugehörigkeit zu Wien), 1955–1958 Bürgermeister.

Abg. zum Landtag (4. WP)	12.12.1945–05.11.1949

Quelle: Landtag, Biographisches Handbuch.

THOMSCHITZ Georg   SPÖ
* 28.03.1916, Lindabrunn
† 15.02.1985, Wien
Volksschuldirektor, Zillingdorf

Lehrerbildungsanstalt, Matura 1936, 1937–1945 Militärdienst, ab 1945 Volksschullehrer.
    1950 Vizebürgermeister, 1953–1982 Bürgermeister, Vizepräsident des ASKÖ.

Abg. zum Landtag (8.–10 WP)	30.09.1965–19.04.1979

Quelle: Landtag, Biographisches Handbuch.

TINTI Friedrich (Reichsfreiherr von)   StL
* 07.08.1888, Lichtenegg
† 29.10.1948, Pöchlarn
Gutsbesitzer, Oberleutnant der Reserve, Pöchlarn
Ständischer Landtag – Vertreter der Land- und Forstwirtschaft

Mitglied d. Ständ. Landtages	22.11.1934–17.95.1935
1. Vizepräsident	22.11.1934–17.05.1935

Quelle: Landtag, Biographisches Handbuch.

THUMPSER Herbert   SPÖ
*07.03.1961, Lilienfeld

Volksschule in Traisen 1967–1971, Hauptschule in Traisen 1971–1975, Höhere Technische Lehranstalt in St. Pölten (Matura) 1975–1981, Angestellter der VÖEST Alpine Traisen 1982–1984.

Mitglied des Bundesrates 16.04.1998–23.04.2003
Abg. zum Landtag (16. WP) 24.04.2003–10.04.2008
Abg. zum Landtag (17.– WP) 02.07.2009–

Angestellter der SPÖ Niederösterreich 1984–1998.
    Bürgermeister der Marktgemeinde Traisen seit 1995, Bezirksparteivorsitzender der SPÖ Lilienfeld seit 1998.

Quelle: Parlamentsdirektion.

TOMS Bernd, Dipl.-Ing. ÖVP
* 01.01.1947, Klagenfurt
Zivilingenieur, Hadersdorf/Kamp

Volksschule, Untergymnasium, HTL Wien, Technische Universität Wien (Bauingenieurwesen), Ziviltechniker.
    1980 im Gemeinderat, 1990 Bürgermeister, 1996 Bezirksparteiobmann von Krems.

Abg. zum Landtag (13.–15. WP) 22.10.1992–10.04.2008

Quelle: Landtag, Biographisches Handbuch.

TOMSCHIK Josef SDAP
* 27.12.1867, Wien
† 06.07.1945, Wien
Zentralsekretär des Gewerkschafts- und Rechtsschutzvereines der Eisenbahner Österreichs.

Volksschule, Gewerbeschule.
    Zentralsekretär der sozialdemokratischen Eisenbahnerorganisation Österreichs. Zweiter Vorsitzender des Parteivorstandes der SDAP, Reichsratsabgeordneter 1907.

Mitglied der Prov. Nationalversammlung 21.10.1918–16.02.1919
Mitglied der Konst. Nationalversammlung 04.03.1919–09.11.1920
Abg. zum Nationalrat (1.–3. WP) 10.11.1920–01.10.1930
Abg. zum Nationalrat (4. WP) 02.12.1930–17.02.1933

Quelle: Parlamentsdirektion.

TONN Rudolf SPÖ
* 09.01.1931, Schwechat

Pflichtschulen, Berufsschule, Gewerkschaftsschule (erlernter Beruf: Elektroinstallateur). Brauerei Schwechat AG 1950.
    Mitglied der SPÖ 1952, Bürgermeister der Stadtgemeinde Schwechat 1973, Präsident der Arbeitsgemeinschaft für Sport und Körperkultur in Österreich (ASKÖ) für Niederösterreich, Vizepräsident der ASKÖ-Bundesorganisation. Das auf seine Initiative erbaute Stadion in Schwechat-Rannersdorf trägt seinen Namen.

Abg. zum Nationalrat (13.–16. WP) 04.11.1971–16.12.1986

Quelle: Parlamentsdirektion.
Werke: 100 Jahre Fußball in Schwechat 1903–2003, Stadtgemeinde Schwechat. 2003.

TRABITSCH Karl ÖVP
* 12.01.1929
Kaufmann, Schwechat

Volksschule, Haupt- und Berufsschule, 1952 selbstständiger Delikatessen- und Textilhändler.
    1975–1990 Sektionsobmann in der Handelskammer NÖ, 1986–1995 Vizepräsident.

Abg. zum Landtag (11.–13. WP) 30.10.1980–07.06.1993

Quelle: Landtag, Biographisches Handbuch.

TRAUNFELLNER Leopold CSP
* 27.02.1866, Scheibbs
† 03.03.1949, Scheibbs
Bäckermeister und Wirtschaftsbesitzer, Scheibbs

Volksschule, Bäckerlehre, 1894 Übernahme des väterlichen Geschäftes.
    1900–1912 im Gemeinderat von Scheibbs, 1919–1938 Vizebürgermeister, Bezirksbauernratsobmann und Funktionär mehrerer landwirtschaftlicher Genossenschaften und Organisationen, Betriebsfürsorgerat, Obmann des Bezirksstraßenausschusses.

Abg. zum Landtag (1.–2. WP)   11.05.1921–21.05.1932

Quelle: Landtag, Biographisches Handbuch.

TRAXLER Karl   SPÖ
* 04.05.1905, Golling
† 27.11.1982
Wirtschaftsbesitzer, Unter-Egging

1924–1940 Arbeiter bei der Fa. Hitiag, Mitglied des Republikanischen Schutzbundes, 1940 Übernahme eines Bauernhofes, 1945 Einziehung zum Volkssturm.
    1945–1975 Gemeinderat in Ratzenberg (ab 1970: Bergland), tödlich verunglückt.

Abg. zum Landtag (4. WP)   17.06.1946–05.11.1949

Quelle: Landtag, Biographisches Handbuch.

TREITLER Hans   ÖVP
* 11.08.1940, Gallbrunn
Hauptschuldirektor, Amstetten

Volksschule, Untergymnasium Bruck/Leitha, Lehrerbildungsanstalt Wr. Neustadt, Universität Wien (Psychologie), 1959–1968 Volksschullehrer, 1968–1976 Hauptschullehrer, 1976 Hauptschuldirektor.
    1972–1975 und 1995–1997 im Gemeinderat, 1975–1995 Vizebürgermeister von Amstetten, 1979–1995 ÖVP-Hauptbezirksparteiobmann, 1983–1998 Stadtparteiobmann.

Abg. zum Landtag (12.–14. WP)   01.12.1983–16.04.1998
Mitglied des Bundesrates   01.07.1997–02.07.1997

Quelle: Landtag, Biographisches Handbuch.

TRENK Josef   FPÖ
* 26.09.1946, Neunkirchen

Volksschule Ternitz 1954–1958, Hauptschule Ternitz 1958–1962, Berufsschule (erlernter Beruf: Maler) 1962–1965; Präsenzdienst 1965. Maler und Anstreicher bei der

Firma Steiner 1963–1967, Beschäftigung bei der Firma Schoeller Bleckmann 1967–1974, Angestellter bei der Interunfall Versicherung 1974–1979, Autoverkäufer bei Toyota 1979–1985, Tätigkeit im Gastgewerbe seit 1986.
  Mitglied des Gemeinderates von Ternitz 1990–1995, Stadtrat in Ternitz 1995.

Abg. zum Nationalrat (19. WP)	08.05.1995–14.01.1996
Abg. zum Nationalrat (20. WP)	15.01.1996–11.11.1996
Abg. zum Nationalrat (20. WP)	14.05.1998–20.05.1998

Quelle: Parlamentsdirektion.

TRIBAUMER Gertrude   SPÖ
* 22.10.1931, Neunkirchen
Ordinationshilfe, Neunkirchen

Volks- und Hauptschule, 1950 Berufseintritt bei der NÖ Gebietskrankenkasse. 1960 im Gemeinderat, 1967 Bezirksfrauenvorsitzende, 1974–1990 Vizebürgermeisterin von Neunkirchen.

Abg. zum Landtag (8.–12. WP)	06.03.1969–30.11.1987

Quelle: Landtag, Biographisches Handbuch.

TSCHADEK Otto, Dr. iur.   SPÖ
* 31.10.1904, Trautmannsdorf
† 04.02.1969, Wien
Rechtsanwalt, Bruck/Leitha

Volksschule, Bundeserziehungsanstalt Wien XIII, Studium der Rechte in Wien und Graz (Promotion in Graz 1931). Gemeindeamtsleiter in Mannersdorf/Leithagebirge, vom Dienst enthoben 1934, Rechtsanwaltsanwärter 1934, selbstständiger Rechtsanwalt in Bruck/Leitha 1941, nach der Rückkehr aus Kiel wieder Rechtsanwalt.
  In der SDAP aktiv ab 1923, Obmann der Sozialistischen Studentenvereinigung Österreichs 1927–1931. Kommissarischer Bürgermeister der Stadt Kiel 1945–1946, Ehrenbürger der Stadt Kiel. In der NS-Zeit war er als Militärrichter tätig und soll als solcher für vier Todesurteile verantwortlich gewesen sein.

Abg. zum Nationalrat (5.–9. WP)	30.01.1946–24.06.1960

Landesrat (7. WP)	23.06.1960–13.10.1960
Landeshauptmannstv. (7.–8. WP)	13.10.1960–04.02.1969
Bundesminister für Justiz	08.11.1949–16.09.1952
Bundesminister für Justiz	29.06.1956–23.06.1960

Quelle: Landtag, Biographisches Handbuch. 128. 2008; Parlamentsdirektion ; Weblexikon der Wiener Sozialdemokratie. Zur Diskussion um die NS-Vergangenheit Tschadeks siehe: derstandard.at vom 3. September 2010.
Lit.: Ackerl, Isabella/Weissensteiner, Fritz, Österreichisches Personenlexikon der Ersten und Zweiten Republik. 1992; Bruckmüller, Ernst (Hg.), Personenlexikon Österreich. 2001; Petznek, Friedrich, Ein bedeutender Brucker – Dr. Otto Tschadek: 1904–1969. Kultur- und Museumsverein Bruck an der Leitha. 2004.
Werke: Jahre der Freiheit. 1967.

TZÖBL Josef, Dr.   CSP
* 17.03.1900, Siebenhirten (Niederösterreich)
† 31.10.1968, Wien

Volksschule, Gymnasium, Studium der Rechte.
Publizist im Dienste des Austrofaschismus; 1944 von der Gestapo erkennungsdienstlich erfasst.
    Leiter des politischen Büros der ÖVP.

Mitglied des Bundesrates   03.06.1932–02.05.1934

Quelle: Parlamentsdirektion.
Werke: Vaterländische Erziehung. 1934.

UHL Hans-Karl   SPÖ
* 22.07.1943, Wien
Bezirkssekretär, Perchtoldsdorf

Volks- und Hauptschule, Maschinenschlosserlehre, Werkzeugmacher, Montagemeister.
    1970–1995 im Gemeinderat, 1974 Bezirksparteisekretär.

Abg. zum Landtag (12.–14. WP)   07.11.1985–26.11.1997

Quelle: Landtag, Biographisches Handbuch.

UNGER Waldemar, Dr. iur.   StL
* 12.09.1881, Dresden
† 01.04.1961, St. Pölten
Anwalt, St. Pölten
Ständischer Landtag – Vertreter der freien Berufe

1891 Übersiedlung nach Wien, Gymnasium, Universität Wien (Jus), 1907 Promotion, Praktikant und Rechtsanwaltsprüfung, 1914–1918 Militärdienst, 1919 selbstständiger Rechtsanwalt, 1938 verhaftet und Berufsverbot, 1945–1954 erneut als Rechtsanwalt tätig.

Mitglied d. Ständ. Landtages   22.11.1934–12.03.1938

Quelle: Landtag, Biographisches Handbuch.

UNGERSBÖCK Johann G.   ÖVP
* 19.03.1927, Zottelhof
† 07.01.1999
Bauer, Witzeisberg

Volksschule, Bäuerliche Fachschule, Kriegsdienst.

Abg. zum Landtag (8. WP)   03.12.1964–20.11.1969

Quelle: Landtag, Biographisches Handbuch.

URSIN Josef, Dr.   GDVP
* 27.06.1863, Tulln
† 29.10.1932, Wien

Volksschule, Gymnasium, Studium an den Universitäten Wien, Innsbruck, Graz und München. Nervenarzt in Tulln, Verfasser wissenschaftlicher und politischer Abhandlungen.
  Obmann der Altdeutschen Vereine für die Ostmark, Mitglied der Reichsparteileitung der GDVP.

Mitglied der Konst. Nationalversammlung   04.03.1919–09.11.1920

Abg. zum Nationalrat (1. WP) 10.11.1920–20.11.1923

Quelle: Parlamentsdirektion.

VAUGOIN Carl CSP
* 08.07.1873, Wien
† 10.06.1949, Krems

Als Sohn eines Juweliers und Wiener Stadtrats geboren, strebte Vaugoin nach seinem Jahr als Einjährig-Freiwilliger 1894 die Laufbahn eines Berufsoffiziers an, wurde aber für den Truppendienst untauglich befunden und 1899 außer Dienst gestellt. Seit 1898 im Rechnungsdienst der niederösterreichischen Landesregierung tätig, trat er fast gleichzeitig der Christlichsozialen Partei (CS) bei, die er von 1912 bis 1920 im Wiener Gemeinderat vertrat. Im Ersten Weltkrieg leitete Vaugoin nach kurzem Fronteinsatz zwei Etappen-Train-Werkstätten und war zuletzt Rittmeister.

1918 bis 1920 war er Wiener Stadtrat. Den Nationalsozialismus überlebte Vaugoin in Zwangsaufenthalten in Mitteldeutschland und Thüringen und ab 1943 im Litschauer »Ausweichspital«. Aufgrund einer Krankheit gelähmt, verbrachte er seine letzten Lebensmonate im Stift Dürnstein. Er war Mitglied der K.Ö.St.V. Rudolfina Wien, damals im CV, heute im ÖCV und Mitglied der K.Ö.St.V. Liechtenstein Wien im MKV.

Abgeordneter zum Nationalrat (1. WP)	10.11.1920–20.11.1923
Abgeordneter zum Nationalrat (2.–3. WP)	20.11.1923–01.10.1930
Abgeordneter zum Nationalrat (4. WP)	02.12.1930–20.09.1933
Bundesminister für Heereswesen	28.04.1921–07.10.1921
Bundesminister für Heereswesen	31.05.1922–26.09.1929
Betraut mit der Leitung des Bundesministeriums für Heereswesen	26.09.1929–30.09.1930
Bundesminister für Heereswesen	04.12.1930–21.09.1933
Vizekanzler	26.09.1929–30.09.1930
Bundeskanzler	30.09.1930–04.12.1930

Quelle: Parlamentsdirektion, Wikipedia.
Lit.: Jedlicka, Ludwig, Ein Heer im Schatten der Parteien. 1955; Staudinger, Anton, Carl Vaugoins Bemühungen um Suprematie der Christlichsozialen in Österreich 1930–32. Phil. Diss. Wien 1965; Weissensteiner, Friedrich/Weinzierl, Erika (Hg.), Die österreichischen Bundeskanzler. 1983.

VEIT Karl   StL
* 04.10.1887, Vranov (Mähren)
† ???
Postamtsdirektor, Payerbach
Ständischer Landtag – Vertreter des Schul-, Erziehungs- und Volksbildungswesens

Mitglied d. Ständ. Landtages   22.11.1934–12.03.1938
1. Vizepräsident   17.05.1935–12.03.1938

Quelle: Landtag, Biographisches Handbuch.

VESELY Franz   SPÖ
* 07.08.1898, Perchtoldsdorf
† 24.01.1951, Wien
Bezirksschulinspektor, Perchtoldsdorf

Volks- und Bürgerschule, Lehrerbildungsanstalt Wien, 1915–1918 Militärdienst und russische Kriegsgefangenschaft in Sibirien (von dort entflohen und zur Truppe zurückgekehrt), Matura 1919, Volks- und dann Hauptschullehrer, 1938 aus dem Schuldienst entlassen, 1939 zwangspensioniert, Arbeit bei einer Versicherung, 1945 Wiedereintritt in den Schuldienst, tödlich verunglückt (Verkehrsunfall).

Abg. zum Landtag (4.–5. WP)   12.12.1945–24.01.1951
Obmann des Finanzkontrollausschusses (4.–5. WP)   05.01.1947–24.01.1951

Quelle: Landtag, Biographisches Handbuch.

VETTER Gustav   ÖVP
* 28.04.1936, Amstetten

Volksschule, Bundesrealgymnasium, Matura 1955. Beamter der Niederösterreichischen Landesregierung (Bezirkshauptmannschaft Gmünd, Sozialabteilung) 1955.
    Landesparteisekretär der ÖVP Niederösterreich 1982. Mitglied des Österreichischen Arbeiter- und Angestelltenbundes (ÖAAB) seit 1955, Mitglied des Österreichischen Gewerkschaftsbundes seit 1957, Mitglied des Gemeinderates der Stadt Gmünd 1965–1971, Bezirksobmann des ÖAAB Gmünd und Mitglied des Landesvorstandes des ÖAAB Niederösterreich 1966.

Abg. zum Nationalrat (13.–18. WP)   04.11.1971–06.11.1994

Quelle: Parlamentsdirektion.

VLADYKA Christa, geb. Gallaun   SPÖ
* 04.12.1955, Pichling/Stmk.
Angestellte, Bruck/Leitha

Pflichtschulen, kfm. Lehre.
  1985 im Gemeinderat, 1991 Stadträtin, 1995–1999 Vizebürgermeisterin, 1999–2000 Bürgermeisterin, 2000 erneut Stadträtin in Bruck/Leitha.

Abg. zum Landtag (14.–16. WP)   25.01.1996–10.04.2008
Abg. zum Landtag (17.– WP)   01.10.2009–
Mitglied des Bundesrates   10.04.2008–01.10.2009

Quelle: Landtag, Biographisches Handbuch.

VOCK Bernhard   FPÖ
* 12.04.1963, Mödling

Volksschule 1969–1973, Bundesrealgymnasium in Mödling 1973–1978, Handelsakademie in Mödling (Matura) 1978–1984. Kaufmännischer Angestellter bei der Siemens AG Österreich 1984, selbstständiger Unternehmer 1985, Organisationssekretär der FPÖ Wien 1986–1989, Organisationsleiter bei der Firma Gerüst-Service-Kopfer 1989–1990, Kaufmännischer Angestellter beim ÖAMTC 1990–2004, selbstständiger Unternehmer seit 2004.
  Mitglied des Gemeinderates der Stadt Mödling (Obmann des Prüfungsausschusses von 1995–2000) 1990–2000, Mitglied des Stadtparteivorstandes der FPÖ Mödling seit 1986, Mitglied der Bezirksparteileitung der FPÖ Mödling seit 1986, Parteiobmann der FPÖ Stadtgruppe Mödling 1989–1991, 1993–1998 sowie seit 2005, Bezirksparteiobmann der FPÖ Mödling 2003–2008, Mitglied des Landesvorstandes des Ringes Freiheitlicher Wirtschaftstreibender (RFW) Niederösterreichs seit 2001, Landesobmann Stellvertreter des Ringes Freiheitlicher Wirtschaftstreibender (RFW) Niederösterreichs seit 2007.

Abg. zum Nationalrat (23.– WP)   10.04.2008–

Quelle: Parlamentsdirektion.

VONWALD Karl   ÖVP
* 28.07.1933, Michelbach
† 13.07.2008, Lilienfeld

Pflichtschulen, landwirtschaftliche Berufsschule. Übernahme des großelterlichen Bauernhofes 1954, seither selbstständiger Landwirt; Ökonomierat.
　Mitglied des Gemeinderates der Marktgemeinde Michelbach 1960, Vizebürgermeister der Marktgemeinde Michelbach 1965–1973, Bürgermeister der Marktgemeinde Michelbach 1973, Hauptbezirksobmann des Bauernbundes St. Pölten.

Abg. zum Nationalrat (16.–18. WP)   19.05.1983–06.11.1994

Quelle: Parlamentsdirektion.

VOTRUBA Traude   SPÖ
* 10.10.1942, Felixdorf
Hausfrau, Felixdorf

Pflichtschulen, Höhere Bundeslehranstalt für Wirtschaftliche Frauenberufe in Baden, 1960 Matura, Hotelsekretärin, 1961 Eintritt in den Bundesdienst beim Landesarbeitsamt Niederösterreich in Wien, 1963–1971 Berufsberaterin beim Arbeitsamt Wr. Neustadt.
　1970–1985 im Gemeinderat, 1987–1998 Landesfrauenvorsitzende der SPÖ.

Landesrat (11.–15. WP)   09.04.1981–18.11.1999
Mitglied des Bundesrates   21.06.1979–07.04.1981

Quelle: Landtag, Biographisches Handbuch.

WACHE Wilhelm   SDAP
* 21.02.1875, Johannesthal (Schlesien)
† 31.08.1939, Wien-Schwechat

Volksschule, Bürgerschule, Lehrerbildungsseminar in Troppau. Lehrer an verschiedenen Schulen Niederösterreichs, Pensionierung 1932.
　Obmann der Freien Lehrergewerkschaft Österreichs 1918, Bürgermeister von Schwechat 1932–1934. Politische Freiheitsstrafen: 1934 Haft, Anhaltelager Wöllersdorf.

Abg. zum Nationalrat (4. WP) 03.06.1932–17.02.1934

Quelle: Parlamentsdirektion.

WAGNER Ewald SPÖ
* 07.12.1941, Stockerau
Angestellter, Stockerau

Volks-, Haupt- und Handelsschule, 1957–1969 Industrieangestellter.
    1970 Bezirksparteisekretär und im Gemeinderat. 1972 Stadtrat von Stockerau, 1980–1985 Einsatzleiter der NÖ Volkshilfe, 1984–1985 Vizebürgermeister, 1985–1991 Landesparteisekretär.

Abg. zum Landtag (11.–13. WP) 19.04.1979–11.07.1991
Landesrat (13.–14. WP) 11.07.1991–16.04.1998

Quelle: Landtag, Biographisches Handbuch.

WAGNER Josef, Dr. CSP
* 26.10.1874, Klingenbrunn bei Haag
† 19.11.1938, St. Pölten

Volksschule, Gymnasium, Studium der Theologie. Priester, Professor an der theologischen Lehranstalt in St. Pölten.
    Mitglied des Gemeinderates von St. Pölten.

Mitglied der Konst. Nationalversammlung 04.03.1919–09.11.1920
Abg. zum Nationalrat (1. WP) 10.11.1920–20.11.1923

Quelle: Parlamentsdirektion.

WAGNER Josef, Ing. LIF
* 21.04.1940, Wien
Baumeister, Mödling

Volks- und Hauptschule, HTL Mödling (Hochbau), 1965 Baumeisterprüfung, gerichtlich beeideter Sachverständiger.

1981–1985 und 1990–1995 im Gemeinderat, 1985–1990 Vizebürgermeister in Mödling, kandidierte bei der LT-Wahl 1988 mit einer eigenen Liste im Viertel unter dem Wienerwald, 1994 Austritt aus der Fraktion des Liberalen Forums, damit der erste fraktionslose (= »wilde«) Abgeordnete im NÖ Landtag, kandidierte 1998 erfolglos wieder mit einer eigenen Liste

Abg. zum Landtag (14. WP)   07.06.1993–16.04.1998

Quelle: Landtag, Biographisches Handbuch.

WAGNER Ludwig   CSP
* 13.8.1854, Krenstetten
† 30.4.1926, Krenstetten
Gastwirt und Wirtschaftsbesitzer, Krenstetten

Einklassige Volksschule, Bäckerlehre, Gewerbeschule in Waidhofen/Ybbs. Gemeinderat, Ehrenbürger von etwa 20 Gemeinden.

Abg. zum Landtag (1. WP)   11.05.1921–30.04.1926

Quelle: Landtag, Biographisches Handbuch.

WAGNER Otto, Dr.   GDVP
* 19.11.1882, Wagstadt/Bilovec (Schlesien)
† 01.10.1958, Graz
Inspektor der Unfallversicherung der Österreichischen Eisenbahnen

Volksschule, Mittelschule, Studium der Rechte.

Abg. zum Nationalrat (3. WP)   18.05.1927–01.10.1930

Quelle: Parlamentsdirektion.

WAIHS Erwin, Dr.   CSP
* 03.08.1880, Wien
† 05.07.1959, Aich/Attersee

Volksschule, Schottengymnasium, Studium der Rechte, Promotion 1905. Richter; Vorsitzender Rat des Oberlandesgerichtes Wien. Politische Freiheitsstrafe: 1944 drei Wochen Untersuchungshaft.

Unterstaatssekretär im Staatsamt für Heereswesen	05.11.1918–24.06.1920
Mitglied der Konst. Nationalversammlung	04.03.1919–09.11.1920
Abg. zum Nationalrat (1.–3. WP)	10.11.1920–01.10.1930
Abg. zum Nationalrat (4. WP)	02.12.1930–02.05.1934

Quelle: Parlamentsdirektion.

WALDHÄUSL Gottfried FPÖ
* 03.10.1965, Waidhofen/Thaya
Landwirt, Kleingöpfritz

Volksschule, Untergymnasium, landwirtschaftliche Berufsschule, 1985 Übernahme des elterlichen Betriebes.
    1990 im Gemeinderat, 1995 Bezirksparteiobmann und Landwirtschaftskammerrat.

Mitglied des Bundesrates	26.04.1995–15.4.1998
Abg. zum Landtag (15.– WP)	16.04.1998–

Quelle: Landtag, Biographisches Handbuch.

WALDHEIM Kurt, Dr. ÖVP
* 21.12.1918, St. Andrä-Wördern
† 14.06.2007, Wien

Volksschule, Gymnasium (Matura), Studium der Rechte (Dr. iur. 1944), Sekretär bei Außenminister Dr. Karl Gruber, diplomatische Laufbahn (Paris 1948–1951, Kanada 1956–1960); Botschafter bei den Vereinten Nationen in New York 1964–1968 sowie 1970–1971, Generalsekretär der UNO 1971–1981, Professor an der Georgetown University in Washington D.C. 1982–1984.

Bundesminister für Auswärtige Angelegenheiten	19.01.1968–21.04.1970
Bundespräsident	08.07.1986–08.07.1992

Quelle: Parlamentsdirektion; Wikipedia, James L. Collins Jr. u.a.: Bericht der internationalen Historikerkommission, Schlussbetrachtung, 8. Februar 1988.
Lit.: Gehler, Michael, Die Affäre Waldheim: Eine Fallstudie zum Umgang mit der NS-Vergangenheit in den späten achtziger Jahren. In: Steininger, Rolf, Gehler, Michael (Hg.), Österreich im 20. Jahrhundert. Ein Studienbuch in zwei Bänden. Vom Zweiten Weltkrieg bis zur Gegenwart. 1997; Strothmann, Dietrich, Der Mann und seine Schatten. Kurt Waldheim im Wahlkampf und im Rechtfertigungsstreit. In: Die Zeit, 14. März 1986.

WALLIG Otto ÖVP
* 12.09.1898, Zellerndorf
† 11.02.1969, Eggenburg
Bauer, Zellerndorf

Volks- und Bürgerschule, mehrere landwirtschaftliche Kurse, 1921 Übernahme des väterlichen Hofes.
    1936 im Gemeinderat, 1936–1938 und 1945 Kammerrat, 1938 und 1945–1960 Bürgermeister, 1947 Bezirksbauernkammerobmann.

Abg. zum Landtag (4.–5. WP)	12.12.1945–10.11.1954
Mitglied des Bundesrates	10.11.1954–04.06.1959

Quelle: Landtag, Biographisches Handbuch.

WALLNER Josef ÖVP
* 27.10.1898, Wolfsbach
† 15.02.1983, Amstetten
Holzgroßhändler

Pflichtschulen, erlernter Beruf: Sägewerker. Einige Praxisjahre in der Holzwirtschaft, Gründung der Firma J. Wallner, Holzexport und Großhandlung im Amstetten 1921.
    Obmannstellvertreter der ÖVP St. Pölten, Obmann des Österreichischen Wirtschaftsbundes Amstetten, Vorsteher des Landesgremiums Holzhandel für Niederösterreich 1946.

Abg. zum Nationalrat (6.–9. WP)	08.11.1949–14.12.1962

Quelle: Parlamentsdirektion.

WALLNER Viktor, Mag. phil. ÖVP
* 20.12.1922, Wien
Gymnasialdirektor, Baden

1940–1945 Militärdienst, den rechten Arm verloren, Universität Wien (Lehramt für Germanistik und Geschichte), ab 1947 Unterrichtstätigkeit, 1968–1982 Gymnasial-Direktor (Baden, Biondekgasse), Hofrat.
    1960 Stadtrat, 1965–1988 Bürgermeister in Baden. Autor zahlreicher heimatkundlicher Publikationen, 1968–1990 Präsident des Österr. Heilbäder und Kurorteverbandes, 1970–1982 Vizepräsident des Österr. Städtebundes, zahlreiche Funktionen in kulturellen Organisationen.

Abg. zum Landtag (10.–11. WP)	11.07.1974–04.11.1983

Quelle: Landtag, Biographisches Handbuch.
Lit.: Humanes und Urbanes. Festschrift für den Bürgermeister der Stadt Baden, Hofrat Mag. Viktor Wallner, Abgeordneter zum Niederösterreichischen Landtag. Herausgegeben von Mitarbeitern und Freunden. 1982.
Werke: Kurstadt Baden bei Wien. 1964; Bad'ner G'schichten. 1985.

WALTNER Johann ÖVP
* 27.06.1900, Wien
† 20.07.1987, Klosterneuburg
Bauer, Altenwörth/Donau

Volksschule, 1924 Ortsbauernratsobmann, 1925 Übernahme des elterlichen Betriebes.
    1929–1938 und 1945–1960 Bürgermeister, im Bezirksschulrat und Straßenausschuss sowie Genossenschaftswesen tätig, Obmann der Bezirksbauernkammer, 1938 kurzfristig in Haft, 1939–1940 Militärdienst, 1947–1949 Obmann des Verbandes der Gemeindevertreter der ÖVP.

Abg. zum Landtag (4.–7. WP)	12.12.1945–20.01.1960
Landesrat (4.–7. WP)	19.05.1949–19.11.1964

Quelle: Landtag, Biographisches Handbuch.

WATTAUL Anton   FPÖ/BZÖ
* 13.05.1957, Wieselburg

Volksschule in Wieselburg 1963–1968, Hauptschule in Wieselburg 1968–1972, Berufsschule (erlernter Beruf: KFZ-Mechaniker) 1972–1976, Konzessionsprüfung – Güterbeförderung 1977; Präsenzdienst 1977. Im Ausland gearbeitet 1977–1982, Angestellter in einem Transportunternehmen 1982–1989, selbstständiger Transportunternehmer seit 1990.
    Stadtrat von Wieselburg 1995–2000, Mitglied des Gemeinderates von Wieselburg 2000–2004.

Abg. zum Nationalrat (21. WP)	29.10.1999–19.12.2002
Abg. zum Nationalrat (22. WP)	05.03.2003–06.07.2004
Abg. zum Nationalrat (22. WP)	07.09.2005–27.04.2006
Abg. zum Nationalrat (23. WP)	28.04.2006–29.10.2006

Quelle: Parlamentsdirektion.

WEBER Leopold   SPÖ
* 05.10.1899, Biberbach
† 03.05.1951
Schlosser, Sonntagberg

Pflichtschule, Schlosserlehre, 1917–1918 Militärdienst, Betriebsschlosser.
    Gewerkschaftliche Funktionen, 1945–1951 Bürgermeister.

Abg. zum Landtag (5. WP)	05.11.1949–03.05.1951

Quelle: Landtag, Biographisches Handbuch.

WEDL Johann   SPÖ
* 28.09.1928, Trumau
† 15.07.2009, Trumau
Justizbeamter, Trumau

Volks-, Haupt- und Handelsschule, 1944 Eintritt in den Justizdienst.

1955 im Gemeinderat, 1960 Vizebürgermeister, 1965–1987 Bürgermeister von Trumau.

Abg. zum Landtag (9.–12. WP)	09.07.1970–30.11.1987

Quelle: Landtag, Biographisches Handbuch.

WEGERER Karl ÖVP
* 20.09.1897, Matzendorf
† 03.12.1965
Bauer, Matzendorf

Volksschule, Ackerbauschule Tulln.
    1921 im Gemeinderat. 1929–1938 Bürgermeister, 1945 erneut im Gemeinderat, 1950–1960 Bürgermeister, mehrere Funktionen in landwirtschaftlichen Genossenschaften.

Abg. zum Landtag (5. WP)	05.11.1949–10.11.1954

Quelle: Landtag, Biographisches Handbuch.

WEHRL Rudolf SPÖ
* 27.12.1903, Unter-Höflein
† 31.08.1965, Wr. Neustadt
Bürgermeister, Wr. Neustadt

Volksschule in Dunkelstein, Neunkirchen und Willendorf, landwirtschaftlicher Hilfsarbeiter, 1918–1925 Bergmann, dann Gelegenheitsarbeiter, ab 1929 Textilarbeiter. Betriebsrat, 1937 verhaftet,
    1945–1965 Bürgermeister und Landesobmann des sozialistischen Gemeindevertreterverbandes, 1963 Ehrenbürger.

Abg. zum Landtag (7.–8. WP)	04.06.1959–31.08.1965
2. Präsident (8. WP)	19.11.1964–31.08.1965

Quelle: Landtag, Biographisches Handbuch.

WEIDERBAUER Emmerich   Grüne
* 08.05.1954, St. Pölten

Volks- und Hauptschule, Musisch-Pädagog. Realgymnasium, PÄDAK.
 1995 Gemeinderat von Melk, 2005–2010 Stadtrat, 2010 Gemeinderat.

Abg. zum Landtag (16.–WP)   24.04.2003–

Quelle: NÖ Landtag.

WEIGL Richard, Ing.   CSP/LB
* 09.08.1878, Krems-Egelsee
† 02.08.1945, Wien

Volksschule, Realschule, Ackerbauschule in Feldsberg, Höhere Lehranstalt für Wein- und Obstbau in Klosterneuburg. Landwirtschaftslehrer an der Hochschule für Bodenkultur in Wien, verfasste zahlreiche Broschüren über Wein- und Obstbau und die Landwirtschaft. Präsident des landwirtschaftlichen Bezirksvereins Krems. Direktor des Niederösterreichischen Landesmusterkellers.

Mitglied der Konst. Nationalversammlung   01.07.1919–09.11.1920
Abg. zum Nationalrat (1. WP)   10.11.1920–04.07.1923
Abg. zum Nationalrat (4. WP)   02.12.1930–02.05.1934

Quelle: Parlamentsdirektion.

WEINHOFER Leopold   SDAP
* 09.11.1879, Riedenthal
† 15.08.1947
Tischlergehilfe, Schwechat.

Einklassige Volksschule, Tischlerlehre, Eisenbahner.
 1918 im Gemeinderat, 1919–1930 (1932) Bürgermeister, wurde 1930 wegen Korruptionsverdacht (Veruntreuung von Gemeindegeldern) verhaftet, ließ sich daraufhin beurlauben und legte 1932 nach der Verurteilung seine Funktionen zurück.

Abg. zum Landtag (1.–2. WP)   11.05.1921–22.02.1932

Quelle: Landtag, Biographisches Handbuch.

WEINMAYER Leopold ÖVP
* 09.10.1904, Wien
† 19.07.1966, Klosterneuburg

Volksschule, Bürgerschule. Eintritt in den Telegraphendienst als 15-Jähriger; Landesparteisekretär der ÖVP Niederösterreich 1947. Mitglied der christlichen Postgewerkschaft 1922–1938.
　Landesorganisationsleiter des ÖAAB Niederösterreich 1946–1947, Geschäftsführender Gemeinderat von Klosterneuburg 1934–1938, Bürgermeister von Klosterneuburg. Politische Freiheitsstrafe: 1938 zehn Monate Untersuchungshaft, Anklage wegen Hochverrats.

Mitglied des Bundesrates	19.12.1945–18.03.1953
Abg. zum Nationalrat (7.–10. WP)	18.03.1953–30.03.1966
Stellvertretender Vorsitzender des Bundesrates	06.12.1949–30.06.1951
Vorsitzender des Bundesrates	01.01.1952–30.06.1952

Quelle: Parlamentsdirektion.

WEINMEIER Wilhelm, Ing. FPÖ
* 01.07.1955, Kirchberg
Techniker, Kirchberg/Pielach

Volksschule 1961–1965, Hauptschule 1965–1969, Höhere Technische Lehranstalt für Elektrotechnik in St. Pölten (Ing.) 1969–1974. Technischer Angestellter 1975–1992, selbstständiger Elektrotechniker (Technisches Büro) seit 1992.
　Mitglied des Gemeinderates von Kirchberg/Pielach 1980–1990, Geschäftsführendes Mitglied des Gemeinderates von Kirchberg an der Pielach seit 1990, Mitglied des Landesparteivorstandes der FPÖ Niederösterreich 1988–1996, Mitglied der Bundesparteileitung der FPÖ 1988–1994, Mitglied des Landesparteivorstandes der FPÖ Niederösterreich seit 1998, Landesparteiobmann-Stellvertreter der FPÖ Niederösterreich 1990–1992, Mitglied des Fachgruppenausschusses der Wirtschaftskammer Niederösterreich seit 1995.

Abg. zum Landtag (13. WP)	17.11.1988–07.06.1993
Abg. zum Nationalrat (21.– WP)	29.11.1999–

Quelle: Landtag, Biographisches Handbuch.

WEINZINGER Brigid, Mag. phil.   Grüne
* 23.07.1962, Gmünd
Dolmetscherin, Gmünd

AHS Gmünd, Uni Wien (Englisch, Spanisch).
    1982–1988 Entwicklungshilfe Klub, 1989–1995 stv. Geschäftsführerin des Österr. Informationsdienst für Entwicklungshilfe, 1995–1997 Bundessprecherin Global 2000. 1998 Fraktionsobfrau.

Abg. zum Landtag (15. WP)	16.04.1998–24.04.2003
Abg. zum Nationalrat (22.–23. WP)	25.04.2003–27.10.2008

Quelle: Landtag, Biographisches Handbuch.

WEISS Helmuth, Mag. Dr.   FPÖ
* 03.03.1948, Wien

Volksschule 1954–1958, humanistisches Gymnasium in Krems 1958–1966, Studium der Rechte an der Universität Wien 1967–1972. Provisorischer Finanzkommissär beim Finanzamt Krems 1973–1975, Offizier auf Zeit (3. Panzer-Grenadier-Brigade) 1975–1977, Rechtskundiger Offizier beim Militärkommando Niederösterreich 1977–1984, Verwaltungsjurist im Bundesministerium für Landesverteidigung seit 1984, Abteilungsleiter seit 1996; Ministerialrat 1993.
    Mitglied des Gemeinderates der Stadt Dürnstein seit 1970, Mitglied des Gemeinderates der Stadt Krems 1977–1988, Stadtparteiobmann der FPÖ Krems 1976–1990, Mitglied der Landesparteileitung der FPÖ Niederösterreich 1978, Mitglied des Landesparteivorstandes und des Landesparteipräsidiums der FPÖ Niederösterreich, Stellvertretender Landesparteiobmann der FPÖ Niederösterreich 1982–1990, Mitglied der Bundesparteileitung der FPÖ.

Mitglied des Bundesrates	17.11.1988–11.10.1989
Abg. zum Nationalrat (17. WP)	12.10.1989–16.10.1989

Quelle: Parlamentsdirektion.

WEISS Leopold   ÖVP
* 09.11.1903, Lassee
† 05.11.1991, Hainburg
Bauer, Lassee

Volksschule, Bäuerliche Fachschule Obersiebenbrunn, 1931 Übernahme des elterlichen Betriebes, 1936 Bezirksbauernratsobmann, Kammerrat.

1953–1962 Hauptbezirksparteiobmann Gänserndorf, 1961–1973 Obmann des NÖ Rübenbauernbundes, 1962–1974 Präsident des Verbandes österr. Rübenbauernorganisationen, 1968–1971 Obmann des Österr. Zuckerforschungsinstitutes, Ökonomierat.

Abg. zum Landtag (6.–8. WP)	10.11.1954–20.11.1969
Präsident (8. WP)	19.11.1964–20.11.1969

Quelle: Landtag, Biographisches Handbuch.

WEISSENBÖCK Johann　　　　　　　　　　　　　　　　　　　　　　ÖVP
* 25.02.1929, Hollenstein
† 29.11.1980, Gmünd
Bauer, Hollenstein

1960 Vizebürgermeister, 1965–1967 Bürgermeister, nach der Zusammenlegung 1967–1971 und 1972–1975 Vizebürgermeister in Kirchberg/Walde, diverse Funktionen in landwirtschaftlichen Organisationen.

Abg. zum Landtag (8.–9. WP)　　　　　　　　　　　　　　19.11.1964–11.07.1974

Quelle: Landtag, Biographisches Handbuch.

WELSCH Josefine　　　　　　　　　　　　　　　　　　　　　　　　SDAP
* 09.11.1876, Wien
† 25.01.1959, Wien
Hausfrau, Liesing

Volks-, Bürger- und Fortbildungsschule, Kleidermacherlehre, Manipulantin in einer Stickerei.
　Gemeinderat, Vorsitzende der sozialdemokratischen Frauenorganisation des Viertels unter dem Wienerwald.

Abg. zum Landtag (2.–3. WP)　　　　　　　　　　　　　　20.05.1927–16.02.1934

Quelle: Landtag, Biographisches Handbuch.

WENGER Emmerich   SPÖ
* 05.10.1902, Wien
† 23.01.1973, Wien
Landessekretär des Gewerkschaftsbundes in Niederösterreich, Felixdorf

Volks-, Haupt- und Handelsschule, 1923 Bediensteter der Gemeinde Wien, 1938 verhaftet und ins KZ Dachau eingeliefert, von dort 1944 zur Wehrmacht eingerückt, 1947 aus russischer Kriegsgefangenschaft zurück und ÖGB Landessekretär.

Abg. zum Landtag (5.–7. WP)	05.11.1949–15.06.1960
Landesrat (6.–8. WP)	24.10.1957–09.05.1966

Quelle: Landtag, Biographisches Handbuch.

WENINGER Hannes, Ing.   SPÖ

* 10.05.1961, Neunkirchen
Angestellter, Gießhübl

Volksschule in Würflach 1967–1971, Hauptschule in Ternitz 1971–1975, Höhere Technische Bundeslehranstalt Mödling (Elektrotechnik) 1975–1980. Post- und Telegraphenverwaltung Wien 1981, Elektrotechniker bei Brown Boveri AG, Wr. Neudorf 1981.
    Landessekretär der Sozialistischen Jugend Niederösterreichs, Wien 1982–1985, Landesstellenleiter des Karl-Renner-Instituts Niederösterreich 1985–2003, Klubobmann der SPÖ im Niederösterreichischen Landtag 2003–2008. Mitglied des Gemeinderates von Gießhübl, Bezirk Mödling 1985–2005, Geschäftsführendes Mitglied des Gemeinderates von Gießhübl seit 2005, Klubobmann des Landtagsklubs der SPÖ Niederösterreich 2003–2008, Bezirksparteivorsitzender der SPÖ Mödling seit 1999.

Abg. zum Landtag (14.–16. WP)	27.11.1997–10.04.2008
Abg. zum Nationalrat (23.–WP)	09.04.2008–

Quelle: Landtag, Biographisches Handbuch; Parlamentsdirektion; Krause, Biografien.

WENITSCH Robert FPÖ
* 09.04.1958, Wien

Volksschule 1964–1968, Hauptschule 1968–1972, Handelsschule 1972–1973, landwirtschaftliche Fachschule Tulln 1974–1976. Teilübernahme des elterlichen Hofes 1977, Übernahme des Hofes und selbstständiger Landwirt seit 1990.
  Ortsparteiobmann der FPÖ Weikendorf seit 1992, Mitglied des Gemeinderates von Weikendorf seit 1995, Bezirksparteiobmann der FPÖ Gänserndorf seit 1993.

Abg. zum Nationalrat (19.–21. WP) 07.11.1994–19.12.2002

Quelle: Parlamentsdirektion.

WENZL Konrad StL
* 07.10.1893
† 13.04.1945
Landwirt, Haringsee
Ständischer Landtag – Vertreter der Land- und Forstwirtschaft

Mitglied d. Ständ. Landtages 06.11.1935–06.07.1937

Quelle: Landtag, Biographisches Handbuch.

WERNDL Johann SDAP
* 04.06.1887, Rappottenstein
† 04.11.1338
Hauptschullehrer, Liesing

Übungs- und Bürgerschule, Lehrerbildungsanstalt Salzburg, Eintritt in den niederösterreichischen Schuldienst.
  1919 Bürgermeister in Atzgersdorf; Redakteur der Zeitschrift »Die Gemeinde« und Verfasser eines »Neuen Disziplinarrechtes«; Bezirksparteiobmann.

Abg. zum Landtag (2. WP) 20.05.1927–16.02.1934

Quelle: Landtag, Biographisches Handbuch.

WERNHART Karl   StL
* 21.04.1879, Velm-Götzendorf
† 25.04.1944, Velm-Götzendorf
Präsident des Landesverbandes der Handelsgremien und Kaufmann, Dürnkrut
Ständischer Landtag – Vertreter für Handel und Verkehr

Mitglied d. Ständ. Landtages   22.11.1934–12.03.1938

Quelle: Landtag, Biographisches Handbuch.

WIDMAYER Heinrich   SDAP/SPÖ
* 05.04.1891, Wr. Neustadt
† 17.05.1977, Wien
Landarbeitersekretär, Deutsch-Wagram

Volksschule; erlernter Beruf: Metalldreher. Wanderschaft, Siemens Schuckert-Werke in Wien/Leopoldau, Landessekretär des Österreichischen Land- und Forstarbeiterverbandes für Wien, Niederösterreich und das Burgenland, Beamter.
   Bürgermeister von Deutsch-Wagram. Politische Freiheitsstrafen: 1934–1944 siebenmal in Haft, Anhaltelager Wöllersdorf, KZ Theresienstadt.

Abg. zum Landtag (3. WP)   21.05.1932–16.02.1934
Mitglied d. Prov. Landesausschusses   17.07.1945–12.12.1945
Abg. zum Nationalrat (5.–7. WP)   19.12.1945–08.06.1956

Quelle: Landtag, Biographisches Handbuch; Parlamentsdirektion.
Lit.: Riepl, Hermann, Der Wiederaufbau der niederösterreichischen Landesverwaltung. 1975; derselbe, Landtag 1.

WIESINGER Ernst, Dipl.-Ing.   ÖVP
* 24.10.1925, Wien

Volksschule, Realschule, Hochschule für Bodenkultur. Bauer.
   Stellvertretender Bezirksbauernratsobmann des Bezirkes Melk, Bezirkskammerrat.

Abg. zum Nationalrat (10.–11. WP)   02.06.1965–31.03.1970

Quelle: Parlamentsdirektion.

WIESMAYR Josef   SPÖ
* 09.01.1920, Melk
† 27.02.1994, Linz
Krankenhausangestellter, Melk

Volksschule, Gymnasium (Matura), ab 1939 Gemeindebediensteter, 1940–1946 Militärdienst und französische Kriegsgefangenschaft, Wiedereintritt bei der Gemeinde.
    1950 im Gemeinderat, 1954 Bezirksparteivorsitzender, 1955–1970 Vizebürgermeister, 1960 Kurator der Landeshypothekenanstalt.

Abg. zum Landtag (6.–10. WP)	10.11.1954–19.04.1979

Quelle: Landtag, Biographisches Handbuch.

WILDT Johann   ÖVP
* 11.07.1937, Zillingtal, Burgenland
† 10.09.1987
Landwirt, Seibersdorf

Volksschule, Untergymnasium, bäuerliche Fachschule Eisenstadt.
    1965–1971 Bürgermeister und nach Gemeindezusammenlegung 1972 Vizebürgermeister, Bezirksparteiobmann und 1970 Bezirksbauernkammerobmann.

Abg. zum Landtag (12. WP)	01.12.1983–10.09.1987

Quelle: Landtag, Biographisches Handbuch.

WILFING Karl   ÖVP
* 14.10.1933, Wetzelsdorf
Weinhauer, Wetzelsdorf

Pflichtschulen, bäuerliche Berufsschule, 1960 Übernahme des elterlichen Betriebes.
    1965–1971 Gemeinderat und Vizebürgermeister, 1975–1980 Kammerrat der NÖ Landes-Landwirtschaftskammer, 1980 Obmannstellvertreter des NÖ Landesweinbauverbandes.

Abg. zum Landtag (11. WP)	19.04.1979–04.11.1983
Abg. zum Landtag (12. WP)	18.12.1986–17.11.1988

Mitglied des Bundesrates   04.11.1983–17.12.1986

Quelle: Landtag, Biographisches Handbuch.

WILFING Karl, Mag. phil.   ÖVP
* 26.09.1960, Mistelbach
Bundesbeamter, Wetzelsdorf

Sohn von Wilfing Karl. Volksschule, 1970–1979 AHS in Hollabrunn bzw. Laa/
Thaya, 1980–1981 Studium der Rechtswissenschaften an der Universität Wien, 1981–
1986 Studium der Politikwissenschaft und der Publizistik an der Universität Wien
(Mag. phil.), 1987 Eintritt in das Bundesministerium für Umwelt, Jugend und Familie, 1989 Abteilungsleiter, 1994 Gruppenleiter.
  1985–1990 im Gemeinderat in Poysdorf, 1990 Stadtrat, 1986–1995 Landesobmann der Jungen ÖVP-NÖ, 1993 Teilbezirksparteiobmann der ÖVP Poysdorf, 1995 Bezirksobmann des ÖAAB Mistelbach, 1995 Vorsitzender des Vereins »Europaregion Weinviertel«, 2000 Bürgermeister.

Abg. zum Landtag (15.– WP)   24.02.2000–
Mitglied des Bundesrates   28.03.1996–23.02.2000

Quelle: Landtag, Biographisches Handbuch.

WIMMER Elias   CSP/ÖVP
* 10.12.1889, Oggau
† 20.01.1949, Oggau
Landwirt, Oggau

Volksschule und fünf Klassen Gymnasium in Ödenburg/Sopron, Militärdienst 1914–
1918.
  1923–1938 und 1945–1948 Bürgermeister; Mitglied des Ständ. Landtages im Burgenland (während der NS-Zeit gehörte das nördliche Burgenland zu NÖ). Mit der Wiedererrichtung als selbstständiges Bundesland legt Wimmer sein Mandat in NÖ zurück.

Mitglied d. Prov. Landesausschusses   17.07.1945–15.10.1945
Mitglied des Bundesrates   09.06.1931–09.12.1931
Abg. zum Nationalrat (4. WP)   09.12.1931–02.05.1934

Quelle: Landtag, Biographisches Handbuch.

WINDBÜCHLER-SOUSCHILL Tanja   Grüne
* 06.11.1976, Wr. Neustadt

Volksschule in Wr. Neustadt 1983–1987, Bundesrealgymnasium (Matura) 1987–1995, Akademie für Soziale Arbeit in Wien 2001–2004. Mit-Aufbau des Jugendkulturhauses »Triebwerk« in Wr. Neustadt 1996–2001. Geschäftsführende Bundessekretärin der Arbeitsgemeinschaft für Wehrdienstverweigerung 1997–2000, Verein Wiener Frauenhäuser 2002–2004, Sozialarbeiterin in der Interventionsstelle gegen Gewalt in der Familie 2004–2008.
    Mitglied des Gemeinderates von Wr. Neustadt seit 2005.

Abg. zum Nationalrat (24.– WP)	28.10.2008–

Quelle: Parlamentsdirektion.

WINDHOLZ Ernest   FPÖ/BZÖ
* 04.06.1960, Hainburg/Donau
Zollwachebeamter, Bad Deutsch-Altenburg

Volksschule in Bad Deutsch-Altenburg 1966–1970, Hauptschule in Hainburg/Donau 1970–1974, Polytechnischer Lehrgang in Bruck/Leitha 1974–1975, Büroschule in Bruck/Leitha 1975–1976; Präsenzdienst 1979–1980. Angestellter 1976–1980, Zollbeamter seit 1981, dienstfreigestellt seit 2009. Unternehmer seit 2008.
    Geschäftsführendes Mitglied des Gemeinderates der Marktgemeinde Bad Deutsch-Altenburg seit 1995, geschäftsführender Landesparteiobmann der FPÖ Niederösterreich 1999–2000, Landesparteiobmann der FPÖ Niederösterreich 2000–2003, Klubobmann des Landtagklubs der FPÖ Niederösterreich 2000–2001, Abgeordneter für das BZÖ seit 28.10.2008.

Abg. zum Nationalrat (21. WP)	29.10.1999–27.06.2000
Abg. zum Landtag (15. WP)	29.96.2000–28.06.2001
Mitglied des Bundesrates	19.04.1998–29.06.2000
Landesrat (16. WP)	28.06.2001–24.04.2003
Abg. zum Nationalrat (24.– WP)	28.10.2008–

Quelle: Landtag, Biographisches Handbuch.

WINDSTEIG Johann SPÖ
* 02.02.1925, Niederabsdorf
† 17.10.2005, Wien

Volksschule in Niederabsdorf 1931–1935, Realschule in Wien 1935–1939, Oberschule in Wien (Matura) 1939–1943. Ölprobenträger und Lohnverrechner bei der Sowjetischen Mineralölverwaltung Neusiedl/Zaya 1946–1948, Waagschreiber bei der Hohenauer Zuckerfabrik 1948, Kanzleikraft und Verkäufer in einer Holzhandlung in Hohenau 1949–1950, Straßenbauarbeiter 1950, Motorenwärter bei der Hohenauer Zuckerfabrik 1950–1951, Bediensteter der Österreichischen Bundesbahnen (Fahrdienstleiter, Schulungsbeamter, Direktions-Fachbeamter, Betriebskontrollor, Bahnhofsvorstand, Verkehrsreferent in der Bundesbahndirektion Wien) 1951–1983.
Vizebürgermeister der Gemeinde Niederabsdorf 1955, Bürgermeister der Gemeinde Niederabsdorf 1955–1970, Geschäftsführender Gemeinderat von Ringelsdorf-Niederabsdorf 1971–1975, Bürgermeister der Gemeinde Ringelsdorf-Niederabsdorf 1975–1987, Bezirksobmann-Stellvertreter der SPÖ Gänserndorf, Mitglied des Landesparteivorstandes der SPÖ Niederösterreich, Vizepräsident des Auto-, Motor- und Radfahrerbundes Österreich (ARBÖ) für Niederösterreich, Vertrauensmann der ÖBB und Funktionär der Gewerkschaft der Eisenbahner 1953–1973, Mitglied der österreichischen Delegation zur Parlamentarischen Versammlung des Europarates 1978–1984; Mitglied des Bezirksschulrates Gänserndorf.

Abg. zum Nationalrat (12. WP)	31.03.1970–04.11.1971
Mitglied des Bundesrates	16.12.1971–18.05.1983
Abg. zum Nationalrat (16.–18. WP)	19.05.1983–30.11.1987

Quelle: Parlamentsdirektion.

WINKLER Ernst SPÖ
* 23.04.1899, Hobersdorf (Niederösterreich)
† 27.12.1976, Wien

Volksschule, Bürgerschule, Handelsschule, Kurse in den Wiener Volkshochschulen, Arbeiterhochschule, Forstpraktikant. Redakteur, Leiter des Pressereferates der Arbeiterkammer Wien.
Bezirksparteivorsitzender der SPÖ Mistelbach, Landesparteivorsitzender der SPÖ Niederösterreich, Mitglied der Parteiexekutive und des Parteivorstandes der SPÖ.

Abg. zum Nationalrat (8.–10. WP)   08.06.1956–30.03.1966

Quelle: Parlamentsdirektion.

WINKLER Ludwig   SPÖ
* 08.11.1937, Erdweis
Amtsstellenleiter, Horn

Pflichtschule, Fachschule für Textilgewerbe, Webmeister, ab 1980 bei der AKNÖ, 1981 Bezirksstellenleiter.
   1986 im Gemeinderat.

Abg. zum Landtag (12.–13. WP)   01.12.1987–07.06.1993

Quelle: Landtag, Biographisches Handbuch.

WINTERER Franz   SDAP/SPÖ
* 11.01.1892, Wien
† 08.11.1971, Wien

Volksschule, Mittelschule, Studium der Rechte (ein Jahr), Konservatorium für Musik, Offiziersschule für alle Waffen, einjährige Offizierstelegraphenschule, Heeresbergführungsausbildung, verschiedene militärische Kurse; Musiker (Geiger im Theater an der Wien, im Bürgertheater und in der Volksoper sowie Bratschist im Tonkünstlerorchester); Militär (Generalmajor).
   Unterstaatssekretär im Kabinett Renner 1945; Präsident der Naturfreunde, des ASKÖ und des Wiener Eislaufvereins. Konstrukteur verschiedener Vermessungsinstrumente für den Feldgebrauch, zum Beispiel der »Winterer-Bussole«.

Abg. zum Nationalrat (5. WP)   19.12.1945–08.11.1949
Unterstaatssekretär für Heerwesen   27.04.1945–20.12.1945

Quelle: Parlamentsdirektion; Web-Lexikon der Wiener Sozialdemokratie.

WIRTH-PURTSCHELLER Ernst   StL
* 07.12.1887
† 21.12.1938
Landesbuchhaltungsdirektor-Stellvertreter, Kritzendorf

Ständischer Landtag – Vertreter für den öffentlichen Dienst

Bezirksleiter der Vaterländischen Front. 13. 3.1938 für einige Tage verhaftet, die wiederholten Verhöre und Drohungen bringen ihn aus dem seelischen Gleichgewicht; Selbstmord.

Mitglied d. Ständ. Landtages   27.11.1936–12.03.1938

Quelle: Landtag, Biographisches Handbuch.

WITTIG Harald   ÖVP
* 14.06.1934, Krems
Landesbeamter, Krems/Donau

Volksschule, Gymnasium, Lehrerbildungsanstalt Krems, 1954 Eintritt in den nö. Landesdienst, ab 1958 in der Straßenbauabteilung.
   Hauptbezirksparteiobmann des ÖAAB, 1975 im Gemeinderat, 1977–1990 Bürgermeister in Krems.

Abg. zum Landtag (9.–13. WP)   20.11.1969–30.11.1992

Quelle: Landtag, Biographisches Handbuch.

WITTMANN Peter, Dr.   SPÖ
* 08.03.1957, Wr. Neustadt

Volksschule in Wr. Neustadt 1963–1967, Humanistisches Gymnasium in Wr. Neustadt 1967–1975, Studium der Rechte an der Universität Wien 1976–1980, Studium der chinesischen Sprache am Sprachinstitut in Peking 1981–1982. Rechtspraktikant im Sprengel des Oberlandesgerichtes Wien 1980–1981, Rechtsanwaltspraxis 1982–1987, kaufmännische Ausbildung bei CA 1983, Rechtsanwalt in Wr. Neustadt
   1987–1997 sowie seit 2000. Mitglied des Österreich-Konvents 30.6.2003–31.1. 2005, Mitglied des Gemeinderates von Wr. Neustadt seit 1990, Erster Vizebürgermeister der Statutarstadt Wr. Neustadt 1990–1993, Bürgermeister der Statutarstadt Wr. Neustadt 1993–1997, Bezirksparteivorsitzender der SPÖ Wr. Neustadt seit 2001. Seit 1905 Präsident des ASKÖ.

Abg. zum Nationalrat (21.– WP)   24.02.2000–

Staatssekretär im Bundeskanzleramt 28.01.1997–04.02.2000

Quelle: Parlamentsdirektion; Wikipedia. Mitteilungsblatt des ASKÖ 1905.

WITHALM Hermann, Dr. ÖVP
* 21.04.1912, Gaweinstal
† 19.08.2003, Wolkersdorf

Volksschule, Jesuitengymnasium in Kalksburg (Matura 1930), Studium der Rechte an der Universität Wien (Promotion 1935). Gerichtspraxis in Wien und Mistelbach, Notariatspraxis in Poysdorf 1936, Entlassung 1938, Jurist bei den Reichsautobahnen 1938–1942, Wiederaufnahme der Notariatspraxis als Substitut in Wien und Wolkersdorf 1945–1947, öffentlicher Notar in Wolkersdorf 1947.

Bezirksobmann der ÖVP Wolkersdorf 1952, Generalsekretär der ÖVP 1960–1970, Vizepräsident der Internationalen Union Christlicher Demokraten, Obmann des ÖVP-Parlamentsklubs 1966–1970, Bundesparteiobmann der ÖVP 1970–1971, Mitglied des Bundesparteivorstandes der ÖVP 1960–1989, Obmann des Seniorenbundes der ÖVP 1976–1988.

Abg. zum Nationalrat (7.–13. WP) 18.03.1953–04.11.1975
Staatssekretär im Bundesministerium für Finanzen 12.10.1956–16.07.1959
Vizekanzler 19.01.1968–21.04.1970

Quelle: Parlamentsdirektion.
Werke: Brennpunkte. 1972; Aufzeichnungen. 1973.

WOCHESLÄNDER Jutta, Dr. FPÖ
* 10.03.1948, Wr. Neustadt
† 16.09.2009, Wien

Volksschule in Neunkirchen 1954–1958, Realgymnasium in Neunkirchen 1958–1960, Frauenoberschule in Wr. Neustadt 1960–1962, Höhere Lehranstalt für Wirtschaftliche Frauenberufe in Wr. Neustadt 1962–1966, Abiturientenlehrgang an der Katholischen Lehrerbildungsanstalt in Eisenstadt 1967–1968, Lehramtsprüfung für Volksschulen 1970, Studium der Publizistik und Politikwissenschaft an der Universität Wien (Dr. phil. 2002) 1981–1985. Vertragslehrerin am Polytechnischen Lehrgang in Grünbach 1966–1967, Lehrerin an Pflichtschulen in Wien 1968–1987, Sprecherin und Redakteurin im ORF 1974, Kommunikationstrainerin (freiberuflich und selbstständig) 1990.

Abg. zum Nationalrat (21. WP)   13.07.2000–19.12.2002

Quelle: Parlamentsdirektion.

WODICA Anton   SPÖ
* 29.04.1914, Hochwolkersdorf
† 24.02.1980, Wr. Neustadt

Fünf Klassen Volksschule, drei Klassen Bürgerschule, Fachgewerbeschule für Schriftsetzer, nach der Lehre lange arbeitslos, danach Schriftsetzer in der Buchdruckerei »Gutenberg«.
  Mitglied des Gemeinderates von Wr. Neustadt 1952–1958 sowie 1963–1974, Stadtrat für Finanzen 1958–1963, Funktionär in der Gewerkschaft der graphischen Arbeiter.

Mitglied des Bundesrates   15.06.1959–14.12.1962
Abg. zum Nationalrat (10.–13. WP)   14.12.1962–04.11.1975

Quelle: Parlamentsdirektion.

WODY Karl   CSP
* 05.01.1881, Jetzelsdorf
† 25.05.1944, Wien
 Müllermeister und Wirtschaftsbesitzer, Jetzelsdorf

Volks- und Bürgerschule, Übernahme des elterlichen Betriebes.
  1913–1921 Bürgermeister, 1922–1927 Obmann der Bezirksbauernkammer, 1927–1932 Kurator der NÖ Landeshypothekenanstalt, nach Verkauf der Mühle Eröffnung einer Autobuslinie Wien-Znaim.

Abg. zum Landtag (1. WP)   11.05.1921–20.05.1927

Quelle: Landtag, Biographisches Handbuch.

WÖGINGER Helmut   SPÖ
* 20.10.1937, Neuda
Krankenkassenangestellter, Neuda

Volks-, Haupt- und Handelsschule, ab 1953 Angestellter der NÖ Gebietskrankenkasse.

1965 im Gemeinderat, 1975 Vizebürgermeister, 1982–1996 Bürgermeister in Golling/Erlauf, Ehrenbürger, Funktion im Gemeindevertreterverband und örtlichen Vereinen.

Abg. zum Landtag (12.–14. WP) 01.12.1987–27.11.1997

Quelle: Landtag, Biographisches Handbuch.

WÖGINGER Josef, Ing. ÖVP
* 15.04.1952, Gossam (Niederösterreich)

Volksschule, Hauptschule, Polytechnischer Lehrgang, landwirtschaftliche Berufsschule in Langenlois 1967–1970, bäuerliche Fachschule Edelhof (Wintersemester) 1968–1970; Höhere Bundeslehranstalt für Alpenländische Landwirtschaft in Raumberg/Steiermark (Matura) 1970–1974, Landeshypothekenbank Niederösterreich 1975–1977 sowie 1983–1986, Landessekretär der Jungen ÖVP Niederösterreich 1977–1981, AWF (Allgemeine Wirtschafts- und Managementberatungs-GmbH) 1981–1982, Ebenseer Betonwerke – Sitzenberg/Reidling – Projektleiter 1986–1988, Assistent der Geschäftsführung der Fa. Plass & Co 1988–1990, Fa. Confides AG 1991–1992, Gründung der Wöginger Handelsagentur 1992, Gründung der Fa. ecu-Finder Austria GmbH 1992,

Mitglied des Gemeinderates der Marktgemeinde Krummnußbaum 1985–1995, Sprengelobmann des ländlichen Fortbildungswerkes Emmersdorf 1968–1970; Gründung der Jungen ÖVP Emmersdorf 1976. Bezirksobmann der Jungen ÖVP Melk 1977–1978, Landesobmann der Jungen ÖVP Niederösterreich 1981–1986.

Mitglied des Bundesrates 31.12.1983–16.11.1988

Quelle: Parlamentsdirektion.

WOLLEK Richard CSP
* 18.12.1874, Innsbruck
† 14.01.1940, Wien

Volksschule, Gymnasium, Studium an der juridischen Fakultät der Universität Innsbruck. Gutsbesitzer, Sekretär der christlichsozialen Bundesparteileitung Österreichs.

Abgeordneter zum Niederösterreichischen Landtag 1908–1920, Reichsratsabgeordneter 1911, Mitglied des Niederösterreichischen Landesschulrates.

Mitglied der Prov. Nationalversammlung	21.10.1918–16.02.1919
Abg. zum Nationalrat (1.–3. WP)	10.11.1920–01.10.1930
Abg. zum Nationalrat (4. WP)	02.12.1930–02.05.1934

Quelle: Parlamentsdirektion.

WONDRAK Josef   SPÖ
* 08.11.1893, Stockerau
† 15.11.1982, Tulln
Krankenkassenbeamter, Stockerau

Pflichtschulen, Bandweberlehre, 1912 Arbeit in Deutschland, 1914–1917 Militärdienst, ab 1926 Angestellter der Bezirkskrankenkasse Floridsdorf.
    1920–1934 Gemeinderat. 1934 verhaftet, dann arbeitslos bis 1938, 1945–1970 Bürgermeister von Stockerau, Ehrenbürger.

Abg. zum Landtag (4.–7. WP)	12.12.1945–19.11.1964
Obmann des Finanzkontrollausschusses (4. WP)	13.12.1945–05.01.1947
2. Präsident (5.–7. WP)	05.11.1949–19.11.1964

Quelle: Landtag, Biographisches Handbuch.

WÜGER Josef   ÖVP
+ 11.03.1907, Hainburg
† 04.06.1970, Hainburg
Polizeibeamter, Hainburg

Volks- und Hauptschule, Polizeiausbildung, 1939 Militärdienst.
    1950 im Gemeinderat, 1952 Vizebürgermeister, 1960–1970 Bürgermeister von Hainburg.

Abg. zum Landtag (7.–8. WP)	04.06.1959–20.11.1969

Quelle: Landtag, Biographisches Handbuch.

ZACH Johann   ÖVP
* 10.11.1892, Kühnring
† 29.05.1978, Wr. Neustadt
Professor, Wr. Neustadt

Lehrerbildungsanstalt St. Pölten, 1912 Lehrer an der Taubstummenschule Wr. Neustadt, 1914–1920 Militärdienst und Kriegsgefangenschaft.
   1927 im Gemeinderat, 1930 Vizebürgermeister, 1934–1938 Bürgermeister. 1938 verhaftet, 1939–1940 ins KZ Buchenwald verschleppt, 1956–1965 Vizebürgermeister von Wr. Neustadt.

Abg. zum Landtag (4.–5. WP)	12.12.1945–10.11.1954
Obmannstv. des Finanzkontrollausschusses (5. WP)	07.12.1949–10.11.1954

Quelle: Landtag, Biographisches Handbuch.

ZARBOCH Rudolf   GDVP
* 11.04.1878, Seebenstein
† 23.02.1960, Spitz/Donau

Volksschule, Untermittelschule, Lehrerbildungsanstalt in Budweis, Fachlehrerprüfung. Volksschullehrer in St. Ägyd/Neuwald, Lehrer an den Bürgerschulen in Bautsch in Nordmähren und in Spitz/Donau, Hauptschuldirektor in Spitz 1927.
   Vizebürgermeister von Spitz 1919.

Abg. zum Nationalrat (1.–3. WP)	20.11.1923–01.10.1930
Abg. zum Nationalrat (4. WP)	02.12.1930–02.05.1934

Quelle: Parlamentsdirektion.

ZAUN Fritz   Grüne
* 17.12.1946, Wien

Pflichtschulen, Berufsschule (Einzelhandelskaufmann), Fachschule für Wirtschaftswerbung. Freiberuflicher Graphiker.
   Mitglied des Gemeinderates von Baden (Alternative Liste Baden) 1980–1985, Mitglied des Gemeinderates von Baden (Die Grünen) 1990–1995.

Abg. zum Nationalrat (17. WP) 02.01.1990–04.11.1990

Quelle: Parlamentsdirektion.

ZAUNER Johann SPÖ
* 04.11.1929, Ennsdorf
† 12.12.1999, Ennsdorf
Gemeindebeamter, Ennsdorf

Volks- und Hauptschule, landwirtschaftlicher Arbeiter, 1945 Reichsarbeitsdienst, Landwirtschaftliche Fachschule Gießhübl, ab 1947 als Gemeindebediensteter tätig.
    1955 Vizebürgermeister, 1960–1998 (38 Jahre !) Bürgermeister von Ennsdorf.

Abg. zum Landtag (9.–12. WP) 16.11.1972–17.11.1988

Quelle: Landtag, Biographisches Handbuch.

ZEHETMAYER Franz CSP
* 25.11.1884, Feuersbrunn
† 25.01.1973
Wirtschaftsbesitzer, Feuersbrunn

Volksschule, Wein- und Obstbauschule Krems, Übernahme der elterlichen Wirtschaft, 1914–1918 Militärdienst.
    Funktionär mehrerer landwirtschaftlicher Genossenschaften.

Landeshauptmannstv. (1. WP) 11.05.1921–30.01.1925
Abg. zum Landtag (1.–2. WP) 29.11.1926–21.05.1932

Quelle: Landtag, Biographisches Handbuch.

ZEIDLER Viktor, Dr. GDVP
* 18.09.1868, Melk
† 26.01.1942, Stockerau

Volksschule, Gymnasium, Universität. Gymnasialprofessor in Stockerau.

Abg. zum Nationalrat (1. WP)　　　　　　　　　　　10.11.1920–20.11.1923

Quelle: Parlamentsdirektion.

ZEININGER Sylvester　　　　　　　　　　　　　　　　　　　CSP
* 09.12.1887, Schafberg
† 15.04.1973, Zwettl

Volksschule. Landwirt. In der Vaterländischen Front aktiv.
　Mitglied des Gemeinderates von Grafenschlag, Kammerrat.

Abg. zum Nationalrat (4. WP)　　　　　　　　　　　27.04.1934–02.05.1934

Quelle: Parlamentsdirektion.

ZETTEL Andreas　　　　　　　　　　　　　　　　　　　　SPÖ
* 18.11.1886, Petzenkirchen
† 11.11.1957
Amtsleiter der Arbeiterkammer, Gmünd

Volksschule, Hilfsarbeiter und gewerkschaftlich tätig, 1915–1919 Militärdienst und serbische Kriegsgefangenschaft, verschiedene Tätigkeiten. 1924 Holzarbeiter-Gewerkschaftssekretär, dann zur Arbeiterkammer, 1934–1935 in Haft, zeitweise arbeitslos, 1938 Bauschreiber.
　1950–1956 im Gemeinderat.

Abg. zum Landtag (4.–5. WP)　　　　　　　　　　　12.12.1945–10.11.1954

Quelle: Landtag, Biographisches Handbuch.

ZEYER Johann　　　　　　　　　　　　　　　　　　　　　ÖVP
* 28.10.1894, Haslau/Donau
† 05.11.1970, Hainburg
Bauer, Maria Ellend

Kaufmannslehre, 1914–18 Militärdienst.
　1924–1938 und 1945 Bürgermeister, 1938 kurzzeitig in Haft.

Abg. zum Landtag (5.–6. WP) 05.11.1949–04.06.1959

Quelle: Landtag, Biographisches Handbuch.

ZIMPER Walter ÖVP
* 29.04.1942, Piesting
† 13.01.2008, St. Pölten
Journalist, Markt Piesting

Volks- und Hauptschule, Handelsakademie (Matura), Universität Wien, Chefredakteur des NÖ Volksblattes.
　1970 im Gemeinderat, 1975 Bürgermeister, 1980–1982 Landesparteisekretär, muss 1982 wegen angeblicher Verstrickung in den WBO-Skandal zurücktreten (missbräuchliche Verwendung von Geldern der Genossenschaft Wohnbau Ost), 1999 Vizepräsident des Österr. Gemeindebundes.

Abg. zum Landtag (10.–11. WP) 11.07.1974–06.10.1982

Quelle: Landtag, Biographisches Handbuch.

ZIPPE Anton Konrad GDVP
* 13.01.1889, Krombach, Böhmen
† 10.08.1964, Seeboden/Millstättersee
Professor an der Bundesoberrealschule, Laa/Thaya

Volks- und Bürgerschule, Fachschule für Weberei und Zeichnen in Warnsdorf (Böhmen), Anstellung in einem Atelier in Zittau, Sachsen, 1907–1911 Kunstschule Wien und a.o. Hörer an der Universität Wien, 1913 Ergänzungsmatura und Lehramtsprüfung für Deutsch, 1915 Professor in Laa/Thaya.
　1918–1928 im Gemeinderat, Mitglied der Landes- und Reichsparteileitung, Funktionär im Deutschen Turnerbund, 1932 Übertritt zu den Nationalsozialisten, 1938 Direktor der Realschule, 1940 Rückkehr nach Warnsdorf, 1945 Flucht nach Ostdeutschland, tätig als Maler, 1950 Flucht nach Wien, leitend tätig in der Sudetendeutschen Landsmannschaft.

Abg. zum Landtag (2. WP) 20.05.1927–21.05.1932

Quelle: Landtag, Biographisches Handbuch.

ZODL Ernst SPÖ
* 17.03.1924, Markt Piesting
† 14.03.2001, Wr. Neustadt

Pflichtschulen, Mittelschule, Matura 1942. In der Privatwirtschaft tätig 1946–1948, Eintritt in den Finanzdienst 1948, Amtsdirektor 1978.

  Mitglied des Gemeinderates von Markt Piesting 1950, geschäftsführender Gemeinderat 1955–1968, Vizebürgermeister von Markt Piesting 1968–1974, infolge Auflösung des Gemeinderates von Jänner bis Mai 1975 Beirat, ab Mai wieder geschäftsführender Gemeinderat von Markt Piesting, Vorsitzender-Stellvertreter der Landessektion Finanz der Gewerkschaft der öffentlich Bediensteten, Landesvorstand Niederösterreich 1969, Mitglied des Bezirksschulrates.

Abg. zum Nationalrat (14. WP) 09.02.1979–04.06.1979

Quelle: Parlamentsdirektion.

ZWAZL Sonja ÖVP
* 10.07.1946, Weitra

Volksschule, Hauptschule, Handelsschule 1960–1962, Fototechnikum Agfa München 1971–1973, außerordentliche Schülerin an der Berufsschule für künstlerische Berufe 1992–1994; Lohnverrechnung bei der Wiener Baufirma Peitl & Meissner 1962–1965, Chefsekretärin der Triester Verkehrsstelle und Triester Handelskammer in Wien 1965–1969, Geschäftsinhaberin der Firma »Schönes & Rahmen« seit 1969, Kommerzialrätin 1996; Präsidentin der Wirtschaftskammer Niederösterreich seit 1999.

  Vorsitzende der »Frau in der Wirtschaft« Niederösterreich 1985–2001, Mitglied des Wirtschaftsparlaments der Wirtschaftskammer Österreich seit 1990, Vizepräsidentin der Wirtschaftskammer Niederösterreich 1995–1999, Obfrau des Niederösterreichischen Wirtschaftsbundes, Bundesvorsitzende der Frau in der Wirtschaft, Vizepräsidentin des Österreichischen Wirtschaftsbundes.

Mitglied des Bundesrates 24.04.2003–

Quelle: Parlamentsdirektion, Wikipedia.

ZWETZBACHER Josef   CSP
* 17.10.1874, Oberwagram
† 05.12.1942, Wien
Wirtschafts- und Mühlenbesitzer, Stattersdorf bei St. Pölten

Volks-, Real- und Handelsschule, 1897 Übernahme der elterlichen Mühle.
    1922–1925 erster Präsident der NÖ Landes-Landwirtschaftskammer, Ehrenbürger von mehr als 50 Gemeinden.

Mitglied des Bundesrates	01.12.1920–30.01.1925
Vorsitzender des Bundesrates	22.02.1922–31.05.1922
Abg. zum Landtag (1. WP)	11.05.1921–04.02.1925
Landeshauptmannstv. (1. WP)	11.05.1921–30.06.1925

Quelle: Landtag, Biographisches Handbuch.

SCHRIFTENREIHE DES FORSCHUNGSINSTITUTES FÜR POLITISCH-HISTORISCHE STUDIEN DER DR.-WILFRIED-HASLAUER-BIBLIOTHEK

böhlau

HG.: ROBERT KRIECHBAUMER, FRANZ SCHAUSBERGER, HUBERT WEINBERGER. BÄNDE 11–20: HG. V. WILFRIED HASLAUER, R. KRIECHBAUMER U. H. WEINBERGER

EINE AUSWAHL:

BD. 14: ROBERT KRIECHBAUMER (HG.)
DER GESCHMACK DER VERGÄNGLICHKEIT
JÜDISCHE SOMMERFRISCHE IN SALZBURG
2002. 17 X 24 CM. 364 S. 47 S/W-ABB., 7 GRAF., 17 TAB. GB.
ISBN 978-3-205-99455-8

BD. 15: OSWALD PANAGL, ROBERT KRIECHBAUMER (HG.)
WAHLKÄMPFE
SPRACHE UND POLITIK
IN ZUS.ARBEIT MIT DER ÖSTERR. FORSCHUNGSGEMEINSCHAFT
2002. 17 X 24 CM. 224 S. 12 S/W-, 15 FARB-ABB. BR.
ISBN 978-3-205-99456-5

BD. 16: ROBERT KRIECHBAUMER, FRANZ SCHAUSBERGER (HG.)
FAST EINE INSEL DER SELIGEN
HANDLUNGSSPIELRÄUME REGIONALER FINANZ- UND WIRTSCHAFTSPOLITIK
AM ENDE DES 20. JAHRHUNDERTS AM BEISPIEL SALZBURGS
2002. 17 X 24 CM. 168 S. 19 S/W-ABB. BR.
ISBN 978-3-205-99476-3

BD. 17: ROBERT KRIECHBAUMER
EIN VATERLÄNDISCHES BILDERBUCH
2002. 21 X 27 CM. 272 S. 220 S/W-ABB. BR.
ISBN 978-3-205-77011-4

BD. 18: FRANZ SCHAUSBERGER (HG.)
ENGAGEMENT UND BÜRGERSINN
HELMUT SCHREINER ZUM GEDENKEN
2002. 17 X 24 CM. 496 S. 36 S/W-ABB., GB.
ISBN 978-3-205-77072-5

BÖHLAU VERLAG, WIESINGERSTRASSE 1, 1010 WIEN. T: +43(0)1 330 24 27-0
BOEHLAU@BOEHLAU.AT, WWW.BOEHLAU.AT | WIEN KÖLN WEIMAR

SCHRIFTENREIHE DES FORSCHUNGSINSTITUTES FÜR POLITISCH-HISTORISCHE STUDIEN DER DR.-WILFRIED-HASLAUER-BIBLIOTHEK

böhlau

HG.: ROBERT KRIECHBAUMER, FRANZ SCHAUSBERGER, HUBERT WEINBERGER. BÄNDE 11–20: HG. V. WILFRIED HASLAUER, R. KRIECHBAUMER U. H. WEINBERGER

EINE AUSWAHL:

BD. 19: LAURENZ KRISCH
ZERSPRENGT DIE DOLLFUSSKETTEN
DIE ENTWICKLUNG DES NATIONALSOZIALISMUS IN BAD GASTEIN BIS 1938
2003. 17 X 24 CM. 272 S. 16 S/W-ABB., 156 TAB. U. GRAF., GB.
ISBN 978-3-205-77129-6

BD. 20: OSWALD PANAGL, ROBERT KRIECHBAUMER (HG.)
STACHEL WIDER DEN ZEITGEIST
POLITISCHES KABARETT, FLÜSTERWITZ UND SUBVERSIVE TEXTSORTEN
2004. 17 X 24 CM. 216 S. BR.
ISBN 978-3-205-77199-9

BD. 21: OSKAR DOHLE, NICOLE SLUPETZKY
ARBEITER FÜR DEN ENDSIEG
ZWANGSARBEIT IM REICHSGAU SALZBURG 1939–1945
2004. 17 X 24 CM. 254 S. 47 S/W-ABB., BR.
ISBN 978-3-205-77255-2

BD. 22: ROBERT KRIECHBAUMER
DIE ÄRA KREISKY
ÖSTERREICH 1970–1983
2004. 17 X 24 CM. 568 S. 31 KARIKATUREN. GB.
ISBN 978-3-205-77262-0

BD. 23: ROBERT KRIECHBAUMER
ÖSTERREICH! UND FRONT HEIL!
AUS DEN AKTEN DES GENERALSEKRETARIATS DER VATERLÄNDISCHEN FRONT
INNENANSICHTEN EINES REGIMES
2004. 17 X 24 CM. 436 S. GB.
ISBN 978-3-205-77324-5

BÖHLAU VERLAG, WIESINGERSTRASSE 1, 1010 WIEN. T: +43(0)1 330 24 27-0
BOEHLAU@BOEHLAU.AT, WWW.BOEHLAU.AT | WIEN KÖLN WEIMAR

SCHRIFTENREIHE DES FORSCHUNGSINSTITUTES FÜR POLITISCH-HISTORISCHE STUDIEN DER DR.-WILFRIED-HASLAUER-BIBLIOTHEK

böhlau

HG.: ROBERT KRIECHBAUMER, FRANZ SCHAUSBERGER, HUBERT WEINBERGER. BÄNDE 11–20: HG. V. WILFRIED HASLAUER, R. KRIECHBAUMER U. H. WEINBERGER

EINE AUSWAHL:

BD. 24: MANFRIED RAUCHENSTEINER, ROBERT KRIECHBAUMER (HG.)
DIE GUNST DES AUGENBLICKS
NEUERE FORSCHUNGEN ZU STAATSVERTRAG UND NEUTRALITÄT
2005. 17 X 24 CM. 564 S. GB.
ISBN 978-3-205-77323-8

BD. 26: FRANZ SCHAUSBERGER
ALLE AN DEN GALGEN!
DER POLITISCHE „TAKEOFF" DER „HITLERBEWEGUNG" BEI DEN SALZBURGER GEMEINDEWAHLEN 1931
2005. 17 X 24 CM. 278 S. 29 S/W-ABB. BR.
ISBN 978-3-205-77340-5

BD. 27: ROBERT KRIECHBAUMER (HG.)
„DIESES ÖSTERREICH RETTEN"
PROTOKOLLE DER CHRISTLICHSOZIALEN PARTEITAGE DER ERSTEN REPUBLIK
2006. 17 X 24 CM. 485 S. GB.
ISBN 978-3-205-77378-8

BD. 28: HERBERT DACHS (HG.)
ZWISCHEN WETTBEWERB UND KONSENS
LANDTAGSWAHLKÄMPFE IN ÖSTERREICHS BUNDESLÄNDERN 1945–1970
2006. 17 X 24 CM. 469 S. 56 S/W-ABB. U. ZAHLR. TAB. BR.
ISBN 978-3-205-77445-7

BD. 29: CHRISTIAN DIRNINGER, JÜRGEN NAUTZ, ENGELBERT THEURL, THERESIA THEURL
ZWISCHEN MARKT UND STAAT
GESCHICHTE UND PERSPEKTIVEN DER ORDNUNGSPOLITIK IN DER ZWEITEN REPUBLIK
2007. 17 X 24 CM. 555 S., ZAHLR. TAB. GB.
ISBN 978-3-205-77479-2

BÖHLAU VERLAG, WIESINGERSTRASSE 1, 1010 WIEN. T: +43(0)1 330 24 27-0
BOEHLAU@BOEHLAU.AT, WWW.BOEHLAU.AT | WIEN KÖLN WEIMAR

SCHRIFTENREIHE DES FORSCHUNGSINSTITUTES FÜR POLITISCH-HISTORISCHE STUDIEN DER DR.-WILFRIED-HASLAUER-BIBLIOTHEK

HG.: ROBERT KRIECHBAUMER, FRANZ SCHAUSBERGER, HUBERT WEINBERGER. BÄNDE 11–20: HG. V. WILFRIED HASLAUER, R. KRIECHBAUMER U. H. WEINBERGER

EINE AUSWAHL:

BD. 30: HEINRICH G. NEUDHART
PROVINZ ALS METROPOLE
SALZBURGS AUFSTIEG ZUR FACHMESSE-HAUPTSTADT ÖSTERREICHS.
VON DEN ANFÄNGEN BIS ENDE DER 1970ER JAHRE
2006. 17 X 24 CM. 191 S. 27 S/W-ABB., 26 TAB. BR.
ISBN 978-3-205-77508-9

BD. 31: HERBERT DACHS, ROLAND FLOIMAIR, HERBERT MOSER, FRANZ SCHAUSBERGER (HG.)
WOLFGANG RADLEGGER
EIN MITGESTALTER SEINER ZEIT
2007. 17 X 24 CM. 191 S. 32 S/W-ABB., GB.
ISBN 978-3-205-77590-4

BD. 32: RICHARD VOITHOFER
POLITISCHE ELITEN IN SALZBURG
EIN BIOGRAFISCHES HANDBUCH 1918 BIS ZUR GEGENWART
2007. 17 X 24 CM. 374 S., 27 S/W-ABB., GB.
ISBN 978-3-205-77680-2

BD. 33: ROBERT KRIECHBAUMER
ZEITENWENDE
DIE SPÖ-FPÖ-KOALITION 1983-1987 IN DER HISTORISCHEN ANALYSE, AUS DER SICHT DER POLITISCHEN AKTEURE UND IN KARIKATUREN VON IRONIMUS
2008. 17 X 24 CM. 626 S., 16 KARIKATUREN, GB.
ISBN 978-3-205-77770-0

BD. 34: DIETER A. BINDER, HELMUT KONRAD, EDUARD G. STAUDINGER (HG.)
DIE ERZÄHLUNG DER LANDSCHAFT
2011. 17 X 24 CM. 196 S., 44 S/W- U. 17 FARB. ABB. GB.
ISBN 978-3-205-78186-8

BÖHLAU VERLAG, WIESINGERSTRASSE 1, 1010 WIEN. T: +43(0)1 330 24 27-0
BOEHLAU@BOEHLAU.AT, WWW.BOEHLAU.AT | WIEN KÖLN WEIMAR

SCHRIFTENREIHE DES FORSCHUNGSINSTITUTES FÜR POLITISCH-HISTORISCHE STUDIEN DER DR.-WILFRIED-HASLAUER-BIBLIOTHEK

HG.: ROBERT KRIECHBAUMER, FRANZ SCHAUSBERGER, HUBERT WEINBERGER. BÄNDE 11–20: HG. V. WILFRIED HASLAUER, R. KRIECHBAUMER U. H. WEINBERGER

EINE AUSWAHL:

BD. 35: FRANZ SCHAUSBERGER (HG.)
GESCHICHTE UND IDENTITÄT
FESTSCHRIFT FÜR ROBERT KRIECHBAUMER ZUM 60. GEBURTSTAG
2008. 17 X 24 CM. 504 S., GB.
ISBN 978-3-205-78187-5

BD. 36: MANFRIED RAUCHENSTEINER (HG.)
ZWISCHEN DEN BLÖCKEN
NATO, WARSCHAUER PAKT UND ÖSTERREICH
2010. 17 X 24 CM. 817 S., DIV. S/W-ABB., KARTEN, TAB. U. GRAF. GB.
ISBN 978-3-205-78469-2

BD. 37: REINHARD KRAMMER, FRANZ SCHAUSBERGER, CHRISTOPH KÜHBERGER (HG.)
DER FORSCHENDE BLICK
BEITRÄGE ZUR GESCHICHTE ÖSTERREICHS IM 20. JAHRHUNDERT
FESTSCHRIFT FÜR ERNST HANISCH ZUM 70. GEBURTSTAG
2010. 17 X 24 CM. 3 S/W-ABB., ZAHLR. TAB. U. GRAF. 505 S., GB.
ISBN 978-3-205-78470-8

BD. 39: HUBERT STOCK
„... NACH VORSCHLÄGEN DER VATERLÄNDISCHEN FRONT"
DIE UMSETZUNG DES CHRISTLICHEN STÄNDESTAATES AUF LANDESEBENE, AM BEISPIEL SALZBURG
2010. 17 X 24 CM. 175 S., 40 S/W-ABB., ZAHLR. GRAFIKEN U. TAB, BR.
ISBN 978-3-205-78587-3

BD. 40: RICHARD VOITHOFER
„... DEM KAISER TREUE UND GEHORSAM ..."
EIN BIOGRAFISCHES HANDBUCH DER POLITISCHEN ELITEN IN SALZBURG 1861 BIS 1918
2011. 17 X 24 CM. 195 S., 10 S/W-ABB., BR.
ISBN 978-3-205-78637-5

BÖHLAU VERLAG, WIESINGERSTRASSE 1, 1010 WIEN. T: +43(0)1 330 24 27-0
BOEHLAU@BOEHLAU.AT, WWW.BOEHLAU.AT | WIEN KÖLN WEIMAR

böhlau

**NIEDERÖSTERREICH
IM 20. JAHRHUNDERT**
HERAUSGEGEBEN VON STEFAN EMINGER,
OLIVER KÜHSCHELM, ERNST LANGTHALER
UND PETER MELICHAR

Das dreibändige Werk stellt die Gesellschaft Niederösterreichs im „kurzen" 20. Jahrhundert erstmals umfassend, vom Zerfall der Habsburgermonarchie 1918 bis zu Österreichs EU-Beitritt 1995, dar. Über 60 Autorinnen und Autoren aus Geschichte, Soziologie, Ethnologie, Politologie, Publizistik, Architektur und Ökologie haben zu diesem regionalhistorischen Projekt beigetragen. Der erste Band „Politik" behandelt die Beziehungen politischer Akteure in den demokratischen und diktatorischen Perioden. Der zweite Band „Wirtschaft" betrachtet den gesellschaftlichen Umgang mit Wirtschaftsressourcen in Bezug auf den Strukturwandel in Berufen und Wirtschaftssektoren. Der dritte Band „Kultur" untersucht vor allem das weite Feld der Alltagskulturen.

BAND 1: POLITIK
2008. XI, 820 S. GB. 124 S/W- ABB.,
6 KARTEN, 62 GRAFIKEN UND TABELLEN.
170 X 240 MM. ISBN 978-3-205-78197-4

BAND 2: WIRTSCHAFT
2008. XII, 855 S. GB. 99 S/W-ABB.,
11 KARTEN, 104 GRAFIKEN UND TABELLEN
170 X 240 MM. ISBN 978-3-205-78246-9

BAND 3: KULTUR
2008. X, 659 S. GB. 129 S/W- ABB.,
7 TABELLEN UND GRAFIKEN
170 X 240 MM. ISBN 978-3-205-78247-6

BÖHLAU VERLAG, WIESINGERSTRASSE 1, A-1010 WIEN, T: +43 1 330 24 27-0
VERTRIEB@BOEHLAU.AT, WWW.BOEHLAU-VERLAG.COM